근대전환기 한국사회와 기독교 수용

근대전환기 한국사회와 기독교 수용

2016년 3월 1일 초판 인쇄
2016년 3월 5일 초판 발행

지은이 | 김권정
펴낸이 | 이찬규
펴낸곳 | 북코리아
등록번호 | 제03-01240호
주소 | 13209 경기도 성남시 중원구 사기막골로 45번길 14
　　　 우림2차 A동 1007호
전화 | 02-704-7840
팩스 | 02-704-7848
이메일 | sunhaksa@korea.com
홈페이지 | www.북코리아.kr
ISBN | 978-89-6324-473-0 (93900)

값 18,000원

근대전환기 한국사회와 기독교 수용

김권정

북코리아

머리말 | PREFACE

19세기 해외 기독교계의 한국선교는 1832년 귀츨라프(K.F.A. Güzlaff)와 1866년 영국 선교사 토마스(R.J. Thomas)를 통해 시도되었다. 두 사람의 시도는 결실을 맺지 못했고, 1884년 '교육'과 '의료' 분야에 한해 외국인의 거주가 허가된 이후, 기독교 선교사가 입국하여 활동하게 되면서 한국선교가 본격적으로 시작되었다.

그런데 한국사회의 기독교 수용과정에서 놀라운 것은 해외 선교사가 입국하기 전에 이미 기독교가 알려져 있고, 그것이 단순 소개에 그치지 않았다는 점이다. 국외에서 번역된 한글성경이 국내에 유입되었고, 이를 기초로 교회 설립 등 자생적 신앙 기반이 마련되었다는 점이다. 예컨대, 만주에서는 기독교로 개종한 서북청년들의 참여 속에 번역된 한글성경이 간행되어 국내에 들어왔고, 일본에서는 개화파 지식인에 의해 번역된 한글성경을 언더우드와 아펜젤러가 국내에 처음 들어올 때 들고 올 정도였다.

이렇게 한국인들은 기독교 선교사가 본격 입국하기 전에 성경을 통해 기독교를 알게 되었음을 알 수 있다. 이는 초기 한국기독교가 한국인 개종자들의 적극적 참여와 선교사들의 선교활동이 결합되며 형성되기 시작했음을 의미한다. 이런 과정을 거치며 19세기 말 이후 기독교는 근대문명의 충격과 급격한 대내외 변동이 요동치는 근대전환기의 한국사회에 새로운 문화적 요소로 등장하였다. 그 결과 한국인들이 기독교를 통해 새롭게 수용되는 근대문명을 읽어내며 그것을 체화시켜 나갈 수 있었고, 이를 통해 기독교가 한국사회와 한국인의 마음에 자리를 잡기 시작한 것이다.

물론 이것이 한국사회의 기독교 수용과정에서 선교사들의 역할과 영향을 무시하는 말이 아니다. 선교사들은 선교정책과 선교활동 등을 통해 한국 기독교의 틀을 세웠다는 점에서 결코 무시할 수 없는 존재이다. 다만, 이 책에서는 근대전환기에 선교사들의 협력과 지원 아래 한국인 개종자들의 자발적 참여와 헌신을 통해 기독교가 한국사회에 빠르게 뿌리를 내리기 시작했다는 점에 주목하고자 하였다. 이 같은 관점은 근대전환기 한국기독교인들을 해외 선교사들이 전해 준 기독교를 도식적으로 받아들인 수동적 대상이 아니라 기독교를 통해 개인과 민족공동체가 직면한 문제를 해결하고 자신의 정체성을 깨닫는 계기로 삼은 자기 운명의 주인공이었다는 사실을 드러내려는 문제의식에서 비롯되었다. 이 책의 글들은 필자가 그동안 근대전환기 우리 역사와 기독교와의 관계에 대해 써 온 것들이다. '전래'가 아닌 '수용'이란 관점에서 우리의 역사와 서양 종교인 기독교가 어떻게 만나 서로 부딪히고 맞물려 왔는지, 기존의 '문화적 정체성'이 기독교를 통해 어떻게 변화되었는지, 그런 변화가 갖는 의미들이 무엇인지 등을 역사적 맥락에서 살펴보고자 하였다. 선교사가 일방적으로 전해 준 것에 그치지 않고 한국인의 주체적이고 자발적인 결단과 실천 속에서 기독교가 수용되고 있었음을 검토하였다.

끝으로 서양에서 들어온 외래 종교로서 기독교가 한국사회에서 현재와 같이 깊숙이 뿌리내릴 수 있게 된 데에는 여러 가지 요인이 작용하였다. 그런 요인들을 하나하나 밝히는 것은 쉽지 않은 일이지만 매우 중요한 일이다. 때로는 국가 권력과 충돌하거나 기존의 전통 질서와 갈등을 빚기도 하고 다른 가치 지향의 세력과 대립하기도 하나, 대체로 한국의 기독교 공동체는 이럴 때마다 먼저 자신을 돌아보며 성찰과 결단을 통해 역사와 사회에 대한 강한 책임과 사명을 짊어지려고 하였다. 바로 이런 시선(視線)과 태도(態

度)야 말로 한국사회에서 기독교 공동체의 성장이나 발전에 중요한 역할을 하였을 뿐 아니라 사회적 성격을 결정하는 데 중요한 작용을 한 것으로 생각된다. 아무쪼록 이 책의 글들이 급변하는 격동 속에 직면했던 근대전환기 한국사회와 한국인들의 정체성을 이해하는 데 조금이나마 도움이 되기를 바란다.

2016년 2월
김권정

차례 CONTENTS

IX

일제하 한국기독교인들의 사회주의 인식

X

성공회 · 성결교의 민족문화운동: 경기도 지역을 중심으로

XI

일제 말 신사참배 강요와 미션스쿨의 폐교: 숭실학교를 중심으로

I

한국사회와 기독교의 수용

1. 들어가는 말

19세기 말 기독교는 한국사회에 수용되었다. 당시 조선사회는 대내적으로 봉건사회의 모순으로 신분적인 성리학적 유교질서가 와해되고 사회경제적 궁핍화가 지속되면서 정치적 혼란이 계속되었다. 대외적으로는 서구열강의 압력이 구체화되어 가는 과정에서 자주적인 독립권이 심각하게 흔들리기 시작했다.

이는 심각한 정치·경제·문화·종교의 공백 현상을 가져왔고, 이 틈을 비집고 기독교는 한국사회에 수용되었던 것이다. 이 과정에서 기독교는 종교적 공백현상을 메우는 동시에 시대적인 과제로 제기된 반침략에 맞선 '자주(自主)'와 반봉건에 대항하는 '근대화(近代化)'의 요구에 적극 부응하고 나서면서 한국인들의 대대적인 환영을 받기 시작했다. 특별히 근대화된 서구열강의 새 문화를 소개하는 데 앞장섰다. 기독교는 한국사회의 반봉건 및 사회개혁의 문제를 해결하고 한국인들의 의식을 계발하며 한국인들의 영혼을 새롭게 소생시키는 역할을 담당했던 것이다.

기독교의 수용과정은 그렇기에 이 민족에게 새로운 활력소를 제공했을 뿐만 아니라 방향 잃은 이 민족에게 새 이정표를 제시하는 역할을 감당했다. 그러나 오늘 한국기독교의 모습은 어떠한가. 1990년대 들어 교회의 성장이 정체되는 가운데, 한국기독교는 안팎으로부터 심각한 비난에 휩싸였다. 계속해서 터지는 각종 부정부패와 비리사건에 기독교인들이 끼지 않을 때가 없었고, 오히려 이런 사건의 주범이 되어 구설수에 오르내리더니 급기야는 기독교에 대한 공개적인 비판의 목소리가 높아지고 있는 현실이다. 새로운 문명의 전환기에 주역이 아니라 '애물단지'같은 취급을 받고 있는 것이다.

도대체 세계 선교사상 놀랄만한 성장을 이룩했던 한국기독교가 어떻게 이 같은 처지에 놓이게 된 것일까? 19세기 말 기독교가 이 땅에 들어왔을 때 기독교만이 우리민족을 구원할 수 있다고 부르짖었던 수많은 이들의 그 외침은 지금 어디로 사라져 버린 것일까? 과연 오늘의 한국기독교는 이제 더이상 한국사회로부터 존재의미를 상실 당한 것일까? 왜 이런 현상이 나타난 것일까?

이 글에서는 지난 한국의 기독교 역사를 되돌아보면서, 특별히 한국기독교가 한국사회에 수용되는 초기 과정에서 나타난 성격을 중심으로 살펴보고, 오늘의 한국기독교에 주는 역사적 의미를 생각해보고자 한다. 여기에는 과거의 기독교 선교역사나 그들의 흔적들을 무의식적으로 더듬는 것이 아니라 이를 통해 오늘날 지식정보화와 세계화의 물결 속에 새로운 문명의 전환기를 맞이하고 있는 21세기의 역사적 흐름 속에서 한국기독교의 역할을 조망하고자 하는 목적이 있다.

2. 자생적 신앙공동체의 형성

선교사가 선교지에 도착했을 때 가장 먼저 해야 할 임무 중 하나는 성경을 그 나라 글로 번역하는 일이다. 그 점에서 외국 선교사가 한국에 들어

오기 전에 비록 국외이지만 한글성경이 탄생했다는 점은 세계 선교 역사상 찾아볼 수 없을 정도로 드문 예가 아닐 수 없다.

만주에서 간행된 한국교회 최초의 한글성경은 〈예수성교 누가복음전서〉이다. 이 성경은 중국 심양에서 1882년 3월 24일 간행·출판되었다. 스코틀랜드 연합교회 목사로 중국 선교사이면서도 일찍부터 한국선교에 관심이 깊었던 로스(J. Ross) 목사와 그의 매제되는 매킨타이어(J. MacIntyre), 그리고 의주 출신으로 상업활동에 종사하던 서상륜(徐相崙), 이응찬(李應贊) 등과 같은 한국인 개종자들의 산물이었다.[1] 즉 이들의 노력, 선교적 열정과 자발적 참여의 결합은 4년 만에 순한글성경이 번역·출판되는 결정적 계기가 되었다.

여기에는 참여한 한국인들에 대해 로스와 매킨타이어의 글에는 이응찬, 백홍준(白鴻俊), 서상륜 이외에 '첫번째 수세자', '네번째 수세자', '임오군란으로 망명한 군인들', '서간도 한인촌 학자' 등 무명의 한국인 동역자들이 언급되어 있다. 한국인들이 번역에 사용한 대본은 중국 한문성경인 〈신약전서 문리역〉(新約全書文理譯, 1852)이었다. 이들의 한글성경 번역작업은 드디어 1887년 신약을 모두 완역한 〈예수성교전서〉로 일단락되었다.

만주에서 성경이 한글로 번역되어 출판될 무렵 일본에서도 동일한 일이 일어나고 있었다. 그 주인공은 이수정(李樹廷)이었다. 온건개화파 학자였던 그는 임오군란 때 민비를 구출한 것이 인연이 되어 1882년 9월 수신사(修信使)의 비공식 수행원으로 일본에 건너갔다. 일본에서 신식문물을 배우려고 했던 그는 그곳에서 기독교를 접하고 기독교인이 되었다.

기독교인이 된 이수정은 하나님의 기쁜 소식을 우리 민족에게 전달하는 것이 최대의 소망이라고 생각하게 되었다. 곧 미국 장로교 선교사들의 도움을 받아가며 그는 1883년 5월부터 성경번역에 착수했다. 1884년 4월에 한문성경에 토를 다는 방법으로 4개의 복음서와 사도행전을 번역·출판했

---

1)   김양선, 『한국기독교사 연구』, 기독교문사, 1971, 48~53쪽.

다. 이에 만족치 않고 이수정은 한글성경 번역작업에 더욱 박차를 가했다. 그 결과, 1885년 2월 〈마가복음〉이 국한문 혼용체로 번역·출판되었다. 이수정의 이런 활동은 그가 교제했던 재일 선교사들에게 한국선교의 필요성을 갖게 만들었고, 그들이 한국선교를 구체적으로 실천하는 데 큰 기여를 했다.[2]

이처럼 만주와 일본에서 한글성경 번역은 외국 선교사가 이 땅에 들어오기 전에 이뤄졌다는 점에서 세계 교회 역사상 독보적인 위치를 차지하고 있다.

그러나 이런 의미를 초월하여 한국교회에서 빼놓을 수 없는 것은 성경번역작업에 참가했던 한국인 개종자들이 단순히 성경번역에 그치지 않고 이 과정에서 진정한 신앙인으로 거듭났으며, 한국인 자생적인 신앙공동체를 세워나갔다는 데 있다.

만주의 한글성경 번역에 참여했던 한국인 개종자들은 1879년 백홍준(白鴻俊), 이홍준을 비롯한 4명의 한국인이 매킨타이어로부터 세례를 받았다. 이에 따라 한국개신교 최초의 신앙공동체가 형성되기 시작했다. 이들 한국인 개종자들은 성경을 통해 기독교에 접하고 스스로 진리를 찾아 확실히 배우며 신앙을 고백하기 위해 선교사를 찾아와 세례를 받고 고향으로 돌아가 복음의 전도자가 되기를 원했던 뜨거운 신앙의 소유자들이었다.

만주에서 번역된 한글성경은 한국인 개종자들과 권서들에 의해 반포되기 시작했다. 이들은 마을마다 성경을 짊어지고 들어가 복음의 씨를 뿌렸다. 그 결과 외국 선교사가 국내에 공식적으로 들어오기 전인 1880년대 초에 이미 만주와 한반도에 여러 개의 신앙공동체가 설립될 수 있었다.[3]

한편 일본에서 한글성경을 번역한 이수정은 열렬한 신앙의 소유자였

---

2) 한국기독교역사연구회, 『한국기독교의 역사』 I , 기독교문사, 1989, 157~166쪽.
3) 이만열, 「1880년대 서간도 한인촌 기독교 공동체 연구」, 『한국기독교와 민족의식』, 지식산업사, 1991 참조.

다. 그는 신앙과 전도의 첫 열매로 동경외국어학교 한국어 교사를 얻었다. 이어 이수정은 여러 명의 유학생들에게 성경과 교리를 가르치게 되었고, 계속해서 예수를 믿고 세례를 요청하는 유학생들이 늘어갔다. 그 결과 1884년 말까지는 20여 명의 결신자가 생겼다. 이수정은 주일학교를 개설하여 성경과 교리의 교육을 체계적으로 실시하기도 했다. 이수정의 열정적인 노력으로 일본 유학생들 세계에 기독교 개종이라는 결과가 나타났고, 이들을 중심으로 유학생들의 자생적인 신앙공동체가 형성되었다.

이수정이 지도하던 주일학교 모임은 점차 발전하여 미국 선교사들이 와서 성경을 가르치는 일종의 성경연구회로 확대되었고, 주일마다 설교자를 초청하여 정기적으로 예배를 드리게 되었다. 1883년 말 일본 동경에 세워진 최초의 한인교회였다. 또한 이수정은 1883년 7월과 12월 두 차례에 걸쳐 미국교회에 선교사파견 청원서를 보내었다. 이수정의 전도로 한국인 개종자가 늘어나는 것을 놀라워하던 재일 선교사들은 한국에 선교사를 파송해 달라는 이수정의 요청에 커다란 기쁨을 감출 수가 없었다. 한 선교사는 이수정의 요청을 '한국의 마게도니아인의 부름'이라고 표현했다.[4]

이렇게 만주와 일본에서 한글성경의 탄생은 우리글로 된 성경을 소유했다는 의미를 넘어 한국인이 주체가 되는 자생적인 신앙공동체의 설립으로 연결, 발전되었다는 점에서 이는 역사적으로 높이 평가받아야 한다. 즉 한국기독교 역사의 유산 가운데 하나는 선교사가 들어오기 전에 이미 선구적 한국인들에 의해 복음이 수용되었고, 상당수의 세례지원자들이 배출되었고 만주와 일본에서 우리말로 된 성경이 여러 경로를 통해 국내에 반입되어 그것을 읽은 사람 가운데, 또 백홍준, 서상륜과 같은 용기 있는 전도인들의 활약에 의해 기독교를 믿으려는 의사를 표시한 사람들이 생겨난 것이었다.

그런 의미에서 한국에 입국한 초기 선교사들의 활동은 복음을 전하는

---

4) 백낙준, 『한국개신교사』, 연세대학교 출판부, 1973, 85쪽; 김양선, 위의 책, 58쪽.

것이라기보다 이미 믿기로 결심한 한국인들에게 세례를 주는 일이었다. 이 같은 특징은 언더우드의 고백에서 상징적으로 드러났다.

> "그 무렵은 씨를 널리 뿌릴 시기였음에도 동시에 우리는 첫 열매들을 거둘 수가 있었습니다."[5]

선교사들의 본격적 입국과 함께 틀을 잡아간 한국기독교는 한국기독교 인의 적극적이고 주체적인 자발성에 의해 더욱 든든히 뿌리를 내려갔다. 선교사들이 국내에 들어왔지만 1894년이 될 때까지 전도사업이 금지되어 있었고 선교여행이 제한되어 있었다. 이런 상황에서도 각지에 교회가 설립되고 복음이 전파되었던 것은 다 한국의 전도자들의 목숨을 건 복음전파에서 비롯된 것이다.

특히 성서공회에 고용되어 성경책과 전도책자를 판매하는 행상이었던 '권서(勸書)', 전도부인과 같은 이들은 복음전파의 어려움이 대단히 많았다. 이들은 선교사들이 미치지 않는 시골이나 산간벽지에서 활동했기 때문에 한 권의 책을 팔기 위해 하루에도 수십, 수백 리를 걸어다니며 복음을 전파했다. 초기 전도인들이 많은 시련 속에서도 육체적 · 정신적 고통을 극복하고 영혼을 구원하는 자로서의 임무를 실천할 수 있었던 것은 무엇보다도 '인내'와 '믿음'이었다.[6]

이처럼 선교사들이 입국한 지 얼마 되지 않아 교인이 생겨나고 교회가 설립되고 한국교회가 발전하는 데는 선교사들의 헌신적인 노력에도 힘입은 바가 컸지만, 그보다는 목숨을 건 선구적 한국인 교인들의 열정적인 전도활동에 보다 큰 공헌을 돌려야 할 것이다.

---

5) H.G. Underwood, *Call of Korea*(New York: Fleming H. Revell Company, 1908), p. 136.
6) 이만열, 「권서에 관한 연구」, 『한국기독교와 민족의식』, 1991 참조.

3. 삼위일체식 선교와 기독교 발전

우리나라는 1882년 미국과 수교를 맺음으로써 서구열강에 대한 문호를 개방했다. 그러나 위정자들과 지배계층은 여전히 기독교에 대해 반대하는 척사정책을 취하고 있었다. 1883년 한영수호조약에서 비로소 공사관 직원들의 종교의식이 제한적으로 허용되기는 했으나, 기독교는 조선사회에서 여전히 금지되어 있었다.

이런 상황에서 한국에 대해 선교적 관심을 갖고, 선교사를 직접 한국에 파견한 최초의 나라는 미국이었다. 처음 미국교회는 다른 지역에 비해 한국에 대해 별 관심이 없었다. 하지만 1882년 한미수호통상조약이 맺어진 뒤, 중국과 일본에 파견된 미국계 선교사들이 본국 선교본부에 한국선교의 필요성을 강조했고, 미국에 온 견미사절단을 우연히 기차 안에서 만났던 가우처(J. F. Goucher) 박사가 한국선교에 대해 그 필요성을 호소하면서 미국교회는 비로소 관심을 갖기 시작했다. 또 일본 주재 선교사들이 '의료'와 '교육'을 통한 한국개척선교의 전망이 대단히 밝다는 사실을 강하게 주장한 것도 미국교회가 한국에 대한 선교적 관심을 갖게 된 배경이 되었다.[7]

1984년 6월 24일에 재일 감리교 선교사 매클레이는 해외선교본부의 요청을 받고 약 2주간 한국을 방문했다. 일본에서 만난 적이 있던 김옥균(金玉均)의 도움으로 고종에게 '의료와 학교에 대한 사업을 시작할 수 있도록 허가해달라'고 요청할 수 있었고 고종의 허가를 받아냈다.[8] 이것은 외국 선교사들의 국내 입국을 가능케 한 결정적 계기가 되었다.

한국에 가장 먼저 선교사를 입국시킨 것은 미국 북장로회였다. 한국에 공식적으로 입국한 첫 선교사는 알렌(H. N. Allen)이었다. 그는 1984년 9월 제

---

7) 한국기독교역사연구회, 위의 책, 194~199쪽.
8) 『윤치호 일기』, 1884년 7월 4일자.

물포에 도착함으로써 한국에 상주하는 최초의 개신교 선교사가 되었다. 이 듬해 4월 5일 부활절에는 북장로회 언더우드(H. G. Underwood), 미 감리회의 아 펜젤러(H. G. Appenzeller)가 제물포항에 도착했다. 이렇게 선교사업의 인적 · 물 적 조직체제를 갖춘 외국 선교회가 입국하게 되었고, 이는 한국기독교의 본 격적인 발전을 가져오게 되었다.

여기서 우리가 주목할 것은 교회, 병원, 학교를 통한 선교방식, 이른바 삼위일체식(三位一體式) 선교방식이다. 이는 당시 한국사회가 무엇보다 필요로 느꼈던 문제들을 해결하는 데 크게 기여한다. 교회가 한국인들의 영혼을 살 리는 곳이라면, 병원은 질병에 고통당하는 한국인들의 육신을 회복시키는 기관이었고, 학교는 절망에 빠진 한국인의 정신과 사회를 개혁할 인재를 양 성하는 장소였다. 학교와 병원, 그리고 교회를 통한 선교사업은 유기체적으 로 연결되어 전개되었다. 이는 한국교회의 토대를 든든히 했을 뿐만 아니라 기독교가 시대가 요구하는 사회적, 민족적 과제를 해결해 가는 중요한 통로 가 되었다.

학교와 병원을 통한 간접선교 방식은 반서양 · 반기독교의 사회적 분위 기에서 채택한 우회적인 선교방식에서 비롯되었다. 당시 개화를 통한 근대 문명의 수립을 절실히 갈망하던 한국사회는 유교적 이데올로기와 대립된다 고 판단한 기독교의 직접적인 전도만 아니라면 서구근대문명의 수용 일환 에서 학교와 병원에서 일할 수 있는 기독교 선교사들의 입국과 그들의 활동 을 보장해주었던 것이다. 기독교 선교사들의 국내 활동은 자연스럽게 교육 및 의료 기관 등을 무대로 전개되기 시작했다. 이에 따라 학교와 병원은 초 기부터 직접적인 복음활동과 교회설립의 '모태'로 자리 잡게 되었다. 학교와 병원 사업은 1884년 7월 매클레이가 고종으로부터 허락받으면서 공식적으 로 개시되었다.

선교사들이 가장 먼저 시작한 것은 의료선교였다. 1884년 미국공사관 소속의사로 들어온 알렌이 갑신정변 때 중상을 입은 민영익을 치료한 결과

1885년 4월에 한국 최초의 근대식 병원인 광혜원(廣惠院)이란 병원을 세웠다. 얼마 안 있어 제중원으로 개칭된 이 병원은 국왕에 의해 인정받았다는 점에서 의료기관으로서뿐만 아니라 선교사업을 위해서도 선교센터 역할을 했다. 제중원은 1887년 남대문 안 구리개(銅峴)로 옮기면서 헤론선교사가 맡아보다가 1894년부터는 에비슨에 의해 운영되었다. 그러다가 미국인 실업가 세브란스의 도움으로 남대문 밖에 새 건물을 마련하게 되어 오늘의 세브란스병원을 발전했다.

1885년 9월에는 정동에서 감리교 스크랜튼(W. B. Scraton)이 민간의료기관으로 진료소를 시작했고, 이듬해 6월에 시병원(施病院)이란 정식 병원을 설립했다. 이 병원은 제중원과 달리 버림받은 환자들, 즉 민중들을 진료하는 데 정성을 들였다. 1887년에는 하워드(M. Howard)가 보구여관(保救女舘)이란 여성 전용병원을 세웠다. 이외에도 서울에는 여러 진료소가 개설되었고 각 지방의 선교기지마다 병원과 진료소가 설립되었다. 이렇게 설립된 병원들은 선교사들에게 복음전도의 유용한 도구가 되었고, 한국인들에게는 기독교를 접할 수 있는 좋은 계기가 되었다.

교육선교도 이 같은 연장선상에 이루어졌다. 1885년 말 영어를 배우러 찾아 온 2~3명의 학생을 가르치던 아펜젤러는 1886년 6월부터는 2명의 학생으로 정식 학교를 시작했다. 이것이 한국 근대교육의 효시인 배재학당(培材學堂)이었다. 장로교의 언더우드도 고아원 형태로 교육사업을 시작했는데, 1886년 5월의 일이었다. 이를 가리켜 '예수교학당', '민로아학당', '구세학당'으로 부르다 1905년 경신학당(敬新學堂)으로 정착되었다. 1897년 베어드(W. M. Baird)는 자신의 사랑방에서 숭실학당(崇實學堂)을 설립했는데. 이 학당은 1906년에 숭실대학으로 발전했다.

또 여자학교도 설립되었다. 1886년 5월에는 스크랜튼(M. F. Scraton) 대부인에 의해 미 감리회 이화학당(梨花學堂)이, 1887년 6월에는 엘러즈(A.J. Ellers)에 의해 북장로회 정동여학당이 시작되었다. 이들 여학교의 초창기 학생들은 대개 고아거나 과부·첩과 같은 소외계층의 여성이었다. 이들은 봉건적 사회체제에서 무시 받았으나 기독교 학교를 통해 자기를 계발할 수 있는 기회를 가질 수 있었다.[9]

다음으로 학교와 병원을 통해 한국사회에 접근하면서 동시에 기독교는 직접 선교방식으로 교회를 설립하기 시작했다. 이는 국내에 선교사들이 들어오기 전에 해외에서 우리말로 번역된 성경이 전도인에 의해 들어와서 상당수의 기독교 개종자들이 생기게 되었고, 이때 국내에 입국한 선교사들은 이를 기초로 하여 교회 설립에 착수했던 것이다.

한국교회에서 가장 먼저 생긴 교회는 소래교회이다. 이 교회는 만주 지역에서 한글성경에 참여했던 서상륜과 그의 동생 서경조의 전도 결실이었다. 1883년 로스에 의해 서울 전도인으로 파송받아 국내에서 전도활동을 펼치던 서상륜은 갑신정변의 여파로 서울에서의 전도활동이 힘들게 되자 동생이 정착해 있던 황해도 소래(松川)로 내려갔다. 그곳에서 동생과 함께 전도활동에 나서 20여 명의 개종자가 생겨났고, 그들을 중심으로 '주일마다 예배드리는' 신앙공동체로서 교회가 설립되었다. 이것이 바로 '한국개신교의 요람'으로 불리는 소래교회의 시작이었다.[10]

장로교 첫 조직교회는 새문안교회이다. 이 교회는 1887년 9월 서울 정동 언더우드 사택에서 14명의 세례교인으로 설립되었다. 이 교회의 특징은 선교사들의 복음전도 행위에 의해서가 아니라 서상륜을 비롯한 한국인 전도인에 의해 개종한 교인들이 중심이 되었다는 점이다. 이와 함께 감리교에서 처음으로 조직된 교회는 정동교회이다. 이 교회는 장로교 언더우드와 함께 첫 복음선교사로 온 아펜젤러에 의해 설립되었다. 1887년 10월에 현재의 남대문 근처에 집을 개조해 만든 '베델' 예배당에서 아펜젤러와 한국인 교인

---

9)   김양선, 위의 책, 63~67쪽.
10)   민경배,『한국기독교회사』, 대한기독교출판사, 1982, 168~173쪽.

4명이 오후 예배를 드림으로써 감리교의 모교회인 정동교회가 탄생했다. 이 교회는 1897년 12월 현재의 정동 지역에 벽돌예배당을 짓고 이전하여 오늘에 이르고 있다.

4. 기독교 민족운동의 전개

19세기 말 한국사회에 수용되기 시작한 한국기독교의 교인 수가 청일전쟁(1894)과 러일전쟁(1904) 사이에 현저하게 증가되었다. 이는 전쟁이란 극한 상황에서 민중계층이 생명과 재산을 보호받기 위해 '외국인의 소유'라는 인식을 갖고 있던 교회를 택했고, 그 결과 교인 수의 급증이 이루어졌다. 그러나 단순히 생명과 재산의 보호 기능을 한 것만이 아니었다. 교인들은 전쟁을 통해 기독교 신앙을 확고히 하는 계기가 되었고, 교인들의 전쟁피난으로 복음전파가 도시중심에서 지방으로 확산되었다. 전쟁 중 절대자에게 의지하는 신앙이 깊어지고 확산되었던 것은 전쟁 이후 한국교회 발전의 기틀이 되었다.

신자의 증가는 전쟁의 무대가 되었고, 탐관오리의 행패가 심했던 관서지방에서 더욱 현저하였다. 이것은 관서지방의 교인들이 민족을 구원하는 길은 예수의 희생·봉사의 정신으로 새 사람을 만드는 데 있다는 믿음과 열정적인 전도의식에서 비롯되었다. 사람들은 선교사들의 전도를 직접 받지 못하더라도 한국교인들이 전해주는 성경과 그들에게 희망에 찬 생활에서 기독교의 진리를 발견해 냈다. 전쟁의 격전지인 관서 지역에는 사방으로 흩어진 피난 교인들로 말미암아 광범위한 지역에 교회가 개척되었다.[11]

이처럼 기독교인의 민족의식 형성은 초기 기독교 신앙의 수용과 동시

---

11) 이광린, 「개화기 관서지방과 개신교」,『한국의 근대화와 기독교』, 1983 참조.

에 시작되었다고 볼 수 있다. 한국기독교의 수용이 제국주의 열강의 정치·경제적 침투가 현실화되었던 개항시기와 같은 때에 이루어지고 있다는 것이 큰 이유였다. 특히 1900년대 비기독교인 일본에 의한 침략이 노골화되면서 기독교와 민족운동이 자연히 결합될 수 있었다.

기독교인의 민족의식은 1890년대 일본제국주의의 침략이 본격화된 청일전쟁이 일어나면서 표출되기 시작했다. 한국의 지배권을 놓고 일본과 청국이 벌이는 전쟁을 목격한 기독교인들은 국가적·민족적 위기의식을 느끼고, 여러 개혁운동에 직접 참여했다. 그것이 기독교인 서재필, 윤치호가 주도한 독립협회(獨立協會)였다. 그러나 이런 개혁운동도 실패로 끝나고 여기에 가담했던 많은 지식인들이 감옥에 투옥되었다. 이때 체포되었던 정치범들 가운데 상당수가 1903년 말에 옥중에서 신앙적 체험을 하고 옥중개종하기도 했다. 이들 옥중개종자들은 이후 기독교 정신에 기초해 일제의 침략에 맞서 전개한 여러 개혁운동에 참여했다.

기독교인들의 민족의식은 러일전쟁 이후 일본에 의한 주권상실이 가속화되는 가운데 더욱 현저하게 나타났다. 기독교인들은 구국기도회를 개최하여 개인의 이기적 동기에서 입교한 초기 교인들에게 민족정신과 국가의식을 고취시키는 계기가 되었다. 이외에도 국권을 회복하기 위한 실력양성을 위해 기독교인들은 YMCA와 같은 종교단체, 신민회와 같은 민족운동단체에 적극 참여하여 교육운동, 식산흥업운동, 정치개혁운동을 전개했다.[12]

요컨대, 19세기 말 이래 한국은 몰려드는 서구열강의 힘 앞에 속수무책으로 당했고, 결국 20세기에 들어 일본제국주의에 강점되는 불행을 낳았다. 이 같은 민족적 위기의 순간에 기독교로 개종한 많은 한국인들이 강한 민족의식을 지니고 복음을 받아들였다. 민족적 위기의 순간에 기독교인들은 민족의 현실적 고난을 성경에 증거된 하나님 섭리의 과정으로 이해하고 우리

---

12) 박정신, 『근대한국과 기독교』, 민영사, 1997 참조.

민족 속에서 섭리하시는 하나님의 뜻을 발견하기 시작했다. 예수를 믿는 것과 나라를 구하는 것이 하나로 인식했다. 이런 민족신앙은 민족적 수난기에 한국교회의 민족운동에 커다란 원천이 되었다.[13]

한편, 일제가 한국을 강점하고 난 뒤에 가장 먼저 탄압한 것은 기독교 세력이었다. 이를 상징적으로 보여주는 것이 1911년에 일어난 이른바 '데라우치 암살사건'으로 촉발된 105인 사건이다. 이 사건은 강점 이전에 일본에 저항했던 세력 중에 기독교 세력이 강력했음을 파악한 일제가 한국을 식민지화하고 난 뒤 가장 먼저 기독교 민족주의 세력을 뿌리 채 뽑으려고 한 첫 시도였다. 그러나 이 사건은 오히려 기독교 민족운동가들에게 민족운동에 대한 확신을 심겨주었다. 3 · 1운동은 이를 보여주는 대표적 운동이었다.

3 · 1운동은 기독교인들과 천도교인들이 주도적으로 계획하고 준비한 거족적(擧族的)인 민족운동이었다. 운동을 준비하고 조직하는 데 기독교인들은 결정적 역할을 담당했다. 또 운동이 전국 각지로 확산되는 데 한국교회의 전국적 조직과 개교회(個教會)가 활용되었다. 이런 탓에 3 · 1운동 과정 중에 일제의 무력적 탄압을 가장 많이 받은 것이 교회였다.[14]

그러나 1920년대 한국교회는 3 · 1운동의 충격과 경제적 궁핍 속에서 저 세상을 강조하면서 식민지적 현실을 외면하려는 자세가 현저하게 나타났다. 이는 교회 안팎의 의식있는 젊은이들로부터 비판과 도전을 받게 되었다. 교회 밖의 한 지식인은 "예루살렘 조선을 바라보면서"라는 글에서, '예루살렘의 조선이 권위 추종자, 가난한 이를 짓밟는 외식적, 소경이 되어 남을 인도하는 위선자들이 준동하는 곳이 되었다'고 지적하고 '회칠한 무덤과 같은 예루살렘의 조선'이라고 한국교회를 신랄하게 비판한 적이 있다.[15]

여기에 당시 기독교인들에게 큰 충격을 준 것은 3 · 1운동 이후 사회주

---

13) 김권정, 『1920 · 30년대 한국기독교인들의 민족운동 연구』, 숭실대 사학과 박사학위논문, 2001 참조.
14) 김양선, 「삼일운동과 기독교계」, 『삼일운동 50주년 기념논집』, 동아일보사, 1969 참조.
15) 견지동인, 「예루살렘의 조선을 바라보면서」, 『개벽』 1925년 7월호, 55~61쪽.

의자들의 기독교에 대한 배척운동이었다. 종교를 '아편'이라고 주장하던 사회주의자들은 기독교가 제국주의의 수족이며 자본주의의 주구로 일제에 협력하고 있다고 판단하고, 기독교가 교인들에게 현실에 대한 복종을 강조하여 독립정신을 말살시키며 미신과 허위를 선전하고 있다고 비난했다. 나아가 평소에 한국교회가 사회에 기여한 분야 가운데 가장 자랑해 마지않던 교육과 의료에 대해서도 철저하게 제국주의와 자본주의의 침략 일환임을 주장했던 것이다.16)

우리가 역사를 통해서 보면 늘 대내외의 충격을 어떻게 대응하는가 하는 점이 가장 큰 문제로 떠오른다. 말도 안되는 소리로 치부해 버릴 것인가 아니면 다시 한 번 자신의 자리를 돌아보면서 무언가 새로운 모색을 시도할 것인가. 엄청난 충격은 시대의 전환기에 항상 따라오기 마련인데, 이것을 어떻게 맞이하고 이를 자기갱신의 동력으로 삼을 수 있는가 하는 것이 역사의 성패를 가름하는 문제이다.

분명 한국사회와 사회주의자들의 기독교 배척은 한국교회의 엄청난 충격이었다. 그러나 당시 한국교회의 대응은 오늘과 비교에도 대단히 달랐음을 발견할 수 있다. 사회주의자들의 기독교 배척에 대해 냉소적으로 부정한 부류도 있었으나, 이에 대해 대체로 공감하고 이를 한국교회의 자기반성으로 삼고 한국사회에서의 자기위상을 정립하기 시작했다는 말이다.

오히려 기독교에 대한 대내외 비판은 기독교인으로 하여금 일제 강점기의 식민지 현실을 직시하게 만들었고, 적극적인 사회운동을 전개하는 배경이 된 것이다. 이런 상황에서 한국교회는 자기정체성을 모색하기 시작했는데, 그런 작업은 식민지 조선을 다시 발견하는 과정을 통해서였다. 완전히 죽어서 도저히 소생하지 못할 것과 같은 식민지의 절망적 현실 속에서 한국교회는 다가오는 민족과 교회의 희망을 찾기 시작했으며, 기독교가 이

---

16) 김권정, 「일제하 사회주의자들의 반기독교운동에 관한 연구」, 『숭실사학』 10, 1997 참조.

일을 감당할 수 있고 감당해야 함을 역설하였다.

1920년대 말 무렵, 함석헌 선생은 「성서로 본 한국역사」에 우리 민족이 당하는 고통에 하나님의 뜻이 있음을 발견하고 '시궁창'과 같은 일제 식민지의 암울한 현실을 넘어 내일에 대한 희망을 선포했다. 김교신은 "조선은 다시없는 조선"이라는 신념을 가지고 "성서와 조선"을 추구하여, "조선에 성서를 주어 그 뼈와 살을 세우며 그 혈액을 만들자"고 주장하면서, 한국교회의 자기 정체성을 조선이라는 암울한 식민지 현실 속에서 찾아냈다.[17]

이런 눈으로 한국교회는 비로소 식민지의 척박한 현실을 보기 시작했고, 그 가운데 발견한 것이 전체 인구 가운데 80%로 일제의 수탈적 농업정책에 처참한 삶에 처해 있는 농민들이었다. 이들을 위해 자리를 박차고 나선 한국기독교회는 교파를 초월하여 대대적으로 농촌운동을 전개하기 시작했다. 이 시기의 농촌운동은 그렇기에 농촌을 살리는 운동인 동시에 민족을 살리는 운동이었으며, 잃어버렸던 우리의 자기 정체성을 확인하는 작업이었다.

이런 자각 속에서 3 · 1운동 이후 기독교 민족운동은 합법적인 실력양성운동인 농촌운동, 절제운동으로 나타났다. 농촌운동이 사회경제적 위기를 탈출하자는 운동이었다면, 절제운동은 문화 · 정신적 위기를 벗어나자는 운동이었다. 이는 일제가 한국교회에 대해 갖고 있는 탄압의 눈길을 피하면서도 어떻게 하면 현실을 변화시켜 궁극적으로 민족적 목적인 독립을 준비할 것인가라는 인식에서 비롯되었다.

이렇게 당시 한국인구의 80%가 농촌에 거주하는 농민임을 깨달은 한국교회와 기독교 민족운동가들은 1920년대 중반부터 30년대 중반까지 농촌운동을 전개했다. 각 교회의 교단과 기독교 사회단체 등을 막론하고 농촌운동은 기독교 민족운동으로 활발히 펼쳐졌다. 또한 일본식 퇴폐문화가 3 · 1

---

17) 한국기독교역사연구회, 『한국기독교의 역사』 II, 1990, 기독교문사, 202~206쪽.

운동 이후 이른바 문화통치라는 이름하에 한국에 이식되어 수많은 청소년들을 오염시키게 되었는데, 이를 막아내기 위한 절제운동이 1920년대부터 기독교인들을 중심으로 활발히 전개되었다. 당시 이 운동을 벌이던 기독교 민족운동가들은 이 운동이 민족을 살리는 운동이라고 보고 더욱 힘을 쏟았다. 이 운동은 주로 여성운동가들이 주도했다는 점이 큰 특징이었다.[18]

5. 나오는 말

지난 한국기독교의 기억들은 오늘 우리에게 하나의 방향을 제시한다. 한국교회는 하나님의 말씀에 비추어 자신의 모습을 다시 찾는 동시에 과거 속에서 하나님께서 한국교회에 주셨던 은혜와 우리의 신앙의 선배들이 감당하고 이뤘던 역사를 기억하고 다시 찾아내야 한다. 오늘의 혼란한 현실 속에서 자신의 모습을 읽어내는 결단 속에 한국교회의 나아갈 방향을 확립하는 것이 무엇보다 필요하다. 여기서는 앞에서 살펴본 것들을 정리하면서 끝내고자 한다.

먼저, 한국기독교는 복음에 대한 주체적이고 능동적인 자세와 헌신을 회복해야 한다. 한국기독교의 특징 가운데 하나는 선교사가 들어오기 전에 이미 만주와 일본 지역에서 선구적인 개종자들에 의해 복음이 수용되어 상당수의 세례 지원자들이 배출되었다. 이미 선교사들이 공식 내한하기 10년 전부터 복음이 한국인들에게 전해졌고, 한국기독교인들 손에 의해 국내에 전파되고 있었음이 새롭게 밝혀졌다.

나아가 한국인 개종자들의 참여 하에 간행된 한글성경이 국내에 반입되어 전도에 사용되었다는 점이다. 선교사 입국 이전에 이미 한글성경이 번

---

18) 한국기독교역사연구회, 위의 책, 222~241쪽 참조.

역 출간되었는데, 이런 예는 세계기독교 선교 역사상 그 예를 찾기 어려운 것이다. 한글성경은 한국인 개종자들과 권서인들에 의해 배포되기 시작했는데, 그 결과 외국 선교사가 국내 공식적으로 들어오기 전에 1880년대 초에 이미 만주와 한반도에는 여러 개의 자생적인 신앙공동체가 설립될 수 있었고, 약 70여 명의 결신자가 생길 정도였다.

그래서 한국에 입국한 초기 선교사들은 복음을 직접 전하는 것보다 이미 믿기로 작정한 한국인들에게 세례를 주는 일을 했다. 적극적이고 주체적인 태도와 목숨을 건 전도자들의 복음전파로 각지에 교회가 설립되고 복음이 확산되어갔다. 이들은 성경책과 전도책자를 들고 시골이나 산간벽지 수십, 수백 리 길을 걸어 다니며 복음을 전파했다. 비탄과 절망에 빠져 있는 한국인들의 영혼을 복음으로 치유하고 다시 소생시키자는 순수한 열정이 한국교회의 초석을 이루었던 것이다.

이런 의미에서 한국기독교의 발전은 목숨을 건 선구적인 한국 교인들의 열정적 전도와 현실에 큰 공헌을 돌려야 하며, 이들이야말로 진정한 한국교회의 주인임을 기억해야 한다. 오늘날 한국교회의 희망의 근거는 이름 없이 빛도 없이 묵묵히 기도하며 가난과 질병을 마다하지 않고 복음을 위해 헌신하고 있는 수많은 기독교회와 교인들에게서 찾아야 한다. 주체적이고 능동적인 이 같은 기독교인들이 바로 한국교회를 지탱하고 끌어가는 원동력임을 인식해야 한다. 여기서 우리는 다시 한국교회의 희망과 나아갈 방향을 찾아야 한다.

다음으로, 한국기독교는 철저한 현실인식을 바탕으로 사회개혁과 민족문제에 깊게 관련을 맺고 활동했던 역사를 회복해야 한다. 기독교가 수용되던 때는 사회개혁과 자주적 독립의 과제를 안고 있었기 때문에 한국기독교 또한 이런 현실을 외면할 수 없었다. 기독교는 때론 소극적인 때도 있었지만 우리 근대 역사 속에서 사회개혁운동과 항일민족운동에 지속적으로 노력하는 전통을 이룩했던 것이다.

수용 초기부터 한국교회는 관료사회의 부정부패와 온갖 사회의 억압, 그리고 구조적 불의에 저항했다. 일본제국주의 침략이 노골화되었을 때는 정치·경제적 방법에서, 그리고 기도회와 예배의식과 같은 종교의식을 통해 민족의식을 고취하고 자주성을 유지하고자 했다. 1890년대 독립협회이래 한말의 구국운동, 신민회사건, 3·1운동을 전개했고, 장인환·전명운·안중근·이재명 등의 열사와 의사 또한 예외 없이 기독교인들이었다.

기독교인들은 개인과 민족의 자유와 권리가 심각하게 억압받던 한말과 일제 강탈의 상황에서 "'자유'를 위해 부르심을 입었다"는 성경 구절을 읽으면서 개인과 민족의 자유, 신앙의 자유 등을 갈망하게 되었다. 억압받는 현실에서 교회는 자유를 꿈꾸며, 자유를 추구한 공동체였다. 우리는 도산 안창호, 우남 이승만, 우사 김규식, 남강 이승훈, 고당 조만식 등 수많은 이 땅의 민족 지도자들이 그런 기독교적 신앙에 바탕한 사람들이었음을 기억해야 한다.

이들 모두가 기독교를 통해 이웃사랑과 민족사랑을 배웠다고 고백하며 기독교에서 희망을 찾았고 기독교만이 한국의 유일한 구원이요, 소망이라고 주장했다. 힘없이 무너지는 한국사회의 허약함을 비판하면서 이들은 한국민의 윤리와 정신의 개조와 갱생을 통해서만 정치와 사회의 건강을 다시 찾을 수 있다고 확신했다. 이들에게 기독교는 그저 단순한 종교적 신앙을 넘어 하나의 이데올로기였고, 이 나라와 이 민족을 살리는 역사의 방향이었다.

숭실 출신의 고당 조만식 선생은 민족주의자의 전형으로 평가된다. 그는 평소에 가장 존경하는 인물을 언급했는데, 의외로 숭실의 창립자인 베어드 선교사를 꼽았다고 한다. 그러나 그것은 의외가 아니었다. 조만식은 그 이유를 베어드 선교사가 한국민에게 '개인의 영혼을 구원할 뿐 아니라 이 민족을 구원하는 것'을 가르쳐 주었기 때문이라고 했다. 철저한 민족주의자요, 한평생을 일체의 불의에 맞서 싸웠던 조만식 선생에게 기독교는 개인뿐만 아니라 민족을 살리는 것이었다.

오늘 한국교회의 정체성은 교회 안보다 밖의 시선 속에서 형성된다. 그럼에도 불구하고 한국교회는 교회 밖의 시선을 생각하지 않고 자신의 의지와 주장만을 말하고 관철시키려고 하지 않았는가. 교회와 사회의 구별을 얘기하기 전에 오늘 한국교회는 자기가 아니라고 여겨지는 것과 분명하게 구별하고 있는지 꼼꼼하게 자문해 보아야 한다. 오늘날 한국교회는 아무 생각 없이 보암직도 하고 먹음직도 한 왜곡된 세상문화에 대한 '닮음'을 추구하지 않았는지. 이제 한국교회는 한국사회의 천박한 경제주의와 천민문화, 다양한 삶의 역동성과 그 가능성을 무시한 채 오직 획일적인 하나의 기준만을 요구하며 이에 의해서만 움직여야 성공한 것으로 평가하는 왜곡된 사회적 가치관을 자랑하지 않았는지.

오늘 한국교회는 분명 위기적 상황이다. 그러나 우리는 어떠한 상황에서도 근본적 해결을 도외시 할 수 없다. 철저한 자기 성찰적 비판과 현실 인식을 토대로 한국교회는 자기정체성, 자화상을 확립하지 않으면 안 될 문제에 직면해 있다. 역사 속에서 그 가능성을 확인하고 찾아야한다. 우리의 잃어버린 개인적, 집단적 기억들을 끄집어내어 정리하고 그 속에서 새로운 미래를 향한 현재적 좌표를 설정해야 한다. 시대착오적 어리석음을 범하지 않기 위해서라도 한국기독교는 오늘 현재적 위치를 분명히 인식하고 한국사회에서 기독교의 역사적 의미와 존재 의미들을 깊이 끌어내어 미래를 개척하는 방향타로 삼아야 한다. 이때 비로소 한국기독교의 과거 기억들은 죽어버린 화석이 아니라 살아 있는 생물로서, 수많은 유리조각들이 아니라 우리를 돌아보게 하는 거울로서 한국교회의 정체성을 확인하고 확립하는 데 유익하게 작용할 것이다. 한국교회는 오늘 현실에 대한 무언가 대답을 할 것이며, 내일에 대한 방향을 제시할 수 있을 것이다. 좁고 편협한 자기중심의 시각에서가 아니라 지역, 당파, 민족을 초월해 크고 넓은 시각으로 당면한 문제와 문명의 전환기인 새로운 세기에 자기의 주어진 역할을 감당하며 힘차게 나아갈 수 있을 것이다(『한국의 기독교』, 겹보기, 2001).

II

초기 한국교회 신분갈등과 제중원

1. 들어가는 말

19세기 말 개신교 기독교가 한국사회에 수용되기 시작했다. 당시 한국 사회는 대내적으로 봉건사회의 모순이 드러나고 성리학적 유교질서가 와해 되어 갔으며, 대외적으로는 열강세력의 압력이 구체화되고 있었다. 기독교 는 외국 선교사가 공식적으로 입국하기 전에 이미 국외에서 한국인들의 주 체적이고 적극적인 태도 속에 수용되고 있었다. 만주와 일본에서는 우리말로 된 한글성서가 번역되었고 한국인 개종자들의 신앙공동체가 형성되었다.

이런 상황에서 선교사업의 인적·물적 조직 체제를 갖춘 외국 선교회 가 입국하게 되었고, 이는 한국기독교의 본격적인 발전을 시작하는 출발이 되었다. 이 과정에서 선교사들이 취했던 선교 형태는 '학교'와 '병원', 그리고 '교회'를 하나의 유기체적 시스템으로 묶는 '삼위일체식(三位一體式)' 선교방식 이었다.[1] 19세기 말 세계 선교의 일반적 형태였던 이 선교방식은 반서양· 반기독교의 태도가 팽배했던 비서구사회의 분위기에서 채택된 것이었다.

---

1)   김권정, 「한국사회와 기독교 수용」, 『11명의 전문가가 본 한국의 기독교』, 겹보기, 2001, 23~24쪽.

당시 비서구사회가 기독교의 직접 전파만 아니라면 서구근대문명의 수용이란 차원에서 학교와 병원에서 일하는 외국인과 선교사들의 입국과 그들의 활동을 보장해 주었고, 이를 계기로 설립된 학교와 병원을 중심으로 입국한 선교사들이 교회를 설립해 나가는 데 효과적인 접근이었다. 그런 의미에서 학교와 병원은 단순한 근대식 사회기관을 넘어서 초기부터 교회의 직접적인 복음 활동과 교회 설립의 '모태'로 자리 잡게 되었던 것이다.

19세기 말 한국사회에 선교사들이 정착하여 거주하기 시작한 곳에 병원과 학교가 세워졌다. 한국인 개종자의 세례와 입교 현상이 그대로 나타났다. 이 과정에서 1885년 한국 최초의 근대식 병원으로 설립된 제중원 내에서도 '교회(敎會)'가 형성되었던 것이다. '제중원교회'는 이후 반기독교 정서가 강하게 살아 있는 서울지역에서 개교회(個敎會)들이 설립되는 데 '모태'의 역할을 감당했다. 즉 1890년대 이후 서울지역의 장로교회로 설립된 곤당골교회(1893), 홍문동교회(1895), 승동교회·남대문교회(1904) 등은 모두 제중원교회와 직접적으로 연결되어 설립, 발전해 나갔던 것이다.[2]

이 글은 외국 선교사들이 공식 입국한 뒤에 기독교 수용 초기 서울지역에 장로교회가 설립되는 과정을 제중원과 관련성 속에서 살펴보고자 한다. 지금까지 한국기독교의 의료선교에 대해서는 많은 연구가 있어왔으나, 그 의료선교, 즉 병원을 통해 교회가 시작되고 있었다는 점은 거의 알려져 있지 않았다. 의료선교의 구체적 역할과 기능 중에서 그 실체를 찾아 정리하는 것은 후대의 몫이기도 하다.

이런 문제의식에서 이 글에서는 제중원과 같은 의료선교와 관련하여 선교사들이 국내에 입국한 뒤 선교활동이 활성화된 1890년대부터 1900년대까지 범위로 설정하고 제중원교회가 초기 서울지역 장로교회 설립과 발전에 어떤 역할과 영향을 미쳤는지를 집중 검토하고자 한다. 이를 통해 초

---

2) 대한예수교장로회, 『남대문교회사: 1885~2008』, 남대문 교회, 2008을 참조할 것.

기 한국기독교 역사에서 중요한 역할을 했음에도 불구하고 오늘날 거의 주목받지 못하고 있는 제중원의 신앙공동체적 모습을 추적하고자 한다. 이는 한국기독교 초기에 대한 역사적 이해의 지평을 새롭게 넓히는 데 그 의미가 있을 것이다.

2. 곤당골교회와 제중원

1) 서울지역의 초기 선교활동

서울은 조선사회 전 시기를 통해 조선사회의 지배층인 양반계급 가운데 일정한 절차, 즉 과거제를 통해 주로 관료가 된 관인(官人)들이 주로 거주한 지역이었다. 왕의 전제정치에 실질적인 행정요원이었으며, 왕의 권위를 대행하여 왕권을 집행하는 소수의 선택된 집단이 거주했던 지역이었던 것이다.[3] 이 때문에 서울은 조선사회의 전 시기를 통해 행정과 권력의 중심지가 되었고, 19세기 말경 당시 국내에 입국하기 시작한 외국 선교회와 선교사들도 사회의 중심지인 서울지역에 자연스럽게 거주지를 정하고 활동하기 시작했다.[4]

1880년대 중반 경부터 미국 선교사들을 중심으로 하는 외국 선교사들이 한국에 공식적으로 입국하기 시작했다. 그러나 그들의 선교활동은 극히 부진할 수밖에 없었다. 이는 한국정부와 사회의 기독교에 대한 배척의 분위기와 선교사들의 활동이 '학교'와 '병원' 사업에 제한되었던 것이 큰 원인이었다.[5]

---

[3] 서울특별시사편찬위원회, 『서울 六百年史』第一卷, 1977, 622쪽.
[4] 민경배, 「初期 서울地方教會에 대한 한 分析的 考察」, 『教會와 民族』, 대한기독교출판사, 1981, 125~126쪽.

이런 상황에서도 기독교 선교사들은 학교와 병원을 통해 한국사회에 접근하였고, 한국사회의 기독교에 대한 반감을 크게 줄여 나갔다. 당시 개화(開化)를 통한 근대문명의 수립을 절실히 갈망하던 한국사회는 유교적 이데올로기와 대립된다고 판단한 서구종교 '기독교'의 직접적인 전도만 아니라면 서구근대문명의 수용 일환에서 학교와 병원에서 일할 수 있는 기독교 선교사들의 입국과 그들의 활동을 보장해주었던 것이다.

기독교 선교사들의 국내 활동은 자연스럽게 '교육' 및 '의료' 기관 등을 무대로 전개되기 시작했다. 이에 따라 학교와 병원은 초기부터 직접적인 복음활동과 교회설립의 '모태'로 자리 잡게 되었다.[6] 선교사들이 의사와 교사 이전에 자국의 교회에서 안수를 받은 목사들이었던 관계로 이들 기관들을 통해 은밀하게 한국인들에게 복음이 전파되었고, 그로 인해 '신앙공동체'가 형성될 수 있었던 것이다. 즉 처음에는 외국 선교사들 및 선교사 가족들을 중심으로 이루어지던 '예배 공간(禮拜 空間)'에 시간이 지남에 따라 한국인 개종자들이 참여하게 되었고, 이 과정에서 예배가 외국인들이 아닌 한국인들 중심의 예배처로 변화되어 갔던 것이다.

이런 배경에서 우리는 한국 최초의 근대식 병원으로 출발한 제중원(濟衆院)[7]을 주목할 필요가 있다. 그것은 제중원이 병원임에도 불구하고 복음전파라는 요소를 충분히 충족시키고 있었기 때문이다. 즉 제중원이 병원으로서뿐만 아니라 '신앙공동체'를 이루며 초기 서울지역 장로교 선교의 중요한 거점 역할을 담당했다는 말이다.[8]

제중원의 신앙공동체적 성격은 제중원의 시작과 함께 시작되었다고 볼 수 있는 데,[9] 헤론(John W. Heron)[10] 선교사가 국내에 입국하여 제중원 의사로

---

5)   金良善,『韓國基督敎史硏究』, 기독교문사, 1971, 65~67쪽.

6)   車載明 編,『朝鮮예수敎長老會史記(上)』, 朝鮮基督敎彰文社, 1928, 10쪽.

7)   제중원을 가장 먼저 연구한 학자는 이광린(李光麟)이다. 제중원의 조직, 운영, 한국정부와의 관계 등을 다루고 있는 데, 초기 선교사들의 전도활동에 대해서는 주목하지 못했다.

8)   李光麟,「濟衆院」,『韓國開化史의 諸問題』, 一潮閣, 1990.

봉사하게 되면서 더욱 확고해진 것으로 보인다. 즉 제중원이 창립되었을 때는 주로 외국 선교사들 중심으로 예배가 이뤄지다가 이후에는 제중원에서 일하는 한국인들이 여기에 참석하고, 서울과 지방 출신의 한국인이 제중원에 입원했다가 예수를 믿고 예배에 동참하게 되었던 것이다. 뿐만 아니라 서울지역에서 선교사들의 선교활동을 돕던 한국인 조사나 권서들이 제중원을 거점으로 전도활동을 전개하고 신앙공동체에 참여했던 것이다.

이렇게 이루어진 예배 중심의 신앙공동체는 혜론이 알렌을 뒤이어 제중원을 본격으로 운영하게 되면서 보다 조직적이고 체계적인 교회로 발전되어 갔다. 이는 『朝鮮예수教 長老會史記 (上)』에서 1887년 이후 혜론 선교사에 의해 "은연중 교회가 설립되었다"[11]고 표현하고 있는 데서도 알 수 있다. 의사뿐만 아니라 선교적 정신에 충실했던 혜론은, 알렌 이후 제중원을 책임지면서 제중원을 본격적인 복음 확산의 기회로 삼고자 했던 것이다.[12]

---

9) 이에 대해서는 신재의, 「제중원 신앙공동체 연구」, 『한국기독교와 역사』 제17호, 2002를 참조할 것.

10) 혜론(1856~1890)은 테네시대학교 의과대학을 졸업하고 그 부인과 함께 1885년 6월 21일 북장로교 선교사로 한국에 왔다. 그는 1887년부터 알렌의 후임으로 제중원병원을 운영하기 시작했는데, 1890년 7월 26일 무리한 여행과 누적된 피로가 겹쳐 이질로 사망하였다(김승태·박혜진 엮음, 『내한 선교사 총람 1884~1984』, 한국기독교역사연구소, 1994, 263~264쪽).

11) 『朝鮮예수教長老會史記』, 26~27쪽. 여기서의 교회라는 표현은 흔히 우리가 알고 있는 체계적이고 조직적인 '제도교회'로 평가해서는 안 될 것이다. 예배중심의 보다 느슨한 형태의 신앙공동체적 성격을 갖고 있는 것으로 보아야 타당할 것이라고 생각된다.

12) 1884년 10월 미국 공사관 의사로 들어온 알렌은 갑신정변 때 중상을 입고 사경을 헤매던 민영익을 치료한 것이 계기가 되어 1885년 4월 정부의 전폭적 지원 아래 광혜원(廣惠院)(곧 濟衆院으로 바뀜)이란 우리나라 최초의 서양 근대식 병원을 세웠다. 이 병원은 근대식 의료기관이었을 뿐만 아니라 복음사업을 위한 근거지가 되었는데, 한국에 온 외국 선교사들이 국내 선교활동에 착수 할 수 있는 한 '통로'가 되었다. 제중원은 처음부터 교파를 초월해 초기 한국선교사들이 합법적으로 활동할 수 있는 '공간'의 역할을 담당했다. 당시 공식적인 선교활동이 금지된 상황에서 제중원은 선교사들의 예배가 행해지는 합법적인 장소였다. 선교사들은 의사, 교사 이전에 기독교 신앙인이며, 성직자였으므로 주일마다 예배를 드리기 시작했다. 여기에 제중원에서 선교사들을 도와 전도사업에 종사했던 한국인 권서·조사들, 병원 내에서 일했던 한국인 간호사들, 그리고 제중원에 환자로 들어왔다가 예수를 믿고 기독교인이 되었던 사람들이 참여하기 시작했다. 특히 반기독교적 정서가 강한 한국사회에서 선교사들을 도와서 전도활동을 펼치고 있던 한국인 전도자들에게 제중원은 전도활동의 안전한 근거지가 된 것은 당연한 일이었다. 이후 제중원은 자연스럽게 신앙공동체를 형성하게 되었다.

한편, 장로교회는 여전히 선교사들이 한국사회의 배타적인 대외인식과 한국정부와의 관계를 고려하여 서울지역을 제외한 타 지역에 대한 복음전도에 대해 대단히 신중한 입장을 취하고 있었다.[13] 선교사 자격으로 '전도하는 일을 하도록' 허락하는 호조(護照)를 정부로부터 받지 못한 상황에서 선교사들은 공개적인 복음전도 활동과 선교를 위한 지방에 여행을 삼가 할 수밖에 없었다.[14] 그나마 서울지역에서의 선교방식도 공개적인 복음전도보다는 보다 은밀하고 개별적인 접촉을 통한 선교밖에 할 수 없었다.

따라서 1890년 이전만 해도 서울지역 장로교회는 조직교회 형태로 새문안교회와 '미조직' 형태인 제중원교회만이 존재하고 있었다.

2) 곤당골교회의 설립과 제중원

1890년대에 들어서면서 선교사들이 거주하고 있던 서울지역에 공개적이고 직접적인 전도활동이 활성화되기 시작했다.[15]

1890년대 초 노방전도가 이뤄지던 곤당골(Kon Dang Kol) 지역에 교회가 설립된 것은 1893년 6월의 일이었다.[16] 북장로회 선교사로 내한하여 제중원을 거점으로 적극적인 전도활동을 펼치던 무어(S. F. Moore) 목사[17]는 곤당골

---

13) 한국 정부는 1888년 4월 22일자로 각국 공사관에 선교활동 금지에 협조해 줄 것을 정식으로 요구하였다(金源模 編,『近代韓國外交史年表』, 檀國大出版部, 1984, 127쪽).

14) 이것은 선교사간의 선교관 차이에서 비롯되기도 했다. 알렌과 같은 선교사는 당시 한국적 상황에서 전도행위를 한다는 것은 경거망동한 몰지각한 행동이라고 인식하고 있었다. 반면에 언더우드를 비롯한 복음주의 선교사들은 적극적인 전도활동과 직접 지방전도에 나서려고 시도했다. 선교사들의 선교관 차이는 1887년을 전후한 시기에 선교사간의 갈등과 선교활동의 위축을 가져왔다(F. H Harrington, *God, Mommon and the Japanese*, The University of Wisconsin Press, 1944; 李光麟 譯,『開化期의 韓美關係』, 一潮閣, 1974, 76~89쪽 참조).

15) Harry A. Rhodes, *History of the Korean Mission Presbyterian Church in the U.S.A. 1884~1934*, Seoul, 1934, 100쪽.

16) 大韓예수敎長老會 勝洞敎會 歷史編纂委員會,『勝洞敎會百年史』, 勝洞敎會, 1995, 64쪽.

17) 1860년 9월 일리노이주에서 태어난 무어 목사는 1889년 몬타나 대학을 졸업하고 맥코믹 신학교에 입학하여 1892년에 졸업했다. 그는 그해 9월에 32세의 나이로 그의 부인과 함께 한국에 입국했다.

지역에 장로교회[18]를 조직한 것이다.

곤당골교회의 설립과정에 대해서는 『朝鮮예수教 長老會史記(上)』에서 다음과 같이 전하고 있다.

> "主後 1893년(癸巳) 是時各處에 信徒가 難多하나 …… 是時에 宣教師 牟三悅이 京城美洞에 居住하야 아직 方言을 未解하나 熱心히 甚烈하야 每日教徒와 同伴하야 市街傳道를 爲務하니 當時 助師난 金永玉 千光實이오 傳道난 馬永俊 李承斗더라 蓋 牟牧師의 信德과 慈善은 中에 誠하여 外에 形한 故로 觀感者 頗多하야 信與不信을 毋論하고 仁牧이라 共稱하고 其家난 仁義禮智家라 稱하더라 末期에 牟三悅이 京畿東邊으로 巡行할새 金永玉 千光實이 伴往하야 楊洲 抱川 等地에 傳道하야 數處教會를 設立하니라"[19]

1892년 9월 한국에 도착한 미 북장로회 선교사 무어 목사는 제중원에 머물며 복음활동의 기회를 찾으며 한국어 학습을 했다. 그런데 당시 제중원의 상황이 그리 좋지 못했는데, 그것은 1892년 당시 제중원의 조선관리들의 병원비 유용과 병원사업의 전횡으로 제중원 운영상에 심각한 문제가 야기되었고, 1892년 후반에 들어 의료사업의 실적이 극히 부진했기 때문이다.[20] 그래서 복음활동을 열망하던 무어 목사는 어수선한 제중원 분위기에서 더 이상 오래 머무르지 못하고 다른 곳으로 거처를 옮기고자 했는데, 여기에는 한국어에 대해 어느 정도 자신감을 얻은 것도 큰 배경이 되었다.

더욱 심화된 한국어 습득과 전도활동을 위해 그는 곤당골 지역에 임시로 방 한 채를 구입하고 거주하기 시작했다. 그런 지 6개월 만에 "현지 기독

---

18) '곤당골'의 위치는 현재 태평로1가 180번지 롯데호텔 동남쪽을 가리킨다. 그 지명은 義氣로 국가존망의 위기를 구한 홍순언(1518~1608)이 살았던 동네를 보은단동이라고 부르게 되었고 후에 보은단골이 와전이 되어 고운담골로, 다시 곤담골로 되었던 데서 비롯되었다. 이것이 대한제국 말기에는 보은단과는 관계없는 美洞이라는 엉뚱한 지명이 되었다고 한다(서울特別市史編纂委員會, 『洞名沿革攷(Ⅱ)-中區篇-』, 1992, 110~113쪽).

19) 『朝鮮예수教長老會史記(上)』, 20쪽.

20) 박형우, 『제중원』, 몸과 마음, 2002, 216쪽.

교인들과 대화를 나누고" 예배시 한국어로 기도까지 할 수 있을 정도가 되었다.[21] 이에 자신감을 얻은 무어 목사는 책을 짊어지고 다니면서 노상에서 큰 소리로 복음을 전했다.[22] 이때 조사로는 제중원을 중심으로 활동하던 김영옥, 천광실, 전도인으로는 마영준, 이승두가 무어 목사의 전도활동에 참여했다. 1893년 11월 에비슨 선교사가 제중원 원장으로 취임하여 제중원을 다시 개원하며, 빠르게 안정을 되찾자 무어 목사는 다시 제중원에 거처를 만들고 그의 한국어 선생 및 전도조사들과 함께 매일같이 제중원과 길거리에서 활발한 전도활동을 펼쳐 나갔다.

그 결과, 1893년 6월경에는 곤당골에 집회장소가 설치되면서 드디어 곤당골교회가 설립되었다. 즉 거리전도와 제중원 환자 및 직원에 대한 심방전도, 그리고 개인적 전도를 통해 믿기로 작정한 사람들이 참여했던 것이다. 설립예배에는 모두 16명의 기독교인이 참여했는데, 얼마 안 있어 설립 첫해에 교인 수가 43명으로 비약적으로 늘어났다.[23] 무어목사는 곤당골교회를 설립한 이후 매일 아침 20~30명의 사람들과 만나 이야기를 나누며 성경을 가르치는 데 열중했으며, 이에 따라 교회가 더욱 든든히 서갔다.

3) 곤당골교회의 신분갈등

곤당골교회 초기 교인들은 주로 양반층이었는데, 이는 백정 출신의 박성춘이 교회에서 세례를 받게 되자 신분적 관념이 강한 양반층이 이에 대해 크게 반발하였고, 이들이 반발에 그치지 않고 선교사의 지배를 벗어나 홍문동교회를 독자적으로 설립함에 따라 곤당골교회 자체의 토대가 심각하게 흔들릴 정도가 되었다는 점에서 잘 드러난다.

---

21) *Moore's letter to Ellinwood*, Mar. 22, 1893.

22) *Moore's letter to Ellinwood*, Dec. 28, 1893.

23) Harry A. Rhodes, 위의 책, 101쪽.

1890년대에 들어 평소 기독교에 우호적인 인식을 갖고 있던 서울지역의 양반층은 서구근대문명화의 통로로 보았던 개신교 공동체인 '교회'에 참석하려고 해도 당시 교회나 기도처의 주요 구성원들 대부분이 민중계층이라는 이유 때문에 신앙공동체에 쉽게 다가서지 못하고 있었다.[24] 그런데 때마침 당시 한학자(漢學者) 출신의 이승두·마영준 등이 무어 목사를 도와 교회를 설립하게 되었다는 소식을 듣게 되었고, 이에 자신들의 신분적 정서가 비슷한 곤당골교회로 가게 되었던 것이다. 따라서 곤당골교회는 시작부터 양반층이 주도하는 교회로서 그 자리를 잡아갈 수 있었던 것이다.

한편, 기독교 신앙을 받아들이고 세례를 받게 된 백정 출신의 박성춘에게 제중원은 특별한 의미가 있었다. 그것은 어느날 열병에 걸려 사경을 헤매던 그를 제중원에서 일하던 원장 에비슨과 무어 목사에 발견되었고, 이들의 극진한 치료와 간호를 받고 완쾌된 뒤에 곤당골교회에 출석하기 시작했던 것이다.[25] 치료 전부터 기독교 신앙에 대해 어느 정도 관심을 갖고 있던 박성춘은 치료 도중 기독교인이 되기로 결심하고 치료가 다 끝난 뒤에 무어 목사가 인도하던 곤당골교회에 출석하기 시작한 것이다. 연도는 정확하지는 않지만 아마도 1894년 무렵이었던 것 같다.[26] 교회에 출석한지 약 1년 만에 그는 1895년 4월에 신앙고백을 통해 세례를 받게 되었다.[27]

그런데 교인에게 가장 기쁜 표식인 '세례'가 곤당골교회에게는 기쁨이 되지 못하고 커다란 문제를 일으키는 화근이 되고 말았다. 양반층 교인들이 백정의 입교와 교회 출석에 대해 강하게 반발을 하고 나섰기 때문이다.

그렇다면 백정의 입교가 파문을 일으킨 이유는 무엇일까? 무어 목사가

---

24) 서울은 조선 전 기간 동안 양반지배계층이 압도적으로 많은 지역이었다. 또 관인들이 주축이 된 거주 지역이기도 했다. 더구나 유교적 지식인들이 밀집한 곳이었다. 그러나 서울에서 장로교의 선교 대상은 주로 민중 층에 집중되어 있었다. 이는 양반층 가운데 기독교를 수용하려는 사람들이 교회에 쉽게 나오지 못하는 이유도 되었을 것이다(민경배, 앞의 글, 125~127쪽, 132쪽).

25) 전택부, 『토박이 신앙산맥』, 대한기독교출판사, 1977, 39~40쪽.

26) 『勝洞教會百年史』, 66~67쪽.

27) S. F. Moore, "The Butchers of Korea," *Korea Repository*, 1896. 4, 131쪽.

교회를 설립했을 때부터 하층민들의 입교가 있던 것이 사실이다. 그럼에도 불구하고 백정의 입교가 문제가 된 것은 역시 한국사회의 뿌리 깊은 신분적 관념 때문이었다. 백정들은 당시 신분제를 유지하고 있던 한국사회의 최하층의 천민가운데서도 가장 천한 계급으로 인식되고 있었다.[28]

곤당골교회에 처음 나왔을 때 박성춘은 자신이 백정이라는 신분을 숨겼다.[29] 만약에 박성춘이 처음 왔을 때 그가 백정이란 사실을 알았다고 한다면, 신분적 관념을 강하게 지니고 있던 양반층의 교인들은 아마도 그를 순순히 받아들이지는 않았을 것이다. 그런데 박성춘의 비밀은 얼마 못 가서 타의 반 자의 반으로 드러났다. 그것은 1894년에 실시된 갑오개혁 때의 일이었다.

1894년 실시된 제1차 갑오개혁에서는 신분제가 완전히 폐지되고 공사 노비제도가 혁파되었다. 이때 백정들에 대한 신분제 역시 함께 폐지되었다.[30] 신분적 굴레에서 벗어나 평생의 한을 씻은 박성춘은 백정의 인권 획득을 위해 적극 행동하기 시작했다. 제2차 개혁이 추진되던 1895년 4월에 박성춘이 정부를 상대로 백정들이 갓과 망건을 쓸 수 있도록 허용해 달라는 청원을 했던 것이다.[31]

이때부터 박성춘은 드러내놓고 백정을 대상으로 하는 전도활동을 펼치기 시작했다. 이 때문에 그가 조선사회에서 가장 천시받는 백정 출신이라는 사실이 자연스럽게 밝혀지게 되었다. 양반 출신의 교인들은 갓을 쓰지 않는 사람이 끼어드는 것을 보고 눈을 흘기고 백정의 친구들이 집회에 나오기 시작하면서 이 모임이 '백정교회'라 불리게 되는 것에 대해 몹시 당황하게 되

---

28) 이성무, 「한국의 백정(白丁)」, 『한국역사의 이해』, 집문당, 1995, 82~84쪽.
29) *Moore's letter to Ellinwood*, Apr. 21, 1895.
30) 『한국사』 11, 한길사, 1994, 141~142쪽.
31) *Korea Repository*, 1895. 7, 279쪽. 여기에는 제중원 원장인 에비슨이 내부대신 유길준에게 백정이 일반 조선남자의 상징인 상투를 하고 갓을 쓰는 관습을 가질 수 있도록 부탁하는 편지를 보냄으로써 그 실마리를 마련한 것이었다.

었다.[32]

그런데 단순히 백정 출신이라는 이름만으로는 그를 교회에서 몰아낼 수는 없었던 양반 출신의 교인들에게 구실이 되었던 사건이 발생했다. 그것은 1895년 4월 20일 박성춘이 세례를 받게 된 것이었다. 이는 양반층 교인들의 반발이 폭발하게 되었는데, 백정 출신이 교회에 출석하는 것에 대해서는 그래도 참을 수 있었으나, 당시 교회의 구성원임을 공개적으로 선언하면서 특별히 믿음과 행실에서 선택된 신자에게 주어지던 세례를 받는다는 것은 도저히 참을 수 없었던 것이다.

무어 목사는 난감하지 않을 수 없었다. 그는 교인들이 왜 이런 행동을 하는지에 대해 '이 주사(李主事)'에게 물었다. 이 주사는 무어 목사에게 한국의 전통적 신분관념을 말하고 사회에서 차별받는 천민들 가운데 백정이 가장 천대받는 신분이라고 설명했다. 이 주사는 무어 목사에게 좋은 곳을 마련해 교회를 짓든지 아니면 가정에서 예배를 드리자고 제안했다. 이때 신분적 갈등이 폭발하는 상황이 일어났다.

이 같은 상황이 무어 목사가 미 북장로회 선교부에 보고한 개인보고서에 언급되고 있다.[33]

우리들의 조그마한 교회가 활짝 꽃이 피는 것 같습니다. 4명이 지난주에 세례를 받아서 교인 수는 이제 20여 명이 되었습니다. 백정 박성춘은 몇 주 동안 자신이 백정이라는 것을 숨겨왔다. …… 한국인들은 나에게 말하기를 거지는 신분이 높아져서 사람이 될 수 있어도 백정은 그럴 수 없다고 한다. 어제 교인수의 절반 이상이 결석했다. 백정들과 함께 하는 교회에는 나갈 수 없다는 것이다.

---

32) 박형우, 앞의 책, 274~275쪽.
33) *Moore's letter to Ellinwood*, Apr. 21, 1895.

무어 목사와 이 주사가 양반층 교인들의 동요하는 모습에 대해 진지하게 이야기를 하고 있었는데, 이를 옆에서 듣고 있던 박성춘이 이 주사에게 자신들이 양반들에게 무엇을 잘못했는가를 강하게 따지기 시작했던 것이다.[34] 이 자그마한 사건은 신분적 갈등과 대립에 기름을 끼얹는 격이 되고 말았다. 결국, 곤당골교회 절반 이상을 차지하던 양반층 교인들은 곤당골교회를 떠나 예배를 드리기 시작했다.

그런데 양반층 교인들이 바로 떠난 것은 아니었다. 그들은 무어 목사에게 한국적 전통에 따라 양반들에게 앞자리 상석을 주고 백정들에게 뒷자리를 주어야 한다고 주장했다. 그러나 무어 목사는 양반층 교인들의 이런 조건을 일언지하에 거절했다. 또한 그 무렵 박성춘이 전도한 백정 6명이 교회에 들어왔고 박성춘의 집에서는 매일같이 성경공부가 실시되었다. 백정 출신의 교인 수가 계속 늘어났을 뿐만 아니라 교회의 일에 적극적으로 참여하게 되었다.[35]

이에 양반 교인들은 그들이 갖고 있는 사회적 · 문화적 관념으로 더 이상 참을 수 없었고 또 선교사들이 사태를 수습하기보다는 엄연한 신분적 질서를 무시하는 듯한 권위주의적 태도로 일관하는 것에 크게 실망하게 되었다. 드디어 교회를 떠나 새롭게 집회를 갖던 양반 교인들은 1895년 여름 이후 홍문동 지역에서 교회를 시작하기에 이르렀다.[36]

이처럼 곤당골교회는 양반과 백정의 사회적 신분 차이를 넘지 못하고 분열하고 말았다. 이것은 전근대 사회의 지배세력이었던 양반들이 기독교인이 되었음에도 불구하고 여전히 사회적 신분관념에서 벗어나지 못했으며, 또 제도개혁으로 신분차별법이 없어졌음에도 불구하고 신분차별의식은 한국사회 내에 그대로 존재하고 있었고, 이는 교회 내 양반층 교인들에게

---

34) 『勝洞教會百年史』, 70~71쪽.
35) *Moore's letter to Ellinwood*, Jun. 7, 1895; Jun. 24, 1895.
36) 마서 헌트리(차종순 역), 『한국개신교 초기의 선교와 교회성장』, 목양사, 1985, 149~150쪽.

강하게 영향을 미치고 있었음을 보여주는 사건이었다.

이와 함께 이것은 당시 선교사들이 양반층 교인들의 정서를 제대로, 적극적으로 이해하려고 하지 않았고 이에 대해 적절하게 대처하지 못했음을 보여준다. 물론 하나님 앞에 모든 사람이 평등하다는 사상을 가진 기독교가 신분차별의 질서를 인정할 수는 없는 문제였다.[37] 그러나 여기에서는 선교사들이 최소한 우리의 사회 속에 현실적으로 자리 잡고 있는 신분계층의 구조를 제대로 이해하지 못했고 또 그러한 문제를 그리스도의 복음으로 풀어서 하나로 묶어낼 수 있는 경험이나 능력, 그리고 노력이 대단히 부족했다는 점도 아울러 지적해야 할 것이다.

3. 홍문동교회와 제중원

1) 홍문동교회의 설립과 발전

홍문동교회는 곤당골교회에서 나온 양반층 교인들을 주도로 홍문동골에 세워졌다. 홍문동골은 현재 서울 중구 삼각동에 위치하고 있었는데, 교회는 지금의 조흥은행 본점 근방의 광통교 부근에 자리 잡고 있었다고 한다. 이곳은 홍문(紅門)이 서있던 마을이라는 뜻에서 홍문섯골 또는 홍문선골 등으로 하였고 한자명으로 홍문동(紅門洞, 弘文洞) 등으로 불렀다.[38] 당시에 주로 양반층과 중인계층의 관료층이 주로 거주하던 지역으로 알려져 있다.

곤당골교회의 양반층 교인들은 선교사들의 지배에서 벗어나 홍문동에서 예배 및 기도모임을 지속해 나갔다. 그런데 여기서 한 가지 의문점은 선교사들의 절대적 지배권이 행사되고 있던 초기 교회상황에서 선교사의 영

37) 박정신, 「기독교와 한국 역사변동」, 『한국기독교사 인식』, 혜안, 2004, 144쪽.
38) 서울特別市史編纂委員會, 『洞名沿革攷(II)-中區篇-』, 1992, 135~136쪽.

향권을 벗어나 한국인 독자적으로 교회를 설립해 나간 홍문동교회에 대해 선교사들이 왜 어떤 조치도 취하지 않았는가 하는 점이다.

1890년대의 한국교회는 안수 받은 목사나 교회의 치리기관이 없었기 때문에 교회를 담임한 선교사들이 교회 치리를 담당했다. 한국 장로교회의 경우 1893년에 조직된 '연합선교공의회'가 그 역할을 담당했다. 이 연합공의회에서는 "교회가 조직될 때까지 한국교회의 치리는 장로교 치리기구를 준행하는 재한 연합선교공의에서 매년 선출하는 오인의 당회에서 집행한다."라고 하여, 1907년 독노회(獨老會)가 설립되기까지 한국 장로교회를 치리하는 실질적인 기구 역할을 했다.39) 만약 교회 수와 교인 수가 폭발적으로 늘어가는 상황에서 한국인들이 자의적으로 교회를 다시 세우거나 합친다면 선교사들로서는 교회의 질서를 잡는다는 것이 현실적으로 어렵게 될 것이다. 그런데 그럼에도 불구하고 선교사들은 홍문동교회의 설립문제에 대해 어떠한 치리도 하지 않았다. 그렇다면, 이것은 어떤 이유 때문이었을까?

먼저 선교사들은 홍문동교회의 설립을 주도한 양반층이 지닌 사회적 파장을 고려했을 것이다. 선교사의 영향을 벗어나 독자적으로 교회를 설립했다는 것은 선교사의 권위에 정면 도전했음을 의미했고, 이것은 가장 무거운 책벌로 치리될 수 있었다. 그러나 선교사들은 당시 한국사회가 여전히 양반지배계층에 의해 주도되고 있다는 현실을 무시할 수 없었고, 만약에 이들에 대한 엄중한 책벌을 했을 경우 양반층의 기독교 입교에 부정적 영향을 끼칠 수 있다는 점을 우려했을 것이다.

또한 양반층의 교인들은 선교사들의 선교활동에 없어서는 안 될 동역자의 역할을 감당하고 있었다. 기독교 학교의 교사로, 선교사의 한국어 어학선생으로, 전도활동의 조사·전도자로서 선교사를 직간접으로 돕고 있었다. 대표적인 예가 한학자 출신의 이승두였다. 그는 무어 목사와 함께 곤당

---

39) 한국기독교역사연구소, 『한국기독교의 역사』 I, 기독교문사, 1989, 208~209쪽.

골교회를 개척했을 뿐만 아니라 나중에는 레이놀즈(W. D. Reynolds) 선교사와 함께 성경번역에도 종사한 인물이었다.[40] 이처럼 양반층 교인들에 대한 집단적인 치리는 현실적으로 어려웠을 것이다.

그리고 선교사들 사이에도 이에 대한 태도가 다르게 나타났던 점도 큰 영향을 미쳤던 것으로 보인다. 그것은 당시 서울지역 선교사들 사이에 리더격의 역할을 하던 언더우드의 경우, 다른 선교사들의 반대를 무릅쓰고 홍문동교회의 예배에 참석해 설교를 하였던 것이다. 한국인 교인들의 독자적인 행동에 분개하던 선교사들과 선교사들의 권위주의적인 영향력에서 벗어나려는 한국인 교인들 사이에서 언더우드는 중립적인 자세를 취하고 홍문동교회를 용납하는 자세를 보였던 것이다. 선교사와 홍문동교회 교인들 사이에서 그는 그리스도의 복음에 입각하여 이들이 서로 용납하도록 설득했다.[41] 당시 강경한 어조로 양반층 교인들의 홍문동교회 설립을 비난하고 이들에 대한 책벌을 주장하던 선교사들은 언더우드의 관용적 태도와 설득에 대해서 드러내놓고 거부할 수는 없었던 것이다.[42]

이처럼 홍문동교회는 선교사들의 영향력에 벗어나 한국인 교인들을 중심으로 발전하기 시작했다. 민중계층이 주도하는 일반 한국교회의 주된 흐름과는 다르게 양반층이 주도하는 '교회'로서 자리를 잡아갔다. 황해도 소래교회가 한국인 개종자들을 중심으로 설립된 이래, 서울지역에서는 홍문동

---

40) 이덕주, 「초기 한글성서 번역에 관한 연구」, 『초기한국기독교사연구』, 한국기독교역사연구소, 1995, 403쪽.

41) L. H. Underwood, *Underwood of Korea*(New York: Fleming H. Revell Co.), 1918, 186쪽. 언더우드 부인은 개교회의 독립문제를 독립협회 때 일어났던 사건으로 회상하고 있으나, 이는 그 이전에 일어난 곤당골교회의 홍문동교회 분립사건을 말한다.

42) 언더우드는 장로교 선교대상에서 소외된 양반계층에 대한 선교가 온전히 이루어질 때 한국인을 대상으로 하는 선교가 달성될 수 있을 것으로 보았다. 그래서 그는 복음을 전파하기가 가장 힘든 사람들인 양반들과 상류계층 사람들에 대한 특별한 노력을 기울어야 한다고 생각하고 있었다. 이 같은 인식에서 언더우드는 다른 선교사들의 반발에도 불구하고 홍문동교회의 교인들을 인정할 수 있었던 것이다(白敬天, 「언더우드의 韓國宣敎에 대한 硏究」, 연세대 연합신학대학원 석사학위논문, 1991, 62~63쪽).

교회가 선교사의 직접적인 영향권에서 벗어나 독자적으로 설립된 것이다.

홍문동교회는 새문안교회, 연동교회, 모화관과 함께 장로교회의 주일
예배처가 되어 서울지역의 대표적 교회로 성장, 발전했다. 이런 발전의 밑
바탕에는 주일예배의 안정이 있었다. 담임 선교사가 없었음에도 불구하고
홍문동교회의 교인들은 예배절차와 규칙을 제대로 알고 있었고, 다른 교회
의 예배에 비해 손색없는 주일예배를 드리고 있었다.

1898년 한 해 동안 「그리스도신문」에는 각 처 예배 절차에 대한 소식
이 게재되었는데, 여기에는 홍문동교회에 대한 소식이 자세히 전하고 있다.
당시 서울지역의 주일예배와 성경강론회가 새문안, 연못골, 곤당골교회와
함께 홍문동교회에서 실시되고 있었다. 주일예배 시간은 오전 11시였는데,
담임목사가 없었기 때문에 홍문동교회는 선교사들이 돌아가면서 주일설교
를 담당하고 있었다.[43] 주로 제중원 원장인 에비슨(O. R, Avison)을 비롯해, 밀
러(F. S. Miller), 빈턴(C. C. Vinton), 헐버트(H. L. Hulbert), 언더우드 선교사 등이 주일
예배의 설교를 돌아가면서 하고 있었다.[44]

또 주일 오후 2시에는 성경강론회를 개최하여 성경공부를 통한 신앙성
숙을 도모했다. 이어 저녁 7시 30분에는 주일 저녁예배를 드리고 있었다.
당시 주일 저녁예배는 새문안과 홍문동, 인성부재와 모화관 등 네 곳에서만
드리고 있었다.

이외에도 홍문동교회는 매일 저녁 7시 30분부터 '사경회(査經會)' 형태의
전도집회를 개최했다.[45] 이 집회를 통해 교인들은 성경공부 하는 것이 영혼
의 양식에만 유익한 것이 아니라 육신에도 좋은 것이라고 소개하며 불신자
들에게 복음을 열정적으로 증거하고 있었다. 특히 매일 사경회 집회가 끝나

---

43) 1898년 한 해 동안 서울지역 개교회의 예배절차가 「그리스도신문」에 매주 게재되고 있었다.
44) 당시 담임 목사가 없는 상황에서 홍문동교회의 주일예배 설교는 주로 에비슨-빈튼-언더우드-헐버트
    선교사 등이 돌아가며 이루어지고 있었다.
45) 「그리스도신문」, 1898년 2월 4일자.

고 많은 교인들이 홍문동 지역에 대한 복음 전파를 집단적으로 실천하고 있었다.[46]

이처럼 홍문동교회는 설립된 지 얼마 지나지 않아 주일예배가 안정적으로 실시되면서 교회의 질서가 잡히고 전도활동을 통해 교인들이 늘어갔다. 비록 담임 선교사가 없었고, 선교사들의 질시어린 눈총을 받았지만 홍문동교회는 3년 동안 교회로서 아무런 문제없이 오직 '말씀', '기도', '전도'를 중심으로 서울지역의 대표적인 개교회로 성장하고 있었다. 이런 상황을 당시에 다음과 같이 전하고 있다.

> 서울 적은 광통교에 잇는 례빈당은 대한에 잇는 교우들이 힘대로 연보ᄒ야 세운 교회나 샹쥬의 지시 ᄒ심을 밧아 여러 교우들이 세운 교회니 지금은 원목ᄉ와 업비슨 의ᄉ 두분이 쥬쟝 ᄒ는대 이 회당 일을 보면 어즈러온 가온ᄃ 화평ᄒ고 병이 드럿다가 나흠을 엇고 연약ᄒ으로 보우ᄒ심을 밧앗시니 샹쥬의 온혜는 사름의 뜻으로 알수 업더라 금년을 당ᄒ야 일월 십일 쥬일에 원목ᄉ가 샹쥬긔 긔도ᄒ고 셰례를 베프는대 남 교우 다삿 사름과 녀 교우 서히 셰례를 밧고 원입교인도 잇고 문답 ᄒᆯ 교우도 만히 잇는대 ᄒ들후에 문답ᄒ야 셰례를 주기로 쟉뎡이 되엿고 ᄯ 각쳐 회당에서 옴겨온 교우도 만흐며…[47]

홍문동교회는 교회의 안정과 발전을 바탕으로 하여 1898년 3월 1일 주일에 두 사람의 집사를 선택했다. 언더우드 목사의 주재로 집사 두 사람을 투표로 선택했는데, 이때 집사로 선출된 두 사람은 이승두와 목원근이었다. 이로써 교회 '제직회'가 조직되어 더욱 규모 있고 내실 있는 교회로서 출발할 수 있게 되었다.[48] 홍문동교회의 모습은 교인들의 활동에서 더욱 두드러

---

46) 「그리스도신문」, 1898년 2월 7일자.
47) 「그리스도신문」, 1898년 3월 17일자.
48) 「그리스도신문」, 1898년 3월 17일자.

졌다. 홍문동교회의 교인인 송석준은 자기집 사랑방을 개조하여 책방을 만들어 기독교 서적을 팔기 시작했는데, 그는 책을 팔고 있는 장소를 자발적으로 성경공부의 장소로도 사용했다.[49]

그런데 이렇게 홍문동교회가 빠르게 정착할 수 있었던 결정적 배경은 무엇이었을까?

그것은 제중원이 있었기 때문에 가능한 일이었다. 비록 곤당골교회에서 나와 세워진 교회였고, 대부분의 선교사들이 이들 교회에 대해 부정적인 눈으로 보았음에도 불구하고, 제중원 원장 에비슨, 언더우드, 그리고 빈트와 같은 제중원과 직간접으로 연결된 선교사들이 홍문동교회를 '교회'로 인정하고 음으로 양으로 도운 결과였던 것이다. 즉 무어목사와는 인식의 차이로 헤어졌으나, 이들 홍문동교회 교인들은 여전히 제중원과는 분리되지 않은 채, 오히려 더욱 그 관계가 떼려야 뗄 수 없는 '끈끈한' 관계가 형성되었던 것이다.

홍문동교회의 교사들(주일학교 교사)은 제중원을 방문하여 환자들에게 성경을 가르치고 동시에 간호하는 봉사활동을 펼쳤으며, 매주일마다 교인들은 오전 예배를 마치고 제중원으로 찾아가 환자들을 위로하고 돌아보며 기독교의 복음을 전하는 활동을 했다. 이외에도 이승두와 함께 집사로 선택받은 목원근 집사의 경우 에비슨에 의해 제중원의 선생으로 채용되어 활동하고 있었다.

또한 여성 교인들은 제중원에서 서울지역 여성교인들을 위해 열었던 '여성 성경공부'에 적극 참석하여 신앙의 성숙과 함께 실천을 위해 제중원에서 열심히 봉사하고 있었다. 교회의 여성교인들이 주일예배에 보통 45명 정도가 참석했고, 어떤 주일은 70여 명의 여성교인들이 참석하기도 했는데, 이들 여성교인들은 성경공부에 열심이어서 교회와 제중원에서 개최된 성경

---

49) *General Annual Report*, Seoul Station(1898~1899), 27쪽.

공부에 적극 참여하고 있었는데, 이 성경공부에 참석했던 부인 중에는 고종(高宗)의 사촌 이재선의 어머니가 끼어 있었다.[50]

이처럼 홍문동교회는 제중원 원장인 에비슨이 담임 선교사가 없는 홍문동교회의 주일설교를 주로 맡았다는 것과 홍문동교회의 교인들 가운데 제중원과 직간접으로 연결되어 있었기 때문에 또한 가능한 일이었다.

또 초기 교회는 '충군애국적(忠君愛國的)' 면모를 강하게 띠고 있었는데,[51] 홍문동교회의 교인들은 국가와 민족을 위한 기도회와 대중 집회에 앞장서서 참가하고 있었다. 특히 고종황제 탄신일 축하연합예배에 적극 참여했는데, 이 예배는 당시 한국교회에 일종의 '연례행사'였다. 이는 나라의 운명이 어려워져 가던 시대에 민족에 대해 교회가 갖는 책임의 한 표현이라고 볼 수 있을 것이다. 이에 대해 다음과 같이 언급하고 있다.

> "일전에 예수교회당 사람들이 훈련원에 모여 찬미와 연설을 했는데 정동 교우와 곤당골 교우와 모화관 교우와 홍문서골 교우와 연동교우와 잔다리 교우와 남녀 합해서 3백여 명이 태극기와 십자가를 세우고 상주께 찬미하며 깃발은 바람을 쫓아 번득이며 찬송하는 소리는 청천에 오르는 듯하며 여러 교우가 일제히 서서 연설을 하며 노래…"[52]

홍문동교회의 교인들은 나라를 위한 기도회와 대중집회에 대거 참여하여 국가적 위기가 점점 다가오는 상황에서 민족에 대한 교회의 책임을 다하고자 했던 것이다.

1898년에 교회 집사로 선택된 이승두·목원근은 이 시기에 설립된 독립협회에 적극 참석하여 국권운동과 민권운동 등 근대적인 정치, 사회 개혁

---

50) 위의 글, 28쪽.
51) 이만열, 「한말기독교인의 민족의식 형성과정」, 『한국 기독교 수용사 연구』, 두레사상, 1998, 479~483쪽.
52) 「그리스도신문」, 1897년 5월 13일자.

운동에 앞장서고 있었다.[53] 1898년 3월 시민의 자발적 만민공동회(萬民共同會)에 적극 참여했던 두 집사는 1898년 6월 20일 만민공동회의 총대위원회에 선출되어 정부의 무능에 항의하고 시정할 것을 주장했다.[54] 그해 7월 15일에는 홍문동교회 교인인 송석준과 목원근이 만민공동회의 총대위원에 선출되어 신식 의학교 설립의 요구를 결의하고 정부에 대해 조속한 시행을 주장하기도 했다.[55] 뿐만 아니라 홍문동교회의 지도자급 인물들은 당시 최대의 민족운동단체인 독립협회의 총대위원과 대표위원으로 활동하고 있었다.[56]

이처럼 홍문동교회의 교인들은 민족적 비운을 외면하지 않고 정치·사회문제를 교회의 문제로 생각하여 적극적인 정치, 사회 개혁운동에 활발하게 참여했다. 이와 함께 홍문동교회는 내일의 젊은 인재를 양성하기 위한 '사립소학교'를 설립하여 운영하고 있었다.[57] 10여 명의 학생들이 등록하여 공부를 하고 있었는데, 재정의 절반 이상은 교회의 재정으로 충당하고 있었다.

2) 곤당골교회와 결합한 홍문동교회

1898년 가을에서 1899년 겨울 사이에 홍문동교회는 곤당골교회와 역사적인 결합을 단행했다.[58] 곤당골교회의 양반층의 교인들이 곤당골교회를 떠나 교회를 세운지 약 3년 만의 일이었다. 곤당골교회의 교인들이 홍문동교회로 옮겨오는 형태로 합쳐졌다. 이는 우연한 화재사건이 결정적 계기가 되었다.

---

53) 기독교와 독립협회의 역사사회적 관계에 대해서는 Chung-shin Park, *Protestantism and Politics in Korea*(Seattle and London : University of Washington Press), 2003, 125~128쪽.
54) *The Independent*, Jun. 25, 1898.
55) 「독립신문」, 1898년 7월 18일자.
56) 愼鏞廈, 『獨立協會硏究』, 一潮閣, 1976, 103~104쪽.
57) *General Annual Report*, Seoul Station(1898~1899), 30쪽.
58) 홍문동교회와 곤당골교회의 결합은 1898년 가을로 되어 있으나, 당시 그리스도신문을 보면 곤당골교회에서 예배를 드린다는 광고가 12월까지 게재되고 있다. 이를 보아 홍문동교회와 곤당골교회의 결합 결정이 가을에 있었다 하더라도 실제 결합은 1898년과 1899년 사이 겨울의 일로 생각된다.

1898년 6월에 곤당골교회에 갑작스런 화재가 발생하여 예배당이 전소되는 일이 일어났다.[59] 예기치 못했던 곤당골예배당의 화재는 곤당골교회와 홍문동교회가 다시 결합하는 기회가 되었다. 화재로 예배당이 전소되어 어디에서 예배를 드려야 할 지 갈 곳 없게 된 곤당골교회의 옛 교우들이 어려움에 처했다는 소식을 전해들은 홍문동교회의 교인들은 이들을 따뜻하게 맞이하며 예배를 드리기 시작했던 것이다. 곤당골교회의 교인들이 홍문동교회 예배당으로 와서 예배를 함께 드리게 되면서 곤당골교회와 홍문동교회가 전격적으로 재결합하게 되었다. 교회의 이름은 홍문동교회의 이름을 그대로 사용하기로 했고, 합친 교회의 담임목사는 곤당골교회 담임이었던 무어 목사가 맡는 것으로 했다.[60] 이렇게 해서 곤당골교회라는 이름은 역사에서 사라지고 그 교인들은 홍문동교회의 구성원으로 계승되었다.

홍문동교회와 곤당골교회의 결합은 한국교회사 차원에서 갖는 의미가 대단히 크다. 비록 기독교인이 되었어도 뿌리 깊이 남은 신분차별의식을 극복하지 못하고 탄생한 교회였지만, 곧 얼마 안가 자발적으로 옛 교우들과 다시 결합했다고 하는 점은 전근대적인 신분적 한계들을 내적으로 극복해 나갔음을 의미하는 것이었다. 곤당골교회는 양반층이 떨어져 나간 후 많은 어려움을 겪었던 것이 사실이다.

그러나 백정 출신 박성춘의 전도로 백정 교인들이 계속 늘어나 곧 교회의 안정을 찾을 수 있었다.[61] 즉 곤당골교회는 양반층 교인들의 탈퇴 이후 백정 출신의 교인들이 늘어남에 따라 '백정교회'[62]라는 성격이 더욱 강화되었던 것이다. 그러나 그럼에도 불구하고 신분차별의식에서 곤당골교회를 나왔던 교인들이 오히려 그런 조건이 현저하게 강화된 곤당골교회와 다시

---

59) *General Annual Report*, Seoul Station(1898~1899), 29쪽.
60) 「그리스도신문」, 1901년 1월 3일자.
61) 『勝洞敎會百年史』, 79~80쪽.
62) 에비슨(에비슨기념사업회 역), 『舊韓末秘錄(上)』, 194~195쪽.

결합했던 것이다. 이것은 무엇을 말하는가? 그것은 홍문동교회 교인들의 신분차별적 의식이 해소되거나 약화되었음을 의미하는 것이다.

그렇다면, 홍문동교회의 이런 변화는 어디서 비롯된 것일까?

먼저 종교적 측면을 들 수 있겠다. 홍문동교회의 교인들은 성경공부에 열심이었다는 특징을 갖고 있었다. 교인들은 성경의 말씀이 인간의 육신뿐만 아니라 영혼을 근본적으로 변화시키며 성장시키는 양식임을 믿고 고백하고 있었다.[63] 말씀에 기초한 전도와 봉사의 실천을 하고 있던 교인들은 성경말씀의 깊은 묵상 가운데 신앙의 지체로서 백정출신 교인들에게 했던 자신들의 행동이 얼마나 비신앙적인 것인가를 깨닫게 되었을 것이고, 이에 자신들의 행동을 돌이켜 다시 옛 교우들과 결합하게 된 것이다.

다음으로 정치·사회적 측면을 들 수 있겠다. 홍문동교회 교인들은 당시 정치·사회 개혁운동에 참가하고 있었는데, 특히 국권운동과 민권운동을 동시에 전개한 독립협회에 적극적이었다. 이런 정치·사회 개혁운동의 실천과정에서 교인들은 시대가 변했고, 인권 차원에서 백정들에 대한 신분적 차별의식이 얼마나 전근대적이고 봉건적인 것인가를 직시하게 되었을 것이다.[64] 또 백정 출신 박성춘의 활약도 크게 영향을 미쳤을 것이다.[65] 박성춘이 만민공동회의 연사가 되어 수많은 사람 앞에서 연설을 하기도 하고 또 열렬한 전도자가 되어 수많은 백정들을 신앙의 길로 인도하는 모습을 보게 되면서 신앙 안에서 갖는 신분차별의식이 얼마나 잘못된 것이었는가를 알았을 것이다.

1899년 곤당골교회와 합친 홍문동교회의 규모는 당시로 전체 세례교인 119명, 원입교인 150명가량의 수준으로, 지금 보아도 그 어느 교회와 비

---

63) 「그리스도신문」, 1898년 2월 7일자.
64) 독립협회의 근대 민권운동에 대해서는 柳永烈, 「獨立協會의 民權運動過程」, 『大韓帝國期의 民族運動』, 一潮閣, 1997을 참고할 것.
65) 愼鏞廈, 앞의 책, 387쪽.

교해도 손색이 없을 정도였다.[66] 홍문동교회는 곤당골교회와 합친 이후 대내외적으로 순조롭게 성장되어 갔다. 무어 목사가 담임목사였지만, 그는 선교사로 각 지방 순회전도에 적극 나서고 있었기 때문에 홍문동교회는 자연히 평신도 중심으로 운영되고 발전했다.[67] 곤당골교회와 홍문동교회가 재결합한 이후에도 제중원과의 관계에는 변화가 없었다. 이들 관계를 극적으로 보여주는 사건은 제중원 원장인 에비슨이 홍문동교회의 주일학교 교장을 맡아 활동한 일이었다.[68]

> 병원 밖에서 나는 홍문수골 교회의 주일학교 교장을 맡아 무어 씨가 순회 전도여행으로 자리를 비웠을 때 설교를 하기도 하고, 목사가 없을 때는 종종 토요일 저녁에 교사 학급을 가르치기도 하였다. 나는 이 일이 병원 일로부터의 전환이며 병원 일을 조선 사람들과 연결시키는 것이기 때문에 매우 좋아한다. 그러나 나는 한정된 시간만 할애할 수 있었다.

이처럼 곤당골교회와 결합한 홍문동교회는 새문안교회와 함께 명실상부한 서울지역의 장로교회를 대표하는 교회가 되었다. 그것도 선교사가 주도하는 교회가 아니라 한국인 평신도들이 주도하는 자립적인 교회로서 그 위치를 확고히 확립했다. 이런 배경에는 물론 제중원이 있었음을 지적할 수 있을 것이다.

3) 홍문동교회의 해체와 성격

1898년 홍문동교회는 곤당골교회와 다시 하나로 합치게 되었다. 양반과 백정들이 한국 역사상 처음으로 한 자리에 앉아 더불어 하나님을 찬양하

---

66) *General Annual Report*, Seoul Station(1898~1899), 25쪽.
67) 『勝洞教會百年史』, 62~63쪽.
68) 박형우/이태훈 역, 「1901년도 제중원 연례보고서」, 『延世醫史學』 4(3), 2000, 229쪽.

게 된 것이다. 첫 만남은 갈등으로 끝났지만 믿음으로 성숙된 다음의 만남은 신분의식을 뛰어넘어서 아름다운 선을 이루는 화목의 자리였다.

그러나 기쁨도 잠시 합친지 3년 만에 홍문동교회는 장로교 공의회의 치리를 받아 하루아침에 문을 닫게 되었다. 1901년 미국 북장로교회 선교부 보고서에 의하면, 서부(새문안교회)에는 샤프(Sharp), 중앙(홍문동교회)에는 모삼열과 오월번, 그리고 동부(연동교회)에는 게일과 밀의두 목사가 교회 일을 맡아 보고 있었는데, 세 교회 모두 주일학교 학생 수와 주일예배 교인 수가 비슷하고 남녀 수도 비슷하며 세 교회의 평균 주일예배 참석 수는 약 345명이라 했다. 즉 새문안교회, 연동교회에 비교해 보면 전혀 손색이 없이 부흥, 발전하고 있던 홍문동교회가 갑작스럽게 해산된 것이다. 그것도 교회 내 분쟁에 의해서가 아니라 선교부의 치리에 의해 해체된 것이다. 도대체 어떻게 이런 일이 일어난 것일까?

이에 대해서는 다음과 같은 두 가지의 기록이 전해지고 있다.

　A) 지나간 미슌회 째신지 여러 목ᄉ의 ᄆᆞᆷ의 의심을 ᄭᅵ치지 못ᄒᆞ거시 두가지가 잇ᄉ니 첫재ᄂᆞ 그 회당을 처음 브터셜시ᄒᆞᆫ 일이오 둘재ᄂᆞ 그 회당을 주장ᄒᆞ야 다ᄉᆞ리는 일과 밋 그 회당에 더희기리 모혀 ᄌᆞ 쥬쟝하야 쓰ᄂᆞ 일이라 대뎌 례빗당이라 ᄒᆞᄂᆞ 거슨 올흔 돈으로 사셔 ᄭᅵᆺ긋흔 터를 세울 거시오 또 밋음이 쮜어난 사ᄅᆞᆷ을 틱ᄒᆞ야 그 집을 직히게 ᄒᆞ고 범ᄉᆞ를 쥬쟝ᄒᆞ게 홀거시오 또 그곳에 모히ᄂᆞ 일에 틱ᄒᆞ야 당회의 인가를 받은 후에야 모히ᄂᆞ 것시 성경에 합흔 도리오 교회 규칙에 맛당흔거시기로 샹년 십월에 미슌회에서 위원을 틱하야 그 ᄉᆞ실을 아라보라 ᄒᆞ매 그 위원이 사실흔 즉 처음에 그 회당터를 사ᄂᆞ티 의심이 잇ᄂᆞ거슨 고샤ᄒᆞ고 쥬쟝ᄒᆞᄂᆞ 것과 밋 지 아니 ᄒᆞᄂᆞ 사ᄅᆞᆷ이 그 집에 드럿다 나갓다 ᄒᆞᄂᆞ 것과 법업시 모혀 분정ᄒᆞᄂᆞ 일을 보고 다 쓸어 ᄇᆞ려 ᄭᅵᆺ긋하게 ᄒᆞ랴홀제 여리시 니러나셔 성경의 도리와 교회 규칙을 상관치 아니 ᄒᆞ고 막으니 목ᄉᆞ들이 거긔셔 나아와서 제중원에서 례빗보기로 쟉뎡 흔거슬 경향각쳐에 잇ᄂᆞ 여러 형데 ᄌᆞᄆᆞᆫ의게 알게 ᄒᆞ오니 이대로 아시옵쇼셔 그즁 참예흔쟈의 일흠을 교회 가온디셔 제ᄒᆞ오

리경옥 마영쥰 현흥근 송인슌 쥬인상 류홍렬 김셩즁 졍윤슈 박즁근
변윤항 신덕원 목원본 쥬홍조 최기호 최진틔 쥬학상 변셕여[69]

B) …弘文洞敎會난 瑞興人黃某와 尙洞敎會信者裵某가 鐵道敷設에 對
하야 私益을 圖得할 主義로 敎人을 聚集하야 組織한 것인故로 紛爭이 起하
야 宣敎師 牟三悅, 閔老雅, 魚丕信을 毆打逐出하기를 計圖까지 하얏난고로
畢竟解散하고……[70]

A) 자료를 보면, 홍문동교회의 해산 이유는 두 가지로 집약된다. 첫째,
예배당을 구입할 때 바르지 못한 돈이 사용되었다는 것이다. 둘째, 예배당
의 모임들에 대해 당회, 즉 예배당에서 모일 때 선교회의 허가를 받지 않고
교인들 멋대로 사사로이 모이며 불신자들이 예배당을 드나들었던 것이다.
이에 교회는 선교회의 치리에 의해 해산되고, 교인들은 제중원에서 예배보
기로 했으며, 교회 해산에 맞서 반발했던 17명의 교인들을 징계하고 그들을
교회에서 제명한다는 것이 위 기사의 핵심적 내용이다.

그런데 문제는 이런 해체 이유들이 대단히 설득력이 부족하다는 점이
다. 먼저 예배당 구입시 바르지 못한 돈을 사용했다는 것에 대해 살펴보자.
홍문동교회의 예배당은 1901년에 와서 새로 구입한 것이 아니라 그 이전에
이미 구입되었다는 점이다. 즉 예배당 구입의 돈이 잘못되었다고 한다면, 예
배당 구입 당시에 문제가 되었을 것이고 치리 또한 그때 했어야 했는데, 수
년이 지난 뒤에야 그것을 문제 삼는다는 것은 얼른 납득이 가지 않는다. 또
이 예배당은 어느 한 사람의 돈으로 구입된 것이 아니라 '여러 교우들이 힘대
로 연보하여 세운 것'[71]이라는 점에서 첫째 이유는 신빙성이 거의 없다.

둘째로 지적한 선교회의 허가를 받지 않고 교인들이 사사로이 모이고

---

69) 「그리스도신문」, 1902년 2월 27일자.
70) 『朝鮮예수敎長老會史記(上)』, 188쪽.
71) 「그리스도신문」, 1898년 3월 17일자.

불신자들이 예배당을 드나든다는 점이다. 홍문동교회는 선교회의 지배권에서 완전히 벗어난 것은 아니었지만 그래도 선교사들의 절대적 영향권에서 벗어나 독자적으로 한국의 교인들이 주도하여 만든 유일한 교회였다. 물론 1898년 곤당골교회와 합쳐 무어 목사가 담임목사로 다시 선임된 것이 사실이지만, 무어 목사는 교회보다는 지방순회전도에 활동하고 있었기 때문에 교회의 실제적 운영은 한국인 교인들이 하고 있었다.

그런 상황에서 교회 내의 교인들의 모임에 대해 일일이 선교회의 허가를 받아야 한다는 것은 선교사들의 지나친 간섭이요 독선이었다. 또 불신자들의 교회 출입을 막아야 한다는 것은 성경, 그 어디에서도 찾을 수 없는 것이다. 불신자들이 드나들었다는 말이 신앙적인 관심에서 비롯된 것이 아니라 세상적인 목적 때문이라는 뉘앙스를 풍기고 있는 것이 사실이다. 하지만 그 내용이 분명하게 밝혀지지 않은 상태에서 단순히 불신자들이 교회를 드나들었다는 것이 교회 해체의 이유가 된다는 것은 이해할 수 없다.

그런데 여기서 가장 주목해야 할 점이 있다. 그것은 "지나간 미슌회 째 ᄉᆞᆫ지 여러 목ᄉᆞ의 ᄆᆞ음의 의심을 ᄭᅵ치지 못ᄒᆞ거시 두가지가 잇스니 첫재ᄂᆞᆫ 그 회당을 처음 브터셜시ᄒᆞᆫ 일이오 둘재ᄂᆞᆫ 그 회당을 주장ᄒᆞ야 다ᄉᆞ리는 일과 밋 그 회당에 뎌희기리 모혀 ᄌᆞ 쥬쟝하야 쓰ᄂᆞᆫ 일이라"하는 부분이다. 선교사들은 홍문동교회가 설립된 것 자체를 문제 삼고 있었고, 그 교회가 선교사들의 영향력에서 벗어나 독자적으로 운영 유지되는 것을 못마땅하게 생각하고 있었던 것이다. 즉 선교사들의 영향에서 벗어난 홍문동교회를 선교사들은 수년이 지났지만 용납하지 못했고, 교회라기보다는 의심스럽고 불순한 '사조직(私組織)' 정도로 간주하고 있었던 것이다. 이런 인식을 홍문동교회가 곤당골교회와 결합을 하고 계속해서 발전을 거듭했음에도 불구하고 선교사들은 계속해서 갖고 있었던 것이다.[72]

---

72) 장로교 공의회가 홍문동교회의 해체를 결정할 무렵, 언더우드 선교사가 신병치료와 안식년을 맞아

또 해체 이유가 합리적이지 못하다는 점은 치리자들에 대한 치리가 대단히 약했다는 점을 통해서도 확인된다. 제명받은 17명 가운데 류홍렬, 박중근 두 사람은 나중에 남대문교회의 장로로 장립을 받는다.[73] 또 제명 대상자인 정윤수, 송인순은 1904년 승동교회를 설립하는 데 결정적 역할을 한다는 점이다.[74] 당시 선교사들에 의한 치리가 대단히 엄격하고 철저하게 이루어지고 있다는 점에서 비추어 볼 때, 선교회의 입장이 명백하게 옳았다고 한다면 과연 선교회의 치리를 받은 사람들이 개교회에 그렇게 쉽게 정착하고 교회의 장로로까지 장립될 수 있었을까? 또 얼마되지 않아 공공연하게 이들 중 일부가 홍문동교회 교인들과 함께 승동교회를 설립할 수 있었을까? 즉 선교회의 입장에는 홍문동교회와 같은 대 교회를 일순간에 해체시키기에는 석연치 않은 점들이 많이 있었고, 따라서 이에 반발한 사람들에 대한 치리도 유야무야될 수밖에 없었던 것이다.

B) 자료에서는 홍문동교회의 해체 이유를 들고 있다. 여기에 따르면, 홍문동교회는 '철도부설권'이란 경제적 이권 장악을 노린 사람들에 의해 조직되었고 그 과정에서 자신들을 반대하는 선교사들을 집단적으로 구타하려는 계획까지 세웠기 때문에 해체되었다고 주장한다. 얼른 들어서는 상당히 신빙성이 있어 보인다. 그러나 이를 곰곰히 생각해보면 어딘가 논리적으로, 상황적으로 많은 문제를 내포하고 있다. 즉 홍문동교회에 대한 사실 관계가 틀리고 대단히 왜곡되어 있음을 알 수 있다.

먼저 홍문동교회는 1901년에 생긴 것이 아니라 1895년 교회 내 양반 교인과 백정 교인 간의 충돌에서 비롯된 것이다. 물론 1901년 철도부설권 문제에 홍문동교회의 교인들이 관련되었을 가능성이 있는 것도 사실이지

국내에 없었던 것도 해체의 중요한 배경으로 생각된다. 언더우드 선교사는 홍문동교회의 설립과 발전 과정에서 홍문동교회의 가장 든든한 지원자였으며, 누구보다도 홍문동교회 교인들의 정서를 이해하려고 했던 선교사였기 때문이다.

73) 남대문교회사편찬위원회, 『남대문교회사』, 남대문교회, 1979를 참조.
74) 『朝鮮예수敎長老會史記(上)』, 188쪽.

만,[75] 교회 자체가 무슨 경제적 이권획득을 위해 존재했던 것처럼 묘사하는 것은 당시 모습과 너무 동떨어져 있다. 1898년 홍문동교회는 그 어떤 교회보다 영적으로 부흥하고 있었으며, 1901년 장로교 보고서에도 교회의 부흥이 새문안교회와 연동교회에 비해 손색이 없을 정도로 아름다운 모습을 갖고 있었던 것이다.

그리고 홍문동교회의 담임목사인 무어 목사와 에비슨, 밀러 선교사를 폭행하려고 했다는 점은 더욱 이해가 되지 않는다. 세 명의 선교사는 홍문동교회와 떼려야 뗄 수 없는 사람들로, 에비슨과 밀러 선교사는 홍문동교회가 설립되어 담임교역자 없이 어려움에 처해 있을 때 교회를 물심양면으로 도우며 주일설교를 맡았던 은인이기도 했다. 만약 이 구타계획이 사실이라고 한다면, 이것은 교회 차원뿐만 아니라 국가적으로 문제가 될 수 있는 성질의 것이었다. 당시 간혹 외국인에 대한 구타사건이 종종 있었다. 그러나 그때마다 한국정부는 외국정부의 거센 항의를 받았고 재발방지를 약속해야 하는 어려움에 처해 있었다.[76]

또 당시 시대자료로 볼 수 있는 A) 자료에서는 이 문제가 왜 전혀 언급되지 않았는가 하는 것도 의문이다. 선교사에 대한 구타계획은 한국인 교인들의 신앙적 상태를 의심받을 수 있는 엄청난 사건임에도 불구하고, 이에 대해 일언반구도 없다는 것은 무엇을 말하는가? 그런 사실이 없었거나 있었다 하더라도 무언가 숨겨야 할 이유가 있었기 때문에 그랬을 것이다.

그러나 결론부터 말하자면, 이런 사실은 없었던 것으로 생각된다. 그것은 당시에 쓰여진 1차 자료에 전혀 이 문제가 없다가 20여 년이 지난 기록에 갑자기 보인다는 점이고, 이런 선교사 구타설이 사실이라면 아마도 당시에

---

75) 이 부분에 대해서는 지금까지 어디에서도 그 내용을 찾을 수 없었다. 앞으로 이에 대한 좀 더 깊은 확인이 필요하다.
76) 김승태, 「한말 캐나다장로회 선교사들의 한국선교에 관한 연구(1898~1910)」, 한신대 신학대학원 석사학위논문, 1999, 9~14쪽.

외교적으로, 사회적으로 대단히 큰 문제화 되었을 것임에 틀림없기 때문이다. 경제적 이익획득과 선교사 구타계획은 교회의 해체 이후에 해체를 정당화하는 풍설로 유포되었던 것으로 보인다. 그것은 정상적인 큰 교회가 갑작스럽게 선교사들의 결정에 의해 해체되는 데에는 그만한 명분이 필요했기 때문이다. 따라서 B) 자료에서는 홍문동교회의 모습에 대해 대단히 부정확하고 왜곡된 모습을 전달하고 있으며, 이런 인식이 오늘날에도 그대로 전수되고 있다고 생각된다.

또한 이외에도 해체 원인으로는 예전 곤당골교회에서 있었던 신분관념으로 인한 재충돌이 해체의 원인이 될 수도 있을 것이다. 그러나 이 또한 설득력이 거의 없는 것은 이미 그런 관념을 극복하고 재결합한 것이 홍문동교회였기 때문이며, 박성춘을 비롯한 백정출신의 교인들과 양반층 교인들 간의 갈등·분규로 이어지지 않았다는 것은 해체 이후 제중원교회 출석과 승동교회가 설립될 때, 이들 양반층 교인들과 백정 박성춘, 그의 아들 박서양 등이 그대로 승동교회의 설립자로 참여하고 있다는 점에서도 이는 확인된다.

우리는 이 두 자료를 통해서 보면, 홍문동교회의 해체에 대한 중요한 단서를 찾을 수 있다고 생각된다. 그것은 바로 선교사들이 한국인의 독자적인 교회로 설립된 홍문동교회에 대해 '반감'을 갖고 있었다는 점이다. 선교사들의 영향력에 벗어나 한국 교인들 스스로 신앙공동체를 형성한 것에 대한 불쾌감, 그 자체였던 것이다. 홍문동교회가 설립된 이후 수년의 시간이 흐르고 이후에 빠르게 안정을 찾으며 교회로서 부흥·발전했음에도 불구하고 선교사들은 여전히 선교사들에게 저항한 교회, 아니 '집단'이란 '감정'을 지울 수 없었던 것이다. 즉 선교사들의 교권에 저항했다는 것이 결국 1901년에 이르러 '교회의 해체'라는 극단적 조치로 표출되었던 것이다. 이런 해체는 교인들의 '탐욕스러운' 경제적 이권획득 시도와 '선교사 구타계획'라는 배은망덕한 행위라는 이름으로 정당화되고 있었던 것이다.

홍문동교회의 해체가 홍문동교회의 담임목사였던 무어 목사와 교회를 물심양면으로 지원하던 언더우드 선교사가 국내에 없는 사이에 전격적으로 이루어졌다는 점에서도 그 절차의 부도덕성이 그대로 드러났다.[77] 에비슨 제중원 원장이 있었으나 혼자로서는 장로회 공의회의 해체 의지를 꺾기에는 역부족이었을 것이다. 이는 장로회 공의회가 홍문동교회의 해체를 일사천리로 결정하고 이를 단행해버린 사건이 단순히 우연한 사건이 아니라 공의회 차원에서 조직적으로 이루어진 것임을 말해준다. 무어 담임목사와 장로교 선교사들에게 홍문동교회의 입장을 두둔하던 언더우드 선교사의 부재는 홍문동교회를 눈에 '가시'처럼 여기던 선교사들이 행동을 취할 조건이 되었던 것을 의미했던 것이다.

4. 1900년대 초 장로교회의 분립과 제중원

1) 홍문동교인들의 제중원교회 출석

홍문동교회 교인들은 교회의 해체를 그대로 받아들일 수가 없었다. 어느 날 신앙의 보금자리인 교회가 갑작스럽게, 명분도 분명하지 않은 채 선교사들에 의해 일방적으로 '공중분해(空中分解)'된 것에 대해 교인들은 도저히 납득할 수 없었고, 이에 대한 불만과 비판이 일어나는 것은 너무도 자연스러운 일이었다. 선교사들의 치리에 대해 강력하게 반발했던 교인들이 나오게 되자, 이들 중 가장 강력하게 저항했던 17명에 대해서 장로교 공의회는 공개적인 신문지면을 통해 명단을 밝히며 이들을 교회에서 결코 받아들이지 말라는 광고를 하는 등 '공개 제명'이란 극단적인 책벌을 선언해 버렸다.

---

77) 당시 무어 목사는 아내의 병 치료를 위해 미국에 출국해 있는 상태였고, 언더우드도 선교 안식년을 맞이해 미국을 비롯한 해외에 나가 있는 상태였다. 안과 밖에서 교회를 지지하고 후원하던 두 사람의 공백은 홍문동교회의 해체에 큰 배경이 되었던 것이다.

그러나 장로교 공의회의 치리는 그 후 제대로 지켜지지 않았다. 그것은 이때 공개 제명의 책벌을 받은 대부분의 사람들이 신앙생활을 그대로 유지하면서 이후에 제중원의 이전(移轉)에 따라 제중원교회가 승동교회와 남대문교회로 분립할 때 중요한 역할들을 감당하고 있음을 알 수 있다. 장로교 공의회의 목적은 홍문동교회 자체를 해체하는 것이었지, 홍문동교인들에 대한 개개인의 책벌이 목적은 아니었던 것이다.

그런데 홍문동교회가 갑작스럽게 해체되었음에도 불구하고, 교인들은 뿔뿔이 흩어지지 않고 한 곳에 모여 다시 예배를 드리기 시작했다. 그곳이 바로 자신들과 지리적·심리적으로 가까운 관계에 있던 제중원이었던 것이다.78) 즉 교회가 해체된 뒤, 홍문동교회 교인들은 오도 갈 데 없는 상황에서 곤당골교회 시절부터 밀접한 관계를 형성하고 있던 제중원교회의 예배 모임에 참석하기 시작했던 것이다. 즉 홍문동교회 교인들 대부분은 갑작스러운 교회 해체라는 비극적 상황에서 신앙을 포기하거나 낙담하여 흩어진 것이 아니라, 위기적 상황을 오히려 신앙적 성실성으로 버텨내고 서로 격려하며 제중원교회를 통해 신앙생활을 지속할 수 있게 되었던 것이다.

이것이 또한 가능했던 것은 1894년 9월 제중원이 미국 북장로교회로 이관된 이후에는 전도활동이 완전히 자유로워지게 되었고, 이후 제중원교회가 더욱 구체적으로 가시화되었기 때문이었다. 여기에서는 공개적으로 기독교의 가르침이 선포되었다. 입원환자들을 대상으로 아침예배, 주중 기도회 및 주일날의 정기예배가 진행되었고, 나중에는 참석 수가 늘어나면서 저녁예배도 드리기 시작했던 것이다.

제중원의 의료 업무와 한국인 직원들이 늘어나고 한국인 환자들에 대한 전도활동이 활발해지자, 제중원에서도 이들을 관리하며 목회할 한국인 전임전도자가 필요하게 된 것이었다. 그리하여 1901년 6월 서상륜(徐相崙)이

---

78) 이때 정착한 교인들 가운데 이후 남대문교회의 중요한 구성원이 되었다.

병원 전도자로 고용되었다. 이에 따라 제중원 교회의 활동이 더욱 활발해지고 있었다.[79] 이전부터 제중원과 깊은 관계를 맺고 활동하던 그였기 때문에 제중원교회를 전임전도자로 섬기는 것은 어려운 일이 아니었다. 그는 아침 병원 직원들과 환자들을 대상으로 기도회 및 예배, 그리고 신앙적 위로와 대화를 통해 제중원교회를 헌신적으로 담당했다.

이렇게 홍문동교회 교인들이 해체 이후 제중원에서 빠르게 안정을 되찾으며 신앙생활을 할 수 있었던 것은 제중원의 구조적 변화와 맞물려 있었던 것이다. 갑작스럽게 홍문동교회 출신의 많은 교인들이 제중원에서 예배를 드리기 시작하자, 제중원교회의 예배 참석인원 수가 폭발적으로 늘어나게 되었음에도 불구하고 노련하고 헌신적인 서상륜 병원 전도자가 있었기 때문에 큰 문제없이 넘어갈 수 있었던 것이다.

즉, 갑작스럽게 해체당한 홍문동교회의 교인들은 큰 탈락 없이 거의 대부분이 제중원교회로 장소를 옮겨 예배를 드리기 시작했다. 이는 곤당골교회와 홍문동교회 시절부터 가깝게 활동하던 터라 큰 문제가 되지 않았던 것이다. 여기에 서상륜이라는 복음에 헌신적인 한국인 전임전도자가 있었기 때문에 또한 쉽게 제중원교회에 정착할 수 있었던 것이다. 또한 제중원교회는 1890년대 후반 경부터 연합적 성격이 더욱 강조되면서 선교사들로부터 '중앙교회(Central Church)'로 불리며, 서울지역 장로교회의 중심적인 위치로 자리 잡고 있었기 때문에 홍문동교회 교인들이 쉽게 접근할 수 있었던 것으로 보인다. 즉 홍문동교회 교인들은 1902년 2월 홍문동교회가 해체된 직후 제중원교회에 참석하여 함께 예배를 드리기 시작했던 것이다.

이에 대해서는 "제중원(濟衆院)이란 병원(病原)을 세우고 전도(傳道)할 때 병원전도인(病原傳道人)이었든 서상륜(徐相崙)씨를 중심(中心)으로 송석준(宋錫俊) · 김필순(金弼淳) · 박양무(朴陽武) · 박성춘(朴成春) · 박서양(朴瑞陽) 제씨(諸氏)를 중심(中心)으

---

79) 「1901년도 제중원 연례보고서」, 229~231쪽.

로 제중원병원(濟衆院病原)의 한 방(房)을 얻어 예배(禮拜)를 시작(始作)하였으니"[80] 라는 기록이 잘 보여준다. 이는 이때 제중원교회가 처음 생겼다는 말이 아니라 이 시기에 와서 주로 직원들 및 환자를 중심으로 드리던 제중원교회의 예배에 홍문동교회의 교인들이 대거 참여하기 시작했음을 의미하는 것이다.

한편, 홍문동교회가 장로교 선교사들의 치리를 받아 없어진 후, 서울지역 장로교회들은 전도활동에 적극적이었다. 1902년 3월 16일 주일 오후에는 연동교회, 새문안교회, 해산된 홍문동교회 교인들 약 200~300명가량이 매주 오후 제중원교회에 모여 '연합집회'를 지속적으로 가졌다. 특히 그해 3월 중순부터 4월 초까지 여사경회가 세 교회의 여성교인들을 중심으로 제중원교회에서 매일 열렸다.[81] 이 집회에는 날마다 모이는 수가 70명 전후였는데, 마지막 날에는 125명이 참석하는 대성황을 이뤘다.

이어 제중원교회에서는 4월 중순부터 서울지역 장로교회의 특별 기도회 집회가 성대하게 개최되었다.[82] 약 50여 명의 교인들이 15일 동안 서울 사람들의 '영혼구원'을 위해 기도했다. 연합성례식이 이뤄지기 전 10일 동안에는 장로교회별로 사역자들의 집회가 열려 교회성장 보고와 전체 사역을 위한 계획이 수립되었다.

1902년 9월부터 서울에 거주한 레이놀즈(W. D. Reynolds) · 클라크(C. A. Clark) · 웰번(A. G.Welbon) 선교사가 제중원교회를 담당하게 되었다. 장로교 공의회는 성경번역위원으로 주로 전도활동이나 교회 목회활동보다 주로 성경번역에만 전념하고 있던 레이놀즈 목사를 홍문동교인들이 대거 예배에 참석하면서 교회의 규모가 갑자기 커진 제중원교회를 담임목사로 시무하게 했던 것이다. 즉 상당수의 홍문동교회의 교인들이 단체로 제중원교회에 참석하기 시작하면서 서상륜이란 한국인 전임전도자만으로는 이를 관리하고

---

80) 南大門教會, 『南大門教會略史草案』, 1958, 1쪽.
81) 「그리스도신문」, 1902년 4월 10일자.
82) 「그리스도신문」, 1902년 5월 8일자.

목회한다는 것이 현실적으로 불가능하다고 판단한 결과였을 것이다.

레이놀즈가 제중원교회를 담임하게 된 그 달에 한국에 막 입국한 클라크 선교사가 부목사로 임명되었는데, 주로 목회사역을 맡았으며, 웰번 선교사는 인현동과 그 주변 마을 지역을 맡으며 제중원교회를 담당하도록 했던 것이다.[83] 세 명의 선교사가 담임목사와 부목사 등으로 임명되었다는 점은 그만큼 제중원교회의 목회활동과 부흥성장이 서울지역 장로교회 성장에서 큰 몫을 차지하고 있음을 의미하는 것으로, 그만큼 교회의 위상과 교세가 확장되었음을 상징하는 것이기도 했다. 선교사가 직접 이를 담임하였고, 여기에 2명의 선교사까지 임명함으로 제중원교회는 제도권교회로서도 손색이 없을 규모로 조직화되었던 것이다.

단지 4개월 동안만 임시로 제중원교회의 담임의 일을 하겠노라고 동의했던 레이놀즈 목사는 이를 쉽게 그만둘 수 없었다. 그것은 제중원교회의 집회 때마다 크고 작은 권능의 역사가 나타났기 때문이다. 1903년 가을과 1904년 봄에는 성령의 큰 권능이 충만한 사건이 일어났고, 주일 오후마다 열리는 연합예배의 규모도 더욱 커지게 되었다. 제중원교회에서는 연합예배뿐만 아니라 매 3개월마다 서울지역 장로교회 교인들이 모여 연합적으로 '성례전'을 거행하는 '연합성례식'을 개최하기도 했다.[84]

이렇게 1902년 홍문동교회가 해체된 직후 서울지역 장로교회들이 독립적인 개교회의 성격보다 '연합교회'의 성격이 크게 드러나기 시작했는데, 이는 앞서 언급했듯이 장로회 공의회가 열악한 상태의 한국교회와 교인들을 '보호'하기 위해 정치와의 분리를 주장하고 한국교회가 정치와는 일정한 거리를 두면서 오직 순수한 신앙운동에 적극 매진하도록 하기 위해 제중원교회를 장소로 하는 부흥운동을 연합적으로 펼쳐 나갔던 배경에서 비롯된

---

83) 『勝洞敎會百年史』, 100~101쪽.
84) 『勝洞敎會百年史』, 101~102쪽.

것이기도 했다.[85]

　이처럼 홍문동교회의 해체 이후 제중원교회는 홍문동교회의 교인들 대부분이 다른 곳으로 가지 않고 제중원교회로 나오기 시작하면서 갑작스러운 교인 수의 팽창이 일어났고, 교회로서의 교세가 커졌으며, 또 교회가 장로교 공의회의 선교방침에 따라 서울지역 장로교회의 연합 모임이 열리는 공식적인 장소가 됨으로써 제중원교회가 당시 서울지역 장로교회의 중심, 즉 '중앙교회(Central Church)'[86]로서 그 위상이 높아졌던 것이다. 이 때문에 자연스럽게 담임목사와 부목사가 감당해야 할 일이 많아졌다. 이로 인해 임시로 제중원교회의 담임을 맡았던 레이놀즈나 부목사 곽안련 선교사의 일은 많아지게 되었고, 제중원교회를 쉽게 그만둘 수 없는 형편이 되었던 것이다.

2) 제중원의 신축과 남문 밖 이전

　1893년부터 제중원 원장으로 부임한 에비슨은 부인의 건강이 악화되자 안식년을 얻어 1899년 캐나다로 돌아가게 되었다. 당시 선교사들은 8년이 지나야 안식년을 가질 수 있었으나 에비슨 부부가 너무나 열정적으로 선교를 하다가 얻은 병이었기 때문에 다른 선교사들보다 일찍 안식년을 얻을 수 있었다.

　안식년으로 인해 한국을 일시적으로 떠나면서 에비슨은 제중원에 대해서 많은 생각을 갖고 있었다. 그것은 구리개(銅峴)에 위치했던 제중원을 현대식 병원으로 개조 또는 건립에 관한 것이었다. 한국인 환자들이 늘어나면서

---

85) 그러나 선교사들에 의해 추진된 이런 교회의 비정치화운동도 외세의 노골적인 침략 앞에서 새로운 도전을 받지 않으면 안되었다. 기독교를 통해 각성된 반봉건·자주의식이 일제의 본격적인 침략 앞에 침묵할 수 없었기 때문이다.

86) '중앙교회(Central Church)'란 이 시기 제중원교회가 우선적으로 서울 지역에서 차지하는 지리적 위치에서 사용되었으나, 1900년대 초에는 이 말이 지리적 위치의 개념을 넘어서 서울지역 장로교회의 중심적 위상을 갖고 있다는 의미로 지칭되고 있었다.

직원이 늘어났고, 한국에 입국하는 의료선교사들도 많아졌다. 그러나 이들이 제중원에 머물 만한 공간이 현저하게 부족하여 서울지역 이곳저곳에 흩어져 있었으며, 조선인 의사들을 양성하기 위한 공간이 절대적으로 부족한 상황에서 에비슨은 병원건물을 개조하거나 새롭게 건립할 필요성을 심각하게 느끼게 되었던 것이다. 제중원이 구리개로 이전하여 시작할 때만 해도 넉넉했던 건물 공간이 시간이 지남에 따라 비좁아졌으며, 건물이 낡고, 병원으로서 시설이 너무 미비하여 한국인의 폭발적인 의료 수요를 감당하기에는 역부족이었던 것이다.[87]

그러나 현대식 병원건물을 짓기 위해서는 여러 가지 문제가 해결되어야 했다. 병원건물의 설계나 세울 부지 매입 등도 중요했으나, 무엇보다 중요한 것은 병원건축을 위한 재정의 확보문제였다. 캐나다 토론토에 살고 있는 건축가 친구인 고든을 만난 에비슨은 그로부터 병원설계를 무료로 해주겠다는 약속을 받음으로써 병원설계문제를 해결할 수 있었다.

이어 병원건립기금이 가장 큰 문제였는데, 모금을 위해 당시 뉴욕에서 열렸던 만국선교대회에 우연하게 참석했던 그는, 한국의 의료선교에 대해 열정적인 강연을 하게 되었다. 그런데 때마침 참석하여 에비슨의 강연을 듣고 감동을 받았던 클리블랜드의 부호(富豪) 세브란스(Louis H. Severance)가 에비슨에게 제중원의 병원건립기금 1만 달러를 기부하는 일이 일어났다. 병원건립의 가장 큰 문제는 세브란스라는 한 인물을 통해 손쉽게 해결되었던 것이다.

에비슨은 제중원을 새로운 현대식 병원으로 건립할 수 있게 되었다는 부푼 꿈을 안고 1900년 10월에 한국에 돌아왔다. 그러나 병원설립은 바로 실천되지 못했다. 그것은 병원을 건립할 만한 적당한 땅을 확보하지 못했기 때문이었다. 병원부지 선정이 정부관료들의 비협조로 잘 이뤄지지 않는 가운데, 미국의 세브란스는 1902년 5천 달러를 더 보내어 속히 병원 부지를 구

---

87) 박형우, 『제중원』, 280쪽.

입하여 병원 건축에 나설 것을 요청했던 것이다. 이에 더 이상 지체할 수 없게 된 에비슨은 남대문 밖 남산 기슭 복숭아골의 땅을 매입하게 되었다.

병원부지를 확보한 에비슨은 곧 건축작업에 들어갔는데, 이때 병원건축을 지휘한 것은 그의 친구 병원설계자 고든이었다. 1902년 11월부터 시작된 건축과정은 쉽지 않았다. 건축설계자가 직접 진두지휘했으나, 정부의 관료들이 우선 비협조적이었고, 건축공사를 맡은 인력이 부족했으며, 자재난으로 일시적으로 중지된 적도 있었다. 물론 에비슨 역시 적극 공사작업에 참여하여 작업을 이끌어 나갔다.

이런 어려움을 뚫고 드디어 공사 시작 약 2년 만에 1904년 9월 현대식 시설을 갖춘 병원건물이 준공되었다. 병원의 이름은 기증자의 이름을 따서 '세브란스기념병원(Severance Memorial Hospital)'으로 붙여졌다. 40개의 입원실을 갖추고 의사와 간호사를 양성하기 위한 교육시설까지 겸비했으며, 약 500여 명을 수용할 수 있는 예배당을 겸한 강당까지 마련되었다.[88] 그해 11월에는 에비슨 원장의 부인이 열쇠로 문을 여는 의식(儀式)과 함께 공식적으로 문을 열게 되었다.

이렇게 구리개에 위치했던 제중원이 현대식 병원건물을 새롭게 짓고 남대문밖 복숭아골로 이전했다. 제중원이 구리개 병원 자리를 왕실의 요구로 정부에 환수하고 옮길 때, 자연히 제중원교회도 제중원을 따라 남대문밖으로 그 위치를 이전하게 되었다. 이때 제중원교회에 참석하여 신앙생활을 하던 제중원교회 교인들 가운데 많은 사람들이 이제야말로 정착해야 할 교회를 찾기 시작했다. 갑작스럽게 교회가 해체되어 제중원교회에서 예배와 신앙활동을 하던 옛 홍문동교회 교인들은 이제 기로에 서게 되었다.

그리하여 결국, 제중원교회는 옛 홍문동교회의 교인들 상당수가 제중원을 따라가지 않고 따로 인사동에 예배당을 마련하고 예배를 드림으로써

88) 연세대학교의학백년 편찬위원회, 『의학백년』, 연세대출판부, 1986, 52쪽.

기존 신자들을 중심으로 하는 남대문밖 제중원교회와 승동교회로 분립하게
되었다.

3) 승동교회와 남대문교회의 출발

홍문동교회 교인들의 대부분이 제중원교회로 나와 예배를 드릴 무렵,
이미 제중원이 구리개를 떠나 새로운 장소로 이전을 물색하던 중이었기 때
문에 교인들 가운데 상당수가 제중원교회의 이전(移轉)을 예상하고 있었다.
그래서 제중원의 이전은 그들에게 크게 놀랄 일은 아니었다.

이 과정에서 제중원 이전과 관련하여 제중원교회의 교인들 상당수를
차지하던 옛 홍문동교회 교인들은 남문밖으로 이전하는 제중원교회를 따라
가지 않고, 새로운 교회를 분립해 나가기로 결정했던 것이다. 이에 대한 기
록을 인용해보면 다음과 같다.

> (A) 京城府南大門外敎會가 南大門外世富蘭偲病院內에 設立하다 先時에 同
> 病院이 銅峴에 있을 때 病院內에 會集禮拜하던 信者 一部分과 弘文洞
> 敎會의 信者 一部分이 會合成立하엿난대 弘文洞敎會는 ……故로 畢竟
> 解散하고 多部分의 信者들은 勝洞에 敎會를 設立하게 됨에 弘文洞禮拜
> 堂을 賣却하야 勝洞禮拜堂建築費로 補助하였고 小部分의 信者는 南大
> 門外에 敎會를 設立함에 宣敎師 元杜尤가 管理하고 醫師 魚丕信이 盡
> 誠幇助하야 敎會가 漸進되고 崔容鎬가 助事로 始務하니라[89]
>
> (B) 京城市內仁寺洞勝洞敎會가 成立하다 先時에 弘文洞敎會가 分競으로
> 解散하고 餘衆이 銅峴病院內에 會集하였다가 病院이 亦移轉 하는 同時
> 에 敎人 朴成春, 朴重根, 鄭允洙, 宋仁淳 茶洞金夫人, 朴瑞陽, 金弼淳
> 等이 勝洞으로 移轉하여 敎會가 成立하니라 當時에 宣敎會經營으로 京
> 城中央에 基地를 買收하고 老屋을 重修하야 禮拜堂으로 使用하였으며

---

89) 『朝鮮예수敎長老會史記(上)』, 187~188쪽.

宣教師 吳越蕃, 郭安連과 助事 徐相崙, 李汝漢 等이 繼續 視務하니라[90]

위에 인용한 (A)와 (B) 자료는 제중원이전 직후 제중원교회에 무슨 일이 일어났는가를 말해주고 있다. 이 두 자료에서는 제중원이 남대문 복숭아골로 이전하게 되자, 제중원교회에서 예배를 드리던 옛 홍문동교회 신자들 가운데 상당수가 제중원 병원과 함께 이전하는 교회를 따라가지 않고 박성춘(朴成春), 박중근(朴重根), 정윤수(鄭允洙), 송인순(宋仁淳), 다동 김부인(茶洞 金夫人), 박서양(朴瑞陽), 김필순(金弼淳) 등을 중심으로 종로 인사동 승동 지역에서 예배당 터를 잡고, 옛 홍문동교회 예배당 매각비를 합쳐 가옥을 고쳐서 승동예배당으로 사용하기 시작했는데, 이것은 제중원교회에서 분립한 승동교회의 출발을 의미하는 것이었다.[91]

제중원교회에서 예배드리던 옛 홍문동교회 교인들 상당수가 교회의 설립을 추진하게 되자, 선교부는 새 교회의 부지를 구입해주기로 결정했다.[92] 여기에 홍문동교회 교인들은 홍문동교회 예배당을 매각한 9,000원의 돈과 미화 2,000달러에 달하는 거액의 헌금을 합하여 승동예배당 구입과 개조에 사용했는데, 멀리 미국 필라델피아 사는 컨버스가 5,500원을 보태주기도 했다. 그리하여 1905년 8월 1일에 정식예배를 드림으로써 오늘날의 승동교회가 공식적으로 출발하게 되었던 것이다.

또한 제중원교회를 따라가지 않고 상당수의 옛 홍문동교회 교인들이 종로 인사동에 승동교회를 세워 분립해 나가자, 제중원교회는 기존의 제중

---

90) 『朝鮮예수教長老會史記(上)』, 111쪽.
91) 『勝洞教會百年史』에서는 이 부분을 설명하면서 상당수의 옛 홍문동교회 교인들이 나와 승동교회를 세움에 따라 구리개 제중원교회가 없어진 것처럼 서술하고 있으나, 이는 잘못 본 것으로, 없어진 것이 아니라 갑자스럽게 팽창했던 제중원교회가 남대문밖으로 나가면서 안정적으로 자리를 잡아나가 발전해 나간 것이다(『勝洞教會百年史』, 104쪽).
92) 이것만 보더라도 선교사들이 홍문동교회 교인들에 대한 치리로 교회를 해체했다기보다는 홍문동교회라는 자체에 대한 징계차원에서 교회를 해체했음을 알 수 있다. 이는 자신들이 해체시킨 지 채 몇 년도 안 된 홍문동교회 출신의 교인들이 새롭게 교회를 설립하려고 했을 때, 적극적으로 이들을 지원하고 있다는 점에서도 그대로 확인된다고 생각된다.

원 교인들과 승동교회를 따라 나가지 않은 일부의 옛 홍문동교회 교인들을 중심으로 교회의 모습을 새롭게 재편하고, 남대문밖에서 교회로서 그 자리를 잡아나가기 시작했다.

제중원교회에 그대로 남은 일부의 옛 홍문동교회 교인들은 주로 여성들로 추측이 되며, 이외에 일반 신자들도 여성들이 많았던 것으로 보인다. 그것은 이후 '남대문교회'가 '부인교회'란 별명을 가지기 때문이다. 그런데 처음부터 제중원교회에는 부인들이 많이 모여왔다. 제중원에서 무료로 치료를 받고 병이 나은 부인네들, 공짜로 치료받고 싶은 불쌍한 부인네들, 이런 부인들이 많이 모여들면서 사람들이 자연스럽게 '부인교회'로 부르게 된 것이다.[93]

이때부터 제중원교회의 명칭도 '남문밖 제중원교회', '남문밖교회', '남대문밖교회', '남대문외교회' 등으로 불리기 시작했다. 원래 제중원교회를 담당했던 클라크와 웰번 선교사들, 그리고 한국인 전임전도자였던 서상륜과 이여한 등은 승동교회를 맡아 제중원교회에서 나가게 되었다. 그래서 남대문밖에 자리 잡은 제중원교회는 새롭게 언더우드 선교사가 관리목사가 되었고, 이전부터 제중원 원장으로 물심양면으로 최선을 다해 교회를 섬기던 에비슨, 그리고 한국인 전임전도자로 최용호(崔容鎬) 조사가 임명되어 교회를 실질적으로 관리하게 되었던 것이다.

이렇게 제중원교회는 제중원 이전에 따라 상당수의 옛 홍문동교회 교인들이 승동교회를 분립하여 나가자, 이를 따라가지 않은 일부의 옛 홍문동교회 교인들과 기존의 제중원 교인들은 제중원 이전과 함께 남대문밖으로 나가 자리를 잡아갔고, 이때부터 남대문밖 제중원교회로 불리기 시작했고, 이런 호칭은 뒤에 남대문교회로 통일되었다.

제중원교회는 제중원이 여러 가지 어려운 고비를 넘기고 한국 최초의

---

93) 전택부, 앞의 책, 58쪽.

현대식 병원으로 1904년 9월 3일 준공과 11월 개원함에 남대문밖에서 새로운 시대를 시작하게 되었다.

5. 나오는 말

기독교가 한국사회에서 폭발적으로 수용되기 시작한 것은 1894년 갑오개혁을 전후한 시기였다. 일본을 비롯한 열강들이 한반도의 평화를 위협하게 됨에 따라, 대내적으로 팽배해져 있던 반기독교적 분위기가 수그러들면서 기독교에 대한 우호적인 인식이 많이 대두하였다. 기독교가 한국의 근대개혁의 수행과 자주적 독립국가로의 발전에 유효하다는 인식의 확산 결과였다. 또한 이와 맞물려 선교사들의 본격적인 선교활동이 시작되면서 교회와 교인 수의 증가가 현저하게 나타났다. 인적, 재정적 선교체제를 갖춘 외국 선교사업이 특히 근대적 학교와 병원을 중심으로 활발히 이루어지면서 한국인들의 반서양, 반기독교적 인식을 약화시키는 계기가 되었다.

1890년대 이후 서울지역에는 장로교회 개교회들이 설립되기 시작했다. 이 과정에서 제중원은 병원으로서뿐만 아니라 '신앙공동체'를 이루며 초기 서울지역 장로교회의 설립에 중요한 거점 역할을 담당했다.[94] 선교사들이 한국사회의 배타적인 대외인식과 한국정부와의 관계를 고려하여 서울지역을 제외한 타 지역에 대한 복음전도에 대해 대단히 신중한 입장을 취하고 있었고,[95] 선교사 자격으로 '전도하는 일을 하도록' 허락하는 호조(護照)를 정부로부터 받지 못한 상황에서 선교사들은 공개적인 복음전도 활동과 선교를 위한 지방에 여행을 삼가 할 수밖에 없었던 상황과[96] 그나마 서울지역에

---

94) 李光麟, 「濟衆院」, 『韓國開化史의 諸問題』, 一潮閣, 1990.
95) 한국 정부는 1888년 4월 22일자로 각국 공사관에 선교활동 금지에 협조해 줄 것을 정식으로 요구하였다(金源模 編, 앞의 책, 127쪽).

서의 선교방식도 공개적인 복음전도보다는 보다 은밀하고 개별적인 접촉을 통한 선교 밖에 할 수 없었던 상황에서 제중원 신앙공동체는 1890년대 이후 서울지역 복음 전파와 개교회 설립의 근거지가 되었던 것이다.

1890년대 초 설립된 곤당골교회가 신분갈등으로 홍문동교회로 분립되었을 때, 이들 분립된 교회들이 흔들리지 않고 교회를 유지할 수 있었던 것은 제중원 신앙공동체의 큰 지원에 힘입은 바가 컸던 것이다. 특히 비록 신분의식을 극복하지 못하고 양반층 중심으로 독자적으로 설립된 홍문동교회였지만, 선교사들의 영향권에서 벗어나 한국인 평신도를 중심으로 발전할 수 있었던 점에는 제중원의 에비슨 선교사와 제중원교회 구성원들의 지원과 격려 덕분이었다. 그러다가 설립된 지 3년 만에 신앙적 성숙을 통해 신분의식을 넘어 곤당골교회와 신앙 안에서 하나가 될 수 있었던 배경에는 제중원 신앙공동체가 자리 잡고 있었던 것이다.

이런 제중원 신앙공동체의 역할은 홍문동교회가 장로회공의회의 치리를 받고 해산을 당한 뒤에 더욱 빛을 발했다. 갈 곳 없이 방황하게 된 홍문동교인들을 따뜻하게 맞이하여 임시적으로 함께 예배드릴 수 있게 했던 것이었다. 제중원이 남문 밖 지역으로 이전하여 감에 따라 제중원에서 예배드리던 홍문동교회의 옛 교인들 대부분은 제중원을 따라가지 않고 승동교회를 설립할 수 있게 되었고, 나머지 교인들은 기존의 제중원 신앙공동체 구성원들과 함께 남문밖으로 이전하여 제중원 신앙공동체를 오늘의 남대문교회로 자리 잡게 하는 데 그 토대가 되었던 것이다.

이처럼 1890년대 정치사회변동 과정에서 제중원은 병원으로서뿐만 아니라 신앙공동체로서 서울지역 장로교회 개교회 설립에 직간접적으로 관련

---

96) 이것은 선교사 간의 선교관 차이에서 비롯되기도 했다. 알렌과 같은 선교사는 당시 한국적 상황에서 전도행위를 한다는 것은 경거망동한 몰지각한 행동이라고 인식하고 있었다. 반면에 언더우드를 비롯한 복음주의 선교사들은 적극적인 전도활동과 직접 지방전도에 나서려고 시도했다. 선교사들의 선교관 차이는 1887년을 전후한 시기에 선교사 간의 갈등과 선교활동의 위축을 가져왔다(해링튼(李光麟譯), 『開化期의 韓美關係』, 76~89쪽).

되면서 기독교 복음선교의 중추적 역할을 담당하게 되었던 것이다(『한국기독교와 초기 의료선교』, 한국기독교역사문화연구소, 2007).

윤치호의 기독교 수용과 사회윤리

1. 들어가는 말

19세기 말 서구 근대문명의 본격적 유입은 오랫동안 한국사회를 지배해 온 유교적 체제를 근본적으로 흔드는 충격을 주었다. 전근대 시대의 지배적 가치가 낡은 가치로 전락하고, 서양의 근대적 가치가 새로운 대안적 가치로 한국사회에 등장하였다. 그 결과 한국사회에는 근대사회의 정치·경제·문화적 요소들이 새롭게 수용되었다. 이 과정에서 수용된 기독교를 통해 유교적 정체성의 한국인들은 근대문명을 읽어내며 그것을 체화시켜 나갈 수 있었고, 이를 통해 많은 한국인들이 근대 이후 정체성을 형성해 나갔다.

근대전환기 이를 잘 보여주는 대표적인 인물 가운데 한 사람이 좌옹 윤치호(佐翁 尹致昊, 1865~1945)이다.[1] 청소년기 전통적 유학교육을 통해 유교적

---

[1] 윤치호가 한국 근현대사 속에 차지하고 있는 위치와 역할에 비해 그의 생애와 사상에 대한 연구는 여전히 미진한 단계라 할 수 있다. 지금까지 그에 대해서는 다음과 같은 것이 있다.
김영희, 『좌옹 윤치호 선생약전』, 기독교조선감리회총리원, 1934; 국사편찬위원회, 『윤치호 일기』(전 11권), 1973~1989, 『윤치호 서한집』, 1980; 유영렬, 『개화기 윤치호 연구』, 한길사, 1985; 윤경남 옮김, 『국역 좌옹 윤치호 서한집』, 호산문화사, 1995; 박정신, 「윤치호연구」, 『백산학보』, 백산학회, 1977; 송병기, 『국역 윤치호 일기(개정판) 1』, 연세대학교 출판부, 2001; 김상태 편역, 『윤치호 일기 1916~1943: 한 지식인의 내면세계를 통해 본 식민지시기』, 역사비평사, 2001; 양현혜, 『윤치호와 김교신』, 한울, 2009.

윤리 세계관을 수립했던 그는 청년기 해외유학을 통해 근대문명과 함께 기독교 신앙을 수용하고 근대적 세계관의 틀을 새롭게 세웠다. 일본, 중국, 미국 유학을 통해 당대 최고의 신학문을 습득한 그는 최초의 한국 미 남감리교 교인으로 미국 남감리교 한국선교에 결정적 역할을 했다. 19세기 말 근대국민국가 건설을 지향하던 독립협회 회장으로 대중운동을 지도하였고, 일제 침략에 맞서서는 대중의 정치사회적 각성을 이끌었다. 일제 강점기에는 기독교적 윤리를 기반으로 민족교육운동 및 대중문화운동, 그리고 기독교청년운동을 지속적으로 펼쳐 나갔다. 또 1919년 3·1운동 참여의 거부, 1930년대 후반 일제에 대한 협력행위 등으로 한국인들로부터 비난을 받기도 하였다.

이를 배경으로 여기에서는 유교적 윤리관을 소유한 윤치호가 근대문명과 기독교 신앙 수용을 통해 근대 지식인으로 전환하여 기독교적 사회윤리 정체성을 수립하고, 이를 사고와 행동에 일관되게 투영시킨 인물이라는 점에 주목하였다. 그것은 이런 인물을 통해 근대전환기 유교적 지식인의 기독교 수용과 그 윤리적 성격을 추적할 수 있기 때문이다. 나아가 근대전환기에 한국사회 구성원들이 서양 근대문명 및 기독교를 무조건 '무비판'적으로 받아들인 것이 아니라 이것을 받아들이는 삶의 상황에서 어떤 변화와 수용을 경험했는지도 검토할 수 있을 것이다.

2. 전통적 유교교육과 윤리적 기독교 수용

1) 전통유학 수학과 근대문명 습득

좌옹 윤치호는 1865년 충남 아산에서 윤웅렬(尹雄烈)의 장남으로 태어났다. 당시 그의 집안은 고조 이하 3대에 걸쳐 벼슬을 못했고, 또 그의 아버지가 무관(武官)이라는 점에서 보면 전통적 양반 명문가문으로 내세우기엔 부족함이 많았다. 그러나 윤치호의 할아버지 때에 와서 가세가 일어나고 아버지가 무관으로서 역량을 인정받게 됨에 따라 윤치호가 자랄 무렵 가문을 일으키고자 하는 의지적 분위기가 집안에 크게 조성되었다.[1]

당대 모든 양반집 아이들처럼 윤치호는 어린 시절 전통적 유학(儒學)을 공부하고 과거제를 통해 장차 높은 관료로 출세하여 가문을 일으킬 '입신양명(立身揚名)'을 꿈꾸게 되었다. 5세 때부터는 개인 선생을 모시고 글공부를 시작하였다. 그의 총명과 선생의 열정적 지도로 공부에 진보가 나타났다. 8세 되던 해에는 어린 윤치호가 '충청감사나 전라감사'가 되려는 포부를 가지게 되었다고 한다. 집안 어른들에 의해 주입된 소원이었으나, 그만큼 입신양명을 통한 출세에 대한 집념이 어려서부터 강했다. 9세에 서울 승동 집으로 이주한 그는 한학자 김정언(金正言)의 집으로 들어가 공부하였다. 13세에 이르러서는 유학의 문리(文理)가 트고, 문법에 통달하게 되면서 당시 어려운 한문 문헌도 거침없이 읽는 수준이 되었다.[2]

특별히 그의 교육에는 아버지의 각별한 관심과 지원이 절대적인 영향을 미쳤다. 당시 무관(武官)이 하대(下待)받던 사회풍토에서, 아버지 윤웅렬은 윤치호를 무관이 아닌 고위 문관(文官)으로 출세시키고자 하였다.[3] 그도 아버지의 뜻을 어기지 않고 고위 관리가 되려는 포부를 가지고 학업에 집중할 수 있었다.

그런데 그는 '과거제(科擧制)'를 통해 관리가 되려는 코스를 밟지 않았다. 그것은 1880년 전후로 펼쳐진 시대상황 변화와 아버지의 개화지향 영향 때문이었다. 윤웅렬은 서구문물 수입과 근대적 제도개혁을 위해 조선정부가 관료들을 일본에 수신사(修信使)로 파견할 때 그 일원이 되어 일본을 다녀왔

---

1) 그의 가문에 대해서는 유영렬, 위의 책, 15~17쪽을 참조할 것.
2) 김영희, 위의 책, 23~25쪽.
3) 김영희, 위의 책, 27쪽.

다.[4] 일본 발전상을 목격한 그의 아버지는 조선도 근대적 방향으로 가야하고, 그런 의미에서 아들 윤치호도 근대 신학문을 통해 진로를 개척해야 한다는 생각을 확신하게 되었다.

이렇게 해서 윤치호는 아버지의 주선으로 개화인물인 어윤중(魚允中)의 문하에서 공부를 하게 되었다. 전통적 출세방식이 아니라 신학문 습득과 개화흐름에 기초한 진로를 모색하게 된 것이다. 1881년 그는 서구문물 시찰과 수용을 위해 일본에 파견된 신사유람단(紳士遊覽團)에 어윤중의 수행원으로 참여하게 되었다. 시찰기간이 끝났으나, 그는 귀국하지 않고 그대로 일본에 남았다. 얼마 안 있어 그는 동인사(同人社)에 입학하였다. 그는 일본 방문을 근대문명의 습득을 위한 유학(留學)의 기회로 삼았던 것이다.[5]

일본에서 윤치호는 기독교를 처음으로 접하게 되었다. 당시 동인사를 설립한 나카무라(中村正直)가 기독교의 열렬한 신봉자였고, 그를 통해, 또 서적을 통해 기독교를 접할 수 있었다. 그러나 그에게 기독교는 아직 관심 밖이었다. 출세를 위한 신학문 습득이 우선이었기 때문이다. 나카무라도 그에게 기독교 신앙을 강요하지 않았다. 일본에서 윤치호는 급진개화파인 김옥균, 서광범, 박영효 등과 긴밀한 관계를 맺었다. 또 일본 정치가, 사상가, 교육가 등을 비롯해 구미 외교사절단과 지식인들과도 폭넓은 교류를 가졌다.[6]

이 기간 그는 근대화되는 일본 발전상을 체험하고 조선의 근대적 개혁 방향을 구상하기도 하였다. 서구적 정치 행정 시스템의 도입과 군주 주도의 안민(安民)의 정치이상 실현을 큰 틀로 하는 '내정개혁론'을 주장하였다. 그러나 그 목적은 어디까지나 여전히 '서구화'에 의한 유교적 정치 실현에 있었다.[7] 일본에서 약 2년 동안 체류했던 그는 1883년 4월경 초대 주한미국공사

---

4) 유영렬, 위의 책, 20~22쪽.
5) 이광린, 「유길준의 개화사상」, 『한국개화사상연구』, 일조각, 1981, 49~50쪽.
6) 유영렬, 위의 책, 23~24쪽.
7) 『윤치호 일기』, 1884년 1월 18일.

푸트의 통역으로 국내에 귀국하였다. 그는 고종과 미국 공사관, 그리고 개화세력 사이에서 교량 역할을 하며 제도개혁에 노력하였다.

2) 정치적 망명과 기독교 개종과정

미국 공사관 통역관으로 귀국한 윤치호는 서구 근대문명을 직접 배우기 위한 미국유학을 꿈꾸기 시작하였다. 그러던 중 1884년 12월 급진 개화파세력에 의해 갑신정변(甲申政變)이 일어났다.[8] 더 이상 제도개혁이 늦춰질 수 없다는 판단아래 쿠데타를 감행한 것이다. 그러나 갑신정부는 '3일' 만에 청나라 군대의 무력개입으로 좌절되고 말았다. 급진 개화파세력에 대한 보수세력의 대대적 탄압이 시작되었다. 다수가 해외로 망명을 떠났고, 일부는 살해당하기도 하였다.

윤치호 부자도 안전할 수가 없었다. 직접적으로 적극 가담한 것은 아니었으나, 평소 급진개화파 세력과 가까웠고, 아버지의 경우에는 갑신정부 형조판서에 이름이 올랐기 때문이다. 어쩔 수 없이 그는 보수세력의 탄압을 피해 미국 푸트공사가 써준 소개장을 들고 중국 상해로 건너갔다.[9] 이렇게 그의 뜻하지 않은 정치적 망명, 기약 없는 망명이 시작되었다.

그러나 망명이 절망만을 준 것은 아니었다. 그것은 그가 인생의 전환점이 될 만한 큰 기회를 맞았기 때문이다. 그에게 새로운 배움의 기회가 온 것이다. 미국 푸트공사의 추천으로 1885년 상해에 도착한 윤치호는 미국 남감리회 소속의 중서서원(中西書院, Anglo Chinese College)에 입학할 수 있게 되었다.[10] 기독교계 학교였으나, 그는 기독교에 대한 관심이 없었다. 학교 예배에도 참석했으나 그에게는 형식적인 것이었다. 여전히 그의 관심은 정치 쪽에 있

---

8) 강만길, 『한국근대사』, 창작과 비평사, 1984, 193~195쪽.
9) 『윤치호 일기』, 1884년 12월 7일.
10) 박정신, 「윤치호연구」, 『백산학보』 제23호, 백산학회, 1977, 357쪽.

었다. 정치 관계 서적을 주로 읽었다. 공부하면서도 그는 국내 정세변화에 주목하고 그에게 희망적 소식이 오기를 기다렸으나, 전해지는 소식은 우울한 것이 대부분이었다.[11] 특히 해외에 망명하고 있는 개화파 인물에 대한 우울한 소식만 들려왔고, 지도적 역할을 했던 김옥균이 자객에 의해 살해되었다는 충격적인 소식도 듣게 되었다.

그에게는 너무도 절망적인 나날의 연속이었다. 이 무렵 그는 밤새워 술을 마시거나 종종 홍등가 여인들과 동침하는 경우도 잦아졌다. 어려서 꿈꿔왔던 정치적 야망이 꺾인 현실에서 그는 좌절을 잊기 위해 방황하며 타락한 생활을 한 것이다. 그러나 그것은 그에게 근본적 해결책이 되지 못했다.[12] 심리적 방황과 함께 건강도 자연스럽게 나빠졌다. 그에게는 어떤 돌파구가 필요했다. 그 속에서 그가 발견한 것은 자신의 방황과 대조적으로 중서서원 알렌 및 보넬 교수에게서 발견할 수 있는 성실하고 진실된 삶이었다.[13] 아울러 교과목으로 배웠던 성경과 기독교 교리에 대해 들어 알게 된 지식도 자신의 그릇된 삶을 비추는 거울이 되었다.

1886년 초 그는 자신의 절망스러운 방황에 대해 깊게 반성하기 시작했다. 스스로 그는 "심약(心約)"이란 나름대로 '윤리적' 지침을 만들고 절제의 생활을 추구하기 시작했다. 이것은 그가 배운 유교적 방식에서 나온 대응이었다.[14] 그러나 그의 '심약'에는 분명한 한계가 있었다. 윤리적 실천을 위한 의지만으로는 마음의 결심을 지키기 어려웠기 때문이다. 유교적 윤리에서 비롯된 '심약'이란 지침보다 더 힘든 정신적 고뇌가 그를 지배하였다. 그가 들었던 기독교의 '상제님'께 기도도 했으나, 해결되지 않았다. 기독교에 대한 그의 관심은 여전히 유교의 윤리적 차원에 그치고 있었다. 기독교는 유교적

---

11) 이덕주, 『한국그리스도인의 개종이야기』, 전망사, 1990, 142쪽.
12) 유영렬, 위의 책, 61쪽.
13) 민경배, 「초기 윤치호의 기독교신앙과 개화사상」, 『동방학지』 19집, 1978, 167쪽.
14) 『윤치호 일기』, 1886년 1월 4일~5월 10일.

윤리 차원에서 머물 수 없기 때문에 그것을 초월한 진리체계로 발전되어야 했다. 그의 기독교에 대한 관심은 여전히 한계가 있을 수밖에 없었다.

이 무렵, 방황하는 그를 집중하여 주목한 사람이 있었다. 그는 중서서 원의 보넬 교수였다. 그는 정신적 고뇌를 이기려는 윤치호의 모습을 안타깝게 바라보고 있었다. 1887년 3월 9일 보넬 교수는 윤치호에게 기독교에 대한 생각을 질문하였다. 이에 그는 보넬 교수에게 '상해에서 와서 상제 이름을 들은 이후 하루도 빠지지 않고 주변 사람들에게 복을 내려 달라고 했고, 기독교를 섬기고 싶은 마음은 크지만 시시때때로 의심하는 마음이 가득 차는 바람에 어쩔 줄을 모르겠다'는 마음을 털어 놓았다.[15] 그러자 보넬 교수는 그에게 세례받기를 권유하면서, 세례가 올바로 살려는 사람들의 마음과 생활을 붙잡아 줄 신앙심을 길러주는 계기가 될 것이라고 하였다. 이 말을 듣고 큰 용기를 갖게 된 이후 윤치호는 기독교 신앙에 대한 진지한 생각과 결단을 하기에 이르렀다.

드디어 1887년 3월 23일 그는 보넬 교수에게 자신의 기독교 신앙이 담긴 '신앙고백서'를 제출하였다. 여기에서 그는 현실적 삶에서 느끼는 개인의 윤리 한계를 유교적 윤리로 극복할 수 없었고, '상제님'에게서 그 해결책을 찾기로 결심했다고 표현하였다. 이와 함께 죽음 이후 세계도 준비한다는 생각에서 세례 받기로 결단했다는 점을 분명하게 서술하였다. 즉 그는 개인적 차원에서 기독교를 사랑의 종교, 구원의 종교로 믿었고, 자기 영혼의 구원과 생활의 개선을 위한 종교로 수용하고자 하였다.

1887년 4월 3일 그는 보넬 교수로부터 세례를 받았다. 이날 그가 쓴 『일기』에서는 "오늘로부터 주님을 믿고 성교(기독교-필자 주)를 받들기로 굳게 결심했다. 가히 일생에 있어 제일 큰 날이라 하겠다."고 기록하였다.[16] 이로써

15) 『윤치호 일기』, 1887년 3월 9일.
16) 『윤치호 일기』, 1887년 4월 3일.

상해에 도착해 중서서원에서 공부를 시작한 지 1년 3개월 만에 그는 기독교로 온전히 개종하였다. 물론 일본 유학까지 합치면 무려 6년 만의 일이었다. 마침내 오랜 사색과 번민, 그리고 결단이란 탐구의 과정을 거치며 윤치호는 내면에서부터 기독교 신앙을 받아들이는 기독교인이 되었다.

3) 기독교 사회윤리 수용과 사회적 실천

윤치호는 3년 6개월의 중국 유학을 마치고, 꿈에 그리던 미국유학을 가게 되었다. 그곳은 미국 벤더빌트(Vanderbilt) 대학교였다.[17] 중서서원 보넬 교수, 알렌 박사의 알선과 미국 남감리교회 후원이 결정적인 힘이 되었다. 1888년 11월 목적지인 미국 내쉬빌에 있는 밴더빌트 대학교에 도착했는데, 그의 나이 24세였다. 밴더빌트 대학교에서 각고의 노력 끝에 우수한 학업성적을 기록한 그는 졸업한 뒤 본넬 교수 및 알렌 박사와 상의하여 에모리(Emory) 대학교에 다시 입학하였다.[18] 이곳에서 그는 학업에 충실하며 교내행사와 서클활동에 적극 참여하였고, 교파를 초월하여 각종 종교집회에 참가하는 활동을 펼쳤다. 특히 많은 교회를 방문하여 한국선교에 대해 관심과 열정을 불러일으키는 연설을 자주하였다.

5년 동안 미국사회를 체험하면서 그는 미국이 당대 '최고 문명국'이라는 인식을 갖게 되었다. 미국사회가 민주주의와 과학문명에 기초한 성숙한 근대사회라는 긍정적 인식을 갖게 되었다. 반면에 약육강식이 판을 치는 국제현실에서 미국의 강대국 논리문제, 미국사회 내의 심각한 인종차별의 문제 등을 겪으면서 동시에 미국사회의 어두운 그림자를 보기도 하였다.[19]

그러나 무엇보다 이 시기 그가 발견한 것은 사회적이며 실용적인 기독

---

17) 『윤치호 일기』, 1888년 9월 24일, 8월 30일, 9월 4일.
18) 『윤치호 일기』, 1890년 8월 13일.
19) 유영렬, 위의 책, 75~82쪽.

교윤리였다. 중국 상해 중서서원 시절, 깊은 방황 속에서 기독교 신앙을 개인적 윤리차원에서 수용했던 그는 미국유학시절, 미국사회의 진정한 힘, 미국인들을 떠받치고 있는 것이 기독교임을 분명하게 인식하게 되었다. 기독교가 단순히 문명부강의 원동력일 뿐 아니라 인간을 자유하게 하고 민주적인 정부를 탄생시킨 미국 민주주의의 창조력으로 보았던 것이다.[20] 그러면서 그는 미국의 많은 지성인들이 비록 종교 없이도 도덕적으로 선하다고 자부하기도 하나, 미국인들 대부분이 기독교 복음에서 도덕과 윤리의 근원을 찾고 있다는 점에서 기독교 복음이 미국인들의 정신적 기반이 되고 있다고 파악하였다.

이런 경험을 통해 그는 사회적 차원에서 기독교가 사회개선에 사명의식을 가지는 공익적인 사회윤리라는 인식을 확신하게 되었다. 이는 평소 국가와 민족에 대한 관심과 발전구상을 모색하던 윤치호가 기독교를 개인적 윤리차원을 넘어 사회윤리 차원으로 나아가게 하는 계기가 되었으며, 국가와 민족, 사회 개혁의 방략과 방향을 설정하는 출발이 되었다.

이 과정에서 윤치호는 마음에 하나님을 모시고 영혼의 구원을 받음으로써 도덕적 품격과 정직한 인간 형성이 가능하다고 믿고 기독교를 인간개선의 윤리로 수용했다. 동시에 기독교를 서구의 문명부강과 자유민주주의를 창출시킨 사회변혁의 윤리로 인식하게 되었다. 그는 사랑과 구원의 하나님에게 귀의함으로써, 서양 문화가 지닌 힘의 근원으로 파악한 기독교를 실천적인 종교로 수용하게 되었다. 이것은 그가 기독교가 가진 교리적 '우월성'이 아닌 윤리적 삶을 향상시킬 수 있다는 기독교 '유용성'의 확신에서 비롯된 것이었다.

중국과 미국유학 및 체험을 통해 기독교적 사회윤리를 수용한 윤치호가 1895년 국내에 귀국하였다. 당시 국내 상황은 매우 어려움에 있었다. 청

---

20) 『윤치호 일기』, 1892년 2월 10일.

일전쟁으로 국가 자주권이 흔들리고, 제도적 개혁은 더 이상 미룰 수 없는 대상이었다. 1894년 갑오개혁이 시작되었다. 힘든 국내 사정에 귀국한 그는 기독교 사회윤리를 확신하며 기독교 선교와 국가의 제도개혁 및 대중운동 차원에서 이를 실천적으로 펼쳐 나갔다.[21] 갑오개혁운동에서는 제도 개혁에 대한 자신의 생각을 제시하였다.

그러나 아관파천으로 갑오개혁이 실패하게 된 이후, 전개된 독립협회 운동에서 그는 자주·자강·민권운동을 대중화하는 데 지도적 역할을 하여, 민중적 정치운동의 발판을 만들었다.[22] 이는 1900년대 일제 침략에 맞서 애국계몽운동에서 그대로 이어졌다. 1900년대 중반 일본의 침략에 맞서 대중계몽을 통해 대중의 각성과 힘을 양성하자는 애국계몽운동단체들이 차례로 설립되었다. 대한자강회 및 대한협회는 대표적인 단체로, 양 단체의 회장을 그가 이어서 맡아 국권회복의 기반을 마련하고자 하였다.[23] 이와 함께 그는 한영서원(韓英書院)과 같은 학교를 건립하여 기독교적 교육의 실시를 통해 근대 시민윤리 교육을 펼쳐 나갔다.[24]

그의 활동은 1910년 한국이 일제의 강점되면서 큰 위기를 맞이하였다. 윤치호는 1911년 기독교 민족주의 세력의 제거를 목적으로 일제가 조작한 '105인 사건'의 주요한 탄압 인물이었다. 그는 억울하게 수년간 투옥생활을 해야만 했다. 이 사건은 그에게 씻을 수 없는 큰 상처를 주었고, 1916년 석방된 이후 해방될 때까지 정치적 부분과 일정한 거리를 두게 만드는 결정적 배경이 되었다.[25] 이런 점은 그에게 직접적인 정치행동을 기대하던 많은 이들에게 배신감을 주기도 하였다. 이어 3·1운동 당시 운동 참여 거부 및 일

21) 이에 대해서는 김명배, 「한말 기독교 사회, 민족운동의 신학적 배경과 그 성격에 관한 연구」, 『숭실사학』 21, 숭실사학회, 2008 참조.

22) 유영렬, 114~137쪽.

23) 신용하, 「신민회의 창건과 국권회복운동」, 『한국학보』 제8집, 일지사, 1977, 35~47쪽.

24) 김영희, 위의 책, 209쪽.

25) 윤경로, 「백오인사건의 일연구」, 『한성사학』, 한성대 역사학회, 1983, 31쪽.

제 후반 일제에 대한 협력행위 등으로 많은 한국인들로부터 비난을 받는 배경이 되었다.

그러나 그는 역경에 좌절하지 않았고, 이를 겪으면서도, 비록 일본제국주의의 식민지배 아래에 있더라도, 기독교 사회윤리에 기초한 사회적 실천운동만이 민족공동체를 근대적인 지향의 공공(公共) 사회로 변화시킬 수 있는 본질적 운동이라는 확신을 포기하지 않았다. 아무리 식민지 지배체제라고 하더라도 근본적 변혁운동을 도외시할 수는 없는 것이었다.

그런 의미에서 식민지 상황이란 제한된 공간 안에서도 그의 사회적 실천은 계속되었다. 그는 기독교 청년회(YMCA)운동을 이끌며 청년들의 시민사회윤리의 각성과 현실변혁의식의 고취 등을 이끌었다.[26] 이외에도 그는 기독교계 학교운동 및 사회언론운동, 농촌운동, 기독교 연합운동 뿐만 아니라 사회적 대중계몽운동 및 민족문화운동 등을 전개하였다.[27] 이를 통해 그는 사회윤리차원에서 한국사회의 근대적 개혁과 변화를 도모하는 사회적 실천을 지속하였다.

3. 기독교 사회윤리론과 성격

1) 비판적 유교이해와 윤리적 기독교

일본 유학시 기독교를 접했던 윤치호는 중국 상해 중서서원에서 근대 학문과 기독교 성경을 규칙적으로 공부하고, 세례를 통해 기독교 신앙을 이해하고 이를 확신하게 되었다. 다음은 신앙고백서에서 밝히고 있는 부분이다.[28]

---

26) 전택부, 『한국기독교청년회운동사』, 정음사, 978, 62~65쪽, 79~83쪽 참조.
27) 김권정, 「1920·30년대 한국기독교인들의 민족운동 연구」, 숭실대 사학과 박사학위논문, 2001 참조.
28) 윤치호, 「윤치호의 신앙고백」, 이덕주·조이제 엮음, 『한국그리스도인들의 신앙고백』, 1997, 26쪽.

저는 상해에 오기 전에는 하나님에 대해 들은 바가 없었습니다. 그 이유는, 불신자(不信者) 나라에서 태어나 불신자 사회에서 자라고 불신자 문서로 가르침을 받았기 때문입니다. 저는 거룩한 종교를 알게 된 이후에도 계속해서 죄를 범했습니다. 그 이유는, 정욕과 만족을 고귀한 신앙생활보다 더 좋아했고 인생을 짧은 것으로 생각해서 할 수 있는 한 모든 것을 즐기는 것이 도리라고 여겼으며 '건강한 자에겐 의원이 필요없다'고 생각하였으나, 저는 스스로 의롭다 여겨 어떤 하자도 없다고 여겼습니다. 의롭다 여기면 여길수록 더 타락하고 말았습니다.

윤치호는 한 사람으로서 자기 자신 안에 '죄악성'이 존재한다는 점을 가장 먼저 인식하였다. 사람 본성이 악하다는 개념은 그가 현실주의적인 유교적 세계관에서 발견할 수 없는 것이었다. 이를 통해서 내세(來世)에 대한 분명한 믿음을 갖게 된 그에게 기독교적 세계관은 성선설(性善說)과 현실을 강조하는 유교적 세계관과 분명히 달랐다. 그는 전통적 유교와 새롭게 대두된 기독교를 치밀하게 비교 분석해 보았다. 특별히 세례를 받기 전 그는 사서(四書)를 다시 검토한 후에 마침내 결론을 내렸다. 유교에서 건전한 도덕률을 교육하고 있으나 사람에게 그러한 도덕률을 강제할 어떤 절대적 '구속력'도 갖고 있지 못하다고 파악하였다.[29] 그리하여 그는 무기력하고 통제 불가능한 사람에게 도움을 요청하는 대신에 절대자 하나님과 하나님의 계시인 성경에 의지하는 것이 '합리적'이라고 생각하였다.

이렇게 사람의 본성이 악하다는 개념의 수용은 사람의 선행에 대해 당위성이 결여된 유교의 한계를 지적함을 통해 기독교적 신관(神觀)을 받아들이는 계기가 되었다. 방탕한 생활을 하더라도 스스로를 의롭다고 여기는 인식이 유교적 관습적 윤리에서 보면 매우 보편적 일들에 불과했으나, 그는 사람의 선행에 대한 유교의 절대적 당위성 결여가 그에게 더욱 방탕한 길로

---

29) 안신,「좌옹 윤치호의 종교경험과 종교론」,『한국기독교와 역사』27, 한국기독교역사학회, 2007, 53쪽.

가게 했다는 강력한 자의식(自意識)을 갖게 되었다.[30]

이어 그는 하나님 이해를 통해 절대적 선(善)으로 모든 사람들을 의(義)에 따라 심판하신다는 기독교적 신관(神觀)을 자연스럽게 받아들였다. 즉 윤치호에게 하나님은 절대적 선을 갖고 그 기준에 따라 모든 사람을 심판하시는 심판자인 동시에 사람에게 두려움을 주어 도덕적이고 윤리적 삶을 살게 하는 힘이었다.[31] 하나님이란 존재는 그에게 윤리적 당위성을 제공함과 동시에 윤리적 성취도를 높여주는 근본이었다. 그가 생각하던 사람의 완전함은 기독교적 신의 은총이란 칭의적 개념에 머무르지 않고 신앙적 종교성을 통해 표출되는 윤리적 완성을 통해서 이루어지는 것이었다.

이렇게 전통적 유교에 대한 비판을 통해 그는 기독교적 윤리관을 강화시켜 나갔다. 그런데 여기서 중요한 것은 그의 비판이 유교의 원리나 가치에 대한 비판보다 유교가 지닌 보편적 가치를 현실에서 어떻게 실현시켰는가에 대한 현실 적용적 비판을 담고 있다는 점이다. 그래서 유교의 이상 자체에 대한 본질적 비판보다 당시 유교적 이상이 한국사회에 제대로 구현되지 못한 데 대한 현실적이며 기능적인 불만에서 비롯된 공격이 주된 내용을 이루고 있었다.[32] 이는 그가 유교의 대체자로서 기독교를 설정하게 된 것과 깊은 관계가 있었다. 예컨대 공자와 예수의 가르침에서 공통적으로 '중용'의 미덕과 '황금률'의 윤리적 덕목이 강조된다는 점을 강조하면서도 그는 궁극적으로 유교적 전통의 가치를 실현할 수 있는 힘과 권위를 기독교 신앙에서 찾았다는 점에서도 이를 확인할 수 있다.

그런데 여기서 주목되는 것은 전통적 유교의 '윤리' 패러다임을 기독교 이해에 그대로 적용시키고 있다는 점이다. 윤치호는 유교가 시대적 상황에 맞지 않는 부정적인 내용이나 성격을 비난함으로써 유교와의 현상적 '단절'

---

30) 『윤치호 일기』, 1932년 1월 14일.
31) 노재신, 「윤치호의 기독교 신앙과 현실 인식」, 목원대 신학대학원 석사학위논문, 2002, 20~21쪽.
32) 유영렬, 위의 책, 174~180쪽.

을 시도하지만, 결과적으로는 전통적인 유교 가치 인식의 틀인 '윤리' 패러다임을 자신의 사고방식에서 그대로 지속시키고 있었던 것이다. 월등하게 앞선 근대문명의 힘을 앞세우고 몰려오는 서구적 기독교의 힘 앞에 이를 받아들이면서도 윤치호는 유교의 윤리 패러다임을 그대로 사용함으로써 유교를 통해 성취하고자 했던 그 목표를 기독교를 통해 보완하고 이를 이루고자 한 것이다.

이처럼 윤치호는 근대전환기 유교적 세계관에 대해 현상적으로 '비판'을 시도하면서도, 새로운 대체자로 기독교 복음에 기반한 윤리적 기독교를 통해 주장하였다. 삶의 인식틀 차원에서 윤리적 심각성을 인식한 그는 전통적 유교세계관에서 결여된 하나님 존재에 대한 이해를 기초로 기독교적 윤리 패러다임을 강조하였다.

2) 실용적 기독교와 실천윤리

윤치호의 기독교 사회윤리는 기독교를 철저하게 실용적으로 이해하는 측면에서 형성되었고, 출발하였다. 그는 도그마적인 철학이나 지적인 종교를 배격하고, "옳고 진실하다고 알고 있는 것을 행할 수 있게 하는 산 도덕 혹은 정신적인 힘"을 추구했다.[33] 이런 점에서 윤치호는 생활 속에서 실용된 기독교가 거대한 힘이라고 하여, 지극히 현실적이고 실용적인 종교로서 기독교윤리를 수용하였다.

이 같은 인식은 실용적 차원에서 기독교 전통에만 머무르지 않고 일반적 개념으로까지 확대되어 나타났다. 그는 종교에 대해 "생활에서의 악을 제거하며 현생에서 복락을 사후 세계로 확대하고 연장하려는 인간의 노력이며 바람"[34]이라고 보았다. 즉 종교를 계시적이며 신학적 존재론을 사용해 그 본

---

33) 『윤치호 일기』, 1890년 5월 19일.
34) 안신, 「좌옹 윤치호의 종교경험과 종교론」, 60쪽.

질을 규정하기보다 경험적이며 윤리적이고 동시에 기능적으로 설명하고자 하였다.

이런 이해를 토대로 그는 기독교의 국수주의나 배타주의적 태도를 극복할 수 있었고, 자신의 신앙인 기독교를 비롯한 다양한 종교들 사이의 유사점을 이해하는 성숙한 신앙태도를 보였다.[35] 그는 다양한 종교의 원리를 지적하면서도 신앙적으로 상대주의나 회의주의에 빠지지 않았다.

그래서 그는 종교가 일상생활의 문제들과 밀접하면서도 복잡하게 연결되어 있다고 보았다. 다양한 종교들의 가치를 부정하지 않으면서도 종교가 사회일반과 종교공동체의 요구에서 벗어나 현실과 유리된 채 폐해나 부조리를 보게 되면 그는 가차없이 비판하였다. 이는 기독교에 대해서도 예외가 아니었다.[36] 그는 기독교인의 타종교인들에 대한 배려나 서양선교사들의 우월의식과 오만함을 신랄하게 비판하였다.

또한 그는 기독교 사회윤리차원에서 철저한 실천을 강조하였다. 그는 사상가나 이론가라기보다 실천인인 동시에 행동인이었다. 그는 기독교인이 된 것도 기독교가 실천종교, 즉 일하는 종교라는 인식 때문이었다고 하였다. 기독교는 신앙적 실천주의 성향을 강하게 나타내게 되었는데, 실천 없는 종교는 차라리 무종교보다 나쁘다고 보았다. 그것은 "삶 속에서 실용된 기독교야말로 하나의 능력으로서 그 앞에서 아무것도 대적될 수 없다"고 단정으로까지 표현되었다. 다음은 이에 대해 구체적으로 언급하고 있다.[37]

모든 종교 중에서 나는 기독교를 선택한다. 그것은 일하기 때문이다. 기독교 중에서 나는 개신교를 선택한다. 그것이 일하기 때문이다. 개신교의 지파 중에서 나는 삼위일체론을 선택한다. 그것이 일하기 때문이다. 삼

---

35) 『윤치호 일기』, 1920년 9월 4일.
36) 『윤치호 일기』, 1933년 11월 6일.
37) 『윤치호 일기』, 1894년 1월 1일.

위일체론 중에서 나는 감리교를 선택한다. 그것이 일하기 때문이다.

그의 언급은 그가 기독교를 적극적이고 실천지향적인 윤리로 이해하고 있음을 잘 보여준다. 그는 말로써가 아니라 일상의 생활에서 전도되어야 한다고 보았고, 또 가식적이거나 도덕주의나 경건주의를 비판적으로 바라보았다. 그래서 그는 실천적 행동없이 신앙심이 있는 체하는 것만큼 가식적이거나 거짓된 행위가 없다고 보았다. 이는 그의 실천윤리의 모습을 볼 수 있는 부분이기도 하다.

윤치호는 유교가 당시 현실에서 무용하거나 무력한 것은 실천력이 없기 때문이라고 비판하였다. 유교의 실천력 부재현상이 허례허식적인 효에 기반을 두고 있기 때문이라고 파악하였다. 이 때문에 유교의 아름다운 가치가 형식과 가식에 둘러싸여 진정한 가치를 실천할 수 없는 무력하고 무용한 윤리로 변하게 되었다고 주장하였다. 이런 차원에서 그는 유교를 비롯한 전통적인 종교들의 가르침에 의하면, 한국인들의 본성 가운데 인의, 충효, 온유, 검소 등의 윤리가 깊이 자리 잡혀 있다고 보았다. 특별히 사랑의 감정적 요소인 동정심이 풍부하게 한국인의 본성 안에 깊이 내재되어 있다고 주장했다.[38] 그런데 한국인들에게는 좋은 가치와 윤리가 있지만 그것을 실현하려는 역행(力行)이 부족하다는 약점이 있다고 지적하였다.

그가 기독교에서 발견한 것이 바로 그 보편적 가치를 실현시킬 수 있는 실천적 힘이었다. 한국인이 기독교에서 배워야 할 윤리는 '사랑'을 넘어 사랑의 가치를 실현시킬 수 있는 강한 '의지력'이었다.[39] 기독교 공동체가 사회에 기여를 할 수 있는 것은 정직·신용과 같은 의지의 윤리를 가르쳐 지키게 하는 것이고, 이렇게 변화시킬 때 종교가 죽은 종교가 아니라 생기를 진작시키는 종교가 될 것이라고 역설하였다. 기독교의 힘은 논쟁 속보다 행

---

38) 윤치호, 「종교와 민족성」, 『청년』 제7권 7호, 1929년 9월, 3~4쪽.
39) 윤치호, 「종교와 민족성」, 5쪽.

동 속에서, 즉 개인과 민족의 삶을 본질적으로 변화시키는 도덕적인 힘의 표출 속에서 출발한다고 인식하였다.

따라서 윤치호는 기독교 윤리를 철저하게 현실적인 실천윤리로 인식하였다. 이는 사회적 개선에 사명의식을 가지는 공익적 사회윤리를 제공하는 것으로 현실변혁에 크게 기여하는 힘이 될 수 있다고 생각하였다. 이렇게 실용성과 실천성에 맞추어진 그의 사회적 윤리관은 그의 신앙 중심을 자연스럽게 내세보다 현세에 집중하는 결과를 가져오는 배경이 되었다.

3) 기독교적 청지기론과 시민윤리

미국 유학시절 그는 새롭게 수용한 기독교 신앙의 의미를 사회적으로 발견하였다. 그는 미국의 정치적, 사회적, 종교적 신조와 실천을 집중하여 관찰하였다. 서재필과 이승만처럼 그도 역시 서구 근대문명, 특히 미국문명화의 본질을 기독교에서 찾았다. 문명화와 종교를 동일시한 것은 유교와 문명화를 사실상 동의어로 이해하던 당시 지식인들의 인식 틀 속에서 보면 자연스러운 것이었다. 윤치호 역시 이 같은 인식의 태도를 그대로 보여준다. 한국의 사회와 문화에 실망한 그는 유교가 오류였다고 결론지었다. 반면에 기독교가 진리라면 기독교는 한국인들을 더욱 강하고 당당하게 회복시킬 것이라는 결론을 내렸다.[40] 즉 그는 종교와 문명화를 별개로 본 것이 아니라 떼려야 뗄 수 없는 불가분의 관계로 인식한 것이다.

그러나 '과연 기독교가 한국을 구원할 수 있을 것인가'라는 현실 문제에 부딪혀 윤치호는 사회진화론이란 틀 속에서 이 문제를 심각하게 고민하기 시작하였다. 그가 활동하던 시기는 '약육강식(弱肉强食)'·'적자생존(適者生存)'이란 정글의 법칙을 정당화해주던 사회진화론(社會進化論)이 팽배해 있었다.[41]

---

40) 『윤치호 일기』, 1889년 3월 30일.
41) 허동현, 「1880년대 개화파 인사들의 사회진화론 수용양태 비교 연구」, 『사총』 55, 역사학연구회,

현실적으로 사회진화론은 서구제국주의의 무력적 침략을 통한 식민지 획득과 지배를 약육강식의 논리로 합리화해주는 기능을 하고 있었다. 그는 냉혹한 약육강식의 사회진화론과 윤리적 명령에 대한 하나님의 섭리질서를 포함한 기독교 신앙, 이 둘 사이의 모순을 해결하고자 노력하였다. 이에 대해 오랜 번민 끝에 그는 다음과 같이 언급했다.[42)]

> 어떤 민족이나 인종을 다른 민족이나 인종이 정복하는 데 정복당한 이들이 도덕, 종교, 그리고 지식 면에서 더 나아, 그래서 정복자보다 더 정의롭다면 "힘이 정의"라고 말할 수 없기 때문이다.…그러나 우리는 더 강한 민족이 도덕, 종교, 정치에 있어서 더 약한 인종보다 항상 더 우수하고 덜 타락되었다는 사실을 발견하게 된다. 그래서 우리는 힘이 정의를 이긴 듯한 것도 사실은 상대적으로 더 정의롭지 못한 인종을 상대적으로 더 정의로운 인종이 승리했다는 것을 보게 된다. 그래서 결국 인종사이의 관계에서는 물론 이와 다른 예외가 있겠으나 정의가 힘이다.

윤치호는 사회진화론적 개념에서 사람들이 그 민족에 대해 갖는 권리를 빼앗길 수 있다는 부분을 '현실적'으로 인정하였다. 이어 동시에 악(惡)의 인격적인 기원과 섭리에 대한 개념들로부터 그는 그 사람들이 민족 생존에 대해 '도덕적 책임'이 있다는 결론을 내렸다. 이점에서 보면 제국주의 침략은 침략자의 죄악만큼 침략 당한 민족, 민족구성원의 죄과인 것이다. 그것은 한 민족에게 약소민족이라는 것보다 큰 죄과는 없기 때문이며, 잘못된 정부는 다른 범죄와 마찬가지로 그에 따르는 형을 받아야 하기 때문이다.[43)] 따라서 그가 보기에 현실에서 진정으로 강한 것은 도덕적, 윤리적 힘으로부터 도출되는 것이었다. 반면에 사회적, 민족적 진화의 과정에서 뒤떨어진

2002, 54쪽.

42) 『윤치호 일기』, 1892년 11월 20일.

43) 『윤치호 일기』, 1891년 5월 6일, 1893년 9월 24일.

상태는 윤리적, 정신적 침체의 결과였던 것이다.

그런데 이 부분에서 크게 주목되는 것은 그가 약육강식의 사회진화론적 사회관에 압도당하고 좌절해버린 것이 아니라는 점이다. 윤치호는 기독교적 개념인 청지기윤리를 통해 이를 극복하고 있었다.[44] 기독교적으로 볼 때, 영토와 자유, 독립은 하나님이 주신 선물들이었기 때문에 그런 선물들의 유지는 그것들에 대한 청지기적 능력에 달려 있었다. 기독교의 청지기직은 창세기 창세전으로 올라가는 데, 하나님은 태초에 땅과 모든 생물들과 자원들을 창조하시고 사람들에게 돌보도록 위탁하셨다.

그러나 그는 정부와 사람들이 공동의 이익을 위해 정신적 물질적 자원들을 개발할 공동의 책임의식이 있다는 것을 기독교 이외의 종교에도 존재하는 것이었고, 이것이 유교 안에도 있다고 보았다. 한국의 유교가 이점에서 신뢰를 주지 못한 것이었다. 그가 보기에 한국은 잠재력이 많은 나라임에도 불구하고 통치자들과 국민들이 그 사실을 소홀히 하였고, 유교의 교훈이 이런 상황을 고치는 데 무기력했다.[45] 비록 유교 자체로 유익한 것이 있지만, 유교가 강조하는 원칙들에 대한 의무가 도덕적인 정통성의 표준이 되어 하나의 윤리로 절대적 의무로까지 높아짐에 따라 모든 균형을 상실해 버렸다고 보았던 것이다. 가장 큰 피해가 공공의 윤리였다.[46] 이를테면 효에서 출발된 자신의 친척과 지기(知己)의 평안에만 관심을 갖는 이기적(利己的)인 관심 및 추구 등이 그것이었다. 시민윤리를 좌절시키는 요소가 바로 유교 핵심 안에 자리 잡고 있었던 것이다.

그런 점에서 윤치호가 강조했던 기독교의 청지기적 전망은 사회적 강조점을 갖고 있었다. 그것은 이른바 시민윤리와 불가분의 관계를 갖고 있었다. 시민윤리란 일반적으로 서구 프로테스탄티즘과 관련된 용어로, 기독교

---

44) 케네스 웰즈, *New God, New nation*, 김인수 역, 『새 하나님, 새민족』, 한국장로교출판사, 1997, 89쪽.
45) 『윤치호 일기』, 1893년 12월 12일.
46) 『윤치호 일기』, 1902년 4월 6일.

신앙이 개개의 시민들에게 이익이 되어야 한다는 윤리적 특성과 관계된 것이었다. 개인 윤리는 사회적 윤리의 기초로, 민족의 윤리, 건강, 생명력의 기본이 되는 것으로 간주되었다. 윤치호는 그가 평생 쓴 『일기』 전체에서 '공적인 덕', '공공정신', '공적인 책임' 등으로 사용했는데, 이런 개념들은 모두 '시민윤리'에 상응하는 것이었다. 이런 청지기 책임윤리의 확신 속에서 그는 시민윤리를 일으켜 민족공동체의 재건이 가능하다고 보았다. 그런 의미에서 "기독교는 한국의 유일한 구원이요, 희망이다"라고 보았던 것이다.[47]

이처럼 윤치호는 약육강식이란 사회진화론을 현실적으로 인정하고 받아들이면서도 '기독교의 하나님'을 '숙명적인 하나님'으로 받아들이지 않았다. 그가 이해한 하나님은 제국주의 침략을 합리화하며 현실을 '불가항력적인 운명'으로 그저 받아들일 것을 압박하는 존재가 아니었다. 제국주의 침략과 지배가 민족적 책임의 의무를 다하지 못한 결과임을 현실적으로 직시함과 동시에 민족적 책임감을 갖고 공동체를 다시 일으킬 책무가 있음을 끊임없이 자각시키는 하나님이었다. 때문에 그는 국제무대에서 강자를 자처하는 일본제국주의 앞에서 식민지 조선의 독립에 대한 '포기'를 진심으로 선언할 수 없었다. 절망적인 정치현실임을 인정하면서도 그는 기독교의 청지기 윤리를 기초로 좌절하지 않고 민족을 발전시킬 수 있는 희망을 계속 가질 수 있었다. 이것이 일제강점기동안 그가 국외로 망명하는 민족지도자들과 달리, 국내에 남아 사회의 정신적, 윤리적, 경제적 성장을 지향하게 된 직접적 배경이 되었던 것으로 보인다.

개종 이후에 계속적인 삶의 변화와 사회개혁이 진행되는 기독교의 방향처럼, 윤치호는 중국의 '노예'로, 일본의 '황민'으로 살던 자신의 민족이 언제가 기독교 윤리 및 가치를 통해 새롭게 변화될 것이라고 확신할 수 있었다. 그렇게 변화된 사회는 단순히 기독교화된 사회가 아니라 기독교에 의해

---

47) 『윤치호 일기』, 1893년 2월 19일, 4월 8일, 12월 19일.

감동과 훈련을 통해 인간다움과 책임감을 회복하고 이를 실천하는 기독교적 윤리사회 즉, 윤리적 공동체였다.

4. 나오는 말

이제까지 근대전환기 대표적인 기독교 지식인이었던 윤치호의 기독교 사회윤리사상을 살펴보았다.

19세기 말 근대전환기에 태어난 윤치호는 전통적 유학교육을 통해 유교적 지식인으로 성장하였다. 근대화의 사회적 흐름 속에서 그는 일본 유학을 통해 근대문명을 체험하였다. 갑신정변의 좌절과 함께 그는 중국 상해로 망명을 떠나야 했다. 그곳에서 그는 개인윤리 차원에서 기독교로 개종하였다. 이후 미국유학을 통해 그는 기독교 사회윤리를 수용하게 되었다. 그는 개혁운동의 방략을 기독교 사회윤리 차원에서 정립하였다. 이후 그는 제도개혁과 독립협회운동을 통해 사회적 실천을 전개하였다. 일제의 침략에 맞서 한국인의 각성과 민족공동체의 실력양성을 위한 애국계몽운동을 펼치기도 하였다. 일제 강점기 아래 국내에서 그는 기독교 사회윤리 차원에서 기독교청년운동, 여성운동, 언론운동, 교육운동 등을 통해 무너진 민족공동체를 다시 재건하고자 하였다.

윤치호는 근대전환기 유교적 세계관의 '단절'을 시도하였고, 새로운 대체자로 기독교 신앙을 주장하였다. 그는 삶의 거시적인 인식틀 차원에서 윤리적 심각성을 강조하였다. 이를 중심으로 윤리 패러다임을 체계화시켰다. 또 그의 사회윤리관은 기독교의 실용성과 실천성에서 비롯되었다. 그런 점에서 그의 기독교 신앙이 내세보다 현세에 집중하는 결과를 가져왔다. 그는 기독교 윤리를 현실적 실천윤리로 인식하였다. 이것이 사회개선 및 변혁에 사명의식을 가지는 공익적 사회윤리를 제공한다고 보았다. 그리고 그는 약육강식의 사회진화론을 현실적으로 인정하면서도 이념적으로 기독교의 청지기 윤리를 통해 극복하였다. 이것은 그가 일본제국주의 압제아래서 식민지 조선의 절망적이고 굴욕적인 정치현실 중에서도 끝까지 민족을 발전시킬 수 있는 희망을 가지는 원동력이 되었다(『기독교 사회윤리』 22집, 2011).

월남 이상재의 기독교 수용과 사회윤리

1. 들어가는 말

19세기 말 기독교(=개신교)는 대내외적 동요 속에서 근대문명의 소개와 함께 한국사회에 수용되었다. 정부의 금교정책(禁敎政策)과 유교지배층의 배척으로 어려움을 겪던 선교사들은 민중층을 상대로 선교활동을 펼쳐 나갔다. 이 과정에서 민중층이 대거 초기 한국기독교 공동체에 입교하였다. 이후 19세기 말 대내외적 격변 속에서 근대문명의 필요성을 인식한 유교지식인들이 기독교를 수용하고, 교회공동체에 들어오기 시작했다. 유교지식인의 입교(入敎)는 전통적 지배층의 기독교에 대한 부정적 인식에 큰 변화가 일어났음을 보여 주었다.

유교지식인들의 기독교 수용은 새로운 종교 상징을 받아들이는 것, 그 이상의 것이었다. 이들이 받아들인 기독교가 피상적인 종교적 외피가 아닌 이상, 그것은 기독교적 규범으로서 도덕적이고 윤리적인 기독교적 가치를 받아들인다는 것을 의미했기 때문이다. 이들의 가치관과 생활방식에는 기존의 유교적인 것과는 다른 변화가 일어났고, 이런 변화는 기독교 신앙의 형태로 나타났다.

이 글에서는 한국사회에 기독교가 수용되는 과정에서 초기 기독교 공동체에 입교한 유교지식인들이 기독교적 사회윤리상(社會倫理像)을 수립하고 이를 어떻게 제시하고 있는지 살펴보고자 한다. 이를 통해 한말 이래 기독교적 삶의 규범으로 서구의 사회윤리가 한국사회에 어떻게 접목되고 있는지를 살펴볼 수 있을 것이다. 특별히 이 글에서는 한말 유교지식인으로 활동하다가 기독교로 개종하고 일제하 대표적인 민족·사회운동가로 널리 알려진 월남(月南) 이상재(李商在, 1850~1927)를 중심으로 이를 검토해보고자 한다.

그는 목회자나 신학자는 아니었고 19세기 말부터 20세기 초 현실변혁을 추구하던 실천가였다.[1] 특별히 그의 삶이 주목되는 것은 그가 기독교를 받아들였으나 자신의 삶을 구성해 온 유교적 도덕 윤리의 세계를 부정하지 않았다는 점이다. 근대문명의 압박 속에서 기존의 유교적 전통문화와 윤리를 포기하거나 부정하며 기독교를 절대시하던 당시 다수의 한국인 기독교 개종자와 달랐던 것이다. 그는 오히려 전통적인 유교적 윤리를 기독교적 사회윤리 차원에서 단절이 아닌 연속으로 재해석하고, 새롭게 기독교적 윤리를 확립한 것이다. 이를 통해 그가 당대 어떤 누구보다 많은 사람들에게 사회윤리적 영향을 미쳤다는 점에서 이상재에 대한 검토는 그 현재적 의미를 충분히 가질 수 있을 것이다.

2. 초기 한국교회의 유교 이해

1890년대에 들어 선교활동이 본격화됨에 따라 교회성장이 크게 나타

---

1) 민족운동가 및 사회운동가 차원에서 접근한 연구들은 다음과 같다. 월남 이상재선생 동상건립연구위원회 편,『月南 李商在研究』, 路出版, 1986; 전택부,『월남 이상재의 생애와 사상』, 연세대 출판부, 2001; 김명구,『월남 이상재의 기독교 사회운동과 사상 연구』, 연세대 대학원 박사학위논문, 2002.

났다.[2] 급격한 기독교 수용과 확산에 위기의식을 느낀 유교지배층은 기독교에 대한 공격을 시작하였다. 이들은 '양이(洋夷)'라는 인식과 '무부무군(無父無君)'이라는 윤리적 관점에서 기독교를 비판하였다.

예컨대, 1896년 학부대신 신기전은 『유학경위(儒學經緯)』란 서적을 통해 기독교를 공개적으로 공격하였다. 이 책에서는 "근세의 서양 사람들의 이른바 야소교(耶蘇敎)가 비리천망(卑俚淺妄)한 이속지루(夷俗之陋)로서 더불어 변론할 가치가 없다."고[3]고 하면서, 기독교가 윤리측면에서 언급할 가치조차 없다고 비난하였다.

유교와 관련된 문제는 당시 초기기독교 공동체 안에서도 일어나고 있었다. 기독교인이 되었지만, 유교지식인 출신의 기독교인들은 유교 지식과 윤리로부터 자유로울 수 없었다. 여전히 그 영향이 미치는 범위 안에 있었기 때문이다. 이것은 문화적 충돌 현상을 일으켰고, 교회가 분열되는 배경이 되기도 하였다.[4]

이러한 사회문화적 상황 속에서 한국교회 선교사들은 유교를 주목하기 시작했다. 이들은 유교가 국가 이데올로기로서 한국사회의 법률, 교육, 예절, 사회경제, 그리고 도덕을 형성시키는 데 막강한 힘으로 작용하고 있음을 파악하였다. 그래서 이들은 기독교 선교에서 활용할 부분을 찾기 위해 한국사회의 유교를 탐구하기 시작하였다.

선교사들은 개인 신앙과 관련된 종교 차원보다 유교를 정치, 윤리, 전통의 차원에서 이해하였다. 존스 선교사는 유교를 '황제 집안의 종교', '국가 종교'라고 보았다.[5] 그것은 유교가 왕실과 지배계층의 종교로 사회질서의

---

2) 조선정부는 기독교 포교의 자유를 한 번도 허용한 적이 없다. 대한제국이 선포되고 일제에 의해 식민지화될 때까지 정부는 지배계층의 반발이 두려워 기독교 포교 자유를 선언하지 못했다.

3) 이만열, 「한말 기독교인의 민족의식 형성과정」, 『한국기독교 수용사 연구』, 두레시대, 1998, 468~469쪽.

4) 이에 대해 김권정, 「초기 한국교회와 신분갈등」, 『韓國敎會史學會誌』 11집, 한국교회사학회, 2002를 참조할 것.

5) G.H. Jones, "The Native Religions," *Korea Mission Field*, Jan. 1908, p. 12.

근간이 되는 것으로 보았기 때문이다. 이런 이유로 유교가 당시 한국인의 사상과 생활을 형성하는 데 결정적 기여를 하였고, 한국인의 가치관과 긴밀한 관계가 있는 것으로 파악하였다. 언더우드 선교사는 유교가 한국인의 사상과 생활을 형성하는 데 많은 공헌을 했으며, 종교라기보다 "효도에 기초를 둔 하나의 윤리체계"로 이해하였다.[6] 이렇게 선교사들은 유교에 대해 한국사회 속에서 누구나 마땅히 지켜야 할, 그리고 지키는 것이 좋다고 받아들여지는 '정치, 윤리체계'로 이해하였다.

이와 함께 선교사들은 민간신앙이나 불교에 비해 긍정적으로 평가했다. 선교사들은 한국인의 교육열과 지적 우수성이 유교 경전 교육과 일정한 관계가 있다고 파악하고, 유교가 강조하는 인간의 도덕적 본성과 윤리는 기독교 윤리의 실천을 준비시켜 주는 역할을 할 수 있다고 보았다. 유교가 다섯 가지 덕을 가르치고 사회생활에서도 다섯 가지 인간관계에 중점을 두는 규범을 가르치고 있다는 점을 지적하기도 하였다.[7] 또 유교가 개인생활, 가족, 국가, 우주, 네 영역에서 도덕을 통제하며 개인이 마음과 몸을 수련하지 않으면 가정에 효가 없으며 가정에 효가 없게 되면 나라를 다스릴 수 없고, 나라를 다스리지 못한다면 온 세상을 평화롭게 할 수 없다고 주장하였다.[8]

그러나 이런 긍정적 인식에도 불구하고 기본적으로 선교사들은 유교를 부정적으로 인식하였다. 그것은 '조상제사'와 관련하여 유교를 '종교'로 규정하고, 이를 의미 없는 '우상숭배'의 한 형태로 파악한 데서 비롯되었다. 게일 선교사는 조상제사 관습을 한국의 '국가 생활'로 보았으며, 왕에서 종에 이르기까지 조상숭배의 복잡한 시스템이라고 하였다. 조상제사 행위는 유교에서 '필수적'이며 보편적 관습이기 때문에, 이를 어기는 것이 미국식으로

6) H. G. 언더우드, *The Call of Korea*, 이광린 역, 『한국개신교 수용사』, 일조각, 1989, 62쪽; 김흥수, 「호레이스 G. 언더우드의 한국종교 연구」, 『한국기독교와 역사』 19, 한국기독교역사학회, 2003, 35쪽.
7) 류대영, 『초기 미국선교사 연구』, 한국기독교역사연구소, 2001, 194~195쪽.
8) 김흥수, 「19세기 말~20세기 초 서양 선교사들의 한국종교 이해」, 『한국기독교와 역사』 19, 한국기독교역사학회, 2003, 25~26쪽.

보면 마치 무신론자이고, 이교도요 부랑자라고 보는 것과 같다고 말했다.9)

　물론 유교의 조상숭배 집착은 나름대로 그 이유가 있다고 보았다. 유교에서는 제사를 '번영'과 '행복'에 이르는 '도구'로 인식하기 때문에, 이를 소홀히 한다는 것은 곧 삶과 희망에 대한 전반적인 상도(常道)에서 벗어난 일탈행위로 이해했기 때문이다. 그래서 조상제사는 영생을 바라는 한국인의 소망을 반영함과 동시에 남아선호 및 그것과 연관된 여러 가지 사회문화적 폐습과 자연스럽게 연결되었다고 보았다. 대(代)를 이어 계속되는 제사를 통해 사후에도 삶을 누리게 되기 때문에 제사는 영생을 위한 조건이었고, 제사는 아들에 의해서만 드려질 수 있기 때문에 한국인들은 반드시 아들이 있어야 했다고 주장했다.10) 여기에서 한국인들의 전통적인 여성비하관(女性卑下觀)이 출발했다고 보았다. 그래서 선교사들은 '조상제사'라는 행위를 현실 속에서 아무 의미 없고 쓸모없는 것으로 규정하고, 한국인들이 지닌 "최대의 우상"이며, 한국선교에 '최대 장애물'이라고 파악하였다.11)

　부정적 태도는 선교사들뿐 아니라 기독교로 개종한 대표적인 지식인들에게도 그대로 나타났다. 이승만은 "대한에 자초로 유교가 있어 정치와 합하여 행하야 세상을 다스리기에 극히 선미한 지경에 이르러 본 즉 사람마다 이 교만 실상으로 행하면 다 이전같이 다시 되어 볼 줄로만 생각하야 다른 도리는 구하지 않고 다만 이 도를 사람마다 행치 않는 것만 걱정하니"12)라고 하면서, 유교가 기독교에 비해 '하등(下等)'이란 차별 인식을 드러냈다. 윤치호도 역시 산업문명을 발달시킨 거대한 힘이 기독교라는 인식하에서 농업중심인 유학의 전통적 세계가 반문명적이고 힘에 열등할 수밖에 없다고 보았다.13) 이어 다른 글에서는 '기독교 신앙을 파괴하는 불가지론적인 가르

9)　류대영, 「국내 발간 잡지를 통해서 본 서구인의 종교이해」, 『한국기독교와 역사』 26, 한국기독교역사학회, 2007, 166쪽.

10)　J. Z. Moore, "Sacrificing to the Dead", *Korea Methodist,* Dec. 1904, p. 15.

11)　J. S 게일 저/신복룡 역, *Korea in transition,* 『전환기의 조선』, 집문당, 1999, 51~54쪽.

12)　이승만, 「예수교가 대한 장취의 기초」, 『신학월보』, 1903년 8월, 330쪽.

침으로 오직 현세에만 관심을 가지며, 인간에게 시작하여 인간에서 끝내는데, 인간의 이기심·교만·독재·여성 비하의 열매를 맺는 윤리체계가 결코 좋은 것이라 말할 수 없다'[14]는 부정적 결론을 내렸다.

이처럼 초기 한국교회는 선교적 동기에서 유교를 관찰하고 연구하기 시작했다. 다른 종교에 비해 부분적으로 우호적인 인식을 드러내기도 했다. 그러나 기본적으로는 '조상제사'에 대해 '허탄한' 우상숭배로 규정하고 그 근본이 되는 유교에 대해서도 동일하게 부정적이면서도 배타적인 입장을 드러냈다. 이런 인식은 유교가 종교로서 기력을 잃고 더 이상 활동하지 못하는 '과거 종교', 즉 '패배자' 종교라는 당시의 사회진화론적 관점에서 더욱 강화되었다. 그러나 기독교로 개종한 유교지식인들 가운데는 이런 차별적인 관점을 넘어 기독교라는 거시적 틀 속에서 유교를 이해하고, 이를 통해 근대적 삶의 방식을 주체적으로 확립하려는 시도들이 끊임없이 일어나기도 하였다.

3. 기독교 수용과 사회윤리관 변화

1) 전통 유학(儒學) 습득과 개화관료 성장

19세기 중엽 이래 동아시아 사회는 서구제국주의의 힘 앞에 중국의 몰락 및 불평등 조약 등의 충격을 받고 크게 동요하였다. 이 과정에서 유교문화를 중심으로 하는 중화질서 붕괴와 몰락은 수천 년간 유지되던 유교적 세계관과 삶의 윤리적 방식이 송두리째 부정되는 결과를 가져왔다. 서구의 압도적인 근대문명의 힘 앞에 서구 윤리와 도덕이 동아시아인에게 강제되기

---

13) 『尹致昊日記』, 1890년 6월 8일자.
14) "Confucianism in Korea", *The Korean Repository*, Nov. 1895.

시작하였다. 이 과정에서 대부분의 근대문명 수용론자들은 대부분이 전통적인 유교 도덕 윤리를 비판·부정한 반면에 서구의 윤리를 수용하고, 절대화하는 모습을 보인다.[15]

이런 흐름과 다른 면을 보여준 인물이 바로 월남 이상재였다. 물론 그 역시 근대문명의 필요성을 인정하고 이를 수용하였다. 그러나 그는 서구 문명의 관점에서 유교를 일방적으로 비판하거나 매도(罵倒)하던 인물들과 달리 유교를 인정하고 재해석함으로써 근대적 사회윤리를 새롭게 정립하고자 하였던 것이다. 특별히 이런 일련의 작업이 기독교의 수용과 그 토대 위에서 진행되었다는 점에서 그의 삶은 크게 기독교 수용 이전과 이후로 나누어 살펴 볼 수 있다.

이상재는 1850년 10월 충남 한산에서 출생하였다. 전통적인 유학을 익히며 '유교지식인'으로 성장하였다. 과거 급제를 통해 입신양명(立身揚名)을 꿈꾸던 그는 부패한 관료제 모습과 과거제의 부정을 목도하며 처절한 좌절을 경험하였다. 이때 그는 당시 개화관료의 대표적 인물 가운데 한 명인 박정양(朴定陽)을 만나게 되었다. 이후, 그는 박정양과 그 주변 인물들을 통해 형식화된 유학에서 벗어나 실용성을 추구하는 실학(實學)을 접촉하게 되었다. 그러면서 그는 근대문명의 필요성과 이를 기반으로 부국강병(富國强兵)을 지향하는 개화관료파로 성장, 활동하기 시작하였다.[16]

1880년대 박정양을 따라 그는 일본과 미국을 통해 근대문명을 체험하고, 문명의 근본적인 근원이 무엇인지를 찾기 시작하였다. 그는 무엇보다 정신문명이 곧 물질문명을 낳는 근원임을 확신하고 있었다. 그는 미국 체류 첫 해에 정신문명이 없고 외형적인 힘만 의존한다고 비판하였으나 시간이

---

15) 이에 대해서는 「특집: 한국사회의 근대성과 종교문화」, 『종교문화비평』 창간호, 2002; 조현범, 『문명과 야만: 타자의 시선으로 본 19세기 조선』, 책세상, 2002; 류대영, 「한말기독교 신문의 문명개화론」, 『한국기독교의 역사』 22, 2005를 참조할 것.
16) 전택부, 앞의 책, 16~19쪽.

가면서 미국문명 근원이 무엇인지를 탐구하기 시작했다. 그는 물질문명을 낳게 한 정신문명이 무엇인지에 대해 깊은 관심을 갖게 되었다.[17] 그 결과 그는 미국사회가 단순히 힘만을 숭상하는 나라가 아니라 정신적 가치체계와 도덕이 작동하는 나라임을 나름대로 인식하게 되었고, 그 핵심이 기독교임을 알게 되었다.

그러나 그는 서양 문명의 근원적 근거가 된다는 서양의 도(道), 기독교를 인정하지 않았다. 왜냐하면 그가 동양의 유교적 도덕 윤리가 불변하는 것으로 파악하고 공간을 초월해 미국의 가치체계에도 그대로 적용될 수 있는 것으로 보았기 때문이다.[18] 이런 차원에서 이상재는 유교적 도덕 윤리는 '시공(時空)'을 넘어 존재할 수 있다고 보았다. 그는 동양의 유교적 도덕 윤리는 불변하며 미국이 갖고 있는 서구 가치, 즉 기독교가 동양의 유교적 도덕과 일정부분 공유될 수 있다고 나름대로 확신하게 되었다.

이 무렵 그는 중국인 관리로부터 미국 문명이 성경에 근거하고 있다는 말을 듣게 되었다. 그 관리로부터 한문 신약성경을 건네받은 그는 미국 문명의 비결을 배우기 위해, 큰 기대감을 갖고 여러 번 성경을 읽기 시작했다.[19] 성경 속에 구체적이고 현실적인 전략 및 방법이 있을 것이라고 생각하였다. 그러나 성경 속에는 그가 보기에 '허무맹랑'한 이야기만 가득했다. 크게 실망한 그는, 성경에 기록된 이야기들이 어리석게 느껴졌고, 기독교가 '사학(邪學)'이며, '요술(妖術)'이라는 결론에 이르렀다.[20]

당시 그의 기독교 인식이 잘 드러난 것이 1890년대 후반 독립협회 활동 때 일이었다. 기독교인으로 미국에서 교육을 받고 돌아와 독립협회 고문이 되었던 서재필 박사가 이를 계기로 기독교를 선전할 기회로 삼으려 하자 그

---

17) 이상재, 「奇承倫諸昆季」, 『月南 李商在硏究』, 369쪽.
18) 김명구, 앞의 논문, 71~72쪽.
19) F. Brockman, "Mr. Yi Sang Chai", *Korea Mission Field*, Aug. 1911, p. 217.
20) 이덕주, 『새로 쓴 한국그리스도인들의 개종 이야기』, 한국기독교역사연구소, 2003, 194쪽.

가 이를 저지하여 독립협회를 기독교적인 방향으로 흐르는 것을 막은 것이다.[21] 그는 기독교로 개종하기 전 기독교를 알고 있었으나 여전히 유가적 도덕과 윤리를 문명의 도로 설정하고 있었기 때문에 기독교를 인정하지 않았던 것이다. 즉 그는 유교적 입장에서 기독교를 이해하는 태도를 고수하고 있었던 것이다.

2) 한성감옥 투옥과 기독교 수용

독립협회의 좌절 이후, 이상재는 잠시 지방으로 피신하여 몸을 숨기고 있던 중 '국사범'이란 억울한 누명을 쓴 채 체포, 한성감옥에 수감되었다. 그 인생의 두 번째 큰 좌절이었다. 옥중 생활은 그를 사회로부터 철저하게 격리·고립시켰다.[22] 당시 수감된 한성감옥 환경은 사람이 거처하기에 너무도 열악한 상황이었다. 1902년 8월에는 콜레라의 창궐로 수많은 사람들이 감옥에서 죽어나가기도 하였다.[23]

그런데 이 같은 열악한 현실 속에서 놀라운 것은 그가 기독교 신앙을 내면적 차원에서 수용하고 기독교적 도덕·윤리에 눈을 뜬 점이다. 옥중생활을 시작한 그는 함께 투옥된 동료들 중에 선교사들이 넣어준 성경을 열심히 읽는 것을 보게 되었다.[24] 또 이승만·신흥우 등이 이미 개종하여 열정적인 기독교 신자가 된 것을 보고, 호기심으로 가끔씩 성경을 읽기 시작하였다.[25] 그는 성경을 읽으면서 유교(儒敎)의 가르침만이 아니라 성경 속에서도 나름대로 훌륭한 교훈이 많음을 깨닫기 시작했다. 성경이외에 도서실에서 기독교관련 서적을 빌려 읽으면서 더욱 이런 생각을 굳히게 되었다.

---

21) F. Brockman, "Mr. Yi Sang Chai", p. 217.
22) 葛弘基, 『月南李商在先生略傳』, 公報室, 1956, 75쪽.
23) 이승만, 「옥중전도」, 『신학월보』, 1903년 5월, 183쪽.
24) 김정식, 「信仰의 動機」, 『聖書朝鮮』, 1937년 5월호.
25) 전택부, 『월남 이상재의 생애와 사상』, 73~74쪽.

이런 그에게 기독교를 종교적으로 수용하는 사건이 일어났다. 그가 '신비한' 종교체험을 하게 된 것이다.[26] 그런데 놀라운 것은 그 이후부터였다. 그가 성경을 읽기 시작했는데, 이전에는 '허무맹랑'하게 보이던 성경구절이 비로소 이해가 되기 시작한 것이다. 그는 성경의 말씀에 비추어 유가적 지식을 비교하며 스스로 질문하고 읽기 시작하였다.[27] 이 과정 속에서 평생 유교의 가르침 및 도덕 윤리에 그 어떤 것도 비할 수 없을 거라고 생각했던 그의 인식체계에 변화가 일어나기 시작했다.

문자로만 읽던 유교의 도덕 윤리가 성경의 빛에서 볼 때 오히려 더 깊이 그 뜻을 이해할 수 있게 된 것이다. 진리를 찾던 요순과 공맹이 그리스도보다 앞서 살았다는 점에 주목했다. 이들이 믿었던 하느님은 과연 누구였을까? 이들은 비록 깨닫지는 못하였지만 육신을 입고 세상에 오시기 전, 하느님과 함께 계셨던 그리스도를 믿었던 것이고 이제 기독교인이 되면서 비로소 그 가르침의 의미를 깨닫게 된 것이다.[28]

이상재는 공자와 맹자의 글 속에 나오는 '하늘'·'상제(上帝)'가 기독교의 '하나님'을 의미하는 것으로 이해하게 되었다. 이들 유교의 성군들이 섬긴 대상이 바로 '육신(인간)'으로 세상에 오기 전, 말씀으로 하나님과 함께 계셨던 그리스도로 수용하였다.[29] 즉 그는 공자와 맹자도 '알지 못하는 신'으로 이미 오래전에 하나님과 그리스도를 섬겼다는 결론에 이르게 되었다. 공자가 제자들이 사후(死後) 물음에 대해 "이 생의 것도 모르는 데 하물며 사후의 것을 어찌 알리오"하고 "모르겠다"고 했던 것도 이해가 되었다. 이제는 그가 공자와 맹자가 모르고 섬긴 하나님을 제대로 알고 섬길 수 있게 된 것이다.

이처럼 기독교를 종교적으로 수용하기 이전, 이상재는 유교의 도덕윤

---

26) F. Brockman, "Mr. Yi Sang Chai", p. 218.

27) F. Brockman, "Mr. Yi Sang Chai's Services to the Y.M.C.A.", *The Korea Mission Field*, Jun. 1927, pp. 116~117.

28) F. Brockman, "Mr. Yi Sang Chai", 219쪽.

29) 이덕주, 앞의 책, 202쪽.

리를 절대화하며 기독교와 같이 신봉할 수 없다고 보았다. 유교의 도덕 윤리 차원에서 서구 문명과 미국 문명을 접근하였다. 그러나 기독교 수용 이후에는 그는 기독교의 틀 안에서 유교의 도덕윤리를 통합적으로 해석하기 시작하였다. 유교와 기독교를 서로 모순된 것을 보지 않고, 오히려 기독교가 유가사상의 보완 또는 완성으로 파악하는 보유론적 인식의 변화를 드러낸 것이다. 이 같은 인식은 기존의 유교사상과 단절된 것이 아닌 연속적인 것으로 보았기 때문에 가능한 것으로 기독교의 개종을 전후로 그의 인식에 큰 변화가 일어났음을 의미하였다.

그의 이런 변화는 이후 그의 일본제국주의 침략에 맞선 사회개조와 실력양성이란 실천적 활동을 통해 구체화되었다.[30) 그는 민족공동체의 위기 속에서 비분강개하며 직접 저항하기보다 기독교적 정체성을 기반으로 도덕과 윤리 성숙을 통한 사회개조를 지향하는 운동에 적극 참여하는 배경이 되었다. 한말과 일제시대에 그는 YMCA운동과 3·1운동, 그리고 정치사회 및 언론운동 등을 통해 민족공동체의 주체성을 지키고, 일제에 대한 비타협적인 태도를 유지하며 청년층을 자극하고 격려하는 열정적 활동을 지속적으로 전개하였다.

4. 기독교 사회윤리 내용과 그 성격

1) 유교와 기독교의 통합적 이해

이상재는 유교와 기독교를 서로 모순되는 것으로 보지 않고, 오히려 기독교가 유교사상의 보완 내지 완성된 것으로 생각하였다. 이것은 그가 서구

---

30) 그의 구체적 사회 활동에 대해서는 전택부, 앞의 책과 김명구의 박사학위논문을 참조할 것.

에서 온 기독교 신앙 및 도덕 윤리를 기존의 유가사상과 연속적으로 파악했으며,[31] 17~18세기 서학을 수용했던 유교적 기독교인들의 사회윤리사상 흐름에 서 있음을 의미한다.[32]

유가(儒家) 지식인으로 기독교를 수용한 이상재는 자신이 경험하고 이해한 것을 스스로 질문하는 방식을 통해 자신의 사회윤리관을 정립하였다.[33] 이 같은 '자기주도형' 탐구 방식은 그가 기존의 유교적 세계관에서 지향한 도덕 윤리가 기독교 안에서 연속되고 통합되어 있다는 주체적 인식의 배경이 되었다.[34] 이를 통해 그는 유교적 이상과 가치의 실현이 기독교 안에서 성취 (成就)되고 있다는 '기독교 포괄주의'라는 통합적 입장을 확신하게 되었다.

이런 그의 인식은 1920년대 초 당시 사회의 큰 논란이 되었던 제사문제에 대한 입장 표명을 통해 유감없이 드러났다.

1920년대 초 제사문제로 인해 자살하는 사건이 일어나 사회적으로 큰 논쟁이 된 적이 있었다. 당시 한국교회는 부모제사를 '우상숭배'로 금할 뿐 아니라 부모가 돌아가신 날 사진을 앞에 놓고 예배드리는 것조차 우상숭배로 규정하는 '경직된' 입장을 취하고 있었다.

이때 이상재는 제사문제에 대해 묻는 신문기자에게 "예수는 서양 사람의 예수도 아니요, 또한 동양 사람의 예수도 아니요, 온 세계의 예수이며, 사람이 예수를 믿는 데는 오직 그의 가르침과 또한 그의 높고 밝은 인격만 사모하고 우러러 볼 뿐"이라고 주장하며, 논란이 되었던 제사문제에 대해 제사가 죽은 자를 산 사람 모시듯 하는 부모에 대한 경배일 뿐이지 '신앙'은 아니라고 주장했다. 예수를 믿으니까 무조건 제사 참석을 하지 않거나 제사를

---

31) 김명구, 앞의 논문, 109~110쪽.
32) 조선후기 수용된 유교 지식인사회의 기독교 윤리사상에 대해서는 오지석, 『조선 후기 지식인사회의 서학 윤리사상 수용과 이해: 영혼, 신, 윤리 개념을 중심으로』, 숭실대학교 철학과 박사학위논문, 2010을 참조.
33) F. Brockman, "Mr. Yi Sang Chai's Services to the Y.M.C.A.", 117쪽.
34) 이상재, 「眞平和」, 『月南 李商在研究』, 256쪽.

지내면 예수를 저버리는 것이라는 당시 기독교인들을 향해 그는 '빈약한 신앙'의 소유자라고 비판하였다.[35)

한발 더 나아가 그는 자신이 기독교인으로 '우상숭배'를 하는 것에 대해서 반대하지만, 죽은 부모를 그리워하는 마음으로 드리는 예식에 대해서는 '효성'의 표현으로 반대할 것이 없다고 보았다. 이런 차원에서 오히려 그는 '네 부모를 공경하라'는 하나님의 가르침을 실천하는 것으로 보아야 한다고 주장하였다. 즉 그는 일반적으로 유교적 전통문화를 단절적으로 생각하는 당시 일반적 교회의 견해와 달리 이를 통합적으로 인식하고 있다는 점을 분명히 표현하였다. 이를 통해 그는 유교의 '형식'에 대해서 얼마든지 비판할 수 있으나, 그 가치나 정신을 기독교적 도덕 윤리 안에서 연속되고 통합적인 것으로 이해하며 민족문화로서 큰 자긍심을 얼마든지 가질 수 있음을 논리적으로 제시하였던 것이다.[36)

이렇게 그는 유교에서 말하는 공자와 맹자와 같은 성현(聖賢)의 가르침을 기독교 예수 그리스도의 말씀 속에서 이해하고자 하였다. 그는 유가의 도덕 윤리가 자신이 수용한 기독교 신앙 안에서 그 의미를 더욱 깊이 발견할 수 있고, 기독교의 중심매체인 윤리와 도덕의 가치 속에서 통합, 완성되었다고 파악한 것이다. 이런 인식 위에서 그는 근대적 문명을 앞세우고 조선을 침략하는 일본의 제국주의에 맞서 각 개인 및 민족공동체에 기독교가 갖고 있는 도덕력이 성취된다면 자연스럽게 그 힘으로 나라와 민족이 정돈되고 나아가 세계의 자유와 평화가 실현될 수 있다고 보았던 것이다.[37)

이것은 그가 당시의 지배적인 사조인, 물질적인 근대문명의 힘이 곧 '사회정의(社會正義)'라는 약육강식(弱肉强食)·우승열패(優勝劣敗)·적자생존(適者生存)의 '사회진화론적(社會進化論的)' 태도를 비판하고, 물질적 힘이 오히려 기독교의

---

35) 『東亞日報』, 1920년 9월 1일자.
36) 이상재, 「진리를 구하라」, 『東光』, 1926년 12월호, 7~8쪽.
37) 이상재, 「조선청년에게」, 일동축음기 녹음, 1926. 11.

불변적인 도덕의 힘을 토대로 나타날 때 올바르게 될 수 있다는 비판적 인식의 근거가 되었다.[38] 또 그가 미국을 보면서 근대국가 힘의 원천이 기독교 도덕의 힘에서 나오고 있다고 파악하고 미국처럼 기독교가 갖고 있는 도덕의 힘이 사회전반에 자리 잡아야 진정한 문명국으로 그 힘이 정의롭게 나타날 수 있다고 강조하는 배경이 되었던 것이다.[39]

이처럼 이상재는 당시 전통문화를 일방적으로 비판·부정하며 근대문명을 절대적으로 긍정했던 당시 근대 한국 지식인들과 달리 전통문화와 역사를 단절적으로 보지 않고 연속적으로 이해하였다. 이를 통해 민족·사회의 진로가 전통문명과 근대문명을 포괄하는 기독교적 도덕력을 통해 나아가야 진정한 문명화 및 상실당한 국가의 독립을 이룰 수 있다고 보았던 것이다. 이 같은 그의 인식은 근대문명이란 미명아래 한국인의 사회윤리적 정체성이 송두리째 흔들리고 파괴되어가는 상황에서 주체적인 윤리적 정체성을 확립하고 있다는 점에서 그 의미가 있을 것이다.

2) 초월적 주재자와 중보적 구속자 개념

이상재는 과거의 기독교가 시공을 초월해 불변한다는 인식의 변화를 경험하였다. 이후 그는 유교가 추구하는 이상적 모델과 완성이 오히려 기독교 안에 내재되어 있다고 확신하게 되었다. 기독교 개종 이후 그의 사회윤리적 사상의 변화는 유가의 가치에 내재되어 있지 않은 만물의 창조주와 주재자로서 상제(上帝)가 존재한다는 인식에서 나타났다. 이와 함께 중보자로서 예수 그리스도에 대한 개념에서도 분명하게 드러났다.

원래 유가에서는 천(天)이란 내재성은 강조하나 창조의 개념이 없기 때문에 그 초월성에 크게 비중을 두지 않는다.[40] 그러나 이상재는 만물의 창

---

38) 이상재, 「我韓國民의 當然한 義務」, 『皇城新聞』, 1909년 11월 4일자.
39) 李光洙, 「現代人의 奇人 李商在翁」, 『東光』, 1926년 11월호, 7쪽.

조주와 주재자로서 상제, 즉 하나님과 인류를 구원할 중보자로 예수 그리스도에 대해 분명히 언급하였다. 그는 "나의 요구(要求)에는 평화(平和)는 차등(此等)의 가장적(假粧的) 화평(和平)이 아니라, 하나님께서 세계(世界)를 창조(創造)하신 시(時)에 우리 인류(人類)에게 충만(充滿)하여 부족(不足)함이 비여(畀與)하신 진정(眞正)한 평화(平和)라 하노라 진정(眞正)한 화평(和平)이란 무엇인가. 첫째 인애(仁愛)요 둘째 용서(容恕)니 하나님은 항상(恒常) 우리 인애(仁愛)를 인애(仁愛)하시며 용서(容恕)하시나니 우리 인류(人類)도 하나님의 인애(仁愛)와 용서(容恕)를 앙체(仰體)하여 인(人)과 인(人)이 서로 애(愛)하며 서로 서(恕)하여 타인(他人)의 권위(權威) · 세력(勢力) · 금전(金錢) · 명예(名譽)를 아(我)에 유(有)한 것과 같이 존중시(尊重視)하여 기독(基督)이 자기(自己)를 희생(犧牲)하여 인(人)의 죄(罪)를 대속(代贖)하신 진의(眞義)를 불망(不忘)하지니 진평화(眞平和)의 본원(本源)은 애(愛)와 서(恕)에 재(在)하다 하노라. 동양선성(東洋先聖)도 부도(夫道)는 인서(仁恕)뿐이라 하셨나니라"[41]고 하였다.

즉 이상재는 창조의 하나님과 역사의 하나님을 분명히 인식하고, 중보자이신 예수 그리스도를 본받아야 한다는 점을 구체적으로 강조하였다. 기독교의 도덕을 사랑과 용서, 자기희생으로 해석하며 기독교 도덕이 중심이 되어야 세계에 진정한 평화가 올 수 있음을 역설하였다. 또 이런 도덕을 실천하는 것이야말로 예수 그리스도를 따르는 것임을 제시하였다. 이어 그는 유가의 어짊과 용서를 의미하는 인서(仁恕) 교훈 속에서도 기독교와 통하는 도덕심이 존재함을 강조하였다. 그는 하나님이 창조 때부터 진정한 평화의 세계를 위해 모든 인간에게 충만하게 도덕을 부여하신 것으로 보았다. 그런 의미에서 그에게 도덕은 창조된 세계의 변하지 않는 진리이며, 하나님이 인간에 부여하신 '권리'로 이해되었다.

그러나 그가 보기에 "인류(人類)는 오히려 상제(上帝)의 지(旨)를 어기어 강

---

40) 류순하, 「유교」, 『선교와 신학』 6, 장로회신학대학교 세계선교연구원, 2000, 26~28쪽; 김영일, 「한국교회 성장과 유교문화」, 『기독교 사회윤리』 제16집, 한국기독교사회윤리학회, 2008, 195~198쪽.
41) 이상재, 「眞平和」, 『月南 李商在硏究』, 256쪽.

(强)을 믿고 약(弱)한 것을 빼앗으며 부(富)함을 빙자(憑藉)하야 빈(貧)을 업수이 여기니… 다시 죄악세계를 거의 이루게" 되었다고 보았다. 이어 그는 "석일(昔日)과 같이 홍수(洪水)로 멸망(滅亡)을 하심이 아니라 인(人)을 택(擇)하시고 인(人)을 명(命)하사 인(人)을 회오(悔悟)케 하시며 인(人)을 개조(改造)케 하실 때 차(此)와 같은 상제(上帝)의 구주전란(歐洲戰亂)의 풍운(風雲)이 비로소 그친 금일(今日)에 전세계(全世界)에 나타나 보이지 아니하는가"라고 하였다.[42] 그는 1차 세계대전을 예로 들며 이 전쟁이 하나님께서 죄악된 세상을 본래 모습대로 회복시키기 위한 증거라고 하면서, 하나님은 인간이 그 뜻을 어길 때마다 세상을 멸망시키고 다시 재건했다고 보았다.

또 그는 예수께서 인류를 구원하기 위해 그리스도가 되는 본을 보였다고 지적하였다. 그러나 인류가 다시 하나님의 뜻을 어기고 죄악의 세계를 구축하려고 하였고, 1차 세계대전은 하나님께서 인류를 사랑해서 멸망시키기 전에 도덕으로 개조된 세계를 건설하라는 뜻임을 주장하였다.

이런 의미에서 이상재는 일본 역시 한국을 침략, 강점하여 고통에 처하게 함으로써 하나님의 뜻을 왜곡시키고 있다고 보았다. 그는 일본이 한국을 침략하여 강탈한 것이 외적인 힘, 물질문명의 힘만을 의지하고 하나님이 주신 권리를 빼앗은 행위이며, 이는 하나님의 공의와 사랑의 세계를 거부하는 것으로, 하나님의 주권을 거부하며 침탈하는 행위에 해당한다고 보았다.[43] 일본이 역사의 주관자인 하나님을 거부한 대가로 하나님에 의해 멸망당할 것이라고 확신하였다.

그러므로 그는 한민족이 곧 자주적인 독립의 시대로 나아갈 것이라고 보았다. 그것이 가능한 것은 일본 근대문명이 정신적 도덕문명이 결여된 외형적 힘만을 추구하는 문명인 동시에 하나님이 없는 강자의 도덕만을 주장

---

42) 이상재, 「하나님의 뜻이 어떠하뇨?」, 『百牧講演』 2집, 博文書館, 171~172쪽.
43) 李商在, 「나의 文明의 解釋」, 『文明』, 1925년 12월호.

하는 이기적 문명이기 때문이었다.[44] 또한 일본이 "자기 민족만 주장하고 타민족은 불원(不願)"하는 것으로 "홍은(洪恩)을 무시하여 진리(眞理)에 득죄(得罪)"하는 행위이기 때문에 그것이 가능한 것이었다.[45] 즉 그러한 행위는 하나님이 부여하신 정의와 사랑을 거부한 것으로, 하나님의 뜻을 외면하는 불순종의 행위에 해당하기 때문이었다.[46]

이렇게 이상재는 하나님의 경륜과 계시, 중보적 구속자의 섭리를 도덕이란 매체를 통해 분명하게 이해하고 있었다. 기독교의 초월적 주재자 개념과 창조에 대한 신앙적 태도를 구체적으로 수립하고 있었으며, 이를 기초로 그의 사회윤리적 관점을 체계적으로 정립할 수 있었던 것이다.

3) 윤리공동체로서 하나님 나라

기독교 개종 이후 이상재는 기독교 속에서 자신의 이상(理想)과 유가의 원형과 실천, 그리고 완성이 있다는 것을 확인하게 되었다. 즉 그는 기독교 개종 이후 기독교가 유가적 이상을 완성시켜 줄 것이라는 확신을 갖게 된 것이다. 그가 추구하던 인화(人和)로 연결된 세계가 실제로 기독교에 본 원형이 보존되어 있다고 파악한 것이다.

이상재가 유가적 이상세계를 완성시켜 줄 원형으로 제시한 것은 '하나님 나라'였다. 그는 하나님 나라를 모든 기독교적 가치의 궁극적 목표로 파악하였다. 그에게 하나님 나라는 곧 하나님의 '사랑'과 '공의'가 중심이 되는 세계를 의미했다. 하나님의 사랑과 공의가 시간과 공간을 초월해 역사 속에서 불변하며, 그래서 하나님 나라는 시간과 공간을 초월해 존재한다고 보았다.[47]

---

44) 「朝鮮牧師의 日本觀」, 『福音申報』, 1911년 8월 24일자.
45) 李商在, 「靑年이여」, 『靑年』, 1926년 11월호, 1쪽.
46) Yi Sang Chai, "What I would if I were a Young Missionary", *The Korea Mission Field*, Nov. 1923, p 258.
47) 김명구, 앞의 논문, 214쪽.

그는 하나님 나라가 현실 속에 '도덕 윤리'란 가시적 모습으로 나타났다고 파악하였다. 그래서 도덕 윤리는 하나님이 창조하신 역사의 가장 중요한 매체라고 주장하였다. 이런 인식하에 그는 하나님 나라는 기독교의 도덕이 중심이 되는 '유기체적' 윤리공동체로 이해하였다. 도덕과 윤리가 하나님이 창조하신 역사의 가장 중요한 매체라고 인식될 때 동양의 전통적 도덕 가르침도 중요한 가치를 지니게 되었다. 도덕이 모든 가치의 중심이 되면, 전통적으로 도덕 윤리를 중시했던 한국은 당연히 문명국일 수밖에 없고, 중요한 의미를 지닐 수밖에 없었던 것이다.

이상재가 말하는 도덕 윤리는 기독교의 중심된 원칙이며 하나님의 공의와 사랑을 바탕으로 나타난 '하나님의 뜻'을 의미하는 것이었다. 그것은 개인과 개인, 개인과 사회, 개인과 세계라는 공간과 전체 역사라는 시간 속에서 존재하는 것으로, 하나님이 창조부터 인간에게 부여하신 권리이기도 하였다.[48] 때문에 전통적으로 오랜 기간 도덕적 가치를 지향하는 문명을 가졌던 한민족공동체는 기독교화를 성취할 수 있는 토대를 가진 민족이 된다.[49] 한민족공동체는 하나님이 부여하신 도덕 윤리를 지키고 성숙시켜 갈 때, 역사의 변혁이 일어날 것임을 강조하였다. 하나님의 섭리 속에 일어나는 역사의 변혁은 한민족공동체의 독립(獨立)은 물론 미래의 완성된 하나님 나라 실현에 이바지할 것이라고 확신하였다.

이런 의미에서 그는 각 시대마다 또는 지역마다, 그리고 민족마다 어떤 형태로든 자기의 사명과 책임이 따로 있다고 보았다. 여기서 주목되는 것은 그가 시대와 지역, 그리고 민족을 넘은 사명과 책임이 역사를 주재하는 하나님의 주권 및 섭리 아래 있다고 파악한 것이다.[50] 그러므로 그 사명과 책임은 하나님으로부터 부여된 것이며 하나님의 정의와 윤리가 중심이 되는 세

---

48) 李商在, 「祝新年」, 『靑年』, 1925년 1월호, 3쪽.
49) 李商在, 「宗敎界를 爲하야」, 『開闢』, 1921년 1월호, 18쪽.
50) 李商在, 「警告〈東亞日報〉執筆芝宇者」, 『月南李商在硏究』, 260~261쪽.

계, 즉 하나님 나라를 위해 절대적으로 요구되는 것이라고 인식한 것이다.[51]

이렇게 이상재는 기독교 신앙을 받아들인 이후에도 유가적 인식을 그대로 계승하였고, 한민족이 기독교의 도덕력을 향상시키고 발전시킬 때, 일제의 지배아래서 한민족의 독립이 성취될 것이며, 나아가 세계 평화까지 기여할 것이라고 확신하게 되었다.[52] 즉 기독교의 도덕이 중심이 되는 변혁적 사회가 진정한 하나님 나라이며, 하나님의 뜻을 이루는 것이라고 주장하였다.

그런데 그가 보기에, 하나님 나라 건설은 이미 왔으나 아직 이뤄지지 않은 것이었다. 그는 이 땅 위에 하나님 나라를 건설하는 운동에 그치지 않고 미래의 세계, 현재 보이는 것이 아니라 장차 보일 세계를 지향하고 있었다. 물론 그는 개인 구원의 초월성이 아니라 민족현실과 역사를 변혁시키는 하나님의 능력에 더욱 큰 관심을 갖고 있었다.[53] 또한 그는 기독교의 도덕의 힘이 병든 세계를 고치고 약자나 약소국에 자유와 권리를 가져다주는 역사변화의 힘을 내포하고 있다고 인식하였다. 이는 하나님이 역사 전체에 대한 주권을 갖고 계시며, 인류 역사 전체가 하나님을 중심으로 전개된다는 인식에서 비롯되었다.[54]

이렇게 그에게 하나님은 역사의 궁극적 주재자요, 역사의 중심이었기 때문에, 그는 일본의 식민지배라는 고난의 상황에서도 역사를 주재하는 하나님을 믿고 그의 '의(義)'의 승리와 통치를 믿으며 나아간다면 민족독립도 하나님의 개입 속에서 기독교적 도덕력으로 이루어질 것임을 확신하였다.[55] 즉 그는 하나님 나라를 단순히 지상적인 것으로만 이해하지 않았다. 그것은 초월적인 것인 동시에 지상적인 것으로, 궁극적으로 하나님 안에서 통합되어질 것으로 보았던 것이다.

---

51) 李商在, 「靑年이여」, 『靑年』, 1926년 2월호, 3쪽.
52) 이상재, 「조선청년이여」, 일동축음 녹음, 1926년 11월.
53) 김명구, 앞의 논문, 151쪽.
54) 李商在, 「余의 經驗과 見地로브터 新任宣敎師諸君의게 告홈」, 『神學世界』 8월 6호, 29쪽.
55) 이상재, 「道德의 建設」, 『東亞日報』, 1922년 4월 1일자.

그러므로 이상재는 이미 왔으나 아직 오지 않은 하나님 나라를 기대하며 새로운 세계를 위해 특히 청년들에게 그 사명과 책임을 기대하였다.[56] 그는 하나님이 역사를 주재하기 때문에 반드시 하나님의 사랑과 공의가 실현되는 세계가 도래할 것임을 믿으며, 청년세대가 앞으로 살게 될 새로운 사회의 주역임을 깨닫고 이 일을 위해 진취적으로 나아갈 것을 분발, 격려하였던 것이다. 즉 그는 낙담과 절망의 시대에 하나님 나라가 장차 임할 것이라는 미래를 보며 청년들에게 낙관적 희망을 강력하게 제시하였던 것이다.

5. 나오는 말

이상재는 전통적인 유학을 수학하고 유교지식인으로 성장하였다. 근대문명의 필요성을 인정한 그는 부국강병을 지향하는 개화관료로 활동하는 과정에서 기독교를 처음 접촉하였다. 기독교를 배척하던 당시 대개 유교지식인과 달리 그는 기독교를 통해 미국사회를 이해할 수 있었고, 미국사회가 기독교적 가치 속에서 움직이고 있음을 알게 되었다. 그러나 그는 유교적 도덕 윤리가 불변하는 것으로 인식하고 있었기 때문에 기독교를 받아들이지 않았다. 그는 유교의 윤리 차원에서 기독교를 해석하고 있었다. 그러나 그가 정치적 좌절을 경험한 뒤, 옥중에서 체험과 성경을 통해 기독교 신앙을 받아들인 뒤에 달라졌다. 그는 기독교 사회윤리 차원에서 유교를 설명하기 시작하였다.

그는 전통적 유교의 도덕을 부정하던 당시 일반 근대지식인들과 일본 제국주의자들을 비판하며 이를 넘어서는 '제3의 길'을 제시하였다. 유교와 기독교를 연속의 관점에서 이해하였다. 유교에서 말하는 성현의 가르침을

---

56) 李商在, 「祝新年」, 『靑年』, 1925년 1월, 3쪽.

기독교 예수 그리스도의 말씀 속에서 이해하고, 유가의 도덕 윤리가 기독교 내에서 발견되며, 기독교 중심매체인 윤리와 도덕의 가치 속에서 통합, 완성된다고 파악했다. 기독교 중심적 가치를 궁극적으로 하나님 나라에 둔 그는 그것이 가시적 모습으로 드러난 것이 도덕이라고 보았다.

이렇게 그는 기독교 신앙을 받아들인 이후 유가적 인식을 그대로 계승했고, 기독교의 도덕 윤리가 중심이 되는 변혁적 사회가 진정한 하나님 나라이며, 하나님의 뜻을 이루는 것이라고 주장하였다. 이 같은 차원에서 이상재는 한국기독교 초기 기독교 공동체에 들어온 유교지식인들이 사회윤리 차원에서 기독교적 사회윤리를 어떻게 계승, 수용하고 있는지를 잘 보여주고 있다고 볼 수 있을 것이다.

이제까지 이상재를 통해 한국교회 초기 유교지식인의 기독교 사회윤리를 살펴보았다. 한국교회 초기 기존의 지배문화 및 윤리의 담론이었던 유교적 정체성 속에서 기독교를 수용했던 많은 개종자들은 유교적 영향으로부터 자유로울 수 없었다. 예컨대, 한국의 대표적 신학자 장공 김재준과 같은 인물 역시 유교적 바탕을 이해하지 않고서 그의 신학과 사상을 온전히 이해할 수 없을 것이다.[57] 그만큼 기독교 공동체에 대한 유교의 영향은 컸다. 그러나 이런 중요성에도 불구하고 이에 대한 연구는 개신교에서는 초보적인 수준에 불과하다. 앞으로 이 분야에 대한 심도 있는 학문적 탐구가 요구된다(『기독교 사회윤리』 제20집, 2010).

---

57) 이에 대해 김경재 외, 「장공 김재준의 생애와 신학」, 『신학사상』 제50호, 한국신학연구소, 1985를 참조할 것.

한말 애국계몽파의
기독교 인식과 그 성격

『대한매일신보』를 중심으로

1. 들어가는 말

을사조약의 강제적 체결과 함께 일본의 보호국체제로 편입된 대한제국 말기에 한국인들은 국권회복 차원에서 의병운동과 애국계몽운동을 전개했다. 이 가운데 애국계몽운동은 언론·출판·집회·결사 등 합법적인 방법을 통해 한국인의 독립자강정신을 계발하고, 그것을 기초로 하여 교육과 산업진흥에 의한 실력배양을 통한 국권회복을 추구했다.

애국계몽운동의 일환에서 창간된『대한매일신보(大韓每日申報)』(이후『신보(申報)』)는 일제 보호국 하에서 일제의 한국 침략정책을 신랄하게 비판하고, 한국인의 저항운동을 상세하게 보도했다.[1] 이 신문은 당시 애국계몽파가 주도적으로 발간하던 가장 대표적인 언론매체였다.

그런데 여기에서 주목되는 것은『신보』가 당시 다른 어떤 언론매체보

---

1)   鄭晋錫,『大韓每日申報와 裵說』, 나남, 1987, 20~22쪽.

다·기독교에 관한 상당한 분량의 기사를 싣고 있다는 점이다. 이와 함께『신보』는 기독교계의 활동보도와 함께 한국기독교에 대한 입장을 분명히 표명했다. 강한 항일적 색채를 띠고 있던『신보』가 당시 한국기독교(韓國基督敎)에 대해 어떤 입장을 갖고 있었는가 하는 점은 큰 관심이 아닐 수 없다. 일반 신문이면서도『신보』가 기독교의 사명과 역할에 대해 적지 않은 언급을 한다는 것은 '기독교(基督敎)와 민족(民族)'에 대한 관심이 고조되고 있는 오늘에 있어서도 시사하는 바가 크기 때문이다. 또한 한국기독교의 역사연구가 주로 교회 자체 문서에 의존하고 있는 형편에서, '기독교 신문'이 아니면서도 기독교에 대한 많은 기사가 실려 있는『신보』에 대한 검토는 앞으로 이 분야를 연구하는 데 큰 도움을 줄 것이다.[2]

이제까지 근대지식인층의 기독교 인식에 대한 연구의 초점은 대개 이들이 기독교를 어떻게 이해했고, 이러한 이해가 결국 기독교에 대한 태도에 어떠한 영향을 미쳤는가 하는 점이었다.[3] 그래서 이들이 대체로 한국사회의 '문명개화'와 '부국강병'이라는 맥락에서 기독교를 인식하고 이를 적극 수용하려는 의지를 갖고 있었다는 사실을 알 수 있었다. 그러나 기존의 연구는 근대지식인층의 기독교 인식을 평면적으로 이해하여 일제의 침략이 본격화되는 1904년 이후의 역사적 상황에서 나타나는 인식의 특징을 제대로 포착하지 못했던 것도 사실이다.[4]

따라서 이 글에서는 기존의 연구성과를 바탕으로 하여 근대지식인층이

2)   『大韓每日申報』에 실린 기독교 관계 기사에 대해서는 이덕규,「『大韓每日申報』의 基督敎 關係 記事에 대하여」, 1993년 10월, 한국기독교역사연구소 월례 자료발표 요지문을 참조할 것.

3)   李光麟,「開化派의 改新敎觀」,『韓國開化思想硏究』, 一潮閣, 1979, 199~237쪽; 申淳鐵,「開化期 言論의 基督敎 認識」,『敎會史硏究』3, 1981, 161~182쪽; 柳永益,「開化派人士의 改新敎 受容 樣態」,『韓國近現代史論』, 一潮閣, 1993, 74~113쪽; 盧吉相,「愛國啓蒙期 知識人의 基督敎 認識」,『建大史學』8, 1993, 177~203쪽; 鄭仁善,「19世紀末 開化派의 基督敎認識」, 淑明女大 大學院 碩士學位論文, 1996.

4)   『大韓每日申報』의 종교인식을 살펴보기 위해서는 박명수의「한말 민족주의자들의 종교이해: 〈대한매일신보〉(1904~1910)의 논설을 중심으로」,『한국기독교와 역사』5, 1996, 2~30쪽을 참조 할 것.

주도한 애국계몽운동세력의 기독교 인식을 『신보』의 입장을 통해 살펴보고 자 한다.[5] 이와 함께 이것을 통해 대한제국 말기 기독교의 위치와 성격을 조명하고, 이들의 기독교에 대한 인식의 특징이 무엇이었는가를 고찰해 보 고자 한다.

2. 『대한매일신보』와 기독교 관계

1) 『대한매일신보』의 창간과 애국언론활동

『신보』는 1904년 7월 서울에서 영국인 베델(E. T. Bethell)을 발행인 겸 편 집인으로, 양기탁(梁起鐸)을 총무로 하여 창간되었다. 창간 주필에는 박은식이 활약하였고, 그 뒤 1908년부터는 신채호가 주필로 활동했다. 이 밖에도 최 익ㆍ장달선ㆍ황희성 등이 필진으로 활동했다. 이외에도 임치정ㆍ옥관빈ㆍ 안태국 등이 경영에 참여했다. 『신보』는 당시 세계 최강국인 영국인과 손을 잡고 풍전등화의 국난을 타개하고 배일사상을 고취시켜 국가의 독립 보존 이라는 시대적 과제를 달성하고자 창간되었다.[6]

그런데 『신보』가 창간되면서 영국인을 굳이 내세운 이유는 무엇일까?

1904년 2월 러일전쟁을 일으킨 일본군은 한국에 불법주둔했다. 이들은 전쟁을 구실로 대한제국의 민간신문에 대한 사전검열을 강행했다. 그 때문 에 한국정부 및 애국계몽가들은 민간신문에 대한 일본군의 검열망을 뚫고

---

5) 애국계몽운동시기 대표적인 신문은 『대한매일신보』이외에도 『황성신문』이 있었다. 그런데 『皇城 新聞』은 개신유학자들이 주도하고 있었으며, 이들은 주 관심을 유교를 근대적 체제를 갖춘 체제로 개혁하려고 하는 유교개혁운동을 펼치고 있었기 때문에 기독교에 대해 그렇게 크게 관심이 없었다. 있다하더라고 지극히 극소한 기사에 불과하다. 그래서 여기서는 기독교에 대한 가장 높은 관심과 많은 양의 기사로 내용을 다루고 있는 『대한매일신보』를 선택하게 되었다.

6) 鄭晉錫, 『大韓每日申報와 裵說』, 1988, 나남, 73~124쪽을 참조.

불법적인 일본군의 폭거와 침탈의 현실을 국민과 외국에게 올바로 전달할 통로를 모색했다.[7] 이 과정에서 이들은 당시 세계최강국으로 일본과 군사동맹을 맺고 있던 영국인 명의로 신문을 발행하는 길이 가장 효과적인 수단임을 발견하게 되었다. 이것을 추진하게 되어 결실을 맺은 것이 바로 『신보』의 창간이었다.

『신보』는 창간된 뒤에 얼마 지나지 않아 비약적인 발전을 보게 되었다. 1907년 중반 경에 이미 국한문판·영문판·순한글판 등의 세 종류의 신문을 발행하게 되었으며, 그 발행부수도 1만 부가 넘게 되었다.[8]

『신보』의 발전은 일제 통감부의 검열을 받지 않았다는 점과 함께 그 보도와 논평을 사실에 근거하여 정확하게 전달했기 때문이다. 당시 일본군에 무력적 투쟁을 전개하고 있던 항일의병에 대해 일제 통감부의 사전검열에서는 이것을 비도(匪徒) 혹은 폭도(暴徒)로 표기하도록 강요했으나, 『신보』에서는 있는 사실 그대로 의병투쟁을 보도했던 것이다. 이 같은 보도자세는 당시 한국사회의 큰 호응을 받았다.[9]

따라서 일제 통감부는 양적·질적 발전일로에 있던 『신보』를 자신들의 통치구조에 대항하는 대단히 위협적인 존재로 느꼈다.[10] 일제는 『신보』의 간행과 인물들에 대한 탄압을 준비하기 시작했다. 일제 통감부는 고종의 퇴위를 강요하는 가운데 1907년 7월 23일에 신문지법을 고쳐서 국내에서 외국인이 발행하는 신문과 외국에서 발행하는 신문 등을 압수 및 판매금지할 수 있는 법적인 근거를 마련했다.[11] 이를 근거로 이들은 베델과 양기탁을 구속 또는 추방하는 방법을 계획했던 것이다.

---

7) 李光麟, 「『大韓每日申報』發行에 대한 一考察」, 『韓國開化史의 諸問題』, 一潮閣, 1986, 241~248쪽.
8) 李光麟, 앞의 책, 257~258쪽.
9) 李光麟, 앞의 책, 271~272쪽.
10) 일제 통감부의 『신보』에 대한 적대적(敵對的) 인식은 당시 통감인 이등(伊藤)이 행한 연설에 잘 나타나 있다. 『大韓每日申報』, 1907년 2월 12일자.
11) 姜昌錫, 『朝鮮 統監府 硏究』, 國學資料院, 1995, 106~107쪽.

일제 통감부는 먼저, 1907년 10월 9일에 주한 영국 총영사 코크번에게 베델의 처벌을 요구하는 소송장을 냈다. 이유는 신문의 일부 기사가 인민으로 하여금 정부에 반란을 일으키도록 선동한다는 것이었다. 또한 1908년 5월에는 영국상해고등법원에 베델을 제소하였는데, 이것 역시 논설의 일부 기사가 폭동을 격려하는 등 사회질서를 문란케 한다는 것이었다. 그해 6월 주한 영국 총영사관에서 열린 공판에서 베델이 전권(全權)을 양기탁에게 맡기고 있다는 사실이 밝혀졌음에도 베델에게 가벼운 유죄가 언도되었다. 이와 함께 같은 해 7월 양기탁이 국채보상의연금을 횡령했다는 명목으로 구속·기소되었으나, 여러 차례의 공판 끝에 무혐의 처리되어 석방되었다.[12]

그러나 이러한 과정에서 베델이 물러나고 그의 비서였던 만함(Marnham)이 사장이 되었다. 만함은 1910년 6월에 갑자기 신문 판권 일체를 전 사원 출신의 이장훈에게 넘기고 한국을 떠나 버렸다. 이에 양기탁도 이 신문에서 손을 떼게 되었다. 그리하여『신보』는 1910년 8월 28일 '경술국치'의 다음 날 '대한(大韓)' 두 자를 떼어 낸 채『매일신보』로 그 제호가 바뀌었고, 결국은 조선총독부의 기관지로 전락하는 비운을 맞이했다.[13]

따라서『신보』는 일제의 언론 탄압 속에서도 외국인의 치외법권을 적절히 이용하여 사실적인 보도와 날카로운 논설로 민중을 계몽하고 민족의식을 고취시키는 등 대한제국 말기의 대표적 민족지로 큰 역할을 담당하였던 것이다.

2)『대한매일신보』의 사원(社員)과 기독교 관계

『신보』는 일제의 철저한 언론탄압 아래서 영국인 베델의 이름을 앞세워 한국인 논설진과 기자들이 당시 한국의 정치·사회문제를 거론하고 뚜

---

12) 裵說과 양기탁에 대한 일본 통감부의 탄압과정에 대해서는 鄭晋錫, 앞의 책, 271~452쪽을 참조.
13) 鄭晋錫, 앞의 책, 453~463쪽을 참조.

렷하게 자신들의 주장을 전개했다. 여기서는 이 신문의 사원(社員)과 기독교 관계를 살펴보고자 한다. 『신보』의 사원과 기독교의 관계 여부는 『신보』의 기독교 인식에 큰 영향을 미칠 수 있기 때문에 이것을 고찰해 보는 것은 대단히 의미가 있을 것이다.

당시 이 신문의 논조를 책임진 한국인 논설진은 누구였으며, 이들의 기독교와 관계는 어떠했을까?

논설진에 대해 신문에서 직접 밝힌 사실이 없기 때문에 제대로 알 수가 없다. 현재까지 밝혀진 논설진을 살펴보면, 대체로 박은식 · 신채호 · 장도빈 · 양기탁 등을 들 수 있을 것이다.

박은식(朴殷植)은 1905년 8월부터 1907년 말까지 있었을 것으로 추측된다. 1908년 초 무렵부터는 『황성신문(皇城新聞)』의 주필로 활동했다. 신채호(申采浩)는 박은식이 퇴사한 뒤인 1907년 말쯤부터 『신보』사에 들어와 합방 직전인 1910년 4월 중국으로 망명할 때까지 논설을 썼던 것으로 보인다. 박은식과 신채호는 당시 비밀결사체인 신민회 회원으로 활동했으며,[14] 1910년 이후로는 해외로 망명하여 항일 독립투쟁을 전개했다. 이들은 행동하는 항일투사이면서도 한편으로 역사 지식의 보급을 통해 애국사상을 계발하고 민족주의사상을 고취하여 민족독립을 쟁취하고자 했다.[15]

박은식과 신채호는 기독교와 직접적인 관련이 없는 것으로 보인다. 이들이 기독교인이었다는 증거가 없고, 기독교 신앙을 받아들인 흔적이나 기독교 종교단체에서 직접 참여한 경험이 전무(全無)하며, 또한 그들의 종교와의 관계는 주로 유교개혁운동과 관련되어 나타난 것이 대부분이었다는 점에서 더욱 그러하다.

장도빈(張道斌)은 1888년 평남 중화에서 출생하여 1906년 한성사범학교

---

14) 李載順, 「韓末 新民會에 關한 研究」, 『梨大史苑』 14, 梨大 史學科, 1977, 9~10쪽.
15) 정진석, 『인물한국언론사』, 나남출판, 1995, 127~131쪽.

를 졸업하고, 1908년 보성전문학교 법과에 입학과 동시에 박은식의 소개로
대한매일신보에 입사했다. 그는 입사하자마자 신채호가 병으로 인해 논설
의 집필을 못하게 되자 대신 논설을 집필하게 되었으며, 1909년 신채호가
병에서 회복됨에 따라 신채호와 더불어 번갈아 논설을 집필했다고 한다.[16]
그 역시 신민회 회원으로 활동했다. 앞의 두 사람처럼 기독교와의 직접적인
관련이 없었던 것으로 생각된다.

　　그런데 『신보』의 총무로서 신문을 실질적으로 주도한 양기탁(梁起鐸)은
기독교와 직접적인 관계가 있었다는 점에서 앞의 인물들과 비교가 된다. 안
타깝게도 그가 언제부터 기독교에 입교하였는지는 확인할 길이 없다. 그러
나 1910년대 그는 분명히 개신교 장로회 교인이었다. 양기탁이 1912년 12
월 20일, 105인 사건에 관련된 재판 과정에서 예수교 장로회 신자임을 당당
히 밝힌 것이다.[17] 그가 기독교에 입교한 것은 1895년 전후의 시기로 보이
는데, 그가 게일 선교사를 만나 편찬 업무를 보았으며 그 뒤 2년간 게일 선
교사와 함께 일본에서 생활한 점으로 보아, 이 시기를 전후로 하여 기독교
에 입교하였을 가능성이 가장 높다.[18]

　　이외에도 양기탁이 『신보』의 총무 시절 기독교인이었을 가능성은 여
러 가지가 있다. 먼저 그가 1890년대 말 독립협회에서 활동한 대부분의 동
료들이 기독교인이었다. 또한 그가 1907년 전후로 『신보』에 재직할 때 접
촉한 인물들과, 상동청년학원(尙洞靑年學院)에서 만난 동료들 역시 대부분이 기
독교인들이었으며, 나아가 비밀결사체로 조직된 신민회의 회원 대부분이
기독교인이었다.[19]

　　이러한 상황을 종합해 보면, 양기탁은 『신보』의 총무 시절에 기독교인

16)　張道斌, 「暗雲길은 舊韓末」, 『사상계』, 1962년 4월호; 박찬승, 『한국근대정치사상사연구』, 역사비
　　평사, 1991, 85쪽.
17)　「梁起鐸 京城覆審法院 第22回 公判始末書」, ‘尹致昊外 104人謀殺未遂事件’(1912년 12월 20일).
18)　李光麟, 『韓國開化思想硏究』, 一潮閣, 1981, 252쪽.
19)　윤경로, 「양기탁의 생애와 항일 민족운동」, 『한국근대사의 기독교사적 이해』, 역민사, 1992, 257쪽.

이었던 것이 틀림없는 사실로 보인다. 그러나 그는 개인적인 영혼구원에만 몰두했던 '교회 안'의 기독교인은 아니었던 것 같다. 이는 그가 기독교를 신앙(信仰)의 대상으로뿐만 아니라 기독교가 갖고 있는 근대적인 자주·독립정신과 민족정신에 주목하고 이것을 국권회복운동의 토대로 삼고자 했다는 데서 알 수 있을 것이다.[20] 이 같은 그의 신앙양태는 『신보』가 기독교를 국가주의와 독립정신의 기초로 인식하는 데 크게 영향을 미쳤을 것이 분명하다.

따라서 『신보』의 논설진 가운데는 양기탁을 제외하고 기독교와 직접적인 관련이 없던 것으로 보인다. 하지만 이들 대부분이 신학문을 반대하는 보수유림을 비판하고 서양문명을 수용하는 입장에 선 근대 지식인들이라는 점을 감안해 보면, 이들은 서양문명의 토대가 된 기독교에 대해 일정정도 우호적인 인식을 하고 있었을 것으로 생각된다.

한편 기서(奇書)·별보(別報)에 게재된 기독교 관련기사의 경우 기독교인이 직접 쓴 것도 게재되고 있었다. 이처럼 기독교인의 글이 제1면 논설 자리에 실릴 수 있었던 것은 편집자나 논설진의 동의를 얻을 정도로 호의적이었기 때문에 가능한 일이었다. 이는 그 내용이 『신보』의 견해와 크게 벗어나지 않았다는 사실의 반증으로 지적될 수 있을 것이다. 즉 이러한 의미에서 기독교인이 쓴 글이라도 그것은 대체로 『신보』의 기독교 인식과 일맥상통하고, 나아가 『신보』 역시 기독교에 대한 인식이 기독교인 필자와 크게 다르지 않다는 점을 보여주는 좋은 보기라고 생각된다. 이러한 의미에서 기독교인이 썼다 하더라도 그것은 『신보』의 일반적 논조라고 보아도 무방할 것이다.

그 밖에 『신보』에는 논설진이 아니었지만 사원으로 활동하고 있던 기독교인들이 있었다. 임치정(林蚩正), 옥관빈(玉觀彬), 안태국(安泰國) 등이었다.[21] 이들

---

20) 윤경로, 앞의 책과 같음.
21) 이들은 신민회의 주요 회원으로 활동하였고, 1911년 일제가 기독교 세력의 탄압을 구실로 조작한 '105人 事件'에 연루되어 큰 고초를 당했다. 윤경로, 「105人事件과 基督敎 受難」, 『한국기독교와 민족운동, 保聖, 1986, 285~334쪽을 참조.

은 주로 『신보』의 경영분야에 참여하여 활동하고 있었다.[22) 이들은 양기탁을 중심으로 『신보』에서 신보의 운영을 통해 한국인의 각성과 일제의 침략에 저항하고, 비밀결사체인 신민회에 참여하는 등 국권회복운동을 적극적으로 전개했다.

요컨대 『신보』의 기독교 인식에는 기독교가 독립정신과 민족의식을 고취하고 배양된 민족의 실력을 잘 보존할 수 있다는 논설진의 우호적인 인식이 영향을 미쳤을 것이다. 또한 다른 신문에 비해 상당량의 기독교에 관한 글이 실릴 수 있었고, 제1면 논설 자리에 실릴 수 있었던 것은 편집자나 논설진의 동의를 얻었기 때문이며, 그 내용이 그들의 견해와 크게 벗어나지 않았기 때문이다. 이밖에도 『신보』의 사원 가운데는 기독교인이 상당수 있었고, 이들이 개인적 종교생활에 만족치 않고 하나같이 독립정신과 국가정신의 고취를 통해 국권회복운동을 추진하였다는 점도 『신보』의 기독교 인식에 적지 않은 영향을 미쳤을 것으로 생각된다.[23)

3. 기독교 인식의 내용

1) 실력양성론

기독교를 적극적으로 수용하자는 주장은 『신보』가 처음이 아니었다. 그 주장은 개화파로부터 이미 제기되고 있었다. 19세기 말 한국사회에는 극복해야 할 당면과제로 사회적 모순과 민족적 모순의 해결이 대두되는 상황

---

22) 정진석, 『인물한국언론사』, 132~133쪽.

23) 이때 발간된 언론매체 가운데 『大韓每日申報』와 함께 쌍벽을 이루고 있던 신문은 『皇城新聞』이었다. 『皇城新聞』은 개신유학자 출신의 애국계몽가들이 대거 참여하고 있던 관계로 기독교보다는 유학(儒學)의 개혁문제에 대해 그 관심이 집중되어 있었다. 박찬승, 앞의 책, 71~72쪽.

이었다. 이러한 과제를 해결하는 세력으로 등장한 개화파는 서구문명이 기독교에 기초한다는 사실에 주목하고, 기독교를 "문명부강"이라는 정치적 동기에서 긍정적으로 인식하기 시작했다. 이들은 기독교를 선진문명의 한 모델로 생각하였고, 근대적 국민국가의 건설과정에서 수용되어야 할 것으로 주장했던 것이다.[24]

이들의 주장은 이후 문명부강한 국가와 자유민권의 추구 속에 '개화자강'의 한 방법론으로 채택되었고, 정치적 한계를 느낀 상당수의 개화론자들이 기독교에 입교하는 경우가 일어났다.[25] 이는 독립협회에 와서 더욱 구체적으로 주장되었다. 독립협회의 기관지였던 『독립신문』에서는 세계 여러 나라의 종교를 비교 설명하면서 "그리스도교를 착실히 하는 나라들은 세계에 제일 강하고 제일 부유하고 제일 문명하고 제일 개화되어 하나님의 큰 복음을 입고 살더라"[26]고 주장했다. 즉 서구의 근대문명이 기독교를 통해 성립되었다는 점을 강조하고 우리도 근대문명화하기 위해 기독교를 수용해야 한다는 논리가 담겨 있었다.

이것은 1900년대 초에 들어 다시 일부 기독교인들에게서 본격적으로 제기되었다. 대표적인 인물이 이승만(李承晩)이었다. 그는 기독교를 신앙으로 받아들이면서 "예수교는 본래 교회 속에 경장(更張)하는 주의를 포함하고 있기 때문에 예수교가 가는 곳마다 변혁하는 힘이 생기지 않는 곳이 없다"고 강조하고, 예수교의 변혁하는 힘은 "피를 많이 흘리지 않고 상등문명(上等文明)에 나아가는 것"이라고 주장했다.[27] 그는 기독교를 통한 점진적인 개혁이 한국의 장래에 기초가 되며, 이제부터 한국인을 새롭게 변혁하는 것은 예수교회라고 역설했다.[28] 즉 이승만은 기독교를 믿어야 비로소 변혁과 문명을

24) 이에 대해서는 연구사 정리의 글들을 참고할 것.
25) 이만열, 「韓末 기독교인의 민족의식 형성과정」, 『한국기독교와 민족운동』, 保聖, 1986, 19~20쪽.
26) 『독립신문』, 1897년 1월 26일자.
27) 『신학월보』, 1903년 8월호 「예수교가 대한 장래의 긔초」 논설.
28) 이승만은 이러한 입장에서 저술한 것이 『독립정신』이었다. 이 책은 1910년에 출판되었는데, 여기

이룰 수 있다고 하여, 기독교가 '문명부국화(文明富國化)'의 첩경임을 강조했던 것이다.

1900년대 이후 기독교는 한국사회에 급속하게 확산되기 시작했다. 1909년 "한국은 장래에 기독교국이 될 것이다"[29]라는 어느 미국 선교사의 말처럼, 대한제국 말기에 오면서 기독교가 민족적 실력의 양성을 준비하고 자주적 독립국가의 국권을 회복하자는 실력양성론의 방법론으로 대두되었다. 『신보』역시 이 같은 입장에서 기독교에 대해 다음과 같이 주장했다.

첫째, 『신보』는 인민의 주권(主權)과 나라의 국권(國權) 확립을 위해 기독교를 통한 '근대적(近代的) 정치개혁론(政治改革論)'을 주장했다. 『신보』는 유교가 쇄국시대의 전제정치와 계급사회, 상고주의 시대의 정치지도 원리로 근대사회에는 맞지 않는다고 평가했다.[30] 즉 유교는 전근대의 종교이기 때문에 근대적 정치 개혁과 국권회복에 도움이 되지 못하며, 근대사회에는 새로운 종교가 사회의 정치적 지도이념이 되어야 한다고 하여, 기독교가 새로운 사회의 지도적 종교임을 지적했다.

또한 『신보』는 기독교가 로마구교의 억압 아래에 있던 민중에게 자유와 평등사상을 일깨워 주었고, 이것은 영국, 미국, 프랑스의 혁명과 독립사상으로 발전하였으며, 국가는 인민이 주인이며 개인의 자유권이 보장된 후라야 나라의 주권도 보전된다고 주장했다.[31] 즉 『신보』는 개인의 자유와 평등을 내세우는 기독교를 통한 정치개혁을 성취하고, 이것을 기초로 국민주권의 근대국민국가건설을 달성하자는 내용을 강조했다.[32] 이는 서구의 근대 개혁이 기독교의 영향 아래 이루어졌음을 주목하여 기독교를 통한 근

에서도 이승만은 독립을 위해 기독교에 근본해야 한다고 주장했다. 이승만, 『독립정신』, 1910, 339~342쪽.

29) 『皇城新聞』, 1909년 1월 19일자.
30) 『大韓每日申報』, 1908년 1월 16일자.
31) 『大韓每日申報』, 1905년 10월 11일자.
32) 申淳鐵, 앞의 글, 170쪽.

대적 정치개혁을 주장하였던 것이다.

둘째, 『신보』는 기독교 국가들이 문명부강한 나라들임을 주목하고, 문명부강의 수단인 '교육'이 기독교를 통해 온전히 달성될 수 있다는 기독교교육론(基督教教育論)을 주장했다. 『신보』는 '문명이라는 말이 갖고 있는 본래적 뜻이 교육이고, 이 교육의 본 뜻은 기독교에 존재하고 있다'고 보았다. 여기서는 각국의 기독교를 예로 들면서, '하나님을 섬기며 영혼을 구원하고 있는 기독교는 자기를 아끼듯 남을 사랑하기 때문에 국가의 종교로 인정받고 있다'고 소개했다. 또한 '기독교가 각국의 교육권을 장악하고 있는 까닭에 문화가 나날이 진보하고 세계 인류에게 자유의 참 의미를 널리 알리고 있다'고 주장하여, 교육을 애쓰고 있는 우리도 기독교를 적극 수용함과 동시에 기독교의 이념을 배우고 익혀 우리나라를 서구의 국가들처럼 문명부강한 나라로 만들자고 역설했다.[33]

또한 『신보』는 문명부강의 기초가 되는 교육을 위해, 특히 덕육을 위해 기독교를 믿는 것이 바람직하다고 지적하면서, "오늘날의 한국인은 천의(天意)를 부진하여 나라를 망하게 하고 권리를 잃어버린 죄가 있다"고 비판하고, "기독야소(基督耶蘇)가 천하 후세 만민의 죄를 대신하여 십자가에 못박힌 것처럼 한국민 이천만 인의 죄도 대신 속죄하여 죽었다"고 언급할 정도였다.[34] 이런 종교적 신앙의 확신에서 '신앙을 잘하면 하나님이 이스라엘 백성을 구하듯 우리나라도 구원할 것'[35]이라고 주장했다. 즉 기독교는 국권회복의 토대가 될 수 있음을 강조한 것이다.

따라서 『신보』는 문명부강의 수단인 교육이 기독교에 있음을 지적하고, 한국이 서구의 국가들처럼 문명부강한 나라가 되기 위해서, 또 국권회복을 위해서 기독교가 반드시 필요하다고 주장했다.

---

33) 『大韓每日申報』, 1905년 10월 3일자.
34) 『大韓每日申報』, 1908년 3월 10일자.
35) 『大韓每日申報』, 1905년 11월 19일자.

셋째,『신보』는 국가부흥을 위한 적극적인 기독교 수용론(基督敎受容論)을 주장했다.

『신보』는 한국이 흥왕하는 때가 "한국 사람이 사람마다 입으로 예수 그리스도의 이름을 부르며 사람마다 손으로 신약전서 한 권씩을 들고 하나님께로 돌아오는 날인 즉 한국이 흥왕하는 날"[36]이라고 전제하고, 예수가 자유와 평등을 기치로 복음을 선포한 이후 서유럽을 개혁하여 문명의 행복을 균등하게 하였고, 다시 미국을 구원하여 강국의 기초를 닦게 하였으며, 이제 태평양을 넘어 고통에 신음하는 아주(亞洲)를 구제코자 한다고 생각했다.[37] 따라서 한국인이 새로운 종교로 나아가 성신(聖神)의 세례를 받아 크게 회개하고 분발해야 한다고 주장할 정도로『신보』는 기독교 수용에 대단히 적극적으로 인식하고 있었다.

이와 함께『신보』는 '미국이나 그리스 독립도 무형지강(無形之强)인 신교력(信敎力)에 의해 가능했다는 점을 들고서 한국사회가 종교의 신앙에 힘써야 한다'고 강조했는데, 여기서는 우리가 힘쓸 종교로 기독교를 대표적으로 들고 있다.[38] 이는 적자생존, 우승열패의 국제사회 질서에서 신교력이 강한 민족만이 부강한 문명국가와 자주적인 독립권을 유지할 수 있으며, 신교력의 구체적인 종교가 기독교가 되어야 한다는 논리를 보여준다.[39] 따라서 『신보』는 국가흥왕의 견인차 역할로 기독교를 지목하고 기독교의 수용을 강력하게 주장했던 것이다.

요컨대『신보』는 기독교를 통한 근대적 정치개혁을 주장하고, 기독교 국가들이 문명부강한 나라들임을 주목하여 문명부강의 전제로 기독교를 강조했으며, 기독교가 국가부흥의 토대가 될 수 있다는 인식 아래 기독교의

---

36) 『大韓每日申報』, 1910년 3월 13일자.
37) 『大韓每日申報』, 1910년 3월 14일자.
38) 『大韓每日申報』, 1905년 12월 1일자.
39) 申淳鐵, 앞의 글, 167~168쪽.

적극적인 수용을 역설했던 것이다.

2) 국권회복론

『신보』는 일본이 막강한 힘으로 우리 국권을 침해하고 있다고 파악하고, 제국주의 열강이 공동으로 인정한 '보호국체제' 아래서 국권회복을 지상과제로 인식했다. 그러나 『신보』는 일본과 정면대결을 통한 즉각적 국권회복은 어렵다고 판단했다. 『신보』는 우리의 자주적인 실력양성만이 국가의 독립과 자주권을 지켜낼 수 있다고 보고, 자주적인 국권회복을 위한 실력양성운동을 추구했다.

첫째, 『신보』는 기독교가 국권회복을 위한 독립정신 · 민족정신 보전(保全)의 기초라고 파악했다. 기독교인은 죽음을 두려워하지 아니하고 스스로 맹세하며 국가의 독립을 잃지 않기를 하나님에게 간절히 기도하고 타인에게 권유하고 있다고 보았다.[40] 이 같은 국가에 대한 기독교인의 자세는 기독교가 국가독립의 토대가 될 수 있는 충분한 근거임을 보여주는 것이라고 주장했다.

또한 『신보』는 기독교의 종교의식인 기도회(祈禱會)가 국가의식과 민족정신을 보전하는데 큰 영향을 미친다는 사실을 지적하여 기독교의 국권회복론적 성격을 강조했다. 『신보』는 일제의 병탄이 점점 가시화되는 위기적 상황 속에서 한국인으로서 과연 국가를 위해 기도하고 애쓰는 자가 과연 몇이나 되는지 의문을 제기했다.[41] 그래서 기독교인들만이 국가의 장래문제를 위해 충심으로 기도하는 자들임을 강조했다. 즉 『신보』는 기독교인들의 국가의식이 다른 어떤 국민들보다 뛰어나고 훌륭하다는 점을 지적한 것이다.

이와 같이 『신보』는 기독교인들이 기독교의 종교의식인 기도회(祈禱會)

---

40) 『大韓每日申報』, 1905년 12월 1일자.
41) 『大韓每日申報』, 1910년 3월 20일자.

를 통해 국가의식과 독립정신을 배양하고 국난(國亂)을 당하여 국가독립과 국권수호를 위해 노력하고 있다는 사실을 강조했다. 그런데 기독교인들의 행위가 국권회복의 토대가 될 수 있는 것은 '기도(祈禱)'라는 행위뿐 아니라 기도 내용이었다. 기독교인들이 간절히 기도하는 것은 다름 아닌 국가를 위하여 기도하는 것이며, 나라의 독립과 백성의 자유를 회복하기를 원하는 것이라고 『신보』는 이해했던 것이다.[42] 따라서 『신보』는 기독교인들의 행위가 단순히 종교적 행위에서 나온 것이 아니라 자주적 국가와 독립을 쟁취하기 위한 애국애족(愛國愛族)의 정신에서 비롯되었다고 보고, 한국인들이 기독교인의 정신을 본받아 국가 독립의 기초를 세울 것을 강조하였던 것이다.

둘째, 『신보』는 기독교를 통한 천부인권(天賦人權)과 천부국권(天賦國權)의 수호를 주장했다. 『신보』는 우리가 어떠한 상황에서라도 하나님이 주신 고유한 자유(自由)의 권리(權利)를 다른 사람에게 절대로 빼앗겨서는 안 된다고 주장했다.[43] 『신보』는 개인과 국가의 자유가 하나님이 주신 것이기 때문에 이것을 타인 또는 타국에게 상실당하면, 이는 하나님께 죄를 짓는 것이며, 남의 자유를 빼앗는 자보다 이러한 자신의 권리를 빼앗기는 자가 더욱 큰 죄를 짓게 된다고 역설했다. 그것은 하나님이 주신 고유한 권리를 스스로 지켜내지 못했기 때문이다.

이러한 논리의 이면에는 일제의 준식민지 상황에서 국권의 회복과 독립의 유지를 위해 끝까지 저항할 것을 촉구하는 의지가 담겨져 있었다. 즉 『신보』는 일 개인과 국가의 자유권(自由權)을 천부인권과 천부국권으로 인식하고, 기독교에는 이러한 천부인권과 천부국권으로서의 자유권을 수호할 논리가 존재하고 있음을 강조한 것이다.

셋째, 『신보』는 한국인들이 실력양성과 독립권 수호를 위해 기독교인

---

42) 『大韓每日申報』, 1907년 8월 22일자.
43) 『大韓每日申報』, 1907년 10월 25일자.

이 될 것을 권고했다. 국가의 독립을 자주적으로 지켜내기 위해서는 기독교를 적극 수용하여 '예수의 제자'가 될 것을 제안했다. 『신보』는 예수의 제자가 단체를 조직하고 법률, 경제, 실업 학문들을 열심히 공부하여 나라의 국토를 유지하고 국권을 회복할 수 있도록 노력해야 한다고 주장했다.[44] 이러한 차원에서 『신보』는 부정부패하고 친일화하는 정부관리들의 행태를 비판했다. 『신보』는 이들이 스스로 반성하고 하나님께 돌이키는 회개를 하여 기독교인이 되는 것이 국가와 자신을 위해 큰 도움이 되는 길이라고까지 주장했다.[45]

넷째, 『신보』는 기독교가 멀지 않은 장래에 국권을 회복할 수 있다는 신념을 한국인들에 심어준다는 '국가의식고취론'을 주장했다. 상실당한 국권을 회복하기 위해서는 여러가지가 필요하지만 그 가운데서도 국권회복의 의지를 북돋는 '용맹의 마음'이 필요하며, 이 마음은 기독교를 통해 획득될 수 있다고 보았다. 때문에 결국 시간이 흐를수록 우리의 독립의지가 약화되는 것이 아니라 견고해지고, 그러한 견고함이 있은 이후에 국권회복의 길에 당당히 나설 수 있다고 강력하게 역설했다.[46] 따라서 『신보』는 우리가 국부민강(國富民強)케 하는 기독교를 믿는다면, 또한 우리들이 희망을 잃지않고 이것을 제대로 행한다면, 5년 또는 10년, 15년 내에 우리의 국권을 회복하고 나라를 크게 부흥시킬 수 있다고 보았던 것이다.[47]

따라서 『신보』는 한국이 국권을 모두 상실한 뒤에 조금이라도 자유의 권리를 얻을 수 있는 것은 기독교이며[48], 이 기독교라는 종교의 길로 이천만 한국인이 돌아온다면 사회단체와 교육·식산의 사업을 발전시킬 수 있고, 이러한 때에 비로소 무력적 위협이나 위기를 극복할 수 있다고 주장했

---

44) 『大韓每日申報』, 1907년 8월 31일자.
45) 『大韓每日申報』, 1909년 1월 7일자.
46) 『大韓每日申報』, 1909년 2월 27일자.
47) 『大韓每日申報』, 1905년 12월 9일자.
48) 『大韓每日申報』, 1907년 7월 31일자.

다.49) 즉『신보』는 일반신문임에도 불구하고 기독교에 국권회복의 희망이 있음을 직접적으로 공언했고, 국권회복을 위해 자유와 독립을 지키는 것이 기독교인의 올바른 자세임을 강조했던 것이다.

3) 현실대응자세비판론

『신보』는 기독교의 발전과 긍정적인 영향을 수용하면서도 일제의 국권침탈의 위기 상황 속에서 기독교가 지닌 '몰역사적'이고 '비정치적'인 성격들을 날카롭게 지적했다. 이것을 통해『신보』는 기독교가 국가의식과 민족의식을 보존하는 길에 적극 나설 것을 다음과 같이 촉구했다.

첫째,『신보』는 국가의 현실을 외면하고 개인구원만 강조하는 기독교인에 대한 경계를 주장했다.『신보』는 기독교인들이 영혼구제에만 치우쳐 내세주의적인 천국주의에 그치거나 종교는 국경이 없다는 세계주의를 내세우고 있는데, 이는 국권을 지키려는 국가의식의 약화를 가져올 수 있다고 경계했다.50) 즉『신보』는 일제의 국권침탈이 현실화된 상황에서 국가적 · 민족적 현실을 외면하고 개인구원만 강조하는 기독교인에 대한 각성을 주장했다.

또한『신보』는 국가와 종교 양자 관계의 성격을 언급하면서, 양자 간의 필요성을 강조했다. 국가에는 종교가 반드시 필요한 것처럼 종교에도 국가를 기반으로 하는 국가주의가 반드시 있어야 한다고 주장했다.51) 그런데 『신보』는 외국 선교사들이 교회의 '정교분리'를 내세우며 기독교에서 국가주의 정신을 약화시키고 있다고 비판하고, 이것은 국가의 주권침탈이라는 역사 현실 앞에 기독교를 잘못된 길로 인도하는 것과 같다고 주장했다.『신

---

49) 『大韓每日申報』, 1907년 8월 31일자.
50) 『大韓每日申報』, 1910년 4월 15일자.
51) 『大韓每日申報』, 1910년 8월 6일자.

보』는 한국기독교를 '몰역사화'·'비정치화'하는 외국 선교사들의 태도에 대한 반성을 촉구했다.

이 같은 비판 의식은 기독교가 당시 활발히 펼치고 있던 교육 분야에도 날카롭게 나타났다. 『신보』는 교육 차원에서도 기독교 학교 교육이 기독교인만을 양성하고 있을 뿐 국민을 양성하지 못하고 있다는 한계를 지적했다.[52] 이와 함께 『신보』는 서양 근대의 구국영웅들이 모두 기독교인이었음을 강조하면서, 기독교 학교 교육은 기독교라는 종교에 그치지 말고 국가와 민족에 이바지할 수 있는 지도자들을 양성해야 한다고 주장했다.[53] 따라서 『신보』는 기독교인들의 영혼구원에 치우친 활동과 선교정책을 비판하고, 지금 우리에게 필요한 것은 영혼을 구원하는 종교뿐만 아니라 풍전등화와 같은 국권상실의 위기 속에서 나라를 구할 수 있는 종교의 필요성을 지적했다. 즉 『신보』는 국가주의(國家主義) 정신의 확립을 통해 기독교가 영혼구원과 함께 국가와 민족을 구원하는 종교로 거듭 태어날 것을 촉구했다.

둘째, 『신보』는 기독교인들의 내세주의적·무저항적 자세를 비현실적인 관념론(觀念論)이라고 비판했다. 『신보』는 기독교인이 성경의 구절을 인용하여 자신들의 무저항적인 태도를 변호한다는 사실을 소개하고 이러한 변호가 현실적으로 얼마나 비현실적인 생각인가를 지적했다. 예를 들어, 사람이 오른편 뺨을 맞거든 왼편 뺨을 내어 주어 때려달라 한다고 말하거나 다른 국가가 우리나라를 침략하더라도 그들의 포악함을 근심하여 회개하기만을 기도하고 저희들의 그러한 폭압에 대한 저항 자체를 잘못된 것으로 말하는 것은 대단히 어리석은 생각이라고 하였다.[54] 즉 『신보』는 '순수 복음신앙'이라는 입장에서 일부의 기독교인들이 일제에 대한 저항에 반대하고 있

---

52) 『大韓每日申報』, 1905년 12월 9일자.

53) 申淳鐵, 앞의 글, 177쪽.

54) 『大韓每日申報』, 1910년 4월 15일, 「兩宗敎家에 向하야 要求하노라」論說; 洪昌權, 『大韓每日申報』, 1910년 8월 6일, 「勸告基督敎徒同胞」論說.

는데, 이는 국가가 당한 어려움을 회피하는 '몰역사적' 자세라고 혹평했다. 따라서 『신보』는 일제의 침략이 더욱 노골화되고 가속화되는 상황에서 국가적 주권을 위협하는 국가의 적에 대해 기독교인들은 '정교분리'라는 미명 아래 상황을 회피하지 말고 민족문제에 관심과 이에 대한 적극적인 대응을 강력하게 주장했던 것이다.

셋째, 『신보』는 국가와 민족의 운명이 일제의 침략에 철저하게 유린당하는 현실에서 기독교인들의 저항(抵抗)이 신앙의 입장에서 보더라도 타당한 것이라고 주장했다. 만약 적이 국가를 침범하여 국가를 해(害)하고 동포를 살육(殺戮)한다면, 우리는 일제히 일어나 적극적으로 이것을 방어해야 하는 것이 사람의 도리를 다하는 것이라고 하였다. 이것이 나라에 충성하는 것이며, 오히려 적(敵)에 대한 사랑이 된다고 보았다. 그런데 전쟁함이 죄가 된다고 오해하여 권유 · 기도만 하고 스스로 나라를 지키지 못한다면, 이는 나라를 쓰러지게 하는 것이고, 적(敵)을 선(善)하게 만들지 못함에 따라 도리어 적의 악(惡)을 크게 증가시키는 결과밖에 되지 못한다고 비판했다.55) 『신보』는 기독교인들이 현실대응자세를 계속 '비정치적', '몰역사적'인 자세로 일관한다면, 결국에는 나라 잃은 망국인(亡國人)의 비참한 처지로 전락케 되어 고통을 면치 못하게 될 것이라고 경고했다.

따라서 『신보』는 국권상실을 당해 망국인의 처지에 빠지지 않기 위해 기독교인들이 일제의 침략에 맞서 국가와 민족의 자주권 수호에 앞장 설 것을 역설했다. 기독교인들의 자주권 수호는 기독교 신앙과 전혀 배치되는 것이 아니며, 그것은 오히려 하나님께서 주신 권리이기 때문에 이러한 권리를 지키는 것은 바로 기독교인들의 본분을 다하는 것이라고 주장했다.

요컨대 『신보』는 일부 기독교인들의 몰역사적이고 비정치적인 자세와 생각들을 강력하게 비판하고, 이것은 모두 국가정신과 독립정신의 결여에

---

55) 『大韓每日申報』, 1909년 12월 1일, 「忠告我韓耶蘇教兄弟」奇書.

서 나온 것으로 주장했다. 나아가 기독교인들이 자주권을 수호하는 것은 기독교 신앙과 배치되는 것이 아니라 신앙의 논리로 보더라도 오히려 당연한 것이라고 강조했다. 즉 『신보』는 자주권이라는 것이 하나님이 우리에게 준 권리, 즉 천부국권(天賦國權)이기 때문에, 자주권을 외세의 침략으로부터 수호하는 것은 신앙의 입장과 비교해서 하등의 문제가 될 수 없다고 역설했던 것이다.

4. 『대한매일신보』의 기독교 인식 성격

러일전쟁 이후 일본의 한국에 대한 침략의지가 노골화되었고, 그 결과로 일본에 의해 을사조약이 강제로 체결되었다.[56] 다수의 애국계몽인사들이 참여하고 있던 『신보』는 애국계몽운동 곧 국권회복을 위한 실력양성운동을 전개했다.

당시 애국계몽세력은 국가적 위기 속에서 국민교육과 국민단합을 강조했고, 교육과 단결의 매체로서 종교의 필요성을 강조했다. 그 가운데 『신보』의 종교에 대한 관심은 특별했다. 『신보』는 국권회복을 위한 실력양성운동 차원에서 종교단체를 주목했다. 『신보』의 관심은 19세기 말 이래로 한국사회에 뿌리내리기 시작한 기독교에 집중되었다.

그 관심은 당시 기독교인들의 구국운동에 크게 영향을 받으며 점점 구체화되었다. 1905년 을사조약의 체결을 전후로 하여 기독교인들이 황성기독교청년회(1903.10), 보안회(1904.7), 국민교육회(1904.8), 공진회(1904.12), 헌정연구회(1905.5), 대한구락부(1905.9) 등의 구국단체(救國團體)에서 주요 임원으로 활동하며 배일구국운동에 앞장서고 있었다.[57] 또 을사조약이 체결된 1905년

---

56) 강동진, 『한국을 장악하라』, 아세아문화사, 1995, 94~104쪽을 참조.

11월에는 한국교회가 종교의식인 기도회를 통하여 전국적으로 항일의식을 고취하였으며, 특히 서울의 상동교회(尙洞敎會)에서는 연일 수천 명이 모여 전덕기(全德基)·정순만(鄭淳萬)의 인도로 구국기도회(救國祈禱會)를 개최하기도 했다.[58] 즉 기독교인들의 배일적인 구국운동은 국권회복을 위한 실력양성운동 차원에서 종교단체에 대해 주목하고 있던 『신보』에 많은 영향을 미쳤을 것이 분명하다.

『신보』는 을사조약이 강제로 체결된 직후인 1905년 12월 1일자 論說에 「신교자강(信敎自强)」이라는 글을 실었다. 이 글에서는 냉엄한 국제사회 질서에서 자강력(自强力)이란 하나의 국가가 노예상태로 빠지지 않게 하는 것이라고 보았다. 자강력은 무형(無形)의 자강과 유형(有形)의 자강이 있는데, 국가의 독립은 무형의 자강이 이룩된 뒤에야 유형의 자강을 통해 성취된다고 했다. 그런데 여기서의 무형의 자강은 '종교사회의 힘'이었다. 그래서 『신보』는 교도(敎徒)가 수십만(數十萬)에 이르는 기독교가 종교사회의 힘을 가졌으며, 이들이 국가 독립을 위해 열심이므로 국권회복의 기초가 될 수 있다고 주장했다.[59] 즉 당시 시대를 '사회진화론적(社會進化論)' 시각에서 인식하고 있던 『신보』는 자가반성론적(自家反省論的) 입장에서 상실된 국권의 회복과 자강 독립, 즉 '약자(弱者)의 강자화(强者化)'를 통한 국권회복의 토대로 기독교를 파악했던 것이다.

또한 『신보』는 국가와 민족을 위한 기독교인들의 구국활동과 구국기도회[60]을 통해 기독교가 국권회복운동의 기초가 될 수 있는 근거임을 재확인했다. 그래서 『신보』는 "오직 인애하신 하나님뿐이며 자비심이 많은 이는

---

57) 崔起榮, 『韓國近代啓蒙運動研究』, 一潮閣, 1997을 참고할 것.
58) 鄭喬, 『大韓季年史』下, 191쪽; 『大韓每日申報』, 1905년 11월 19일자.
59) 『大韓每日申報』, 1905년 12월 1일자.
60) 기독교의 종교 의식인 기도회는 기독교인의 항일운동의 주된 방법이었다. 구국기도회는 항일적인 기독교인들뿐만 아니라 길선주(吉善宙)와 같은 기독교 지도자들도 대거 참여하고 있었다. 이만열, 앞의 글, 63~64쪽을 참조.

기독교인들 밖에 없다"[61]고 자문하면서, 기독교인들만이 국가의 주인으로 나라를 위한 기도를 한다고 평가할 정도로 기독교가 국권회복의식을 고취하고 한국민을 각성시키는 데 큰 역할을 할 것으로 기대했다.

『신보』는 당시 어려움에 처하게 된 여러 요인 가운데 하나로 서구문화의 개명의식을 쫓아 자치(自治)할 수 없게 된 것이라고 보았다. 이것의 근본적 원인은 교육의 수혜계층이 제한되어 있고 안일한 형태로 교육이 이뤄지고 있기 때문이라고 지적했다. 이에 『신보』는 기독교 초기 선교과정에서 가장 활발하게 추진되고 있던 기독교의 교육사업을 주목했다. 기독교 선교사들이 지방에서 교육활동을 통해 한국인들의 자치능력을 키우고 있으며, 기독교청년회(基督教靑年會)와 같은 기독교단체가 인재양성에 최선을 다하고 있다는 사실을 지적하여 기독교의 교육적 활동을 대단히 높이 평가했다.[62] 이는 기독교청년회와 외국 선교사들이 '순수한' 종교적 목적에 만족하지 않고 한국인의 각성(覺醒)과 실력양성을 위해 활동하고 있다는 사실에 비롯된 것이다.

요컨대 『신보』는 사회진화론을 배경으로 하여 국권회복이란 궁극적 목표의 달성을 위해 민족적·국가적인 실력양성 차원에서 그동안 긍정적으로 인식하던 기독교를 주목하게 되었다. 즉 기독교가 실력양성에 의한 국권회복을 전개하는 데 하나의 토대가 될 수 있다고 주장했던 것이다.

한편, 1907년 7월 일제가 헤이그 밀사파견 사건을 핑계로 고종을 퇴위시키고 신문지법, 보안법을 실시하여 한국의 언론·출판과 집회·결사의 자유를 억압하고, 정미7조약과 군대해산을 통해 한국의 행정권·사법권·군사권을 장악하게 되었다. 이것을 통해 일제는 한국에 대한 실질적 지배권의 확립과 함께 대한제국을 형해화(形骸化)시켜 갔다.[63]

이에 애국계몽파는 정치·경제·사회의 실력양성운동 위에 독립전쟁

---

61) 『大韓每日申報』, 1910년 3월 20일자.
62) 『大韓每日申報』, 1907년 2월 7일자.
63) 柳永烈, 『大韓帝國期의 民族運動』, 一潮閣, 1997, 181~184쪽.

론(獨立戰爭論)을 수용하여 해외에 군사적 실력양성을 추진할 수 있는 독립군 기지건설(獨立軍基地建設)을 추진했다. 1907년 4월 비밀결사체로 창립된 신민회(新民會)[64]는 다른 합법단체처럼 교육과 식산(殖産)을 중심으로 민족의 실력양성을 도모하는 한편, 군사적 실력양성을 구상하여 국외에 독립군기지건설을 비밀리에 추진하기 시작했다.[65]

이러한 상황에서 『신보』는 기독교를 '국권회복의 기관'으로 전제하고, 국권회복운동의 중요한 토대임을 주장했다. 당시 「보종책(保種策)」[66] · 「보종책(속)(保種策(續))」[67]에는 『신보』의 기독교인식이 잘 드러나 있다. 여기에서는 '사회단체의 결성을 통해 한마음 한뜻이 되며, 교육과 식산의 장려 및 민력의 개발을 통해 실력을 양성해야 국권을 회복할 수 있다'고 보았다. 그래서 『신보』는 '이천만 국민의 일치단결'과 '단체를 통한 교육과 식산흥업운동의 전개'를 강조하고, 사회단합과 교육 · 식산을 일으킬 요체는 기독교임을 천명했던 것이다. 또한 『신보』는 사회단합과 교육 · 식산의 전제로 자유권(自由權)의 확립이 무엇보다 중요하다고 생각했다. 『신보』는 일제의 간섭을 벗어날 수 있는 자유권이 오직 기독교를 통해 이룩될 수 있다고 파악했다. 즉 당시 『신보』는 '보종책(保種策)'으로 가장 중요한 것이 기독교를 통한 자유권(自由權)의 확립에 있다고 주장했던 것이다. 이는 아무리 단합, 교육, 식산이 가능하다 하더라도 타인(=일제)의 간섭이 있다면 이것을 온전히 성취하는 것은 불가능한 일이기 때문이었다.

그런데 여기서 민족생존을 위해 보존해야 할 책략은 국권회복의 목표를 향해 애국계몽세력이 지속적으로 추구해 온 교육과 식산, 그리고 민력개발 등이었다.[68] 즉 『신보』는 일제의 억압적인 탄압구조 속에서 실력양성운

---

64) 愼鏞廈, 「新民會의 創建과 그 國權恢復運動」, 『韓國民族獨立運動史研究』, 乙酉文化社, 1985, 20~21쪽.
65) 愼鏞廈, 「新民會의 獨立軍基地 創建運動」, 『韓國近代民族運動研究』, 一潮閣, 1988, 148쪽.
66) 『大韓每日申報』, 1907년 7월 31일자.
67) 『大韓每日申報』, 1907년 8월 1일자.

동을 지속적으로 추진할 수 있는 자유권이 확립되었다고 판단한 기독교를 운동의 토대로 지목했던 것이다.

그렇다면, 당시 『신보』가 기독교를 '국권회복과 독립준비'의 기초로 인식할 수 있었던 배경은 무엇이었을까?

앞에서 살펴보았지만, 먼저 기독교인들의 국권회복운동에 대한 적극적인 참여를 들어야 할 것이다. 러일전쟁에서 승리한 일제가 강제로 을사조약을 체결하게 되자, 상당수의 기독교인들이 애국단체의 주요한 임원으로 활약하며 항일구국운동에서 누구보다 앞장서고 있었다. 이 시기 대표적인 항일구국단체였던 신민회의 주요지도부에 상당수의 기독교인들이 참여하고 있었다.[69]

둘째, 기독교 성장은 일제의 정치적 세력확장과 맞물리면서 나타났다는 점이다. 청일전쟁과 러일전쟁 등 일제의 정치적 영향력이 한국에서 강화될 때마다 기독교의 교세도 급증했던 것이다.[70] 이것은 기독교의 교세발전이 일본의 침략이 더욱 강화될수록 가속화되었고, 이에 교회에 들어오는 한국인들이 기독교를 신앙의 대상으로뿐만 아니라 강한 정치적 의식을 소유했음을 반증하는 것이다.

셋째, 강제적 조치를 통해 식민지적 권력구조를 구축하는 데 성공한 일본은 미국 선교사가 관련되어 있는 한국기독교에 대해 대대적인 탄압을 할 수가 없었다.[71] 이는 미·일 간의 외교적 관계와 기독교 자체가 갖고 있는

---

68) 애국계몽세력의 민족운동론에 대해서는 柳永烈의 앞의 책 「愛國啓蒙派의 民族運動論」을 참조할 것.
69) 한국기독교역사연구소, 『한국기독교의 역사』 I , 기독교문사, 1989, 314~315쪽.
70) 이만열, 앞의 글, 51~55쪽.
71) 당시 한국에서 기독교는 국권회복운동의 온상이었고, 기독교 학교들에서는 구국교육운동이 전개되었기 때문에 일제 통감부에게 기독교는 경계의 대상이었다. 또한 일제가 기독교를 경계하고 있었던 것은 기독교를 관할하고 있는 외국 선교사들 때문이었다. 일제는 서구 열강과 각종 조약을 통해 한국을 반식민지화 하는 데 승인을 받았기 때문에 서구 열강에서 온 외국 선교사들과의 마찰을 될 수 있으면 피했다.
일제 통감부 시기의 종교정책을 살펴보려면 尹善子, 「朝鮮總督府의 宗敎政策과 天主敎會의 對應」, 國民大 國史學科 博士學位論文, 1997, 18~29쪽을 참조할 것.

세계적인 위상 때문에 이것을 경계 및 적대시하면서도 다른 일반 단체처럼 무력으로 억압할 수는 없던 것이 주된 이유였다.[72] 즉 외국 선교사의 개입으로 형성된 한국기독교와 일제의 관계로 인하여 한국기독교 내에는 일정한 범위 내에서의 자유권이 확립될 수 있는 합법적 공간이 존재할 수 있었던 것이다.

당시 신민회의 주도 인물이 포함되어 있던 『신보』가 기독교를 '국권회복의 기관'으로 지목했다는 점은 대단히 중요한 의미가 있다. 그것은 신민회의 해외 독립군 기지 건설론이라는 새로운 독립전쟁준비론(獨立戰爭準備論)이란 운동의 방향전환과 맞물려 나왔기 때문이다. 신민회가 국외의 독립군 기지와 독립군의 창건문제를 최초로 검토한 것은 1907년 8월이라는 시점으로,[73] 이때는 『신보』가 1907년 7월 이후 실질화되는 식민지적 상황에서 국권회복을 위한 실력양성운동을 전개할 수 있는 근거지로 기독교를 꼽고 있는 맥락과 일치한다.

또한 이것은 당시 신민회 총감독인 양기탁이 『신보』의 총무 및 주필이었고, 『신보』의 기자와 사원들이 대부분 신민회 회원으로 가입되었기 때문에 『신보』가 신민회의 기관지로 전환되었다는 점과 함께 신민회 당수 양기탁이 이곳에서 일한 관계로 『신보』가 신민회의 총본부의 기능까지 겸하여 수행하고 있었다는 점에서 입증될 수 있을 것이다.[74] 즉 『신보』가 신민회의 주도인물과 그 단체의 기관지, 그리고 신민회의 총본부 역할을 하는 시점에서, 신민회의 방향과 『신보』의 논조가 긴밀히 연결되어 있었을 가능성은 분명하다.

이와 함께 신민회의 조직과 회원을 살펴볼 때, 신민회원 대부분이 기독교인이었다는 것은 『신보』의 기독교 인식에서 간과될 수 없었을 것이다. 또

---

72) 윤경로, 앞의 책, 153쪽.
73) 愼鏞廈, 「新民會의 獨立軍基地 創建運動」, 앞의 책, 149쪽.
74) 愼鏞廈, 「新民會의 獨立軍基地 創建運動」, 앞의 책, 144~148쪽.

한 신민회가 사회전반에 걸쳐 전개한 활동의 성격에는 기독교적인 정신이 그 안에 깊이 내재되어 있었다는 점 역시 『신보』의 기독교에 대한 인식에 상당한 영향을 미쳤을 것이 분명하다.[75]

결국 『신보』와 신민회의 관계, 신민회와 기독교의 관계 등을 종합해 볼 때, 『신보』의 기독교 인식에는 이들 관계가 밀접한 영향을 주고받으면서 일제 통감부가 허용한 합법적 공간에서 민족실력을 양성하고 이것을 결집할 수 있는 기관으로서 기독교가 '국권회복의 근거지'라는 판단이 내재되었던 것이다.[76]

요컨대 당시 애국계몽세력들에 의해 국외에서는 군사적 실력양성이 추진된다고 한다면, 이러한 맥락에서 국내에서는 이전부터 추구해 오던 우리의 국가적·민족적으로 준비된 실력을 결집하고 조국의 국권회복의 목표를 향해 지속적으로 이것을 추진할 수 있는 세력으로 기독교가 언급되었던 것이다.

1909년에 접어들어 일제의 침략적인 정책은 더욱 기승을 부렸다. 일제는 1907년 정미조약을 체결하여 한국의 외교권에 이어 군사·재판권까지 장악하게 되었다. 이들은 한국인의 민족정신과 독립정신을 보존하는 '통로'가 될 수 있다고 판단한 종교분야에 대한 '일본종교화'를 시도하기 시작했다.[77] 1909년에 들어 일제의 종교 침략은 더욱 기승을 부리게 되었다.[78] 일제는 천도교(天道敎)와 대립되는 시천교(侍天敎)와 친일적 유학단체(儒學團體)인 대

---

75) 한국기독교역사연구소, 앞의 책, 299~300쪽.
76) 이러한 이유 때문에 한말과 일제하에서 한국 종교단체는 '순수한' 종교단체에 그치지 않고 정치·사회·경제의 운동세력 주체인 '종교세력'으로 기능케 되었던 것이다.
77) 『大韓每日申報』, 1909년 7월 6일자.
78) 일제는 종교침략뿐만 아니라 종교에 대한 탄압을 병행해서 실시했다. 일제 통감부의 對기독교 방침은 한국인의 교화(敎化)를 시정(施政)의 기본으로 삼고, 이것을 위해 선교사로 하여금 국민교화를 담당케 하며, 이러한 기능에 충실할 경우 통감부가 재정을 지원한다는 것이었다. 그러나 이러한 방침에도 불구하고 일제 통감부와 기독교는 대립적이었다. 일제의 기독교 규제는 교육 분야에서 구체화되었다. 1908년 8월에 공포된 '私立學校令(『官報』 1908년 9월 1일자)'이 그것이었다.

동학회(大東學會)와 공자교(孔子敎) 설립, 불교(佛敎)의 예속화, 일본기독교인 조합교회의 진출 등을 추진했다.[79] 이에 대한 대응차원에서 민족정신과 독립정신의 보존을 통한 국권회복운동을 위해 한국인들에 의해 단군교[80]과 대동교[81]가 창시된 것이다.

『신보』는 그 이전부터 일본의 종교 전파를 민감하게 파악하고 있었다. 『신보』는 일진회(一進會)와 천도교의 통합 이후 이들이 표방한 '부패척결(腐敗剔抉)'과 '인민개진(人民開進)'이란 목적이 일본의 종교전파의 일환으로 기능할 것에 대한 우려를 표명했다.[82] 또한 일본이 한국에 대한 정신적 침략이라는 목표에서 한국에 일본불교를 이식시키고 있다는 사실을 지적하여 이것을 경계하기도 했다.[83]

이러한 배경에서 1909년 들어 『신보』의 주된 비판이 된 대상은 동양선교회의 복음전도관[84]이었다. 『신보』는 복음전도관의 사람들을 '일본기독교'에 물들은 자들로 규정하고, 그들을 '요물(妖物)'로, 그들의 활동을 '요물의 활동' 등으로 혹평했다. 또한 『신보』는 이들이 인민을 현혹하는 미신과 같은 종교행위를 일삼고, 이를 저해할 뿐 아니라 영혼구원만을 강조하여 국민들을 농맹(聾盲)으로 만들며 신자의 학문을 저해하여 청년을 냉혈충(冷血虫)으로 만들고 있다고 강력하게 비판했다.[85]

---

79) 윤경로, 앞의 글, 150~167쪽.
80) 단군교는 1년 만에 대종교(大倧敎)로 개칭하고, 국내에서의 항일투쟁에 한계성을 느끼고 국내로부터 만주 지역으로 이동하여 독립전쟁과 독립운동을 추진했다. 이에 대해서는 朴永錫, 「大倧敎의 民族意識과 民族獨立運動」『日帝下 獨立運動史 硏究』, 一潮閣, 1984, 234~282쪽을 참조할 것.
81) 이에 대해서는 愼鏞廈, 「朴殷植의 儒敎舊新論·陽明學論·大同思想」, 70~81쪽을 참조할 것.
82) 『大韓每日申報』, 1906년 3월 2일, 「一進會及天道敎」 論說; 『大韓每日申報』, 1907년 7월 12일, 「敎界競爭」 論說.
83) 『大韓每日申報』, 1906년 10월 16일, 「開敎總監」 論說.
84) 동양선교회는 미국인 카우만(C. E. Cowman)과 일본인 나까다 쥬지(中田重治)에 의해서 창설된 단체인데, 이 단체는 1901년 동양 지역을 선교한다는 목적에 따라 일본 동경에 동양선교회 복음전도관이라는 간판을 붙이고 활동을 시작하였다.
    안수훈, 『한국성결교회 성장사』, 기독교 미주성결교회 출판부, 1981, 87~88쪽.
85) 『大韓每日申報』, 1909년 4월 21일자.

이처럼 『신보』는 동양선교회의 복음전도관을 일본이 한국인의 애국정신과 자유사상을 박멸하고 파괴하고자 하는 의도에서 비롯된 것으로 이해하고, 이에 대한 경계를 강조했다.[86] 『신보』의 복음전도관 혹평은 이들 단체의 국내 설립과 활동을 일제의 정신적 침략, 즉 문화적 침략의 한 과정으로 생각한데서 비롯되었다.[87] 즉 『신보』는 복음전도관을 일제의 정치적인 의도에서 준비된 것으로 보고, 이를 '정신'과 '문화'의 침략에 대한 대응차원에서 강력하게 반발한 것이다.[88]

이와 함께 1909년에 들어 대대적으로 전개되는 '백만인 구령운동'[89]은 『신보』가 기독교를 비판적으로 인식케 하는 데 큰 영향을 미쳤다. 외국 선교사들에 의해 점화된 '백만인 구령운동'은 한국기독교의 '정치세력화(政治勢力化)'를 사전에 차단하려는 성격이 노골적으로 담겨 있었다.[90] 이것은 『신보』의 기독교 인식이 비판적으로 바뀌는 데에 크게 작용했다.[91]

『신보』는 기독교의 부흥운동을 보고 일부의 기독교인들이 '민족구원'에는 관심이 없고 오직 영혼구원에만 치우쳐 있으며,[92] 그들이 추구하는 것은 현실에 기초로 한 합리적인 신앙이 아니라 내세주의적 천국주의에 그치고 있다고 비판하기 시작했다.[93] 또한 『신보』는 민족의 운명이 '풍전등화(風

---

86) 『大韓每日申報』, 1909년 9월 14일자.
87) 『大韓每日申報』, 1909년 10월 12일자.
88) 복음전도관에 대한 『신보』의 비판이 '오해'에서 비롯된 것이라는 연구견해가 있다. 박명수, 앞의 글, 26~27쪽을 참조.
89) '백만구령운동'에 대해서는 한규무의 「개신교의 백만구령운동과 '한일합병'(Ⅰ)·(Ⅱ)」, 『기독교사상』 1990. 8·9를 참조할 것.
90) 한국기독교역사연구소, 『한국기독교역사』 Ⅰ, 기독교문사, 276~282쪽.
91) 그러나 백만구령운동이 지닌 여파는 상반된 것이었다. 이 대규모 전도운동은 일제에 큰 충격을 주었던 것도 사실이다. 일제는 한국에 대한 침탈을 자행하는 가운데 가장 큰 거침돌의 하나로 기독교를 지목, 경계해 왔다. 이러한 그들에게 합병을 전후하여 '백만 명을 그리스도에게'라는 표어 하에 추진된 전도운동은 마치 '백만 명의 기독교 십자군병'을 양성하려는 운동으로 보였던 것이다. 한국기독교역사연구소, 앞의 책, 282쪽.
92) 『大韓每日申報』, 1909년 11월 28일자.
93) 『大韓每日申報』, 1910년 4월 15일자.

前燈火'와 같은 상황에서 국가와 민족의 멸망함은 상관없다고 하는 기독교인들이 존재한다는 사실을 지적하고 이들이 한국인의 국가의식과 독립정신을 약화시키고 있다고 강력하게 비판했다.[94] 이는 기독교인들이 국가적·민족적 현실을 외면하고 '민족구원'이란 시대적 과제를 망각한 처사라는 주장이었다.[95] 즉『신보』는 기독교인들에게 개인의 영혼을 구원하는 일과 동시에 민족을 구원하는 일에 적극 동참할 것을 강력하게 촉구했던 것이다.

또한『신보』는 당시 한국기독교를 관할하고 있던 외국 선교사들의 비정치적이고 몰역사적인 현실대응자세를 비판했다.『신보』는 외국 선교사들이 영혼구원과 도덕만을 말할 뿐 국가와 민족의 생존문제에 대해서는 아무것도 가르치지 않으며 오히려 이것을 방해하고 있다고 주장했다.[96]『신보』는 외국 선교사들이 '정교분리(政敎分離)'를 내세워 한국기독교인들의 정치세력화를 저지하고 있으며, 이는 기독교인들의 국가정신과 독립정신을 약화시키는 결과를 초래하고 있다고 비판한 것이다.[97]

『신보』의 비판은 당시 외국 선교사들이 한국교회와 기독교인들에 대해 지닌 비정치적인 입장을 정확히 꿰뚫어 본 것이었다. 실제로 외국 선교사들은 한국기독교인들의 고조된 정치의식을 '교회 안'으로 돌리려고 노력했다. 이러한 차원에서 일어난 것이 바로 '백만인 구령운동'이었다.[98] 이는『

---

94) 『大韓每日申報』, 1910년 4월 8일자.
95) 이러한 비판적 인식은『신보』와 함께 한말의 대표적인 언론매체였던『皇城新聞』도 예외가 아니었다. 황성신문은 기독교 숭배의 태도를 지적하고, 외국의 것을 숭배하여 자국정신(自國精神)을 간과하고 업신여기는 기독교인들의 자세를 비판했다.『皇城新聞』, 1910년 7월 17일자.
96) 洪昌權,『大韓每日申報』, 1910년 8월 6일자.
97) 당시 외국 선교사들은 한국 기독교 세력의 정치화를 심각하게 우려하고 있었다. 그것은 한국기독교인들의 정치운동이 자신들의 선교사업에 큰 방해가 될 것이라는 판단 때문이었다. 그래서 자신들이 한국에 온 이유는 한국인들의 정치운동을 돕기 위해 온 것이 아니라 영혼을 구하러 왔다고 주장하기도 하였다. 외국 선교사들은 이미 1901년 9월에 선교사들을 중심으로 한 장로회 공의회에서 '교회와 정부 사이의 교제할 몇 가지 조건'이라 하여 교회의 비정치화를 선언한 바가 있었다. 그러한 이유로 선교사들은 가급적 정치적인 문제로 통감부와 충돌하지 않으려고 애를 썼고, 일제 측과 한국기독교인들 간의 중간의 입장에 서려고 노력했다. 이러한 중립적 입장에서 나온 것이 종교와 정치는 분리되어야 한다는 '정교분리'의 논리였다.

신보』의 우호적인 기독교 인식이 1909년 이후 비판적으로 바뀌는 중요한
계기가 되었다.

그러나 이것은 기독교에 대한 전면적인 부정으로 이어지지 않았다. 『신
보』는 기독교계의 문제점을 날카롭게 비판함과 동시에 기독교계 자체의 개
혁을 통해 거듭날 것을 주장했다. 당시 국가적 · 민족적 위기 속에서 『신보』
는 기독교의 '비정치' · '몰역사'적인 현실대응자세를 비판하면서도 다른 한
편으로는 기독교의 민족정신과 국가정신의 고취와 각성을 통해 '국권회복과
독립준비의 기관'으로서 그 사명을 다할 것을 촉구하였던 것이다.[99]

『신보』는 한국종교계의 핵심적인 단체로 유교와 함께 기독교를 지목
하여 국가주의적 종교단체로서 수행해야 할 역할을 거듭 강조했다. 여기서
는 국가주의의 예를 이항로(李恒老)와 일본의 야마자키 안사이(山崎闇齊)를 비교
하고 있다. 두 사람의 문장은 비록 야마자키(山崎)가 이항로의 시동(侍童)에 불
과하지만, 국가주의의 정신에서 한일(韓日)의 강약(强弱)이 결정되었다고 파악
했다.[100] 즉 『신보』는 종교에 따라 국가의 흥망이 좌우되는 것이 아니라 국
가주의 정신을 지닌 종교가의 우열에 따라 결정된다고 주장하여 기독교가
국가주의적 종교단체로 거듭날 것을 촉구했다. 이에 따라 『신보』는 기독교
가 강력한 국가주의 정신을 취할 것을 주장하고, 기독교인들 역시 천국주의
(天國主義)를 내던지고 국가정신을 함양할 것을 더욱 강조했던 것이다.[101]

『신보』는 「20세기 신국민(20世紀 新國民)」이란 글에서 기독교를 '국민의
종교'로 삼아야 한다고 주장했다. 종교는 국민에게 감화를 주는 기관이기 때
문에 국민의 정신기개와 정의도덕이 여기서 나온다고 파악하고, 당시 한국
종교계의 폐해가 많다고 지적했다. 이러한 폐해를 극복하기 위해 국민의 종

---

98) 한규무, 「개신교의 백만구령운동과 '한일합병(II)」, 88~89쪽.
99) 『大韓每日申報』, 1910년 1월 16일자.
100) 『大韓每日申報』, 1909년 11월 28일자.
101) 『大韓每日申報』, 1910년 4월 15일자.

교로 유교를 개량하는 동시에 발달을 장려하며, 예수교를 확장하는 동시에 그 정신을 보전하자고 주장했다. 그리하여 『신보』는 기독교가 한국종교계의 제1위를 점하며 20세기 신국민적 종교로 가치가 있기 때문에 규모를 확대하는 동시에 기독교인들 가운데 무정신론자(無精神論者)를 경계하고 외래의 침략을 쫓아내면 이는 국민전도(國民前途)의 대복음(大福音)이 될 것이라고 전망했던 것이다.102)

요컨대 『신보』는 한국기독교계에서 시작된 '백만인 구령운동'과 일제의 종교정책에 대응하는 과정에서 기독교에 대해 눈에 띌 정도로 비판을 가한 것이 사실이다. 하지만 그것은 기독교에 대한 전면적인 부정에서 나온 것은 아니었다. 즉 『신보』의 기독교 인식은 기독교 일부의 '비정치적'이고 '몰역사적'인 현실대응자세를 비판하면서도 폭압적인 식민지 아래서도 민족정신과 독립정신을 보존하는 근거지가 된다는 강한 기대감의 표현이었다고 볼 수 있을 것이다.103)

5. 나오는 말

이제까지 본 논문에서는 한말 대표적인 배일신문(排日新聞)이었던 『大韓每日申報』의 기독교 인식을 살펴보았다. 여기에서는 지금까지의 논의들을 정리하면서 끝을 맺고자 한다.

첫째로 한말의 대표적인 배일신문이었던 『신보』의 기독교 인식에는

---

102) 『大韓每日申報』, 1910년 3월 3일자.

103) 이러한 의미에서 우리는 어떻게 한국기독교가 천도교와 더불어 1919년 3·1운동이란 거족적인 민족운동을 촉발시키는 데 결정적인 역할을 할 수 있었는가? 라는 질문에 대해 하나의 답을 얻을 수 있을 것이다. 1910년대 한국의 기독교는 애국계몽운동기간에 형성된 한국인의 종교에 대한 열망과 기대를 저버리지 않았다. 일제의 폭압적인 무단정치 하에서 기독교는 국내 민족의 실력을 배양하고 민족정신과 독립정신을 고취하는 데 큰 구실을 담당하였다. 1910년대 준비된 기독교의 역량은 3·1운동이라는 전 민족적 운동으로 연결되었던 것이다.

당시 신문 논설진의 논조와 함께 신문에 근무하던 기독교인들의 활동이 큰 영향을 미치고 있었다.

『신보』의 논설진은 기독교가 독립정신과 민족의식을 고취하고 배양된 민족의 실력을 잘 보존할 수 있다는 우호적인 태도를 갖고 있었다. 또한『신보』의 사원 가운데는 기독교인이 상당수 있었고, 이들이 개인적인 종교생활에 만족지 않고 한결같이 독립정신과 국가정신의 고취를 통해 국권회복운동을 추진하였다는 점도『신보』의 기독교 인식에 큰 영향을 미쳤을 것으로 생각된다.

둘째로『신보』는 기독교를 통한 실력양성론과 국권회복론을 강조하고, 반면에 일부 기독교인들에게 나타나는 '비정치적'이고 '몰역사적'인 현실 대응자세를 비판했다.『신보』는 근대적 정치개혁과 문명부강 및 국가흥왕론을 전제로 한 기독교의 적극적인 수용을 강력하게 주장했다.『신보』는 기독교가 일제에 의해 국권이 상실당하는 상황에서 국권을 수호하고 상실된 국권을 회복하는 토대가 될 수 있다고 강조했다. 이와 반면에『신보』는 일부 기독교인들의 몰역사적이고 비정치적인 자세를 비판하고 이러한 현실대응자세와 의식의 극복을 위해 신앙적 입장에서 보더라도 외세의 침략으로부터 이를 수호하는 일은 하나님이 우리에게 주신 본분을 다하는 것과 같다고 역설했다.

셋째로『신보』의 기독교 인식은 애국계몽세력들의 운동 방향 및 논리, 일제와 한국기독교의 관계, 기독교인의 구국운동 등과 밀접한 관련 하에 나타난 것이다. 먼저 1905년 을사조약의 체결 직후『신보』는 민족적·국가적인 실력양성 차원에서 기독교를 주목했다. 이 과정에서 기독교인들이 전개하던 구국운동을 통해『신보』는 기독교를 국권회복운동의 토대가 될 수 있다고 인식했다. 1907년 고종의 퇴위와 정미조약의 강제 체결 이후에는 국가적·민족적인 실력을 결집하고 이것을 지속적으로 추진할 수 있는 국내세력으로 기독교를 주목하여 '독립준비론적' 성격을 크게 강조했다. 그러다가

1909년에 들어서 『신보』는 '백만인 구령운동'과 일제의 종교정책에 대응하는 과정에서 기독교에 대해 눈에 띨 정도로 비판을 가했다. 그러나 그것은 기독교에 대한 전면적인 부정에서 나온 것은 아니었다. 『신보』의 기독교 인식은 기독교 일부의 '비정치적'이고 '몰역사적'인 현실대응자세를 비판하면서도 폭압적인 식민지 아래서도 민족정신과 독립정신을 보존하는 근거지가 된다는 강한 기대감의 표현에 다름 아니었다.

요컨대 애국계몽운동기의 대표적인 항일신문인 『신보』는 일제의 침략으로 국권이 유린되는 상황에서 기독교를 국권회복의 기초로 인식했다. 또한 『신보』는 현실문제에 대해 소극적인 현실도피적 자세를 보이는 일부 기독교인들의 현실대응자세를 비판하기도 했으며 동시에 기독교가 민족정신과 독립정신을 보전할 수 있는 근거지임을 강조하여 기독교의 국가주의적 성격을 더욱 역설했다(『숭실사학』 제17집, 2004).

1907년 평양 대부흥운동의 확산

1. 들어가는 말

19세기 말 기독교(개신교)는 서양 제국주의의 물결을 타고 한국사회에 들어 왔다. 조선시대 이후부터 지배세력인 양반의 통치이념으로 채택된 유교가 정치, 사회, 경제, 문화 등 모든 분야에서 절대적인 이데올로기 역할을 하였다. 그러나 견고한 유교적 질서도 19세기 말엽이 되면 안팎의 충격으로 틈이 생겨났는데, 이 틈새를 비집고 기독교는 한국사회에 자리 잡기 시작했다. 그 후 한 세기를 지나면서 급속히 성장한 기독교는 남쪽 인구의 약 1/4를 차지하는 '대종교'가 되었다.[1]

이런 상황을 두고 한국사회 안팎에서 기적과 같은 성장과 관련하여 빼놓지 않고 언급하는 것이 우리가 고찰하고 있는 1907년 평양에서 일어났던 대부흥운동이다. 오늘 한국기독교 발전의 본격적인 계기가 되었음을 강조하는 데, 1907년에 이뤄진 역사적 사실과 의미는 그 이전의 한국교회 역사를 계승하는 동시에 새로운 역사적 지평을 펼쳐나갔다는 점에서 오늘 한국

---

1) Chung-Shin Park, *Protestantism and Politics in Korea*(Seattle and London: University of Washington Press, 2003), pp. 13-49.

교회에 시사하는 바가 많다. 그래서 한국기독교 초기의 발전을 토대로 새로운 도약의 발판을 마련했다는 점에서 오늘의 한국기독교를 이해하기 위해서는 1907년의 대부흥운동을 건너뛰고 나아갈 수 없다.

2007년 올해는 한국교회 역사의 한 분기점으로서 평가받는 1907년 기독교 대부흥운동이 일어난지 100년이 되는 해라는 점에서 한국교회에 특별한 의미로 다가오고 있다. 특히 1990년대에 이후 한국교회의 성장이 정체되고 기독교에 대한 한국사회의 냉소적이다 못해 비난과 조롱이 커가는 위기적 현실 속에서 1907년을 주목한다는 것은 오늘 한국교회의 위상과 그 방향성을 모색할 수 있다는 점에서 그 역사적 의미가 크다고 생각된다.

이제까지 한국기독교역사 연구에서 1907년 대부흥운동은 매우 중요한 사건으로 간주되어 많은 연구가 진행되었는데,[2] 이들 연구들은 대부흥운동을 주로 한국교회의 비정치화 과정에서 생긴 현상으로 평가했다. 최근에는 지금까지 나온 대부흥운동에 대해 종합적인 연구의 결과가 나왔는데,[3] 대부흥이 의도적인 비정치화의 결과라는 관점을 비판하면서 부흥운동이 근본적으로 성령의 역사라는 복음주의적 관점에서 해석하였다.

그러나 기존의 연구는 1907년 평양 대부흥운동을 한국기독교 역사 전

---

[2] 저서로는 김양선, 『韓國基督教史硏究』, 기독교문사, 1971; 백낙준, 『한국개신교사: 1882~1910』, 연세대 출판부, 1973; 민경배, 『한국기독교회사(개정판)』, 대한기독교출판사, 1993; 한국기독교역사연구소, 『한국기독교의 역사』 I, 기독교문사, 1989; 박명수, 『한국교회 부흥운동 연구』, 한국기독교역사연구소, 2003 등이 있다. 관련 논문으로는 주재용, 「한국교회 부흥운동의 사적 비판: 1907년 대부흥운동 이해」, 『기독교사상』, 1978. 9; 손승희, 「대한제국시대 기독교의 성령운동」, 『대한제국연구』III, 이화여대 한국문화연구소, 1985; 서정민, 「초기 한국교회 대부흥운동 이해: 민족운동과 관련을 중심으로」, 『한국기독교와 민족운동』, 보성, 1986; 노대준, 「1907년 개신교 대부흥운동의 역사적 성격」, 고려대 대학원 석사학위논문, 1987; 석동기, 「한국최초의 개신교 신앙부흥운동에 관한 연구」, 연세대 연합신학대학원 석사학위논문, 1990; 박명수, 「성결운동과 한국교회의 초기 대부흥」, 『한국기독교와 역사』 14, 한국기독교역사연구소, 2001; 이병수, 「1907년 평양 대부흥운동의 요인 규명」, 『한국기독교와 역사』 19, 한국기독교역사연구소. 2003; 옥성득, 「평양 대부흥운동과 길선주 영성의 도교적 영향」, 『한국기독교와 역사』 25, 한국기독교역사연구소, 2006; 이만열, 「1907년 평양 대부흥운동에 대한 몇가지 검토」, 『한국기독교와 역사』 26, 한국기독교역사연구소, 2007 등이 있다.

[3] 박용규, 『평양 대부흥운동(개정판)』, 생명의 말씀사, 2007.

체적 흐름 속에서만 살펴보았기 때문에 평양 지역에서 왜, 대부흥운동이 성공할 수 있었는지에 대한 명쾌한 설명이 부족한 것으로 보인다. 왜 1903년에 시작된 부흥운동이 함흥 · 송도 · 제물포 · 서울로 이어졌고, 이런 흐름은 평양에서 대부흥운동이 일어나게 되었는지에 대한 설명이 미흡하다.

지금까지 평양 대부흥운동에 대해 많은 연구가 있었는데, 이들 연구들 대부분이 부흥운동이 일어난 배경에 대해 깊은 관심을 기울여 왔다. 크게 대내적인 것으로 한국교회가 갖고 있던 사경회, 기도회 및 한말 위기에 처한 국가적인 상황을 들 수 있고, 대외적인 요인으로 세계부흥운동과의 교감을 꼽았다.[4] 이를 통해 대부흥운동의 전체적 배경이 밝혀졌다.

그런데 기존 연구들은 한국교회 전체 차원에서 1907년 대부흥운동을 접근하다보니 왜 1907년 대부흥운동이 평양 지역에서 일어나게 되었는가에 대한 설명이 거의 없다. 1907년 평양 대부흥운동이 타 지역 부흥운동과 구별되어 한국기독교 '대부흥운동'으로 자리매김할 수 있었던 것이 부흥운동의 '전국화'에 성공하고 있었기 때문이었음에도 불구하고 기존 연구에서는 평양 지역에서 왜 이런 일이 일어났는가에 대한 접근이 문제의식이 거의 보이지 않는다. 1903년 이후, 아니 그 이전부터 전국 각지에서는 평양의 대부흥운동에서 나타난 변화의 모습들이 크던지 작던지 간에 계속해서 일어나고 있었다.

문제는 이들 부흥운동이 그 지역에서는 일회적 또는 단기적 사건으로 끝나버리고 몇몇 사람들을 통해 다른 지역으로 연결되는 데 비해, 왜 유독 평양 부흥운동이 집단적으로 지역을 넘어 전국 각지로 확산되어 갔느냐 하는 점이다. 이에 대해서는 거의 주목하지 못하고 있다. 또한 구체적으로 평양 대부흥운동이 전국화되는 과정의 모습이 종합적으로 설명되지 못하고 있다. 나아가 평양 대부흥운동의 전국적인 확산과정이 낳은 결과들이 무엇

---

4) 이만열, 「1907년 평양 대부흥운동에 대한 몇가지 검토」, 6~35쪽을 참조할 것.

이었는지에 대해서도 검토하지 못한 것 같다.

따라서 본 논문은 이 같은 문제의식에서 평양 대부흥운동이므로 확산되는 데 성령의 역사와 한국 정치사회의 다양한 배경들이 있겠지만, 평양의 교회와 교인들의 역사적 현실이 부흥의 열기를 전국적으로 확산시키는 동력(動力)이 되고 있음을 살펴보고자 한다. 또 부흥의 열기가 평양을 중심으로 하여 전국에 확산되는 과정을 시간적으로 정리하고, 이런 전국화 과정이 낳은 결과들을 정리하여 그 성격을 다시 한 번 살펴보고자 한다.

2. 1907년 평양 대부흥운동의 배경 - 왜, 평양 지역인가?

1) 평양 지역사회와 기독교 수용

평양 지역은 관서지방의 중심지로 특수한 정치사회적 현실 속에서 자립적이며 현실적인 지역분위기 속에 타 지역보다 개신교를 가장 주체적으로 열렬하게 받아들인 곳이다. 이런 원인에는 관서지방이 갖는 정치사회적 특성이 놓여 있었다. 숭실학당의 설립자인 배위량(裵緯良, William M. Baird)은 북한 지역을 여행하고 쓴 글에서 '북쪽지방(관서지방)에는 자립적인 중산층 (Indepen- dent middle class)이 우세하기 때문에 희망에 넘쳐 있다'라는 말로 관서지방이 다른 지역에 비해 사회적 특수성이 있음을 언급했다.[5] 그것은 이 지역이 조선시대 오랜 정치사회적 차별로 양반사족의 형성이 약했고, 그런 관계로 일찍부터 책을 읽어 글을 잘해 과거에 합격해 벼슬을 하는 양반계층이 다른 지역처럼 크게 형성되어 있지 못했음을 의미한 것이었다. 아무리 글공부를 잘하여 과거에 합격한다 하더라도 관료로 출세하기는 거의 불가능한 일

---

5) Frier Martine(W. M. Baird), *The Independent*, Vol. 2, no. 59, 20 May 1897.

이었다.

　이 같은 정치적 불평등과 함께 이 지역에는 일찍부터 빈부의 격차가 적고 평민층의 자치적 사회질서가 발달했다. 특히 유교적 형식이나 현실과 유리된 유교적 지식에 거리를 두며 '사농공상(士農工商)'의 사회적 신분차별 속에서도 자신의 생계를 직접 꾸려나가는 과정에서 상공업의 경제활동에 종사하는 것이 너무나 자연스럽고 당연한 일종의 문화(文化)로 자리 잡게 되었다.[6] 즉 조선후기 이래 상품화폐 경제 발달에 따라 대청무역(對淸貿易)과 상업을 통한 부의 축적이 이뤄지면서 서당교육을 통해 일정한 지식을 갖춘 중소상공인·중소지주·자작농 등 이른바 '자립적 중산층'이 관서지방의 주도세력으로 등장한 것이었다.

　이런 의미에서 선교초기부터 평양 지역은 선교사들의 관심 대상이었다. 서북지방의 중심지인 평양은 서울 다음으로 큰 도시로 북부지방의 중앙에 위치했을 뿐만 아니라 상업활동이 활발하고 교통의 요지였던 관계로 선교 기지(Mission Station)로 최적의 장소였다. 선교사들은 평양의 기방(妓房)과 석전(石戰) 등 풍습과 외부인에 대해 무례하고 성품이 강해 접촉하기 어려운 사람들의 지역이라는 어려움도 심각하게 느꼈다.[7]

　그러나 많은 인구와 사람들의 적극적이고 상업적 성향, 육상 및 해상 교통의 중심지인 평양은 많은 선교사들의 선교 관심을 끌기에 부족함이 없었다. 드디어 1892년 미 북감리회 의료선교사 홀(J. H. Hall)이, 1893년 미 북장로회 선교사 마펫(S. A. Moffet)·그레함 리(Graham Lee)·스왈렌(W. L. Sowallen) 등이 평양에 파송됨으로써 본격적인 선교가 시작되었다.[8]

　1892년 미 북감리회의 평양개척 선교사로 임명을 받은 의사였던 홀은 그해 9월에 도착해서 환자들을 치료하며 평양 주민들에게 좋은 인상을 남겼

---

6)　숭실대학교 100년사 편찬위원회, 『숭실대학교 100년사: 평양숭실편』, 숭실대학교, 1997, 28쪽.
7)　서우들 홀 / 김동열 역, 『닥터 홀의 조선회상』, 동아일보사, 1984, 89쪽.
8)　이광린, 「평양과 기독교」, 『한국기독교와 역사』 10, 1999, 10쪽.

다. 다음해 2월에는 한국인 조사 김창식을 내세워 평양성 내에 주택을 구입함으로써 선교기지를 마련했다. 물론 이 과정에서 어려움이 있었으나 잘 처리되었다.[9] 더불어 미 북장로회에도 역시 한석진 조산을 통해 선교기지 확보를 위한 가옥구입과정에서 고난을 받았으나 쉽게 해결할 수 있었다.[10]

평양에 기독교가 수용되는 초기에 많은 어려움 속에서 평양기독교인들은 또 다른 고난을 당해야 했다. 그것은 1894년 6월에 일어난 청일전쟁의 격전장이 바로 평양이었기 때문이다. 전쟁이 발발하자 대부분의 평양 주민들이 전쟁을 피해 평양 외곽 지역 산간지대로 피난을 떠나야 했다.

치열한 청일전쟁 와중에 평양의 교회는 피난민 수용소가 되었다. 평양을 점령한 일본군이 교회 재산만은 보호해 주겠노라 약속해 주었던 것이다. 전쟁 중 교인들이 흩어지고 힘들게 지은 교회가 부서지는 시련을 겪었고, 선교사들이 전쟁을 피해 평양을 떠나 전도활동에 차질이 빚어졌고, 설상가상으로 평양 관찰사 민병석의 탄압으로 교인들이 감옥에 갇히기도 했다.[11] 그러나 어려움 속에서도 교회는 교회에 놔두고 갔던 피난민들의 재물을 전쟁 후 피난 갔다 온 주민들에게 그대로 돌려주었고, 전쟁 중 내내 평양에 남아 있던 교인들 대부분은 예배당에 모여 기도하며 전쟁을 떠나지 못한 평양 주민들과 전쟁 직후 돌아온 피난민들을 헌신적으로 돌보아 주었다.

이처럼 교회가 평양주민의 생명과 재산의 보호수단이 될 수 있었던 것과 교인들의 자선적 활동은 평양주민들이 기독교에 대해 호의적인 인상과 태도를 갖게 하는 주요한 배경이 되었다. 또 지역의 탄압과 전쟁의 극한 상황 속에서 교인들은 절대자에 의존하는 신앙이 더욱 깊어져 신앙이 견고해지고 그것으로 전도의 가능성이 훨씬 증대되었다.[12] 이는 외지 사람에 대해

---

9) 이만열 편, 『아펜젤러 - 한국에 온 첫 선교사』, 연세대 출판부, 1986, 360쪽.
10) 이덕주, 『나라의 독립, 교회의 독립』, 기독교문사, 1988, 69~70쪽.
11) 김승태, 「1894년 평양 기독교인 박해사건」, 『한국기독교사연구』15 · 16, 1987, 19~20쪽.
12) 한국기독교역사연구소, 『한국기독교의 역사』I , 1989, 257~258쪽.

배타적이고 드센 평양 지역에서 기독교가 빠르게 수용될 수 있는 배경이 되었다.

이렇게 1907년 부흥운동이 평양 지역에 급속하게 확산될 수 있었던 것은 평양의 지역사회가 갖고 있는 개방성을 토대로 기독교에 대한 지역사회의 긍정적 이미지가 결합된 결과였다.

2) 의료와 교육사업의 발전

청일전쟁 이후 평양의 기독교는 점차 활기를 띠었다. 그것은 전쟁과 전염병으로 인해 환자가 급증했고, 의료선교가 자연스럽게 진행되었으며, 탄압을 받았던 교인들과 선교사들이 조선정부에 항의하여 석방됨으로써 평양주민들이 선교사의 영향력을 분명하게 인식하게 되었기 때문이다. 1895년 평안도 지방에 콜레라와 천연두가 유행하자 선교사들이 환자를 열심히 치료하는 모습을 보고 지역민들은 감격하여 선교사들의 종교에 관심을 가져 기독교를 믿게 되었다. 교회에 나아가 신앙을 고백하고 기독교인이 되었다. 의료선교는 단순히 간접선교가 직접선교로 효력을 발휘하기 시작했다.[13]

평양에서 장로교보다 먼저 의료선교를 시작한 감리교는 의료선교사 홀이 1895년 갑작스럽게 순직했으나, 그의 뒤를 이어 폴웰(E. D. Follwell) 선교사가 병원과 의료사업을 담당했다.[14] 홀의 부인도 여성들을 위한 병원을 세우고 환자들을 돌보았다.[15] 의료사업을 통해 많은 환자들이 기독교인으로 개종했다. 당시 평양에 근대적 의료시설은 기독교에서 운영하던 병원들 밖에 없었다. 서양 의사들이 치료를 잘한다는 소문이 나자 사람들이 몰려들었고 선교사들은 교인이든 아니든 가리지 않고 헌신적으로 치료했다. 이런 모습

---

13) 신재의 · 김권정 · 조이제, 『한국기독교와 초기 의료선교』, 한국기독교역사문화연구소, 2007 참조.
14) 「평양에 유람한 일」, 『조선그리스도인회보』, 1898년 4월 6일자.
15) 「평양에 있는 병원」, 『조선그리스도인회보』, 1898년 8월 10일자.

을 보고 많은 평양 주민들이 기독교인이 되었다. 또한 장로교 의료선교사 웰즈(J. H. Wells)는 1895년 평양에 와서 의료활동을 시작했다.16) 그와 함께 온 교인들은 환자들에게 전도사업을 펼쳐 큰 성과를 거두었고, 이 같은 활동은 계속되어 1906년에 매달 1,500여 명의 환자들을 진료할 정도로 그 규모면에서 날로 커져 갔다.

이처럼 의료선교는 비록 평양에서만 있어서 큰 효과를 본 것이 아니라 전국적 현상이라 하더라도 평양에서도 기독교가 평양 지역사회에 뿌리를 내리는 결정적 역할을 하고 있었음을 지적하지 않을 수 없다.

한편, 평양 지역에서는 의료사업과 교육사업도 시작되었다. 장로교의 경우에는 1897년 베어드(W. M. Baird)의 사랑방에서 시작된 숭실학당은 1901년 새로운 교사를 짓고 중학과정을 실시했으며, 1906년에는 북감리회와 연합으로 대학과정이 신설됨에 따라 숭실중학과 숭실대학이 분립되었다. 마펫은 1894년 숭인상업학교도 설립했다. 여학교로는 선교사 리가 1897년 자신의 저택에서 10여 명의 소녀를 모아놓고 가르친 것이 그 출발이 되었다. 1903년 숭의여학교가 설립되었다.17)

예컨대, 1898년 한 해에는 미 북장로회 선교회가 설립한 학교가운데 평양에 가장 많은 학교가 설립되었다. 남학당이 11개, 여학당이 2개로 서울보다 훨씬 많았다. 1901년에 숭실학당에는 50명의 학생이 있었고, 예수교 소학교에서는 성경·국문·한문·지도·사기(史記)·습자·수법(數法)·격치(格致) 등을 가르쳤다. 또한 1901년에는 장로교 신학교가 평양에 세워져 한국장로교 신학의 요람이 될 정도로 평양 지역은 한국장로교 및 기독교의 교육 산실로 자리 잡았다.

감리교의 경우에는 1894년 홀 선교사가 자신의 집에서 13명의 학생들

---

16) 「교회통신」, 『그리스도신문』, 1897년 7월 1일자.

17) 이광린, 위의 글, 13쪽.

을 데리고 학교를 시작하고 성경과 한글·한문 등을 가르쳤다. 노블 부인은 1896년 여아 3명을 데리고 자신의 집에서 역시 학교를 시작했다. 나중에 남산현학교로 발전했는데, 1906년에 교사 2명, 재적학생 130명의 학교로 크는 등 학생들이 열심히 공부해 일반인들로부터 좋은 평가를 받고 있었다. 또 광성학교(光成學校)의 전신인 격물학학당은 평양 주민과 교인들의 열렬한 기대 속에서 세워졌다. 1903년 북감리회 북지방 교인 1,400여 명은 시대에 맞는 기술교육을 받을 학교를 요청했는데, 이것이 받아들여져 1907년 학당이 세워질 수 있었다.

평양 교인들은 학교를 세우는 데 다른 어떤 지역보다 자립적인 활동을 하였다. 물론 초기엔 학교 설립에서 선교사들이 주도적인 측면이 있었으나, 시간이 갈수록 교인들을 중심으로 학교를 자력으로 세우고자 했다. 예를 들어, 북 장로회와 북 감리회가 연합으로 숭실대학을 설립할 때 평양 교인들이 돈이나 집·땅 등을 헌물하기도 했으며, 죽을 때까지 매일 또는 매달 얼마씩 내기로 작정하기도 하거나, 건축자재물을 제공하며 패물을 아낌없이 내놓았고, 내놓을 것이 없을 때는 노동력을 내놓기도 했다는 기록[18]을 보아도 이를 확실히 알 수 있다.

이처럼 평양의 기독교는 의료사업과 함께 교육사업에 열정적으로 매진하고 있었다. 의료사업과 달리 교육사업은 선교사들에 의해서만 이루어진 것이 아니라 평양의 기독교인들이 자발적으로 나선 결과이기도 했다. 이렇게 평양 지역에 많이 세워진 학교들과 학생들이 평양 대부흥운동에 적극 참여함으로써 1907년 대부흥운동의 인적·물적 토대의 역할을 담당했다.

---

18) 「교회통신-평양내신」, 『그리스도신문』, 1906년 7월 19일자.

3) 평양 지역의 교세와 신앙적 열정

평양 지역 기독교인들의 열정적 헌신과 전도활동이다. 의료활동과 교육활동의 성공적 안착과 선교사들, 그리고 한국인 교인들의 열심과 헌신은 평양 지역에서 기독교가 시간이 갈수록 단단하게 뿌리를 내릴 수 있는 원동력이 되었다. 이를 바탕으로 평양의 기독교 교세는 다른 어떤 지역보다 급성장으로 나타났다.[19]

〈표 1〉 북장로회 교세(1897)

	서울 근처	평양 근처	부산	원산	전체
세례교인(전체)	526	377	9	20	932
세례교인(최근 11개월)	173	173	1		347
원입교인	594	1,723	12	15	2,344
성경학당(통학)	8	5	1	1	15
성경학당 학생	남 41, 여 8	남 56, 여 14	44	3	
병원	1	1			

전체 세례교인 중, 평양근처가 서울 근처에 비해 미치지 못한다. 그런데 여기서 주목되는 점은 최근 11개월 사이에 세례 받은 교인이 173명으로 서울 근처와 같이 빠른 속도로 증가하고 있다는 것, 뿐만 아니라 새로 나온 원입인의 수가 서울 근처에 비해 거의 3배 가까이 차지하고 있다는 점이다. 이 같은 급속한 성장은 다른 지역에서 찾아볼 수 없는 현상으로 평양 지역에서 기독교가 확고하게 뿌리를 내렸을 뿐만 아니라 타 지역에 비해 눈부신 성장을 거듭하고 있음을 역동적으로 보여준다.

이는 평양을 포함하는 평안도 지역의 교세를 보여주는 다음의 표로도 확인이 된다.[20]

---

19) 「장로교회 회의한 말」, 『그리스도신문』, 1897년 9월 16일자; 이광린, 위의 글, 18쪽.
20) 한국기독교역사연구소 북한교회사집필위원회, 『북한교회사』, 한국기독교역사연구소, 68쪽.

〈표 2〉 장로교 세례교인수

연도	평안도	전국
1894	52	236
1895	73	286
1896	243	530
1897	377	932
1898	1,058	2,079
연도	평남/황해도	전국
1901	2,994	4,793
1902	3,100	5,481
1903	3,765	6,491
1904	4,703	7,916
1905	5,468	9,756

평안도의 세례교인은 5년 만에 약 20배가량 증가했고, 전국 장로교 세례교인의 절반에 해당하는 수치이다. 또한 평양선교지부가 관할하는 평안남도와 황해도의 세례교인이 전국 장로교 세례교인의 60%를 차지하고 있다. 여기에 평안북도까지 합치면 관서지방의 세례교인은 전국 장로교인의 약 80%를 차지한다. 이는 평양을 포함한 평양지부의 지칠 줄 모르는 가파른 교세의 성장을 잘 보여준다.

이와 함께 감리교의 성장도 급속도로 나타났다. 평양 지역의 감리교 발전상은 미북감리회 선교연회 보고서를 참고하면 이를 확연히 알 수 있다. 이를 보면 1896~1898년 사이에 학습인과 원입인이 51명에서 525명으로 10배 이상 늘어났고, 학습인만 놓고 본다면 전국 최고의 수치를 보였는데,[21] 이는 북장로회에 비해 수적으로 열세이나 평양 감리교는 전국에서 가장 눈부신 발전을 보였다.

그런데 평양 지역에서 기독교가 성장하게 된 것은 선교사들의 헌신적인 노력에 힘입은 바도 크지만, 불과 몇 명의 선교사들만으로 된 것은 아니

---

21) 이광린, 위의 글, 20~22쪽.

었다. 이렇게 성장하게 된 데에는 교인을 모으고 교회를 세우며 헌신적으로 활동한 한국인 교인들의 수고가 컸다. 한국인 조사들과 전도인들은 평일에도 평양 일대를 돌아다니며 전도활동에 적극 헌신했을 뿐 아니라 일반 신자들도 마찬가지로 열심히 전도에 참여했다.

특히 이 과정에서 생겨난 방법 가운데 하나가 '날연보'라는 것이 있다. 교인들이 며칠씩 시간을 내서 전도하기로 하고 그 날 수를 미리 작정하여 적어내는 것이었다. 「그리스도신문」 1906년 3월 29일자 "교회 통신 - 평양 동면 장천내신"의 기사를 보면, 1906년 1달 동안 모아진 날수가 210일로 1905년 1년 동안 날수와 비슷할 정도로 교인들이 날연보에 적극 참여하고 있었다. 이 같은 열심은 평양에서 기독교가 빠르게 성장할 수 있었으며, 1907년 대부흥운동이 폭발적으로 확산되는 동력이 되었음을 말할 필요가 없다.

평양의 기독교인들은 성경을 배우는 데 열성적이었다. 사경회(查經會), 즉 성경을 공부하는 집회가 수시로 열렸는데, 많은 교인들이 원근 각처에서 이 모임에 참가했다. 평양에서 열린 사경회에는 평양과 평안도 일대는 물론 멀리 전라남도에서 교인들이 찾아올 정도였다.[22] 사경회의 특색 가운데 하나는 사경회가 끝나면 교인들이 늘 복음을 전하러 나갔다는 점이다. 성경을 배움으로써 지식이 늘고 신앙이 견고해졌을 뿐만 아니라 이를 직접 실천하는 활동을 펼쳤던 것이다. 사경회는 복음과 성경에 대한 열정으로 평양 및 평안도 지방에 급속하게 확장될 수 있었다.

따라서 교세의 급격한 성장과 평양 교인들의 자발적 움직임은 점차 평양에서 기독교가 무시될 수 없는 영향력을 갖게 만들었고, 종교적 영역뿐만 아니라 사회적 문제까지 그 활동이 확대되어 나갔다. 이 같은 평양 및 평안도 일대에서 지닌 기독교의 위상과 기독교 공동체와 교인들의 역사적 현실

---

22) 「교회통신-평양」, 『그리스도신문』, 1902년 1월 30일자.

은 1907년 기독교 대부흥운동의 확산을 추동시키는 사회적 기반이 되었을 뿐만 아니라 이를 실질적으로 움직이는 동력이 되었다.

3. 대부흥운동, 어떻게 전국화되었는가?

1) 평양 지역의 부흥운동 확산

1907년 평양 대부흥운동은 1903년 원산에서 열린 선교사들의 기도회 모임이 도화선이 되었다. 원산에서 활동하던 감리교 선교사 가운데 캐나다 출신 의료선교사로 남감리회에 소속되어 활동하던 하디(R.A. Hardie) 선교사가 자신의 무력함을 고백하는 통회의 기도를 하였고, 이것이 부흥운동의 발단이 되었다. 하디 선교사의 회개에 찬 고백은 참석한 이들에게 감동을 주었고 하디 자신에게 성령을 체험하는 계기가 되었다.[23]

이어 1904년 1월에 원산에서 개최된 교파별 연합기도회에서는 캐나다 장로회 선교사 럽(A. F Robb)이 성령을 체험하는 역사가 있었고, 이때 전계은·정춘수 등 한국인이 큰 은혜를 받기도 했다.[24] 1905년 8월 평양에서는 선교사 중심의 기도회가 열려 부흥의 불길이 솟아나더니, 같은 해 삼남지방 목포까지 전해져 그곳에서 통회하고 자복하는 기도 소리가 터져 나왔다. 이외에도 많은 지역에서 1907년 이미 크고 작은 부흥의 열기가 형성되고 있었다.

이렇게 전국 각지에서 '영적각성운동'의 차원에서 부흥운동의 움직임을 배경으로 1907년 1월 장대현교회에서 평양 대부흥운동이 촉발되었다. 평양 장대현교회에서 시작된 부흥운동은 단지 시작에 불과한 것으로 사경회가 끝난 뒤에도 중단되지 않고 계속되면서 평양 전 지역으로 확산되어 나

---

23) 백낙준, 『韓國改新敎史』, 연세대출판부, 1973, 384쪽.
24) 전택부, 『토박이 신앙산맥』, 대한기독교출판사, 1987, 174~205쪽.

갔다.

먼저 기독교 공동체인 교회를 통해 확산되었다. 대부흥운동의 시발이 된 사경회가 끝나고 1월 16일 장대현교회 수요기도회에서 또다시 부흥의 열기가 계속되었다. 전날 놀라운 경험을 했던 이들이 참석했다.[25] 집회를 인도했던 그레함 리 선교사는 단지 몇 사람 죄를 고백할 수 있는 기회를 주고 집으로 돌아가기를 원하는 사람은 다 가도 좋다고 했으나 은혜를 사모하는 상당수의 사람들이 수요 기도회에 남아 기도하였다. 그때 장대현교회의 주(朱) 장로가 내면의 깊이 감추었던 죄를 토로하기 시작했다. 회개의 역사는 절정에 다다랐을 무렵, 아내를 죽였다는 김찬성이라는 젊은이의 충격적인 고백은 그곳에 모인 사람들에 통회의 기도가 불꽃처럼 타올랐다.[26]

이날 장대현교회에서 놀라운 부흥의 역사는 거의 연일 계속되었다. 1907년 2월 13일부터 두 주간 장로교 남녀사경회가 열렸는데, 남자 약 800여 명과 여자 약 400명이 참여했다. 이번에는 담당자들은 달랐으나 진행 일정은 유사했다.[27] 평양의 상점과 가게 문을 두 주간 동안 닫고 집회에 참석했기 때문에 평양 시내 가게들 대부분이 닫혀 있을 정도였다. 사경회에 참석했던 이들은 한 명의 선교사와 한 명의 한국인이 짝이 되어 평양 시내 전역으로 흩어져 전도활동을 하는 축호전도를 실시하여 복음을 전하고 전도 대상자들을 저녁집회에 초대했다. 매 집회마다 수십 명의 한국인들이 집회에 새로 참석했다. 저녁 집회에 참석하여 은혜를 받고 그 다음부터 열심히 교회를 다니는 경우가 흔하게 일어났다.

이런 현상은 3월 16일부터 12일간 평양 장대현교회에서 전국 550여 명의 전도부인들이 참석한 사경회에서는 평양에서의 놀라운 부흥의 역사가 그대로 나타났다. 참석한 이들은 거의 예외 없이 죄의 짐을 벗어 던지고 자

---

25) W. N. Blair, *Gold in Korea*, Presbyterian Church in the U.S.A. 1957, p. 115.

26) 블레어 / 김홍만 역, 『찬성의 고백』, 도서출판 옛적길, 2002, 180~181쪽.

27) G. S. McCune, "The Wonder of IT", *Korea Mission Field*, 1907. 3, p. 44.

신의 집으로 돌아갔다.

이런 평양의 부흥역사는 장로교와 감리교 전체로 확산되었다. 장로교 장대현교회의 부흥역사는 평양 시내 감리교회들에도 큰 영향과 신앙적 도전을 주었다. 노블(W. A. Noble)을 비롯한 감리교 선교사들이나 지도자들은 사도행전의 역사가 일어나기를 간절히 기도하기 시작했다. 1907년 2월 10일 평양 남산현교회의 기도회에서 간단한 설교가 끝난 뒤, 한 젊은이가 일어나 자신의 죄를 고백하고 하나님의 자비를 간구하기 시작했다. 직후 교회 모든 남자들이 벼락을 맞은 것처럼 쓰러져 회개의 기도를 드리기 시작했다.[28] 한 달 전 장대현교회에서 나타났던 성령의 역사가 그대로 재연되었다. 이후 평양 감리교회 내에서도 부흥의 불길이 이어졌다.

다음으로 장대현교회에서 시작된 부흥의 역사는 평양 시내 미션 스쿨에도 그대로 옮겨져 나타났다. 즉 부흥운동은 단순한 교회 내에서만 국한된 현상이 아니라 교회 밖의 교육기관인 학교에서 자연스럽게 일어났다는 점도 평양 대부흥운동의 중요한 특징이다.

평양 시내 학교들에 나타난 부흥의 불길은 2월에 숭실학교가 개학하자마자 오래전부터 기다렸다는 듯이 타오르기 시작했다. 학생들 가운데는 장대현교회에서 열린 사경회 저녁 집회 때 죄를 통회하고 자복하는 것을 경험한 이들도 있었다. 1907년 6월 첫 주 동안 감동이 너무 깊어 학교 수업을 시작하는 것이 사실상 어려울 정도로 죄의 회개와 자복의 역사가 크게 일어나더니 약 2주간 학생들은 내면의 깊은 죄를 고백함을 통해 부흥의 역사를 깊이 체험했다. 이 과정에서 학생들은 다른 학생들을 위한 중보기도를 드렸다. 나아가 평양시내 기독학생들은 전도회란 전도단체를 조직하여 인근 촌락교회나 시내 거리에서 복음을 전하였는데, 방학 때에는 평양을 벗어나 먼 곳까지 전도활동을 활발히 펼쳐나갔다.[29]

---

28) 리은승, 「교회ㅅ긔, 평양 오슌절략ㅅ」, 『신학월보』, 1907. 2, 54쪽.

숭실대학을 비롯한 미션스쿨에서 놀라운 부흥의 역사를 체험한 선교사들은 평양신학교에서도 이런 역사가 일어나기를 간구했다. 1907년 4월 2일부터 개학과 함께 시작된 저녁 집회에서 학생들에게 놀라운 부흥의 역사가 매일 나타나기 시작했다.[30] 이 저녁집회는 열정적인 기도로, 때론 개인의 인도로, 그리고 모두가 연합한 통성기도로 열정적인 분위기 속에서 진행되었는데, 처음 시작부터 이전에 전혀 언급되지 않던 내면의 깊은 죄의 모습들이 고백되어졌다. 비통한 죄책감에서 비로소 평안함을 찾을 수 있었다.

이처럼 장대현교회에서 시작된 평양의 대부흥운동은 장로교와 감리교회, 숭실대학과 평양신학교 등의 미션스쿨과 신학교의 학생들에까지 파급되어 강렬하게 나타났다. 죄의 통회와 자복을 통한 고백, 평안의 체험 등의 모습은 평양 대부흥운동이 얼마나 역동적으로 나타났는가를 잘 보여준다. 이 같은 부흥운동이 앞에서 살펴보았듯이 평양 지역 기독교의 인적, 물적 토대의 바탕 위에서 전개되었음은 언급할 필요가 없다.

2) 전국 각지로 확산된 부흥운동

장대현교회에서 시작된 평양 대부흥운동은 1월부터 6월까지 평양시내 전역에 확산되었고, 이후 전국으로 퍼져 나갔다. 확산의 유형을 살펴보면, 장대현교회 남자사경회 등 평양에서 개최된 사경회 집회에 참여했던 이들이 고향에 돌아가 부흥운동을 전개하면서 파급되거나, 평양의 부흥운동에 자극을 받은 사람들이 자신들의 지역에서 평양대부흥처럼 자신들도 부흥의 체험을 맛보고자 하는 열망과 기대 속에서 간절히 기도하던 중 부흥운동이 일어난 경우도 있고, 그리고 부흥운동의 지도자들이 전국교회의 초청을 받고 직접 가서 부흥집회를 인도하면서 전국적으로 확산되는 경우도 있었다.

---

29) 백낙준, 위의 책, 389쪽.
30) G. S. McCune, "Opening Days at the Theological Seminary," *Korea Mission Field*, 1907. 6, p. 89.

평양 대부흥운동의 중심인물들이 각지로 나아가 부흥운동을 인도하기 시작했다. 그레함 리 선교사는 선천으로 스왈렌은 광주 지역으로, 헌트(W. B. Hunt)는 대구로 가서 부흥집회를 인도했다.[31] 이 과정에서 평양 대부흥운동을 전국 교회로 확산되는 데 가장 큰 역할을 한 사람은 한국인 길선주 장로였다. 그가 가는 곳마다 놀라운 부흥의 역사가 나타났고 회개와 영적 각성 운동이 자연발생적으로 일어났다. 부흥운동이 평양 지역에만 머무르지 않고 평양을 넘어 전국으로 확산된 것은 장대현교회 이전에 있었던 다른 여타의 부흥운동과 가장 차이가 나는 점이었다. 여기에는 길선주의 역할은 결정적이었다. 그가 말씀을 선포하고 한국교회 부흥을 강력하게 호소함에 따라 그를 주강사로 모시는 사경회 요청이 전국에서 쇄도했다.

1907년 2월 길선주는 서울의 교회들로부터 남자 사경회를 인도해달라는 요청을 받고, 인도하게 되었다. 장대현교회의 대부흥운동을 직접 경험한 길선주를 통해 서울의 교회에서 부흥운동의 역사가 일어났다.[32]

승동 · 연동 · 수구문 · 상동 등 서울의 교회에서 개최된 집회에는 연일 길선주의 명성을 수많은 사람들이 초만원을 이루며 몰려들었다. 그렇게 모여든 수많은 사람들이 놀라운 죄의 회개와 자복을 통한 영적 각성을 깊게 체험하기 시작했다.[33] 그의 소식이 알려지면서 장로교와 감리교나 할 것 없이 교파를 초월해 부흥집회를 계획하고 놀라운 부흥의 역사가 임하기를 갈망했다. 길선주의 일련의 서울 전도 집회에서는 약 1,200여 명의 새신자들이 결신을 했다는 점만 보아도 그의 서울집회가 얼마나 성공적이며 대단한 것이었는가를 잘 보여준다.

이 같은 분위기 속에서 서울지역의 교회들은 서울시내 전교인들의 1907년 4월 8일 합심하여 부흥의 역사를 바라는 간절한 기도를 실시했다.

---

31) 서정민, 위의 글, 253쪽.
32) 옥성득, 「평양 대부흥운동과 길선주 영성의 도교적 영향」, 88~91쪽.
33) 길진경, 『영계 길선주』, 종로서적, 1980, 203쪽.

이를 듣고 여기에는 남녀학생들도 적극 참여했다.[34] 서울 시내 교회는 물론 서울 주변 교회들에게 영적인 분위기와 기도, 사역의 영적 측면들이 긍정적이며 역동적으로 달라졌다.

서울지역에 강한 영적각성운동을 확산시킨 평양 대부흥운동은 전국 각지에서 그 영향력을 미치기 시작했다. 선천의 경우에는 1907년 2월 선천과 의주의 겨울 남자 사경회에서 그레함 리 선교사가 이를 인도했는데, 한 달 전 평양 장대현교회에서 일어났으며, 평양 전역에서 재연되었던 죄에 대한 회개와 자복의 영적 각성현상이 그대로 다시 일어났다.[35] 이때 참석하여 새로운 결단과 열망을 품은 사람들은 자신의 고향으로 돌아가 사경회를 통해 영적각성운동을 전개했으며, 이를 통해 부흥의 불길이 지방 전역으로 급속도록 퍼져 나갈 수 있었다.

1907년 3월 초 대구에서도 놀라운 부흥의 역사가 나타났다.[36] 평양의 소식을 들은 대구 선교사들은 겨울 남자 사경회에서도 평양의 부흥 역사가 나타나기를 간절하게 기도했다. 2월 말부터 10일간 300~400여 명이 참가한 가운데 매일 사경회가 진행되었는데, 처음에는 부흥의 역사가 일어나지 않았다. 중반 이후 사경회가 마치기 전까지 부흥의 역사가 일어나게 해달라는 기도를 위해 특별기도회를 계속 갖게 되었다.

3월 3일 주일 아침에는 자신의 죄를 통회하면서 기도할 때 부흥의 놀라운 역사가 일어났다. 장대현교회에서 일어났던 동일한 죄의 회개와 자복의 고백이 터져 나왔다. 이런 회개의 역사는 자연스럽게 대구시내의 전역으로 퍼졌는데, 불과 수개월 만에 평양 대부흥운동이 대구 지역으로 놀랍게 확산되어 갔다. 이 외 대부흥운동의 열기는 개성, 강화, 제물포, 공주, 춘천 등지로 확산되었고, 함경북도 북청에까지 깊숙이 확산되어 갔다.[37]

---

34) "All Day Prayer Meeting in Seoul," *Korea Mission Field*, 1907. 4, p. 57.

35) *Annul Report*, PCUSA, 1907, 64쪽.

36) "W. M. Bruen, The Spirit at Taiku," *Korea Mission Field*, 1907. 4, p. 51.

한편, 1907년 장대현교회에서 시작된 대부흥운동은 서울과 한반도 전역으로 확산되더니 곧 압록강을 넘어 중국 만주에까지 번져 나갔다.

평양 대부흥운동이 중국에까지 알려져 한국과 인접한 지역에 활동하던 중국인 목사 2명이 1907년 평양을 방문했다. 중국 요양과 봉천 일대에서 목회하던 이들은 집회가 끝난 뒤였기 때문에 직접 집회에 참석하지 못했으나 평양 대부흥운동의 역사를 생생하게 듣고 적지 않은 도전과 자극을 받고 돌아가 만주의 교인들에게 이 사실을 알렸다. 평양에서와 같이 회개와 영적 각성을 간절히 사모하는 부흥운동을 강하게 전개하였다.38)

두명의 중국인 목사가 돌아간 거의 비슷한 시기에 중국 주재 고포드(J. L. Goforth) 선교사가 평양을 찾아왔다.39) 그는 한창 진행 중이던 한국의 8개 주요 선교지를 방문하고 중국으로 돌아가 목단에 있는 기독교인들에게 한국의 대부흥운동을 전하자 그곳에 사람들이 큰 감동을 받았다.

당시 중국에서는 의화단 사건 이후 기독교 선교활동이 크게 위축되어 있었고, 이를 타개할 새로운 선교방법이나 방침이 필요한 때였다. 이들 중국교회의 지도자들과 선교사에게는 평양 대부흥운동이 이런 현상을 돌파할 새로운 선교방법으로 제시된 것이었다.40) 그리하여 이들은 귀국 즉시 중국교회의 부흥과 재건을 위해 영적각성운동을 전개했으며, 부흥의 열기가 요양과 봉천, 그리고 몽고와 북경지방까지 확산되기도 했다.

37) 박용규, 위의 책, 345~361쪽 참조.
38) 이덕주, 「초기 개신교사에 있어서 한중기독교교류」, 『한국기독교사연구』 1, 1985, 8~9쪽.
39) J. S. Gale, *Korea in Transition*(New York: Layman's Missionary Movement, 1909), p. 216.
40) 서정민, 위의 글, 256쪽.

4. 평양 대부흥운동의 전국화가 낳은 결과

첫째, 평양 대부흥운동의 전국화 현상은 초기 한국교회의 신앙적 정체성을 형성하는 계기가 되었다.

평양 대부흥운동의 전국화는 한국교회의 정체성이 원산, 개성, 평양, 서울이라는 특정 지역과 장로교와 감리교의 교파를 넘어 전국적으로 개인의 죄를 공개적으로 회개, 고백하는 것을 가장 중요한 특징으로 확립하는데 큰 역할을 담당했다.[41]

또한 이런 죄에 대한 철저한 회개와 고백은 신앙적 영역에서뿐만 아니라 개인의 윤리적인 통찰력을 제공해 주어 한국교회를 새롭게 정화시켰고, 죄의식을 강화시켰으며, 윤리적 면에서도 한 차원 더 높은 수준으로 끌어 올림으로써 한국교회와 교인들 삶의 기준이 보편적인 지침을 갖게 만들었다.[42]

평양 대부흥운동이 확산되면서 개인의 영적 각성을 통한 죄사함과 구원의 확신에 대한 고백은 교인이라면 반드시 거쳐야 할 중요한 과정으로 인식되었다. 하나님의 능력이 개인의 고백과 간증으로 이어져야 한다는 확신이었다.[43] 즉, 부흥운동은 죄에 대한 분명한 확신과 이에 대한 참회, 그리고 고백이 반드시 동반한다는 점은 이후 한국교회에서 진정한 기독교인이 되는 보편적 이해로 자리 잡게 되었다.

그리하여 대부흥운동의 전국적인 확산은 각 지역에서 우후죽순 격으로, 또는 일회적으로 일어나고 있던 부흥운동의 방법이나 방향이 평양 대부흥운동을 통해 한국교회의 신앙적 모델로 자리 잡았고 이렇게 형상화된 모

---

41) 이병수, 「1907년 평양 대부흥운동에 대한 몇 가지 검토」, 101~105쪽.

42) W. N. Blair, *The Korea Pentecost; The Results in The Korean Pentacost and the Sufferings which Followed*(By W. N. Blair and B. Hunt, Edinburgh, The Banner of Truth Tract, 1977), pp. 73~78.

43) 백낙준, 위의 책, 393~394쪽.

습은 이후 전국화 과정을 통해 확인되고 인식되는 과정을 거쳐 비로소 한국 교회가 하나의 신앙적 정체성을 형성하는 계기가 되었던 것이다.

또한 대부흥운동의 전국화 과정을 통해 장로교와 감리교라는 교파적 차이에도 불구하고 이를 초월한 영적 각성의 체험은 인간의 성품과 삶을 변화시켜 주었고, 그들의 가치관을 세상적인 데서 더 높은 영적 차원으로 끌어올려 주었다. 장로교와 감리교는 평양 지역뿐만 아니라 다른 도시에서 복음화를 위해 '지역 연합전도운동'을 개최하여 복음을 전하는 일에 노력하게 되었다.[44]

둘째, 평양의 교회와 교인들의 역사적 현실은 평양 대부흥운동을 전국적으로 확산시키는 동력(動力)이 되고 있었다.

앞서 살펴보았듯이, 서울 다음의 도시인 평양은 서울에 비해 늦게 선교가 시작되었고, 초기에는 많은 어려움이 있었던 것이 사실이다. 의료사업과 함께 교육사업에 열정적으로 매진한 결과 평양 지역에 빠르게 자리 잡은 기독교 공동체는 서울과 비교해 의료사업과 교육사업에서 결코 뒤지지 않는 체제와 시설, 그리고 인적 기반을 닦고 있었다. 교육사업에서도 단순히 선교사들에 의해서만 이루어진 것이 아니라 평양의 기독교인들이 자발적으로 나서서 세워진 많은 학교들이 있었는데, 이들 학교들과 학생들이 평양 대부흥운동에 적극 참여함으로써 1907년 대부흥운동의 인적·물적 토대의 역할을 담당했다.[45]

또한 평양이 장로교 발전의 중심지 역할을 하고 있었고, 감리교 역시 교세면에서 장로교에 비해 1/3 정도 수준이었으나, 다른 지역에 비해 그 성장의 속도는 대단히 빠른 것이었다. 다른 지역에 비해 탁월한 평양의 교세(敎

---

44) 이에 대해서는 박용규, 위의 책, 540~567쪽 참조.
45) 한말 근대식 학교 설립도 관서지방이 가장 활발했는데, 1910년 7월 현재 전국 학교 총수 2,237개교 중 사립학교 2,082개교 가운데 주로 장로교·감리교파에서 운영하는 학교가 755개교에 달해 약 과 반수가 관서지방에 세워졌다.[1] 이는 교회의 발전과 사립학교의 증설에서 기독교가 다른 어떤 곳보다 관서지방에서 적극적으로 수용되었음을 보여준다.

勢)는 대부흥운동이 일어났을 때 이를 평양 전 지역뿐만 아니라 전국적으로 추동시키는 구조적 힘으로 작동되었다.[46] 이와 함께 평양 교인들의 집단적이고 특별한 전도열정과 헌신은 실질적으로 평양 대부흥운동의 열기를 전국적으로 확산시키는 물리적 힘의 역할을 감당했다.[47]

셋째, 평양 대부흥운동의 전국화 과정을 통해 한국인 기독교 지도자들의 참여와 인도하는 지도력이 대폭 강화되었음을 잘 보여준다.

1903년 부흥운동이 하디 선교사의 회개운동에서 촉발되었듯이, 한국교회 초기 전 영역에 걸쳐서 선교사들의 역할은 절대적이었다.[48] 한국교회 초기 철저하게 선교사들이 주도하는 교회였다. 물론 1900년대에 들어 선교사들이 신학교를 설립하고, 한국교회의 제도적 자립을 추구했다고 하더라도 1900년대 여전히 선교사들이 모든 제도적 행정 분야를 선교사들이 장악하고 있었다.[49]

이런 상황에서 부흥운동의 촉발은 선교사들이 했다고 하더라고 평양 대부흥운동의 불씨를 전국으로 확산시킨 사람은 한국인 리더역할을 한 길선주 장로였다.[50] 그는 평양 대부흥운동이 전국적인 현상으로 자리 잡는 데 결정적인 역할을 감당하며 대부흥운동의 저변 확대에 지도적인 역할을 하였던 것이다. 단순히 대부흥운동에 깊게 관여한 정도가 아니라 이 운동의

---

46) 관서지방은 1890년대 초 본격적인 선교사업이 시작된 이래 선교활동이 불과 몇 해 만에 교세가 크게 번져 갔다. 이런 교세의 발전은 다른 지역을 압도하는 것이었는데, 1885년부터 1910년까지 설립된 장로교회의 총수 683개 중 관서지방의 것이 362개로 그 과반수를 넘고 있는 것을 보아도 잘 알 수 있다.

47) 1907년 평양 대부흥운동은 장로교회와 감리교, 그리고 성결교회를 아우르며 평양 지역뿐만 아니라 전국의 교회들의 놀라운 질적·양적 성장의 결과를 낳았다.

48) 1907년 평양 대부흥운동과 관련된 연구들 대부분들은 선교사들이 이 운동의 주도적 역할을 담당하고 있다고 지적하고 있는 데, 이런 부분이 1907년 대부흥운동의 역사적 성격과 관련하여 지금도 뜨겁게 논쟁이 되고 있다.

49) 김양선, 위의 책, 95~97쪽. 과거 선교사들에 의해 주도되던 한국교회의 행정과 치리 및 예배인도에 한국인들이 참여하게 된 첫 계기는 1901년 9월 20일 새문안교회에서 개최된 제1회 장로회공의회였다. 그렇다고 해서 선교사들이 바로 교회의 치리권과 행정권을 부여한 것은 아니다. 왜냐하면 1907년 노회가 결성될 때까지 선교사들만의 조직체인 선교공의회를 계속 장악하고 있었기 때문이다.

50) 옥성득, 「평양 대부흥운동과 길선주 영성의 도교적 영향」, 82~87쪽.

핵심적인 리더 역할을 감당했다는 점에서 선교사들을 보조만 하던 한국인 지도자들이 이제 명실상부하게 한국교회의 지도자로 나서고 손색이 없음을 상징적으로 보여준 것이었다. 이런 활약은 1907년 9월 장로교 독노회가 설립되고, 한석진·서경조·양전백·길선주·방기창·이기풍·송인서 등 7명이 이때 조직된 노회에서 목사 안수를 받게 되는 배경이 되었다.[51]

이런 현상은 각 지역의 부흥운동 확산과정에서 그대로 나타나고 있었다. 선교사의 이름으로 집회가 이뤄진다고 해도 실제로는 한국인 조사나 영수 등의 지도자들 대부분이 이를 주도적으로 끌고 나가고 있음을 보아도 알 수 있다.[52] 길선주 장로 한사람에 그치지 않고 실질적으로 부흥운동을 전국 각지 도시나 농촌, 산간벽지와 오지까지 한국인 조사나 평신도 지도자들에 의해 전국적으로 확대되고 있었던 것이다. 이는 단순한 부흥운동의 확산에 그치지 않고 한국교회의 제도변화와 맞물려 한국교회 지도력이 이제 외국 선교사들에서 한국인 지도자로 전화되고 있음을 보여주는 좋은 예가 될 것이다.

5. 나오는 말

1907년에 일어난 평양 대부흥운동은 당시 한국교회에 큰 바람을 일으켰다. 이 운동은 한국이 대내외적으로 위기에 처해 있던 시기에 일어나서 한국교회에 큰 영향을 미쳤다. 그러나 오늘 한국교회가 1907년 대부흥운동을 기념하며 다시 돌아보는 것은 단순히 큰 영향을 미쳤던 역사를 기억하는 데 그치지 않고, 그때 일어났던 뜨거운 열정과 헌신, 그리고 감격이 오늘 한

---

51) W. D. Reynolds, "The Presbytery of Korea," *Korea Mission Field*, 1907. 11, p. 162~164.
52) 박용규, 위의 책, 362~364쪽.

국교회에 일어나기를 갈망하는 염원이 있기 때문이다.

1990년대에 들어 교회성장이 정체되기 시작했고, 한국교회와 기독교인들에 대한 한국사회의 비판과 공세가 나타나고 있다. 오늘 우리가 1907년 대부흥운동을 돌아봄은 아마도 100년 전 대부흥운동으로부터 새로운 역사적 통찰력을 얻어서 오늘 한국교회의 미래를 개척하기 위한 노력이 있었기 때문일 것이다.

1907년 대부흥운동은 그동안 한국기독교역사 연구차원에서 보면, 아마도 가장 많은 연구자들의 연구대상이 되었을 정도로 큰 관심을 받아왔다. 여전히 아직도 그 사실 인식이 제대로 되지 않은 부분도 있고 전체적으로 잘 정리가 되지 못한 부분도 있다.

여기서는 그동안 연구에서 거의 언급되지 않았던 부분을 다루어 보았다. 그것은 1907년 왜 폭발적인 대부흥운동이 평양에서 일어났는가에 대한 것이었다. 1903년 원산에서 시작된 부흥운동이 1907년 평양에서 일어나기 전까지 많은 지역에서 개별적으로 부흥운동이 일어나고 있었다. 왜 유독 평양에서만 폭발적인 대부흥운동이 일어나고 이것이 전국적으로 확산되었는가 하는 점이었다. 1907년 평양 지역의 부흥운동이 오늘날까지 기념될 정도로 엄청난 흔적을 남기게 된 것은 집중적이면서도 폭발적으로 일어났다는 것과 함께 이것이 전국으로 확산되었을 뿐만 아니라 멀리 중국에까지 확산되었다는 점일 것이다.

그런 의미에서 이 글에서는 1907년 평양에서 일어난 부흥운동이 대부흥운동이 될 수 있었던 것은 평양 지역이 갖고 있는 기독교의 사회적 기반임을 제시하고자 했다. 인적·물적 기반이 다른 여타의 어떤 지역보다 뛰어났던 것이야말로 평양 부흥운동을 평양 전 지역을 비롯해 전 지역에 확산시키는 동력이 되고 있었음을 지적하였다.

이런 기반을 토대로 부흥의 열기가 전국으로 확산되었다. 확산된 대부흥운동은 한국교회의 신앙적 정체성을 형성하는 결정적 계기가 되었다. 한국교회의 대표적인 신앙의 흐름을 구체적으로 형성하는 계기가 되었던 것이다. 이 확산과정에서 한국인 기독교 지도자들이 질적·양적으로 성장하는 한국교회를 이끌고 나갈 리더쉽이 이 기회를 통해 급성하고 있었던 것도 대부흥운동이 낳은 중요한 결과임을 살펴보았다(『인문학연구』, 숭실대, 2007).

기독교인들의 3·1운동 참여와 동향

수원지방을 중심으로

1. 들어가는 말

3·1운동은 1919년 3월 1일 민족대표 33인의 이름으로 시작된 이후, 이에 호응한 각계각층의 참여로 거의 1년간 계속된 항일독립운동을 말한다. 이 운동은 일제가 한국을 강점하고 지배하는 것에 대한 전면적인 민족적 저항으로 우리 민족운동 선상에서 중요한 분수령으로 평가되고 있다.

이제까지 3·1운동에 대해서는 헤아릴 수 없을 정도로 많이 이루어져 왔다. 기독교계는 천도교계와 함께 3·1운동의 준비 및 전개 과정에서 큰 역할을 했기 때문에 이에 대한 연구 업적이 상당히 축적되어 있다.

수원지방[1]의 3·1운동에 대해서도 여러 연구가 이루어졌다.[2] 이들 연

---

1)   여기서 말하는 수원지방은 현재의 수원시, 오산시, 화성군 전역과 평택시, 안산시, 의왕시 일부가 포함되는 지역을 의미한다.

2)   수원지방의 3·1운동에 대한 대표적인 연구성과로 다음의 것들이 있다. 조병창, 「水原地方을 中心한 三一運動 小考」, 단국대 석사학위논문, 1971; 노천호, 「水原地方 三·一運動研究」, 단국대 교육대학원 석사학위논문, 1988; 홍석창, 『수원지방 3·1운동사』, 왕도출판사, 1981; 김성진, 『일제의 학살만행을 고발한다』, 미래출판사, 1983; 이정은, 「화성군 우정면 장안면 3·1운동」, 『한국독립운동사연구』 9, 독립기념관, 1997; 한국기독교역사연구소, 「특집 3·1운동과 제암리사건」, 『한국기

구들을 통해 이 지방의 3·1운동에 대해 상당한 윤곽을 그릴 수 있게 되었다. 하지만 이 지방의 3·1운동 발발과 전개 과정에서 천도교계와 더불어 결정적 역할을 담당했던 기독교계에 대한 연구가 그리 많지 않은 실정이다.[3] 이들 연구는 특정한 지역을 집중적으로 다루거나 기독교계의 3·1운동 참여 내용을 단편적으로 서술, 정리하는 데 그치고 있다. 그로 인해 3·1운동 과정 중 전국의 기독교회와 교인들 가운데 가장 큰 피해를 입었던 수원지방의 기독교계에 대한 전반적인 흐름과 그 성격을 설명하는 데 미흡했다.

그런데 이렇게 된 배경에는 일제하 기독교인들이 정치·사회문제에 참여하는 방식이 교회 자체나 기독교 단체를 활용하기보다는 별도의 또 다른 단체를 결성하거나 '인적 관계'를 활용해서 민족운동에 참여하는 '전술'을 채택하고 있다는 점이 큰 영향을 미쳤다.[4] 그래서 기독교회나 기독교 단체의 모습이 현장 속에서 잘 보이지 않고 여기 저기 흩어져 있는 기독교인들의 단편적인 모습으로밖에 보이지 않는다. 이런 이유로 기독교인들의 3·1운동에 대해 전체적으로 그 흐름을 파악하는 데 어려움을 겪을 수밖에 없었다.

따라서 이런 문제의식을 기초로 여기에서는 기존의 연구성과를 바탕으로 하여 기독교인들이 수원지방 3·1운동에 참여하게 된 배경과 전개, 그 이후 동향을 추적함으로써 수원지방 기독교인들의 3·1운동 참여와 그 동향, 그리고 그 특징 등을 검토하고자 한다.

독교와 역사』 7, 1997; 성주현, 「수원 지역의 3·1운동과 제암리학살사건에 대한 재조명」, 『수원문화사연구』 4, 2001; 박 환, 「경기도 화성 송산 지역의 3·1운동」, 『정신문화연구』 89, 한국정신문화연구원, 2002. 12.

3) 수원지방 기독교인들의 3·1운동을 다룬 대표적인 업적으로는 홍석창의 『수원지방 3·1운동사』와 한국기독교역사연구소의 「특집 3·1운동과 제암리사건」 등을 들 수 있다.

4) 金權汀, 『1920·30年代 韓國基督敎人의 民族運動 硏究』, 崇實大學校 史學科 博士學位論文, 2001, 178~181쪽 참조.

2. 기독교계의 3·1운동 배경

한국을 강점한 일제는 총독부 설치와 헌병경찰제를 통한 무단적 통치로 한국에 대한 식민지 지배에 착수했다. 일제가 한국을 강점한 후 눈에 가시처럼 여겼던 것은 바로 종교세력, 즉 기독교계와 천도교계였다.

일제는 무장투쟁을 전개하는 의병계열에 대해 월등한 군사력으로 잠재울 수 있었지만, 체제 안의 합법적인 종교조직을 기반으로 활동하는 종교세력에 대해서는 그렇게 쉽게 탄압할 수가 없었다. 겉으로 보기에 온건하고 반일운동을 할 것처럼 보이지 않는 종교인들이 뒤로는 국외의 민족운동세력과 연계되거나 국내 비밀결사단체의 구성원으로 활동하고 있다는 것을 적발한다는 것은 쉬운 일이 아니었다. 또 여기에 하나님 신앙을 제일주의로 하는 기독교가 '천황숭배'와 '신사신앙'을 축으로 하는 일제의 정치적·문화적 종교적 이념과 조화될 수 없었던 것도 기독교와 일제와의 관계에 큰 영향을 미쳤다.

강점 이후 일제는 기독교에 대한 대대적인 탄압을 전개했는데, 그것이 1910년대 '105인 사건'이었다.[5] 일단 기독교 세력의 기세를 꺾었다고 판단한 일제는 기독교 세력의 거점으로 판단한 기독교회와 기독교계 학교에 대한 탄압을 시작했다. 1910년대 중반 '포교규칙'과 '사립학교령'을 통해 기독교에 대한 지배권의 장악을 시도했다. 교회를 설립할 때 허가를 받도록 했고, 부흥회·기도회·주일예배 등을 방해하거나 경관을 파견해 설교 등의 내용에 트집을 잡기도 했던 것이다. 또 기독교 학교에 대해서는 예배와 종교교육을 금지시키는 조치를 취했다.[6]

이런 상황은 수원지방 기독교도 예외가 아니었다. 1910년대 수원지방

---

5) 尹慶老, 『105人 事件과 新民會 硏究』, 一志社, 1990 참조.
6) 한국기독교역사연구소, 『한국기독교의 역사』 II, 교문사, 1990, 26~27쪽.

기독교회와 기독교 학교들은 일제의 탄압을 받고 있었다. 그러나 일제의 탄압을 뚫고 수원지방 기독교계는 조직적인 성장을 지속했다.

3 · 1운동 이전 수원지방의 기독교는 감리교회가 그 중심을 이루고 있었다. 한국에 개신교 선교가 시작된 1885년이래 수원지방은 처음부터 북감리회의 선교구역이 되었다. 수원지방의 최초의 교회가 세워진 것은 1893년의 일로, 수원읍 외곽의 화성군 동탄면의 장지내교회였다. 그것은 수원읍내 주민들의 기독교 배척과 관리들의 방해로 기독교 선교를 위한 거점 마련이 현실적으로 어려웠기 때문이었다. 그러다가 1901년 어려움을 무릅쓰고 수원읍내에 주택과 대지를 매입하게 되었으며, 곧 예배당이 건축되었는데, 이것이 오늘날의 수원 종로교회의 시작이다. 수원 종로교회는 이후 수원지방의 선교 사업 및 사회활동의 중심지가 되었다.[7]

1902년 초 첫 신자가 등록한 것을 기점으로 교인들이 계속 늘어났다. 1910년 당시 수원읍내에는 세례교인 52명을 포함한 373명의 감리교인이 있었으며, 수원, 시흥, 남양, 이천, 용인 지역에서도 교세가 커졌다. 1904년에는 제물포 소속이던 남양구역이 수원구역에 흡수되었다. 이런 가운데 수원지방에는 스웨어러(W.C. Swearer)가 김동현 · 이명숙과 함께 지방관리들의 박해를 무릅쓰고 전도활동을 벌였는데, 그 결과 수원지방에는 장지내와 아리실의 교회를 포함한 수원계삭회, 무지내와 독고개 및 삼막골의 교회를 포함해 시흥계삭회, 남양읍과 양철리 · 덕방리 등에는 남양계삭회 등이 조직되어 체계적인 전도활동이 펼쳐질 수 있었다.[8]

'교회' 옆에 '학교'라는 말이 있듯이, 수원지방에서는 수원종로교회의 시작과 함께 학교가 출발하였다. 그것이 바로 삼일학교(三一學校)였다. 1902년

---

7) 『수원종로교회사 1899~1950』, 수원종로교회, 2000, 62~80쪽 참조.
8) 한규무, 「감리교의 항일민족문화운동」, 『일제하 경기도 지역 종교계의 민족문화운동』, 경기문화재단, 2001, 174쪽. 이 지역의 감리교 선교에 대해서는 홍석창 편저, 『수원지방 교회사자료집』, 수원 · 화성 지역 감리사협의회, 1987 및 이진호, 『안양지방 감리교회 백년사』, 기독교대한감리회 경기연회 안양지방회, 1995 등을 참조할 것.

경 수원종로교회 교인인 이하영을 중심으로 하여 기독교 정신을 바탕으로 민족의식의 고양과 국권회복이라는 시대적 사명을 완수하기 위해 1902년 '사립삼일학교촉성회(私立三一學校設立促成會)'가 발기되었고, 1903년 5월에는 수원종로교회 예배당 안에서 삼일학교가 정식으로 개교되었다. 삼일학교의 발기인들은 대부분 기독교인으로 기호흥학회 수원지회원으로 일찍부터 애국계몽운동에 가담하던 인물들이었다.9)

1908년 북감리회 선교부로 학교의 경영권이 이양되면서 종교계 학교로서의 발전을 시작하였다.10) 그러나 북감리회 선교부로 경영권이 이양된 것은 일제의 통감부가 공포한 사립학교령으로부터 자유로운 외국인, 즉 선교사들에게 학교의 경영을 맡김으로써 민족교육을 지속하고자 하였던 것으로 알 수 있다.

1900년대 말 학생들에게 군사훈련까지 시켰던 삼일학교는 일제의 탄압을 피하면서 민족교육을 지속적으로 실시했는데, 1909년을 전후한 시기에는 "학생이 400여 명에 달하여 경기일대에 교육계에서 소리를 칠만큼 융성하였고, 지금 수원의 중진인물은 거의 다 동교(同校) 출신"11)이라고 할만큼, 삼일학교는 수원지방의 중심적인 교육기관으로 그 역할을 담당하고 있었다. 이처럼 수원지방의 기독교계는 교회라는 종교조직과 함께 학교 기관에 그 뿌리를 내리고 있었다.

감리교회와 함께 성공회도 수원읍내를 중심으로 자리를 잡고 있었다. 1905년 수원지방의 개척에 성공한 성공회는 브라이들(G.A. Bridle)이 수원의 책임자로 오면서 본격적인 선교사업을 시작했다. 그 결과 1908년에 '성스테반 성당'을 건축하고 이곳을 중심으로 아산·진위·백석포·천안·평택·용인 등이 개척되어 수원지방 성공회 선교활동의 중심지 역할을 감당해 냈다.

---

9) 趙成雲,「日帝下 水原地域 民族敎育의 成長과 實施」,『水原文化史硏究』3, 1999, 211~213쪽.

10) 趙成雲, 위의 글, 214쪽.

11) 「停車場 近處부터 日人이 蠶食」,『東亞日報』, 1927년 1월 17일자.

성공회는 교회 외에 학교를 설립하여 교육활동을 펼치기도 했다. 1908년 성당에 학생 80명의 남녀공학 진명학교(進明學校)를 설립한 성공회는 1909년에 여성교육의 필요성이 증대됨에 따라 여학교를 따로 설치하여 운영하기도 했다.[12)]

이렇게 3·1운동 이전에 수원지방 기독교계는 일제의 탄압 아래서도 교회와 학교를 중심으로 지역사회의 중추적 인물을 배출하고 민족의 진로를 모색하는 데 앞장서고 있었다.

기독교에 대한 일제 탄압은 오히려 기독교계의 반일의지를 강화시키는 결과를 가져왔던 것이다. 기독교회가 곧 정치집단은 아니지만 언론·집회·결사의 자유가 식민지 통치권력에 의해 완전하게 차단된 상태에서 수원지방의 한국인들에게 종교공동체는 거의 유일한 합법적 조직이었고, 이런 조직은 식민지 현실에서 독립의 가능성을 찾는 수많은 민족인사들에게 모임의 공간이며 의사통로의 매체로 작용할 수 있었던 것이다.

이런 이유로 수원지방에서 천도교와 함께 기독교 공동체는 자연스럽게 정치·사회 조직망을 연결하는 구심점 역할을 감당할 수 있었다. 특히 주일예배·수요예배, 각종 특별기도회와 부흥회, 사경회, 그리고 성경공부 등은 정치·사회적 활동이 금지된 한국인들과 기독교 세력에게 합법적인 매체의 역할을 할 수 있었다.

그 이외에도 수원지방 기독교계는 국내에서 끊임없이 활동하던 민족운동가들과 깊은 연계를 갖고 있었기 때문에 3·1운동 초기부터 직접 뛰어드는 데 용이한 점이 많았다.

수원지방은 한국의 중심부이며 남북으로 철도와 도로가 관통하는 요충지에 위치하고 있었고, 서울에서 일어나는 일들을 바로 접할 수 있었기 때

---

12) 김권정, 「성공회·성결교의 전래와 활동」, 『일제하 경기도 지역 종교계의 민족문화운동』, 2001, 233~234쪽.

문에 서울에서 전개되던 운동의 영향을 크게 받을 수 있었다. 뿐만 아니라 서울로 통학하는 학생들이 많았기 때문에 서울의 각종 민족운동에 참여할 수 있는 기회가 많았다. 수원지방의 사회·지리적 환경을 배경으로 기독교 세력은 제1차 세계대전 이후 각국의 혁명·독립과 함께 국제변화의 조짐을 누구보다 빠르게 확보할 수 있었던 것은 비록 지방이지만 종교조직과 그 활발한 활동을 통해 서울의 기독교 세력과 직접 연결되어 있었고, 이들을 통해 소식들을 어떤 지역의 사람들보다 빠르게 접할 수 있었기 때문이다.

또한 3·1운동에 참여하는 수원지방 기독교인들에게는 민족의식과 결합된 기독교적 신념이 강하게 작용하고 있었다. 수원지방의 3·1운동의 핵심인물로 민족대표 48인 중의 한 명이었던 김세환은 이에 대해 다음과 같이 언급했다.[13)]

> "아무리 세계대세로 병합이 되었다 하더라도 항상 가슴속에 원한을 품고 있었는데, 모든 물건을 대할 때 초목에서 흐르는 이슬도 눈물이나 아닌가 하는 의심을 품을 지경이었다. 그러나 하나님은 장래에 정정당당히 조선 사람은 권리를 찾고 일본 사람은 권리를 돌리여 줄 시기가 돌아올 줄 알았다."

즉 3·1운동에 참여한 기독교인들은 이 운동을 단순히 민족 자유와 독립을 되찾는 것이라 보지 않았고 기독교적 이념 하에서 민족이 자주적 독립과 자유를 되찾는 것이 곧 하나님의 뜻이자 소명임을 인식하고 있었던 것이다. 이것은 자료의 부족으로 3·1운동에 참여한 수원지방의 기독교인들을 다 확인할 수 없는 한계를 갖고 있지만, 당시 기독교인으로서 3·1운동에 참여한 사람들의 생각이라고 판단하기에 그렇게 크게 벗어나지 않을 것이라고 생각된다.

---

13) 洪錫昌, 「김세환 재판기록」, 『水原地方 三·一運動史』, 295쪽.

한편, 수원지방 기독교인들은 3·1운동 이전부터 민족운동에 나름대로 참여하고 있었다. 수원군 향남면 제암리의 안종후와 홍원식은 1905년 마을에 교회를 설립하고 그 관리책임자로 전도활동을 펼치는 한편 항일사상의 고취와 동지의 규합을 시도하였는데, 천도교인과 함께 '애국동지회'를 결성하고 일본헌병을 타살하기도 했다.[14] 이후에도 이들은 제암리교회 안에 한글강습소(서재)를 설립하고 민족의식을 고취시켰다.

또한 성공회 교인들은 한말 애국계몽운동 차원에서 전개된 국채보상운동(國債報償運動)에 적극 참여하기도 했다. 이 운동은 일본이 한국정부에 빌려준 차관을 빌미로 침략을 가속화하자, 이에 국민들이 이 빚을 갚기 위해 일어난 운동이었다. 당시 수원은 기독교인인 김제구, 이하영, 임면수 등의 주도로 국채보상운동을 전개했는데, 이들은 '국민의 의무가 애국'임을 강조하고, 국채보상운동의 참여를 호소하는 취지서를 경기도 각 군에 살포하여 2~3일 만에 의연금 5백여 원을 모으기도 했다.[15]

이들 외에도 남양구역의 담임교역자로 제암교회와 수촌교회를 맡아 활동했던 김교철이나 동석기 목사 같은 인물들은 물론이고 3·1운동 민족대표 48인 가운데 하나인 김세환 같은 경우 민족의식이 투철한 사람들로 민족의식을 고취하고 배양하는 데 힘썼던 것이다.

3. 기독교계의 3·1운동 전개

수원지방 기독교계의 3·1운동은 경기도 지역에서 여러 사람을 민족대표로 참여시키는 역할을 한 김세환의 활동을 통해 준비되었다. 수원 종로교

---

14) 金承學, 『韓國獨立史』, 獨立文化社, 1966, 655쪽.
15) 이상근, 「京畿地域 國債報償運動에 관한 연구」, 『한국민족운동사연구』 24, 한국민족운동사학회, 2000, 197쪽.

회 교인으로 일찍이 일본 유학을 다녀왔던 그는 평소 민족의식을 고취하는 데 노력하고 있었는데, 1910년대에는 수원강습소 소장과 삼일학교 교사를 역임하고 3·1운동 직전에 삼일학교 학감으로 학교를 실질적으로 운영하는 위치에 있었다.[16]

그런데 이것이 계기가 되어 김세환은 미 감리회 전도사로 서울 YMCA 에서 학생부 간사로 학생들을 지도하던 박희도와 친밀한 관계가 형성되었다. 김세환은 1919년 2월 10일경 박희도로부터 독립만세운동의 계획을 전해 듣고, 2월 21일 이갑성의 집에서 열린 회의에 참석했는데, 여기에서 그는 수원과 충청 지역의 운동을 준비하는 '순회위원'이란 책임을 맡게 되었다.[17]

그는 해미읍 감리교회에서 열린 사경회를 인도하러 온 홍성교회의 김병제 목사에 운동계획을 설명하고 민족대표로 참여해 줄 것을 부탁하여 승낙을 받았고, 수원으로 돌아와 남양교회의 동석기 목사를 만나 운동계획을 설명하고 승낙을 받아낼 수 있었다. 당시 남양구역의 책임자로 평소 사강·비봉 지역의 여러 교회들을 순회하면서 교회를 위한 목회 활동 이외에도 평소에 민족정신을 고취하던 동석기 목사는[18] 일찍이 미국 유학을 다녀온 까닭에 영국과 미국의 외교관들과 친분이 있었고, 당시 세계정세에 대해 누구보다 잘 알고 있던 사람이었기 때문에 쉽게 승낙을 했던 것이다.[19]

다음날 이천교회 이강백 목사를 만나 승낙을 받았고, 이후 오산교회의 김광식 목사를 만나 역시 승낙을 받았으며, 마지막으로 본 교회의 임응순 전도사를 만나 승낙을 받았다.[20]

---

16) 『수원종로교회사 1899~1950』, 수원종로교회, 2000, 133쪽.
17) 김양선, 「3·1운동과 기독교계」, 『3·1운동 50주년 기념논집』, 동아일보사, 1969, 249~251쪽.
18) 그는 1919년 3월 1일 상경하여 파고다공원 집회에 참석했고, 독립선언식을 마친 후에 만세를 부르며 남대문을 거쳐 정동 외국인 영사관 앞에서 시위를 하였으며, 이에 그치지 않고 미국 영사관에 민족자결주의 운동의 정황을 의뢰하다가 검거되어 징역 7개월의 형을 받고 수감되었다 출옥하였다.
19) 김익진, 「동석기와 한국 '그리스도의 교회'」, 『한국기독교와 역사』 8, 1998, 221~223쪽.
20) 민족대표로 김세환에 승낙했던 수원종로교회의 임응순 전도사는 이후 책임을 지고 종로 교회에서 거의 쫓겨나다시피 다른 곳으로 옮기게 되었다.

그런데 이들을 포함하여 약 40여 명의 동조자를 얻어 민족대표로 서명하고 참여키로 되어 있던 김세환은 서울 도착이 늦어짐으로써 독립선언서에 기명하지 못하게 되었는데, 그것은 그의 서울 도착 전에 이미 독립선언서의 기명이 모두 끝났기 때문이었다.

　김세환은 1919년 2월 말 전국적인 만세시위에 동참하기 위한 마지막 회의를 수원상업강습소에서 개최했다. 삼일학교 교사로 오기전인 1910년대 중반에 수원상업강습소 소장을 역임한 바 있는 김세환은 당시 자신의 학생이었던 김노적을 수원면 만세시위 인원 동원 책임자로 임명했는데, 이 자리에는 박선태, 이선경, 임순남, 최문순, 김석호, 김병갑, 이희경 등의 기독청년들이 참석하고 있었다. 이들은 대부분 상업강습소출신으로 김세환의 제자들이었던 것이 큰 특징이었다.[21]

　김세환은 서울에서 진행되던 독립만세시위 계획을 설명하고, 수원에서 서울과 같이 3월 1일 정오에 삼일학교 교정에서 독립선언서를 낭독하고 독립만세를 부르며 만세시위를 전개하고 계획하였다. 그러나 일제 경찰이 미리 감지했다는 정보가 있자, 이날 거사는 3월 1일 저녁 횃불시위로 대체되었다. 그리하여 3월 1일 서울에서 독립만세시위가 시작되자 그 날 저녁 수원 북문안 용두각에 수백 명이 모여 횃불 시위를 펼쳤는데,[22] 이날 밤 화성 동쪽의 봉수대에 횃불이 올랐고 이를 신호로 독립만세시위가 퍼져 나갔으며, 팔달산 서장대를 비롯한 20여 곳의 성곽에서 일제히 봉화가 타올랐다. 이때 남문 밖 객주집에 묶고 있던 시골 상인도 여기에 합세했는데, 이후 이들을 통해 만세시위의 열기가 각 지역으로 전파되어 갔다.[23]

　그러나 이날 이후 수원읍을 중심으로 하는 수원면 독립만세시위가 잠시 소강상태를 보였다. 3월 16일이 될 때까지 수원읍을 중심으로 하는 수원

---

21) 李悌宰, 「水原地方 獨立運動 先驅者 金露積 先生」, 『水原의 옛 文化』, 효원문화인쇄, 1995, 154쪽.
22) 이병헌, 『3·1運動 秘史』, 시사시보사출판국, 1959, 868쪽.
23) 李悌宰, 앞의 글, 155쪽.

면에서 이렇다 할만한 만세시위가 일어나지 않았고, 그것은 3·1운동을 대대적으로 준비하고 있던 것과는 너무도 상반된 모습이었다.

그런데 거기에는 이유가 있었다. 그것은 시위를 주도했던 김세환, 김노적, 박선태, 이선경 등 60여 명이 3·1 수원면의 야간 횃불 만세시위을 주도했다는 이유로 일경에 연행되었기 때문이었다. 이 과정에서 김세환은 서울에서 3·1운동 계획을 한 48인 가운데 하나임이 밝혀져 서울로 압송되었고, 김노적, 박선태, 이선경 등의 몇 사람은 심한 취조를 받았다.[24] 특히 김노적은 이때 심한 고문과 구타를 당했는데, 머리를 총 개머리판으로 맞아 머리 한쪽이 함몰될 정도였고 왼쪽손목을 거의 못 쓸 정도가 되었다고 한다.[25]

이처럼 3·1운동을 주도적으로 준비했던 김세환이 만세시위 첫날 투옥되고 그와 같이 수원면 독립만세시위를 준비했던 많은 지도자급 인물들이 연행됨으로써 수원면 만세시위는 갑자기 지도 공백 상태에 빠졌던 것이다. 3월 16일 장날을 이용해 자연발생적으로 만세시위가 일어나기 전까지 수원면에서는 만세시위는 미미한 정도에 불과했던 것이다.

수원지방의 중심인 수원읍에서는 3월 16일 장날이 되어 수백 명이 참여한 만세시위운동이 대대적으로 일어났다. 팔달산 서장대와 동문쪽 연무대에서 각각 수백 명의 군중들이 독립만세를 외치면서 종로를 향해 몰려들었다. 자료로는 드러나지 않지만 아마도 이날 시위를 주도한 것은 젊은 청년학생들 가운데, 특히 기독교인들과 천도교인들이 주도를 했던 것으로 보인다. 그것은 일제가 진압하는 과정에서 천도교구에 난입하여 천도교인들을 무차별적으로 구타·폭행했으며, 김세환이 학감으로 있던 기독교계 학교인 삼일여학교에도 습격하여 사무실을 파괴한 것으로 보아 알 수 있다.[26]

---

24) 李悌宰, 앞의 글, 156~157쪽.
25) 「김노적과 수원 지역의 민족운동(증언자료)」, 『수원문화사연구』 5호, 수원문화사연구회, 2002, 172~175쪽.
26) 이병헌, 앞의 책, 868쪽.

즉 천도교구와 삼일여학교에 대한 난입은 일제가 만세시위운동을 기독교인과 천도교인들이 주도한 것으로 파악한 데서 나타난 대응방식이었던 것이다.

3월 중순부터 수원읍을 중심으로 불붙듯이 일어난 만세운동은 3월 25일 장날을 맞아 더욱 거세가 전개되기 시작했다. 특히 청년 학생들이 전면에 나서서 독립만세운동을 주도하였는데, 29일에는 300여 명의 기독교인 · 학생 · 일반민이 중심이 되어 격렬한 시위를 펼쳐 관공서 및 민가 여섯 채가 파괴되기도 하였다.[27]

그런데 수원지방 기독교인들의 3 · 1운동 참여는 수원읍 내보다 수원읍 밖에서 더욱 적극적으로 전개되었는데, 장안면 · 우정면 · 향남면의 3 · 1운동에 기독교인들이 천도교인들과 함께 만세시위운동에 적극 참여하였다.[28]

우정면과 장안면은 일찍 동학이 전파되어 1910년에 8개의 전 교실이 있을 정도로 천도교 교세와 활동이 활발한 곳이었는데, 1905년을 전후로 하여 이곳에도 기독교가 전파되어 수촌리 · 장안리 · 제암리에 교회가 설립되어 적극 전도활동을 펴고 있었다.

3월 1일 서울의 만세시위에 참여하고 돌아온 향남면 제암교회의 안종후 권사는 천도교 남양교구 순회전도사인 백낙열, 팔탄면의 김성열과 함께 비밀리에 만세시위 준비를 시작했다. 4월 1일 개죽산의 봉화를 시작으로 모든 봉우리에서 봉화가 오르고 독립만세를 외쳤는데, 이때 발안에 주둔하고 있던 일본 수비대가 총을 쏘며 쫓아왔다. 다음날도 역시 동리마다 산마루에 불을 피우면서 밤새 만세시위를 전개했다.

4월 3일에 장안면사무소로 몰려가서 면장 김현묵에게 시위에 동참할 것과 시위의 선두에 설 것을 종용하였고, 면장에게 태극기를 들게 하고 일

---

27) 「1910년대 항일독립운동과 3 · 1운동」, 『경기도 항일독립운동사』, 경기도사편찬위원회, 1995, 292쪽.

28) 우정 · 장안면 3 · 1운동의 일반사적 성격과 의미에 대해서는 이정은의 앞의 글(「화성군 장안면 · 우정면 3 · 1운동」)을 참조할 것.

부는 쌍봉산으로 향했고, 나머지는 면사무소를 부수기 시작했고 면사무소의 집기와 서류를 꺼내와 불태우고 태극기를 흔들면서 독립만세를 외쳤다. 이어 2천여 명의 시위 참석자들은 화수리 주재소로 향해 행진했는데, 주재소에 있던 일본인 순사 가와비다(川端豊太郞)가 밖으로 나와 군중들에게 권총을 발사하여 시위자 중에 1명이 사망하고 2명이 부상당하는 일이 일어났다. 이에 격분한 시위 군중들은 주재소를 습격하여 가와비다 순사를 처단하고 주재소를 불태워버렸다.

이에 일제는 다음날 수비대 1개 소대 병력을 동원해 화수리를 완전히 포위하고 총을 난사했는데, 피하지 못하고 남아 있던 화수리 주민들에게 수비대가 참혹한 보복성 탄압을 저질렀다. 거의 모든 집들이 불태워졌고, 만세시위를 이끌고 주도했던 사람들이 체포 투옥되었다. 수촌리의 수촌교회 역시 수비대에 의해 불태워지고 말았다.

이 과정에서 체포된 기독교인은 주로 수촌리에 거주하며 수촌교회에 다니던 교인들이었는데, 차인범, 김웅식, 김덕삼, 김종학, 김명우, 김교철, 박경모 등이었다. 18살의 나이였음에도 만세시위에 적극 참여한 결과 10년의 형을 받았던 차인범은 심한 고문을 이기지 못하고 결국 옥중에서 순국하고 말았다.[29]

이때 체포된 사람 가운데 김교철은 당시 남양교회를 제외한 수촌교회와 제암교회를 담임한 전도사였다. 그는 수촌리에 상주하면서 제암교회까지 목회를 하고 있었는데, 3 · 1운동이 일어나자 당시 제암교회 권사이며 제암리 이장인 안종후 권사와 홍원식 권사에 제암교회의 관리를 맡기고 자신은 행정구역이 다르므로 따로 수촌리 교인과 동민을 지휘하여 장안 · 우정면 만세시위 운동에 적극 참여했던 것이다. 그는 이때 체포되어 3년형을 받고 만기, 출감하였다.[30]

---

29) 국사편찬위원회,『韓民族獨立運動史資料集』20, 1994, 282~286쪽.

한편 향남면 제암리에 사는 기독교인들은 천도교인들과 함께 3월 31일 발안에 장이 서는 날을 이용하여 대규모 시위에 참여했다. 이날 시위에서는 제암리 주민들이 주도적인 역할을 했는데, 이들 제암리 기독교인들과 천도교인들은 발안 장날 시위에 참가한 후 지속적인 시위 방법으로 야간 횃불시위를 준비하고 4월 2일 지네산에 올라 만세시위를 벌였다. 그런데 발안 장날 시위와 야간 횃불시위에 적극 참여한 제암리 종교인들에 대한 정보가 일본 경찰에 그대로 보고되었는데, 그것은 제암리 출신의 순사보 조희창의 작품이었다.[31]

발안의 시위가 대규모적으로 격렬하게 전개되었음에도 불구하고 다른 지역에 비해 주모자들에 대한 검거에 실패한 아리타 중위는 발안시위의 주도자들인 제암리 종교인들을 토벌하기로 결정하고 행동에 나섰다. 이것이 바로 3·1운동 중 가장 참혹하고 비극적인 사건으로 불리게 된 「제암리 학살사건」의 시작이었다.[32] 보병 11명과 발안주재소 순사 1명, 순사보인 조희창을 대동하고 제암리에 도착한 아리타는 15세 이상의 남자들을 모두 교회에 모일 것을 지시한 다음 밖에서 문을 잠근 뒤에 석유를 뿌리고 교회에 불을 지른 다음, 뛰쳐나오는 사람들에 무차별 사격하여 학살하는 만행을 저질렀다. 이어 다시 인근의 팔탄면 고주리의 천도교인 6명을 난자하여 살해한 다음, 시체에 석유를 뿌리고 불태워 버렸다.

제암리 교회 안과 밖에서 죽은 사람들과 고주리에서 희생된 사람들을 합치면 모두 29명이 제암리 사건으로 희생되었다. 고주리에서 희생된 천도교인 6명을 제외하면 제암리 교회에서 희생당한 희생자 23명은 천도교인 11명, 감리교인 12명으로 나눌 수 있는데, 결국 제암리 학살 사건의 희생자

---

30) 홍석창, 앞의 책, 196~197쪽.
31) 이덕주, 앞의 글, 51~53쪽.
32) 이 사건의 보다 자세한 내용에 대해서는 한국기독교역사연구소에 펴낸 「특집 3·1운동과 제암리사건」(『한국기독교와 역사』 7, 1997)과 성주현의 「수원 지역의 3·1운동과 제암리학살사건에 대한 재조명」이란 글을 참고할 것.

들은 천도교와 기독교인으로 이루어지고 있었음을 알 수 있다. 희생된 기독교인들 가운데는 제암교회의 권사 직책을 갖고 장안·우정면의 만세시위와 발안시위를 제암리 군중들을 이끌었던 안종후·홍원식, 속장직을 갖고 있던 안진순 등 제암교회 평신도 지도자들이 포함되어 있었다.[33]

이 사건은 사건 직후 현장을 방문한 외교관과 외신기자, 선교사들을 통해 사건 진상이 외부로 알려지면서 일본 측을 곤혹스럽게 만드는 상황으로 전개되었다. 특히 선교사들 가운데 언더우드, 스코필드 등은 여러 차례 현장을 방문하여 사실 파악과 부상자 치료와 난민 구호에 적극 참여했으며 영국의 대리영사와 노블을 비롯한 감리교 선교사들이 현장을 답사하고 현장 증언을 담은 보고서를 작성하여 본국으로 보내 세계 여론과 세계 교회에 그 진상을 알리는 데 노력했다.[34]

이밖에도 의왕면 고천리에서 800여 명의 기독교인·천도교인·농민이 평화적인 시위를 전개했다. 시위군중들은 지지대 고개에서 횃불을 높이 들어 수원읍내까지 비치도록 하고 만세를 부르며 주재소와 면사무소를 습격했는데, 수비대가 발포하여 해산 당하고 말았다. 이날 46명이 체포되어 즉결처분으로 태형을 받았다. 반월면에서도 600명의 기독교인·천도교인·농민이 평화시위를 벌였으며, 동탄면에서는 천도교인 박두병·김재천과 기독교인들이 서로 연락하면서 게릴라식 만세시위를 전개하기도 했다.[35]

당시 제암리 사건과 관련해서 수원지방 감리사였던 노블 선교사는 그해의 연회에서 제암교회에 대해 다음과 같이 보고했다.

33) 이덕주, 앞의 글, 61~66쪽.
34) 김승태, 「제암리교회 사건과 서구인들의 반응」, 『한국기독교와 역사』 7, 한국기독교역사연구소, 1997, 104~114쪽.
35) 경기도사편찬위원회, 『경기도 항일독립운동사』, 315~316쪽.

"제암교회에서 일경에게 피살된 이가 23인이나 됨으로써 오늘날까지 참배하는 이들은 어떤 예측하지 못한 일을 당할까 두려워하는 중에 있습니다. 그 구역 내의 교인 334명 중에 173인은 살해되었거나 옥에 갇혔고 또는 도망하였습니다. 제암 지역에 있는 교인들은 이런 예측지 못한 일을 당하여 악형과 총검의 위험을 보았으나 신앙심이 더욱 돈독하여 가며 하나님을 더욱 의지하면서 말하기를 죽음은 언제든지 올 것이나 우리를 위해 대신 죽으신 주 예수께 끝까지 충성하겠다고 하였습니다. 불신자들은 항상 권하기를 예배당에 가지 말라 일병이 또 올까 두렵다 함으로 이것이 어렵습니다."[36]

기독교인들의 적극적인 3·1운동의 참여는 일제의 엄청난 물리적 탄압을 받았고, 그로 인한 수원지방 기독교인들의 관련 피해상황은 다음과 같다.[37]

〈표 1〉 수원지방 피해상황

구 분	구 분	구 분	구 분
3·1운동으로 입감된 감리교인 (전국)	1919년 5월말	438(남자 401/여자 37)	조선총독부 통계
3·1운동으로 검거된 감리교인 (검거)	1919년 말	560(남자 518/여자 41)	일본헌병대 조사
감리교 인천지방 피해상황 (교회 65/ 교인 4,938)	1919년 11월	재감자 9/입감자 52/ 피찰자 131/면소자 26/ 기소자 28(목사 2)	감리교연회록
감리교 수원지방 피해상황 (교회 93/교인 5,374)	1919년 11월	재감자 11/수감자 18(목사 5, 인도자 13)/행방교역자 52/ 피산·피수·피신자 173/ 순사의 조사 때문에 9월까지 심방불가	감리교연회록

36) 「수원지방 감리사 보고」,『미감리회 제12회 연회록』, 1919.
37) 한규무, 「감리교의 항일민족문화운동」,『일제하 경기도 지역 종교계의 민족문화운동』, 경기도 문화재단, 2001, 191쪽 표 인용.

이처럼 수원지방의 기독교계가 3·1운동과 관련하여 입은 피해상황이 컸던 것은 그만큼 이 지역의 만세시위운동이 격렬하고 적극적으로 이루어졌음을 보여주는 것으로 이는 수원지방 선교책임자인 노블 선교사가 수원지방의 피해를 연회에 다음과 같이 보고한 내용에서도 그대로 나타났다.

"목사 5인과 인도자 13인이 수감되었고 교인 13인이 일경에게 피살되었습니다. 그리고 교역자 52인이 없어졌습니다. 목사 3인은 놓이고 1인은 보석으로 나왔습니다. 남양과 제암과 오산구역에 7개 교당이 일경에게 파괴를 당하였고, 그 근방에 329가옥이 불타 1,600 명이 거처할 곳이 없게 되었습니다. 그 근방의 참사자의 수를 분명히 알기 어려우나 믿을만한 소식에 의하면 신자와 불신자를 합하여 82명이라 합니다. 파괴된 회당 3개 처는 재건축되었고, 기타 3개 처는 건축 중입니다."[38]

수원지방의 기독교계가 다른 지방에 비해 사상자 수와 교회와 가옥 피해 등이 많았던 것은 제암리 교회의 집단학살사건이 있었기 때문이며, 그만큼 일제의 보복이 집중되었기 때문이다. 수원지방에서 가장 격렬했던 곳은 화성군 지역으로 이 지역이 감리교회 선교구역으로 감리교회 목회자와 교인들의 이 운동을 주도적으로 참석했으며, 이에 따라 일제의 기독교회와 기독교인들에 대한 보복도 철저하게 진행되었던 것이다.

4. 3·1운동 이후 기독교계 동향

3·1운동에서 일제의 철저한 탄압으로 수원지방 기독교회와 기독교인들이 심각한 피해를 당했다. 특히 「제암리 학살사건」은 항일의식을 갖고 일

---

38) 위와 같은 보고서.

제에 저항적이었던 사람들을 한순간에 공포로 몰아넣기에 부족함이 없는 엄청난 충격 그 자체였다. 그런데 이런 충격도 잠시 3·1운동 이후 수원지방에서는 기독교인들의 항일운동 참여가 계속되었다. 3·1운동 직후 그 형태는 공개적인 운동이라기보다 일제의 강화된 탄압을 피해 비밀결사형태로 이루어졌고, 다른 한편으로는 공개적이고 합법적인 실력양성운동 차원에서 다양한 부문 운동이 전개되었다.

3·1운동 이후 수원지방에서 일제의 감시를 뚫고 가장 먼저 조직되었던 것은 비밀결사체인 혈복단(血復團)이었다. 이 단체는 1919년부터 1920년까지 비밀결사로 활동하던 대한독립애국단과 밀접한 관련을 갖고 조직되었다. 기독교인으로 서울에서 기독교계 학교에서 교사로 있던 신현구가 중심이 되어 대한민국 임시정부의 지원을 목적으로 조직된 대한독립애국단은 임시정부의 선전, 통신 연락, 자금 수합 등의 활동을 펼치다 조직원의 상당수가 일제의 체포됨에 따라 다시 혈복단을 결성하게 되었던 것이다. 이 단체는 조선독립운동 자금 모집과 독립을 위한 민족의식 고취를 목적으로 조직되었다.[39]

혈복단이 수원에 지부를 둔 경위는 자료가 없어 자세히 알 수 없으나, 당시 경성기독교청년회관 학생으로 수원에 거주하면서 서울로 통학하던 기독청년 이득수(일명 이종상)와 박선태의 만남이 수원 혈복단 결성의 결정적 계기가 된 것으로 보인다.

3·1운동 과정 중에 체포되어 20일 동안 구류를 살 정도로 항일의식이 철저했던 이득수는 자신의 한문선생으로 당시 임시정부의 독립신문 발간 및 배포에 관여하던 차관호를 통해 임시정부와 연계될 수 있었다. 이득수는 독립신문을 인수받아 삼일여고 여교사 차인재와 함께 수원군 수원면 내의

39) 장석흥, 「대한독립애국단연구」, 『한국독립운동사연구』 1, 독립기념관 한국독립운동사연구소, 1987, 182~192쪽.

조선인 각 집에 이를 배포하던 중 당시 서울로 통학하고 있던 기독교인 박선태를 만나게 되었다. 당시 상해로 가서 독립운동을 생각하던 박선태는 수원을 중심으로 동지를 규합해 독립신문을 배포하는 것이 어떠한가에 대한 이득수의 제의를 받고 이에 동조하여 결국 1919년 말 수원 혈복단을 조직하게 된 것이다.[40)

혈복단을 조직한 박선태, 이득수는 1920년 6월경 수원 지역에 독립신문 배포와 적십자회원 모집을 위해 여학생들의 도움이 필요하다는 판단아래 차인재의 알선으로 당시 이화여자고등보통학교 2년생 임순남과 최문순, 경성여자고등학교 3년 이선경 등을 새로 가입시켰다. 이들은 모두 수원에 거주하며 서울로 통학하던 학생들로 수원 종로교회의 교사로 활동하던 기독청년들이었다.[41)

이들은 1920년 6월 20일 혈복단을 구국민단으로 바꾸고 "한일합방에 반대하여 조선을 일본제국 통치하에서 이탈케 하여 독립국가를 조직할 것", "독립운동을 하다가 입감되어 있는 사람의 유족을 구조할 것" 등을 목표로 설정하고 활동하기 시작했다.[42) 독립신문의 입수와 배포에 적극 나섰던 구국민단은 조직확대를 위해 수원에 거주하는 김노적, 김석호, 김병갑, 이희경 등에 대해 동지가 될 것을 권유하였는데, 이들은 모두 김세환과 함께 3월 1일 수원면 횃불만세시위운동을 주도적으로 전개했던 인물들이었다.[43)

그러나 이렇게 활동하던 중 이 단체를 주도하던 박선태, 이득수, 임순남 등이 1920년 8월에 일본 경찰에 체포되어 갖은 고문을 받고 실형을 언도받음에 따라 사실상 구국민단의 존재도 끝나게 되었다.

짧은 기간 동안 비밀결사체로 존재했던 혈복단과 구국민단은 3·1운동

---

40) 박환, 「1920년대 초 수원지방의 비밀결사운동」, 『경기사학』 2, 1998, 170~171쪽.
41) 박환, 위의 글, 172쪽.
42) 독립운동사편찬위원회, 『독립운동사자료집』 5, 1972, 378쪽.
43) 李悌宰, 앞의 글, 156쪽.

이후 수원지방 기독교계의 동향과 관련해서 대단히 주목된다. 그것은 이 단체가 기독교인들을 중심으로 이루어졌고, 여기에는 수원 종로교회와 삼일학교가 이들의 활동 중심지가 되었다는 점에서도 그러하다. 특히 박선태는 성공회의 진명구락부에서 운동부장으로 활약하며 수원군에 조직되어 활동하던 주요 청년단체들과도 유기적인 관계를 맺고 활동했으며, 임순남은 감리교회에서 조직한 여성청년단체인 여보호회에서 총무로 활동하는 등 이들은 공개적이고 합법적인 종교단체들의 기반을 활용하여 여러 활동들을 전개하였던 것이다.[44]

한편 혈복단과 구국민단 이후 수원지방의 기독교인들은 교육·사회·종교·문화 관련 여러 사회단체에서 활동했는데, 특히 1927년 민족협동전선으로 창립된 신간회에도 적극 참여했다. 신간회가 창립될 당시 수원 지역엔 사회단체로 기독교인들이 적극 참여하던 단체로 김노적의 진명구락부(성공회)와 김병호의 엡웟청년회(감리교)가 있었다. 이들 단체는 천도교와 함께 민족주의 세력을 이루고 사회주의 계열과 협동전선을 펼치며 신간회 수원지회를 설립하는 데 크게 기여했다.[45]

특히 여기서는 김노적과 김병호의 활약이 두드러졌다. 수원상업강습소 출신인 김노적은 3·1운동 과정에서 일제의 탄압으로 거의 죽었다가 성공회 신부의 극적 도움으로 살아난 뒤 성공회 신자가 되었는데, 이후 그는 성공회 내 진명구락부를 주도적으로 설립하고 수원구제회의 발기인, 수원소년군 대장 등을 역임하며 1920년대 기독교 사회운동을 주도해 나갔다. 또 수원 종로교회의 교인이었던 김병호는 삼일학교 교사로 활동하며 1927년에 엡웟청년회 회장으로 활동했다. 이들은 1920년대 수원지방의 대표적인 기독교계의 사회운동가로 신간회 수원지회에 참여했는데, 김노적과 김병호가

---

44) 박환, 앞의 글, 172~173쪽.
45) 성주현, 「1920년대 경기 지역의 천도교와 청년동맹 활동」, 『경기사학』 4, 경기사학회, 2000, 135~136쪽.

회장과 총무간사 및 집행위원장을 맡음으로써 실질적으로 신간회 수원지회를 이끌어 나갔던 것이다.

교세가 강했던 천도교나 사회주의 세력이 아닌 기독교계 인사가 수원지회 회장과 총무간사 및 집행위원장을 맡았다는 것은 당시 기독교 세력이 강했음을 의미하여 이를 맡은 기독교인들의 수원지방에서의 사회적 명망성이 높았음을 의미한다고 볼 수 있다.

5. 나오는 말

지금까지 수원지방 기독교인들의 3·1운동 참여 배경과 그 전개 과정, 그리고 3·1운동 이후의 동향에 대해 살펴보았다. 여기서는 특징을 중심으로 결어를 대신하고자 한다.

첫째, 수원지방의 기독교인들이 3·1운동에 참여하게 된 조직적 배경에는 3·1운동 이전에 수원 지방 전체를 대상으로 하는 교회조직과 젊은 청년학생층의 중심지인 기독교 학교의 조직력이 있었다.

수원지방의 기독교계 3·1운동은 감리교회가 주도했는데, 수원지방의 감리교회는 당시 수원계삭회, 시흥계삭회, 남양계삭회 등 수원지방 전체를 포괄하는 조직이 확보되어 있었다. 이런 조직은 운동의 전개 과정에서 조직력을 확보하는 데 결정적 역할을 했다. 또 1903년에 정식 개교한 삼일학교는 기독교인들이 중심이 되어 민족의식의 고양과 국권회복을 추구하였는데, 일제 강점 하에서는 민족교육을 실시함으로써 많은 인재를 양성하였고, 이들은 3·1운동과 이후 수원지방 민족운동을 이끄는 지도적 인물들로 성장하였다.

둘째, 수원지방 기독교인들의 3·1운동은 갑작스럽게 일어난 것이 아니라 3·1운동 이전부터 민족운동에 참여해 왔던 결과의 연장이었다. 제암교회의 안종후와 홍원식은 교회 책임자로 전도활동을 펼치는 동시에 항일 사상을 고취하고 동지의 규합을 통해 끊임없이 민족운동을 시도하던 인물 들이었다. 한말에는 국채보상운동에도 적극 참여하여 일제의 경제적 침략 에 맞선 항일운동에도 적극 참여하기도 했던 것이다. 1910년대에도 이들을 중심으로 기독교회와 기독교계 학교를 중심으로 기독교 정신에 기초한 민 족의식을 고취하는 운동이 활발하게 전개되었던 것이다.

셋째, 수원지방 기독교인들의 3·1운동을 보면, 수원읍보다 장안·우 정면, 향남면에서 격렬하고 적극적으로 전개되었다는 특징이 있다. 선교사 의 직접적인 관리를 받던 수원읍내의 교회보다는 한국인 교역자들이 직접 목회하던 곳에서 기독교인들의 참여가 현저했는데, 이것은 농촌 지역에서 농민들의 자발적 참여 아래 조직적이고도 철저한 항일투쟁에 기독교인들이 적극 참여한 결과였고, 종교적 신념이 교회 안에 머물고 있었던 것이 아니 라 교회 밖 민족문제에까지 나아가고 있음을 의미한다.

나아가 이것은 당시 농촌 지역의 교회가 민중의 현실 속에 철저히 뿌리 박고 있지 않으면 불가능했던 일로, 교회를 지도하는 교회 교역자들이나 평 신도 지도자들의 역할이 무엇보다 컸으며, 이런 리더쉽을 통해 당시 한국교 회에 만연되어 있던, 정치와 종교는 분리되어야 한다고 하면서 종교가 정치 문제에 대해 개입하거나 이를 바로잡기 위해 참여하는 것을 부정하던 '정교 분리정책'의 한계를 극복할 수 있었음을 보여준다.

넷째, 3·1운동 이후에도 여전히 수원지방의 민족운동에 기독교회와 기독교 학교, 그리고 기독교인들이 많은 역할을 하고 있었음을 알 수 있다. 기독교인들의 피해가 다른 여타의 지역에 비해 컸다는 것은 그만큼 이들의 저항이 강력했음을 의미하는 것으로, 3·1운동 과정 중에 엄청난 피해를 당 했음에도 불구하고 좌절하지 않고, 수원지방의 기독교계는 3·1운동 이후 기독청년들을 중심으로 새로운 민족운동을 모색했다. 그리하여 3·1운동의 만세시위운동에 참여했던 인물들 다수가 1920년대 사회운동에 적극 참여하는 모습을 보이고 있었다. 이것은 3 · 1운동 이후 수원지방 기독교인들의 정치사회운동이 곧 수원지방 3 · 1운동의 연장선상에 서 있음을 의미하는 것으로 한말이래 일제 침략에 끊임없이 전개한 근대 민족운동의 전통과 특성이 3 · 1운동 이후에도 기독교 공동체 속에 그대로 살아 있었음을 의미한다고 생각된다(『역사와 교육』 제11집, 2010).

일제하 사회주의자들의 반기독교운동

1. 들어가는 말

3·1운동 이후 본격적으로 국내에 소개되기 시작한 사회주의 사상은 당시 민족운동가들에게 민족해방을 위한 새로운 이념과 방법으로 널리 수용되었다. 그 가운데서도 청년 지식인들은 사회주의 사상을 수용하는 데 적극적이었으며, 이들을 중심으로 사회주의자들이 형성되었다. 이에 1920년대부터 국내 민족운동세력은 사회주의 세력과 민족주의 세력으로 크게 양분되었다.

이렇게 국내 민족운동세력으로서 등장한 사회주의 세력은 1920~30년대에 걸쳐 반종교운동을 전개했는데, 그 가운데서도 기독교는 반종교운동의 주요한 대상이었다. 이것은 한국의 사회주의자들이 사회주의 사상 속에 내면화된 종교비판론과 무신론적 세계관을 무비판적으로 받아들였던 결과였다. 하지만 사회주의자들의 종교에 대한 방침과 그 대응이 언제나 동일했던 것은 아니었다. 반종교·반기독교운동은 당시 정세인식과 민족주의 세력에 대한 대응 정도에 따라 큰 변화를 보였던 것이다. 즉 사회주의자들이 민족주의 세력을 강하게 공격할 때 이와 동시에 반기독교운동이 더욱 거세게 전개되었는데, 이 같은 사실은 사회주의와 민족주의, 그리고 종교와의 상관관계에 대하여 어떠한 시사를 줄 수 있다는 점에서 주목된다.

이제까지 반기독교운동에 대한 연구는 일반사에서 주목을 받지 못했고, 한국교회사 차원에서 진행된 것이 대부분이었다.[1] 최근 한 연구는 사회주의자들의 반기독교운동이 국내 민족운동의 노선변화와 관련하여 필연적으로 일어났으며, 이는 사회주의 운동이 대중성을 획득하는 데 크게 기여했다고 평가했다.[2]

이에 본고에서는 기존의 연구 성과를 바탕으로 하여 반기독교운동의 역사적 배경과 반기독교운동의 전개과정, 그리고 그 성격 등을 살펴보고자 한다.

2. 반기독교운동의 역사적 배경

한국사회주의자들은 다음과 같은 배경에서 반종교·반기독교운동을 전개했다.

첫째, 사회주의자들은 '종교'를 사회주의 사회를 건설하는 데 하나의 '방해물'로 인식했다. 그들은 사회주의 사상의 확산을 위해서 대중들 속에 넓게 퍼져 있는 여러 봉건적인 전통들을 극복하지 않으면 안 된다고 생각했

---

1) 주로 기독교인들의 반기독교운동에 대한 반응과 그 영향을 다루고 있다. 閔庚培, 「한국 교회의 사회의식과 그 운동」, 『韓國基督敎會史』, 대한기독교출판사, 1982; 강인규, 「1920년대 반기독교운동을 통해 본 基督敎」, 『韓國基督敎史硏究』 9, 1986; 한국기독교역사연구소, 『한국기독교의 역사』 II, 교문사, 1990; 강원돈, 「일제하 사회주의 운동과 한국기독교」, 『일제하 한국기독교와 사회주의』, 한국기독교역사연구소, 1992; 張昌鎭, 「日帝下 民族問題論爭과 反 宗敎運動」, 서울대대학원 종교학과 석사학위논문, 1994; 김승태, 「일제하 사회주의자들의 반기독교운동과 기독교의 대응(상)」, 『두레사상』 2, 1995.
2) 이준식, 「일제침략기 기독교지식인의 대외인식과 반기독교운동」, 『역사와 현실』 10, 역사비평사, 1993.

다. 그 가운데 하나가 대중들에게 넓게 퍼져 있던 여러 종교들이었다.[3] 1910년 일제의 강점 이후 한국인들은 정신적 피난처로서 종교를 찾았고, 이에 한국의 종교인구가 급격히 늘어나는 추세였다.[4] 그래서 1920~30년대 사회주의자들은 사회주의 사상을 대중들에게 보급시키기 위해 '비과학적', '미신적'인 종교적 요소들을 제거해야 한다고 주장했다.[5] 즉 사회주의자들은 대중들에게 확산되어 있는 종교적 요소들을 사회주의 사상의 확산과 사회주의 건설이라는 목표선상에서 하나의 '걸림돌' 내지 '방해물'로 인식했던 것이다.

둘째, 한국의 사회주의자들은 한국에 이웃한 중국[6]과 러시아[7]에서 일어난 반종교·반기독교운동을 사회주의 건설의 한 과정으로 이해했다. 1920~30년대 러시아와 중국의 혁명적 상황에 큰 관심을 갖고 있던 한국의 사회주의자들은 이들 국가에서 벌어진 반종교·반기독교운동을 무시할 수 없었다. 한국의 사회주의자들에게 러시아는 1917년 러시아혁명 이후 세계 공산주의 운동을 주도하면서 강력한 사회주의국가 건설을 지향하는 모델로서, 그리고 중국은 반제국주의를 지향하는 혁명의 성패 여부로 그 이목들이 집중되고 있었기 때문이다.

이러한 까닭에 사회주의자들은 이들 나라에서 일어나는 반종교·반기독교운동의 동향에 크게 주목하고 있었다. 그리하여 1920년대 초반부터 중국과 러시아에서의 반종교·반기독교운동이 국내의 신문과 잡지에 소개되

---

3) 金昌順·金俊燁, 『韓國共産主義運動史 2』, 청계연구소, 1986, 177~178쪽.
4) "금일에 종교신자라고 자칭하는 자가 적어도 3백만, 조선 인구의 7분 내지 6분의 1을 점하게 되었다. 매 7인 내지 6인에 1인의 종교신도가 있다 함은 실로 가경할 현상이니…"(『東亞日報』 1923년 10월 21일자, 社說)라고 하여 3·1운동 이후 종교인구의 급작스런 증가는 한국사회의 우려를 자아내고 있었다.
5) 전택부, 『韓國敎會發展史』, 대한기독교출판사, 1987, 213쪽; 강명숙, 「1920년대 초 한국개신교에 대한 사회의 비판」, 『한국기독교와 역사』 5, 한국기독교역사연구소, 1996, 52~77쪽 참조.
6) 閔斗基, 「國民革命運動과 反基督敎運動」, 『中國國民革命運動의 構造分析』, 지식산업사, 1990, 141~179쪽 참조.
7) 임영상, 「혁명과 종교: 1917~1929」, 『外大史學』 6, 1995 참조.

기 시작했다.[8] 예를 들어 당시 저명한 사회주의자였던 정백은 "중국 반기독교운동이 지금은 미약하더라도 그것이 중국혁명에 종자가 되며 원동력이 될 것"[9]이라고 전망했는데, 이는 반기독교운동이 사회주의혁명의 한 동인(動因)임을 지적한 것이었다. 또한 이철은 "러시아의 반종교운동이 세계의 청년층에게 급속하게 전파되어 청년들의 사회주의적 각성에 크게 기여하고 있다"[10]고 밝혀 반종교운동이 사회주의 전파와 동전의 양면과 같은 관계가 있음을 지적했다.

셋째, 3·1운동 이후 기독교계는 기독교 공동체의 변화와 함께 1920~30년대에 걸쳐 대내외적으로 심각한 비판에 직면했다. 먼저 3·1운동이후 최소한 종교적 이유로서 '정치적 중립'을 지켜 오던 선교사들이 일제의 정책에 적극적으로 동조하기 시작했던 것이다. 그들은 원활한 '선교사업'을 위하여 3·1운동 과정 중 불편해진 일제와의 관계를 개선해야 할 필요성을 느꼈는데, 이러한 필요성이 선교사들을 회유하려는 일제의 종교정책에 부합하는 경향으로 나타났던 것이다.[11] 이와 더불어 1920년대 초반부터 외국 선교사들의 비행이 잦아지면서 일반 사회에서 선교사 배척의 분위기가 고조되었다.[12] 이는 선교사들의 친일성에 내면적으로 분노하고 있던 한국인의 감정을 자극하기에 충분한 것이었다.[13]

다음으로 초월적·신비주의 부흥운동이라는 새로운 신앙양태가 한국

---

8) 『東亞日報』, 1922년 4월 12일자, 社說; 林杜, 「中國國民革命運動의 現像과 그 原因」, 『開闢』 3-6, 1922년 6월, 51~53쪽; 金星, 「非基督敎大同盟宣言 - 資本帝國主義가 基督敎를 保留하는 그 裏面」, 『開闢』 5-10, 1924년 10월, 56~58쪽.

9) 鄭栢, 「中國의 非宗敎運動의 由來와 傾向」, 『新生活』 7, 1992, 67쪽.

10) 李喆, 「無宗敎라야 有宗敎」, 『開闢』 4-7, 1923, 34쪽.

11) 朝鮮總督府, 『朝鮮의 統治와 基督敎』, 1921, 15쪽; 『朝鮮通治秘史』, 1937/형설출판사, 1993, 197~201쪽 참조.

12) 유례경, 「1920년대 조선에서의 개신교 선교사 배척운동에 관한 연구」, 『漢城中學』 6-7, 1994, 87~97쪽; 李成民, 「民族의 侮辱的인 宣敎師를 排擊하자」, 『批判』 10, 1932 년 2월 참조.

13) 감리교 해리스 감독고가 같은 선교사들의 친일적인 언급은 일반인들뿐만 아니라 기독교인들로부터도 큰 반발을 불러일으켰다(『東亞日報』, 1924년 3월 19일자, 4월 19일자 참조).

기독교에 등장했다.[14] 이 같은 신비적 신앙양태는 기독교가 3·1운동 이후 일반 사회로부터 비판받는 주요한 원인이 되었다. 이러한 비판은 주로 기독교의 사회 역기능적인 측면에 집중되었다. 즉 1920~30년대 일반 언론을 비롯한 한국의 사상계는 기독교가 시대의 요구와 일반 대중의 요구와는 반대로 민신적 방향으로 나아가며 종교가 해야 할 사회적 역할을 소홀히 하고 있다고 비판했던 것이다.[15]

이처럼 한국사상계는 기독교회의 지적 소외, 발전된 과학과 새로운 사상의 경시풍조 등을 비판함과 동시에 기독교인들의 철저한 각성을 촉구했다.[16] 예를 들어, 견지동인(堅志洞人)이란 필명의 한 필자는 ,「'예루살렘의 조선(朝鮮)'을 바라보면서」[17]라는 글에서, 기독교계의 내세주의적 신비주의 신앙과 선교사들의 친일화 경향을 지적하고 기독교계가 열악한 사회적 현실은 무관심한 채 탈사회적·몰역사적으로 나가고 있다고 신랄하게 비난하면서 한국기독교의 적극적인 사회참여를 요구했다.

넷째, 1920~30년대 한국의 사회주의자들은 식민지·반식민지 민족해방운동에 전폭적인 지원을 아끼지 않고 있던 코민테른 방침의 동향이 어떻게 전개되느냐에 큰 영향을 받고 있었다. 이는 중국과 러시아에서의 반종교·반기독교운동보다 국내 사회주의자들에게 더욱 직접적인 영향을 미쳤다.

사회주의 운동이 기본적으로 '계급해방'을 최고 강령으로 하며 이를 완성하기 위해 노동자 계급을 주축으로 하여 투쟁하여 나가는 것은 주지의 사

---

14) 김익두 목사의 '미신적 경향'은 기독교인들로부터도 비판을 받고 있었다.
  劉敬相,「鮮半島와 그리스도교의 使命」,『新生活』7, 1922년 7월, 105~106쪽; 朴熙道,「社會生活과 宗敎問題」,『新生活』8, 1922년 8월, 5~6쪽.
15) 金明植,「金益斗의 迷妄을 論하고 基督敎徒의 覺醒을 促하노라」,『新生活』6, 1922, 7쪽; 碧波生,「平壤에 發生한 基督再臨 事件 正體」,『新階段』1932년 2월; 金明植,「朝鮮宗敎論」,『批判』12, 1932년 4월 참조.
16) 李光洙,「今日耶蘇敎會의 缺點」,『靑春』, 1917년 11월;「朝鮮基督敎의 覺醒을 促하노라」,『東亞日報』, 1923년 5월 19일자.
17)「'예루살렘의 朝鮮'을 바라보면서」,『開闢』61, 1925년 7월, 55~61쪽.

실이다. 그러나 식민지의 특수한 상황 아래서 한국의 사회주의자들은 '민족독립'이라는 과제를 외면할 수는 없었다. 오히려 '민족해방'이 전제되지 않는 계급해방은 성립될 수 없는 것이었다. 그래서 한국의 사회주의자들은 언제나 제국주의에 대한 투쟁으로서 '민족해방'이란 슬로건을 담았던 것이다.

그러나 사회주의 세력 자체만으로는 제국주의에 대한 투쟁 역량이 부족하였기 때문에 한국의 사회주의자들은 자연스럽게 민족주의 세력과의 제휴를 상정하게 되었다. 하지만 사회주의자들이 헤게모니를 포기한 채 민족주의자들과 무조건적으로 제휴할 수는 없었다. 때문에 그들에게는 '민족적 제휴 또는 협동'을 하는 데 구체적인 민족통일전선의 방침들이 필요하게 되었다. 이 같은 이유에서 한국의 사회주의자들은 민족해방운동에 전폭적 지원을 하고 있던 코민테른 방침이 어떻게 전개되느냐에 큰 영향을 받았고, 더 나아가 국제공산주의운동의 주도권을 장악하고 있던 코민테른의 민족 및 식민지문제에 대한 방침들은 한국의 사회주의자들에게 현실적으로 무시할 수 없는 사실상의 '지시'로 작용하였던 것이다.

그리하여 한국의 사회주의자들은 1920년대부터 코민테른이 제기하는 '반제통일전선론'을 적극적으로 수용하면서, 일제에 비타협적인 민족주의 세력과의 협력과 연대를 추구하기 시작했다.[18)]

이 같은 경향은 해외에서 사회주의 운동이 시작되는 초기부터 나타나기 시작했다. 1920년을 전후로 해외 한인 사회주의 운동은 상해파와 이르쿠츠크파로 크게 나뉘어 있었다. 이들 양 세력은 사회주의 운동의 초기부터 식민지적 상황에서 제국주의와의 투쟁을 위해 민족주의 세력 내에 어떠한 세력과 제휴할 것인가를 큰 문제로 제기했다. 여기서 주목되는 점은 이러한 과정에서 민족통일전선의 대상과 방법을 어떻게 규정하는가에 관련되어 '반종교'입장이 채택되었다는 것이다. 즉 양 세력 간의 민족통일전선의 인식에

---

18) 水野直樹, 「코민테른의 민족통일전선론과 신간회운동」, 『역사비평』, 역사비평사, 1988, 67~85쪽.

따라 반종교운동의 대상과 운동론의 차이가 분명히 드러났던 것이다.

먼저, 상해파 사회주의자들은 당 강령에서 "종교적 미신이 사회해방의 장애로 무산대중을 해방시키기 위해 과학적 문화운동 및 종교 배척운동을 실행해야 하나 신자의 신앙심을 모욕하는 행위는 일체 피해야 할 것"[19]이라고 주장했다. 이들은 반종교운동에 대해 강연이나 교육에 의한 반종교 '선정'을 통해서 전개되어야 한다는 입장을 보였다. 즉, 반종교운동에 동의하면서도 그 실천에 있어서 신중한 태도를 보였고, 반종교운동의 대상도 구체적으로 지목하지 않았던 것이다. 반면에 이르쿠츠크파는 1921년 5월당대회에서 기독교와 천도교를 지목하여 기독교를 '외국종교단체'로, 천도교는 '민족종교단체'로 구별하여 외국종교단체로 규정했던 '기독교'에 대해서만 투쟁할 것을 결정했다.[20] 이들은 상해파와는 다르게 종교단체를 외국종교단체와 민족종교단체로 구분하고, 외국종교단체로 규정한 기독교에 대해서만 반종교투쟁을 전개할 것을 결정하는 등 반종교운동의 대상을 구체적으로 설정했다.

그렇다면, 상해파와 이르쿠츠크파의 종교인식과 방침의 차이는 어디에서 나오고 있는 것일까? 그것은 양 세력이 설정하고 있던 민족통일전선의 입장에서 비롯된 것이었다.

상해파는 일제의 억압 아래 놓여 있는 모든 한국인에게는 "자본가도 없고 군주정치주의자도 없고 오직 피억압자만 있기 때문에" 한국내(韓國內) 혁명운동의 주된 요소를 이루고 있는 민족주의자들과 협력해야 한다고 주장하고, '광범위한' 민족적 통일기관을 창출하는 것이 공산주의적 이상과 모순되지 않는다는 입장을 보였다.[21] 즉 상해파 사회주의자들은 '광범위한' 통일전선전술을 갖고 있었던 것이다.

---

19) 한대희 엮고 옮김, 『식민지시대 사회운동』, 한울림, 1986, 112쪽.
20) 朴京錫, 『高麗共産黨 硏究』성균관대대학원 사학과 박사학위논문, 1993, 303쪽.
21) 위의 학위논문, 299~300쪽.

그러나 이르쿠츠크파는 기본적으로 한국도 계급적 분화가 타국과 동일하게 진행되고 있으며, 이에 한국의 부르주아지도 한국의 프롤레타리아트에게 적대적인 세력이 된다고 인식했다. 그래서 그들은 민족혁명단체와의 정치적 제휴를 결코 상설적인 것으로 생각하지 않았을 뿐만 아니라 일시적 협정을 맺을 수 있는 대상도 '진정으로 혁명적인 민족단체'로 엄격히 한정했던 것이다.[22] 즉 이르쿠츠크파 사회주의자들은 계급투쟁을 기본과제로 하면서 일제와의 투쟁을 위해 보조적인 수단으로 민족주의 세력과 협력하는 '협소한' 통일전선론을 갖고 있었던 것이다.

요컨대 이들 양 세력은 민족문제의 인식과 관련하여 반종교운동에 대한 입장을 표명했다. 그들의 정세인식과 민족통일전선 대상에 대한 방침에 따라 반종교운동의 대상과 입장 등에 차이가 드러났던 것이다. 즉 양 세력은 모두 기본적으로 무신론을 전제로 하는 것이 동일했으나, 코민테른의 민족통일전선 방침을 수용하는 과정에서 국내의 식민지적 상황을 어떻게 해석하느냐에 따라 반종교운동에 대한 방침이 다르게 나타났던 것이다.

따라서 사회주의 운동의 초기부터 사회주의자들의 종교에 대한 입장은 이후 '민족통일전선론'의 변화에 따라 종교에 대한 '적극적 배척' 또는 '제휴' 등의 양상으로 나타날 수 있는 가변적인 것이었다. 이러한 동향은 1920~30년대 반종교 · 반기독교운동이 발생되는 데 큰 배경이 되었다.

---

22) 위의 학위논문, 301~303쪽.

3. 제1차 반기독교운동의 논리와 전개

1) '이데올로기적 무신론'[23]

사회주의들의 제1차 반기독교운동은 다음과 같은 논리 아래서 진행되었다.

사회주의자들은 기독교와 외국 선교사를 '제국주의 침략'과 관련 있는 것으로 인식하고 이를 공격했다. 그들은 제국주의와 기독교의 관계를 살피면서 당시 기독교계가 사회에 대한 공헌으로 자부하던 '의료선교'와 '교육선교'에 대해, 그것은 '자본주의', '제국주의'의 침략을 합법화시키는 수단에 불과한 것이라고 비판했다.

이것은 한국기독교가 '미국'이란 제국주의국가의 침략 발판이 되고 있다는 인식과 관련되어 있었다. 즉 이들은 제국주의국가로서 미국과 그러한 미국의 대표적 종교인 기독교를 비판했던 것이다.[24] 그리하여 미국인선교사의 선교행위를 미국 자본가의 한국에 대한 침투로의 확보로 규정했다. 학교와 병원 등의 설립 등이 모두 여기에서 비롯됐으며 미국의 '제국주의 수족'과 '자본주의적 국가옹호 무기'로서 역할하는 기독교가 한국에 이식되었다고 보고, 선교사들이 한국 민중들에게 식민지적 상황에 만족할 것을 조장하고 있다고 주장했던 것이다.[25]

예컨대, 박헌영은 제국주의 논리와 자본주의 논리하에 활동하는 선교사들의 활동이 결과적으로 식민지 지배체제의 강화로 연결되어 한국기독교

---

23) 이 시기의 반기독교운동론의 특징으로 '반제국주의', '반자본주의' 등을 들 수 있는데, 기독교라는 종교 자체에 대한 본질적 부정이라기보다는 종교가 일반적으로 가지는 부정적인 기능들에 대한 비판의 성격을 담고 있었다. 이러한 까닭에 이 시기의 반기독교운동론의 특징을 '이데올로기적 무신론'으로 정의 내려도 무방할 것으로 생각된다. 이러한 점은 뒤에서 살펴볼 1920년대 말과 30년대 초에 다시 재개된 반기독교운동론과 차이가 난다.

24) 朴憲永, 「歷史上으로 본 基督敎의 內面」, 『開闢』 63, 1925년 11월.

25) 『朝鮮日報』, 1926년 2월 27일자, 사설.

인들의 '현실변혁적'인 가능성을 말살시키고 있다고 주장했다.26) 이러한 논조는 1920년대 중반 화요파의 이론가로 활동하던 배성룡에 의해서도 주장되었다. 그는 "근대의 모든 국가의 종교적 생활은 그 국가적 영토침략의 진로를 개척하고 민족적(民族的) 세력(勢力)을 부식(腐蝕)하는 노력이 아님이 없다. … 그들의 정복욕과 승리욕을 채우기에는 오히려 부족하야 최후의 수단으로 자선병원과 학교를 시설하고 교육의 마취제와 약병의 시혜적 공물로써 민중의 심리를 매수하기에 열중한다."27)고 하여 '의료'와 '교육' 부분에서의 기독교 선교활동을 '제국주의 침략의 방편'에 불과한 것이라고 주장했다.

또한 사회주의자들은 진정한 인간해방을 위하여 자본주의를 옹호하는 '마취제'로서 종교, 특히 기독교를 규정짓고 이에 대한 배척운동을 주장했다.28) 이들은 자본주의하에서의 종교는 민중의 억압구조를 더욱 가중시키는 수단이 되기 때문에, 종교와 인간해방은 결코 양립할 수 없다고 인식했다.29) 그리하여 사회주의자들은 자본주의적 계급사회를 옹호하는 '종교'와 '인간해방'은 병존할 수 없고, 종교는 과학이 발달하면 모든 사람이 종교에 대해 정당한 지식을 갖게 되어 필연적으로 소멸될 것이라는 '종교사멸론(宗敎死滅論)'을 주장30)하는 등 '인간해방(人間解放)'과 관련시켜 반종교, 반기독교운동의 필요성을 제기했다.

그리고 사회주의자들은 기독교가 민중을 열악한 현실로부터 분리시켜 '비정치화', '몰역사화'시킴으로써 민중의 현실변혁적 잠재력을 말살시키고 있다고 주장했다. 그들은 기독교가 민중에게 '보수주의'와 '개인주의'를 전파하여 현실을 등한시하게 했고,31) 이는 교회와 기독교인의 사회현실에 대한

---

26) 朴憲永, 앞의 글, 69~70쪽.

27) 裵成龍, 「反宗敎運動의 意義」, 『開闢』 63, 1925년 11월, 60쪽.

28) 『東亞日報』, 1925년 5월 19일자, 1926년 8월 6일자.

29) 裵成龍, 앞의 글, 59쪽.

30) 李廷允, 「反宗敎運動에 대한 觀察」, 『開闢』 63, 1925년 11월, 80쪽.

31) 堅志洞人, 앞의 글, 58쪽.

무관심을 촉진하는 결정적 계기가 되었다고 인식했다.[32] 그리하여 사회주의자들은 기독교가 현실로부터 민중들을 유리(遊離)하게 함으로써 1920년대에 들어서 활발하게 전개되기 시작한 대중운동에 방해가 되고 있다고 보았던 것이다.

이 같은 주장에는 기독교의 신자구성에 대해 "이 교(敎)를 믿고 지도하는 조선인(朝鮮人) 가운데 대다수가 시가지의 상인, 농촌의 지주, 병원, 의사·학교의 설립자 등"으로 구별하고, "대개로 중산계급(中産階級) 이상(以上)의 생활환경을 가진 사람들인 바의 교회의 전사상(全思想) 전기분(全氣分)이 얼마나 물질화하고 야속화하고 의식화했을 것은 불언가상할 바이다"[33] 라고 하여 한국기독교인들이 계급적으로 볼 때, '중산계급'에 위치하고 있는 관계로 현실변혁적인 운동을 반대하며, 자본주의 사회를 지지하는 주요한 토대가 된다는 인식이 주요한 배경이 되고 있었다.

요컨대 이 시기 사회주의자들의 기독교 비판은 '반제국주의'·'반자본주의'라는 차원에서 기독교의 역기능에 대해 집중적으로 나타났다. 이러한 논리의 이면에는 사회주의혁명 이후 민중의 아편인 종교가 자연스럽게 소멸하게 되리라는 '종교사멸론'이 자리 잡고 있었다. 나아가 한말 이래로 '부국강병(富國强兵)' 및 '입국(立國)'의 매개로, 그리고 '합방' 이후로는, 민족독립운동의 수단으로서, 기독교를 비롯한 종교조직을 중시하던 민족주의자들의 입장을 공격하는 전술적 의도가 짙게 깔려 있었다.

2) 제1차 반기독교운동(1923~1926)

국내 사회주의자들이 공개적으로 반종교운동을 표명한 것은 1923년

---

32) 韓偉健, 「等閑視할 수가 없다」, 『開闢』 63, 1925년 11월, 73~74쪽; 『朝鮮日報』, 1925년 12월 25일자, 1926년 1월 7일자.
33) 「一大轉換期에 선 宗敎界의 昔今」, 『開闢』 57, 1925년 3월.

전조선청년당대회(이후 청년당대회)34)였다. 이 대회는 전조선청년연합회에서 탈퇴한 서울청년회가 중심이 되어 개최한 것으로, 여기에는 일반 청년단체 이외에도 선천기독교청년회 등 9개의 종교청년단체가 참가했다. 이 자리에서 사회주의자들은 '종교존재를 부인할 것인가'의 여부로 격렬하게 논쟁을 전개한 끝에 종교의 존재의의를 부인하기로 가결했다.35) 이들은 종교를 반대하는 이유로 '허무에서 발생', '천신교조(天神敎祖)의 숭배로 형성', '미신, 신앙으로 권위화', '과학의 진리와 배치'된다는 무신론적 인식과 '야심적 정복자의 정략과 배치 옹호기관', '피정복자의 마취환몽소'라는 반제국주의 입장에서 종교의 존재의의를 부인했던 것이다.36)

이 같은 종교에 대한 입장은 민족문제에 대하여 "민족자결 및 민족독립은 오늘날 무용이다. 무산계급해방을 제1의적 급무로 한다."37)는 민족통일전선의 방침과 직접적으로 관련되어 있었다. 즉 단순히 '종교'를 부정하는 무신론적 관점에서만 비롯되었던 것이 아니었다는 말이다. 그것은 청년당대회에서 사회주의자들이 민족주의자들과의 분리와 그 차별성을 부각시키려는 전략적 차원에서 민족주의 세력을 비난하고 있었으며, 나아가 민족운동 선상에서 민족주의 세력과 사회주의 세력이 분화되는 시점에서 사회주의자들이 민족주의 세력 내에 상당수 위치한 종교계 민족주의자들을 배척하는 논리가 내재되어 있었던 것이다.

이러한 맥락에서 사회주의자들은 한말 이래 종교를 통한 '부국강병', '국권회복', 그리고 1910년대 일제에 의해 강점된 이후로 '민족독립'을 위한 근거지로서 인식하던 민족주의자들의 종교관을 비난했던 것이다. 더 나아가 이러한 종교를 매개로 형성된 민족주의자들을 공격하기 위한 일환에서

---

34) 裵成龍, 「朝鮮社會運動史」, 『朝鮮思想通信』 제858호, 1929년 1월 23일, 131쪽.
35) 京畿道警察部, 「全朝鮮靑年黨大會禁止ノ件」, 『日帝下社會主義運動史資料叢書』, 고려서림, 1992, 136쪽.
36) 李江, 「朝鮮靑年運動의 史的 考察(中)」, 『現代評論』, 1927년 10월, 20쪽.
37) 『東亞日報』, 1923년 3월 29일자.

종교를 '허위' '미신'에 불과하다고 비판했던 것이다.

이어서 1924년 서울 청년계 사회주의자들의 주도로 개최된 조선청년 총동맹(이후 청총)에서 또다시 종교문제와 관련된 사항이 채택되었다. 여기서 는 "종교적(宗敎的) 색채(色彩)를 띤 청년단체(靑年團體), 혹은 순연한 종교단체 등 의 이류 청년단체에 대하야 적대적 태도를 지(持)치 말고 이에 계급의식을 고 취하야 자체로 하여금 청년운동의 근본적 정신에 관한 이해를 가지게 하며, 종교는 원리상으로 부인하나 실제에 있어서는 적극적으로 배척치 말고 다 만 종교가 민중을 마취케 하야 계급적 각성을 방저하는 폐해를 일반 청년에 게 이해케 한다."[38]라고 결의되었다.

이러한 결의는 사회주의자들이 기존의 종교세력에 대해 배척하던 인식 에서 전환하여 종교세력이 민족운동의 주요한 한 축을 이루고 있다는 사실 을 현실적으로 인정한 것을 반영한 것이었다. 이는 민족문제에 대한 "타협 적 민족운동은 절대로 배척하며 혁명적 민족운동은 찬성한다"[39]라고 하는 주장과 밀접하게 맞물려 있었다.

이와 같은 민족문제에 대한 변화된 시각은 코민테른에서 제기한 반제 통일전선의 방침이 일정 정도 반영된 것으로 보이며, 1924년 11월 "사회운 동과 민족운동의 병행에 대한 시간적 협동을 기한다"[40]는 북풍회의 강령도 이와 같은 맥락에서 나타났던 것이다. 따라서, 청총의 종교에 대한 신중한 태도는 1924년경부터 국내 사회주의 세력이 혁명적 민족운동과 연대를 모 색하는 흐름 속에서 나온 것이었다.

청년당대회와 총총의 양 대회는 서울청년회계 사회주의자들이 주도했 다. 이들은 1925년 본격적인 반기독교운동이 발생하기 이전인 1923~24년 동안 국내의 반종교운동을 주도하고 있었다. 이들은 민족문제에 대한 '좌경

---

38) 李江, 『朝鮮靑年運動의 史的 考察(下)』, 『現代評論』, 1927년 11월, 10~11쪽.
39) 『동아일보』, 1924년 4월 26일자.
40) 『동아일보』, 1924년 11월 29일자.

적' 인식을 드러냈던 청년당대회에서 종교에 대해 매우 공격적이었다. 그러나 이듬해 개최된 청총에서는 민족주의운동에 대한 인식의 전환을 적극적으로 반영하여 종교문제에 있어서도 종교세력이 현실적으로 민족운동세력 내에서 갖는 역량을 인정하는 입장을 보였던 것이다.

서울청년회계 사회주의자들의 종교에 대한 입장은 기존의 종교(기독교·천도교·불교)가 아닌 혹세무민형의 '친일적' 종교단체인 '보천교'에 국한하여 반종교운동을 전개했다는 점에서도 잘 나타난다.[41] '반보천교운동'이 전국적으로 전개되는 과정에서 1924년 9월 '보천교내막조사보고회(普天敎內幕調査報告會)'에서는 황석우라는 자가 보천교뿐만 아니라 '다른 종교를 모두 박멸하자'고 외치다가 제지를 받고, 끝내 강연대에서 끌어내려진 사건이 발생했다.[42] 이 사건은 반보천교운동을 주도하고 있던 서울청년회계 사회주의자들이 반종교운동의 대상을 '보천교'에 국한시키고 있었기 때문에 일어났던 것이다. 이는 당시의 서울청년회계 사회주의자들의 종교 인식을 상징적으로 보여주는 사건이었다.[43]

한편 1923년 청년당대회에서 시작된 반종교운동은 1925년이 되면서 새로운 국면으로 접어들게 되었다.[44] 이것은 1925년 조선공산당(이후 조공)과 고려공산청년회(이후 공청)가 결성되면서 반기독교운동이 본격적으로 전개되었기 때문이다. 당시 반기독교운동을 주도한 세력은 서울청년회와 대립상태에 있던 이르쿠츠크 계열의 화요파[45]였다. 이들은 1925년 전조선 민중운

---

41) 서울청년회는 '普天敎內幕調査報告會'를 조직하고, 이를 주도적으로 이끌고 나가면서 반보천교운동의 사무 및 각 지역의 운동단체에 대한 지원을 하는 데 중심적 역할을 했다(『東亞日報』, 1924년 8월 4일자)

42) 『時代日報』, 1924년 9월 29일자.

43) 1926년 7월 서울청년회계의 사회주의자들과 조선물산장려회의 비타협적 민족주의자들의 연합으로 '朝鮮民興會'가 결성되었다. 조선민흥회는 신간회와 유사한 민족협동전선의 한 형태로 이루어진 것으로 여기에는 상당수의 기독교 민족주의자들이 참여하고 있었다.

44) 당시 화요파의 이론가였던 裵成龍은 1925년을 反基督敎運動의 '新紀元'으로 논평하였다. 裵成龍(聖山學人), 「朝鮮社會主義運動의 槪觀」, 『東亞日報』, 1926년 1월 7일자.

45) 1925년 4월에 화요회, 북풍회, 조선노동당 및 무산자동맹회 등의 四團體가 조선공산당 결성을 위한

동자대회를 개최했고, 바로 이 대회에서 반종교운동의 대상으로 기독교가 구체적으로 지목되었던 것이다.

이들은 "신앙의 미신성을 기초로 하여 자본주의 제도에서 민중의 계급적 해방을 방해하고 있으며 '제국주의 침략의 제대(除隊)'로써 기능하고 있다"고 주장하여 반기독교운동을 '반제국주의'·'반자본주의'차원에서 제기했다.[46] 또한 반기독교운동의 구체적 방법으로 "종교가 아편임을 선전하고, 기독교의 정체를 철저히 폭로하며, 종교교육을 반대할 것"과 같은 지침을 채택했는데, 이것은 서울청년계의 입장과는 다른 '선전'을 통한 '사상투쟁'뿐만 아니라 '기독교 정체를 철저히 폭로한다'는 '대중투쟁'차원으로의 방침이 표명되었던 것이다. 그런데 이와 같은 방침은 이후 반기독교운동의 주요한 방법론으로 등장했고, 반기독교 강연회나 토론회를 둘러싸고 사회주의자들과 기독교인들 간의 충돌이 생길 경우 걷잡을 수 없는 물리적 충돌로 이어질 수 있는 가능성이 있는 것이었다.

제1차 반기독교운동은 화요파 사회주의자들의 주도로 창립된 조공과 공청의 지도를 받는 사회주의 청년단체에 의해 전개되었다. 제1차 반기독교운동시기에 반기독교운동을 전개했던 단체는 신흥청년동맹[47]과 한양청년동맹[48]이 대표적인 단체였다. 신흥청년동맹은 1924년부터 이미 종교문제에 대해 토의했고[49]이어 1925년 5월 정기총회에서는 "종교는 대중의 마취제이므로 이를 철저히 배척하되 제일착으로 기독교를 적극적으로 반대하자"[50]고 결의하는 등 사회주의 청년단체로는 처음으로 반기독교운동을 제

조직 정비의 목표 아래 '4단체합동위'를 구성함으로써 '화요파'가 조직되었다. 이렇게 조직된 화요파의 핵심단체는 화요회였다(金昌順·金俊燁, 앞의 책, 441쪽).

46) 京高秘 第1692號,「全朝鮮民衆運動者大會集會禁止關件」,『情報綴』第1冊 別紙 第2號, 1925년 4월 21일(金俊燁·金昌順, 앞의 책, 282~283쪽에서 재인용).

47) 이 단체에 대해서는 박철하,「1920년대 전반기 사회주의 청년운동과 고려공산청년회」,『역사와 현실』9, 역사비평사, 1993을 참고.

48) 「社會運動團體의 現況-團體·綱領·事業人物」,『開闢』67, 1926년 3월, 51쪽.

49) 『東亞日報』, 1924년 9월 16일자.

기했다.

그리고 1925년 중반 화요회계열의 신흥청년연맹과 북풍회계열의 경성청년회를 연맹 회원으로 받아들인[51] 한양청년연맹은 1920년대 중반 조공과 공청의 '합법단체'로서의 핵심적 역할을 수행했는데, 이 사회주의 청년단체가 중심이 되어 중앙 지역에서의 반기독교운동이 본격적으로 전개되었다.

1925년 10월 21일 서울에서는 약 3천여 명의 기독교인들이 모여 제2회 조선주일학교대회를 열 예정이었다.[52] 이에 맞서 한양청년연맹은 10월 25일과 26일 서울에서 '기독교(基督敎)는 미신(迷信)이다', '양면랑심(羊面狼心)의 기독교(基督敎)', '지배계급(支配階級)의 기독교(基督敎)', '기독교(基督敎)의 미망(迷妄)', '악마(惡魔)의 기독교(基督敎)', '현하(現下) 조선(朝鮮)과 기독교(基督敎)의 해독(害毒)' 등의 제목을 내걸고, 반기독교대회와 반기독교강연회를 전개하고자 했다.[53] 그러나 이러한 한양청년연맹의 반기독교대회 및 강연회가 일본경찰의 사전 금지 조치로 개최되지 못하자, 사회주의자들의 반발이 더욱 거세게 나타났고 기독교에 대한 공격의 강도를 높이기 시작했다. 그리하여 기독교 측의 조선주일학교대회 개최의 목적에 대해 "종교의 운명을 연장하기 위해 아직 자아의식이 없는 어린아이를 마취케 하여 중독자가 되게 하는 외에 차도가 없음을 발견하고 그 책임자인 교사를 모아 개최한"[54] 것으로 인식하고 있던 사회주의자들은 "어찌하여 경찰이 종교는 비상히 옹호하면서 그를 반대하는 회합은 금케 되었는가… 현 제도의 사회를 옹호키 위해서는 경찰과 종교가 동일한 노력을 하고 있다는 것이다"라고 하여 기독교가 일제의 비호를 받고 있다고 공격했다.[55] 이는 경성이나 지방을 물론하고 사회주의적 색채

---

50) 『東亞日報』, 1925년 5월 19일자.
51) 『東亞日報』, 1925년 8월 9일자.
52) 『東亞日報』, 1925년 10월 7일자.
53) 『東亞日報』, 1925년 10월 27일자.
54) 「主日學校大會」, 『開闢』 63, 1925년 11월, 3쪽.
55) 위의 글, 2쪽.

를 띤 집합이나 강연이 금지당하고 있는 상황에서[56] 대규모 기독교대회가 개최되었다는 것은 기독교 세력이 일제와 모종의 협력관계에 있었던 것이 아닌가 하는 강한 의문에서 제기된 것이었다.

그러나 실제로 일제가 한국기독교를 옹호한 것은 아니었다. 물론 일제가 종교 자체의 약화보다는 종교를 통한 '봉건적' 유습의 보존이 식민 지배정책과 모순되지 않고 민중의 민족적 · 계층적 자각을 마비시킨다는 의미에서 이를 장려시키려 했다는 것은 사실이다. 그러나 그것은 기독교와 천도교 이외의 종교단체들이 그 대상이었다. 이것은 일제가 기독교와 천도교의 수적 증가를 대단히 우려하고 있다는 사실에서도 확인되는 사실이다.[57]

그러므로 일제의 종교집회 허용은 단순히 '신앙의 자유'에 따라 '기독교'의 종교행사를 허용한 것에 불과한 것이고 반기독교 강연회 및 대회는 일제의 '치안유지' 차원에서 금지시킨 것에 지나지 않았던 것이다. 이렇게 종교집회를 허용하고 난 뒤에도 일제가 한국기독교의 상황을 철저히 감시하며 경계하고 있었다는 점에서 더욱 분명히 드러난다.

1920년대 반기독교운동은 1925년 말부터 1926년 초에 본격적으로 전개되어 그 절정을 이루었다. 예를 들어, 신흥청년동맹이 1925년 12월 25일 크리스마스를 기해 반기독교대회를 소집한 것을 비롯하여,[58] 한양청년연맹이 1926년 1월 임시대회에서 그해 12월 25일을 '반기독데이'로 정하였다.[59] 또 함남의 북청청년연합회는 1926년 2월 "반종교운동을 하되 크리스마스를 기념으로 할 것"[60]이라고 결정했다. 그리하여 1925년 후반부터 1926년 초까지 전국에 걸쳐 사회주의 사상단체나 청년단체들은 강연회 · 연설회 등에서 기독교에 대한 비판을 주요한 주제로 삼고 있었다.[61]

56) 金璟載,「文化運動者의 撞頭」,『開闢』64, 1925, 54~55쪽.
57) 姜東鎭,『日帝의 韓國侵略政策史』, 한길사, 1980, 388~389쪽.
58) 李江, 앞의 글(下), 21쪽.
59) 『東亞日報』, 1926년 1월 5일자.
60) 『東亞日報』, 1926년 2월 16일자.

이처럼 기독교에 대한 비판이 전국적으로 확산되는 가운데 각 지역에서 반기독교 강연과 연설회를 둘러싸고, 기독교를 비판하는 사회주의자들과 이에 대응하는 기독교인들 간의 충돌이 계속적으로 일어났다. 그 과정에서 사회주의자들이 '치안소란죄'로, 또는 기독교인들에게 고소를 당하여 일제에 의하여 체포, 투옥되거나 재판을 받는 일들이 발생했다.[62] 이러한 양자 간의 물리적인 충돌사건은 일반 사회에 비상한 관심을 불러일으켰고, 전국적으로 반기독교운동이 고조되는 주요한 원인이 되었던 것이다.

그러나 제1차 반기독교운동은 1926년 중반 이후 비타협적인 민족주의자들과 사회주의자들의 민족협동전선론이 구체적으로 표면화되면서 가라앉기 시작했다. 민족협동전선론은 국내에서 이에 대한 구체적 논의들이 있기 전에 이미 코민테른에서 논의되고 있었으며,[63] 국내에서는 일제가 1925년 6월 치안유지법을 실시하자,[64] 사회주의자들은 파벌을 초월하여 민족협동전선의 결성을 공개적으로 추진하는 계기로 삼고자 했으며, 비타협적 민족주의자들도 '자치론'의 대두에 맞서 사회주의자들과의 연합에 관심을 갖고 있었던 것이다.[65]

이렇게 비타협적 민족주의자와 사회주의자의 민족협동전선론은 1926년 초부터 2차 조공에 의해 추진되기 시작했다. 조공은 1926년 2월 중앙집행위원회에서 "민족해방의 조선독립과 공산정치의 동일기를 획책하기 위해 민족·사회 양측 운동자를 통일하기 위한 국민당 조직의 전제로서 天道敎를 기초로 할 것"[66]을 결의했다. 이에 따라 1926년 3월 10일에는 2차 조공

---

61) 각 지역의 반기독교운동의 양상에 대해서는 이준식, 앞의 글, 30~31쪽의 〈표 1〉과 〈표 2〉 참조.

62) 반기독교운동과 관련하여 각지에서 기독교인과 반기독교운동자 간에 물리적 충돌이 발생했다. 『時代日報』, 1926년 2월 16일자, 3월 5일자, 6월 4일자.

63) 스칼라피노·이정식, 「시련의 시기-新幹會」, 『新幹會硏究』 동녘, 1983, 215쪽.

64) 張信, 「1920年代 民族解放運動과 治安維持法법」, 연세대학원 사학과 석사학위논문, 1994 참조.

65) 『東亞日報』, 1925년 1월 2일~6일자; 「치안유지법의 실시와 금후의 조선사회운동」, 『開闢』 59, 1925년 6월, 10~18쪽.

66) 京城地方法院檢事局, 『第2次朝鮮共産黨事件檢擧=關スル報告綴』1926(金昌順·金俊燁, 앞의 책,

의 책임비선인 강달영의 주재로 천도교 간부인 권동진의 집에서 이종린 · 신석우 · 권동진 · 오상준 등과 함께 기독교 민족주의자인 박동완과 유억겸이 민족협동전선 논의에 참여했다.[67]

그런데 여기서 주목되는 점은 반기독교운동이 한창 진행되고 있는 시점에 사회주의자들이 주도하는 민족협동전선의 협의과정에 기독교 민족주의자들이 참석하고 있었다는 것이다. 이것은 조선공산당이 비타협적인 기독교 민족주의자들이 참석한다는 점이다. 이것은 조선공산당이 비타협적인 기독교 민족주의자들은 통일전선의 대상으로 끌어들이되 기독교회 자체는 통일전선의 기관으로 생각하지 않고 있다는 반증이기도 하다. 그렇다면, 이러한 이중적인 방침들은 어디에서 비롯된 것일까?

이것은 "조선 내에서 천도교와 대종교는 민족해방관념이 없으나 개인은 관념이 있는 자가 있다"[68]고 하는 조공의 인식에서 비롯된 것이다. 이 같은 종교세력에 대한 인식은 1920년대 중반 천도교와 같은 종교세력이었음에도 기독교만 배척을 받는 주된 원인이 되었다.

또한 1925년 당시 화요회는 "마르크스주의는 각 나라의 조건에 맞게 실행되어야 하며, 비타협적 민족주의자만 '일시적' 협동이 가능하다"[69]고 하여, 코민테른에서 제기하는 반제통일전선론을 수용하면서도 비타협적 민족주의자들과의 협동에 대해서 '일시적'이라는 단서를 달고 있을 정도로 매우 제한적이었다. 이 같은 통일전선전술은 코민테른 2차대회의 「민족 · 식민지 문제에 대한 테제」와 4차대회의 「동방문제에 대한 테제」에서 채택된 "부르주아적 민족주의 세력과는 일시적으로 동맹을 맺을 수 있다"는 테제를 그대로 받아들이고 있음을 보여준다.[70] 화요회계는 비타협적 민족주의자와의

373~377쪽 재인용).

67) 梶村秀樹 · 姜德相 編, 『現代史資料 29』, みすず書房, 1972, 42~43쪽.

68) 高等法院檢査局思想部, 「朝鮮共産黨事件重要書類證據物」, 『朝鮮思想運動調査資料 1집』, 1932, 34쪽.

69) 李在華 · 韓洪九, 「治安概況 1925」, 『韓國民族解放運動史資料叢書 2』, 경원문화사, 1988, 827~288쪽.

VIII. 일제하 사회주의자들의 반기독교운동 217

협동을 상설적인 것으로 생각하지 않았고, 협동의 대상도 철저히 한정시키는 제한적인 통일전선론을 갖고 있었으며, 이것이 이르쿠츠크파처럼 기독교만을 반종교운동의 대상으로 삼는 주된 이유가 되었던 것으로 보인다.

조선공산당은 현실적으로 '비타협적' 기독교 민족주의자들에게 통일전선의 대상으로 인정하되 민족해방관념이 없다고 판단한 기독교회에 대해서 가차없이 공격했고, 이 같은 입장은 앞에서 살펴보았듯이 이르쿠츠크파가 채택하고 있었던 종교문제에 대한 입장과 거의 동일한 것이었다.

요컨대 1920년대 중반 국내 사회주의 운동의 양 축을 이루는 서울청년회계와 화요회계는 코민테른에서 제기하는 반제통일전선론을 받아들이며 원론적으로 종교에 대해 부정적으로 판단하면서도 반종교적운동의 대상이나 방법을 다르게 설정하고 있었던 것이다. 이러한 차이는 서울청년회계가 민족주의자들과의 광범위한 민족통일전선을 갖고 있는 반면에 화요회계가 민족통일전선의 대상을 보다 제한적으로 파악했던 데에서 비롯된 것이었다.

그러나 이러한 사회주의자들의 인식은 식민지하에서 종교세력, 특히 한국기독교 일반이 갖고 있던 반일성에 주목하지 못한 것이다. 이것은 일제가 기본적으로 한국기독교에 대해 비우호적이었으며, 나아가 '적대적 인식'까지 보이고 있었다는 점에서 더욱 분명해진다.

일제와 한국기독교의 대립은 천황숭배와 신사신앙을 축으로 하는 일제의 통치이데올로기와 한국기독교가 근본적으로 조화·공존할 수가 없었으며,[71] 한국기독교가 민족운동에 깊은 관련을 맺고 있는 반일적인 민족주의 세력이었고,[72] 한국교회가 외국 선교사들을 매개로 영국과 미국 등의 서구

---

70) 최규진, 「통일전선의 개념과 운용방식」, 『阜村申廷澈教授停年記念 私學論叢』, 1995, 794~797쪽.

71) 당시 일본과 한국에서 신사행정에 관여하고 있던 오야마(小山文雄)는 神社의 종교성을 명백히 하고, "국민으로서 수입종교(=기독교)를 신앙한다는 이유로 國體神道를 신봉하지 않는 자가 있다면 그것은 분명 반국민적이다"라고 하여 기독교의 반일성을 지적했다(김승태, 『한국기독교의 역사적 반성』, 다산글방, 1994, 122쪽).

72) 朝鮮總督府 高等法院檢査局 思想部, 『思想彙報』 16, 1938년 9월, 8~9쪽.

열강들과 세계여론에 직간접으로 연결되는 중요한 자리를 잡고 있었기 때문에, 일제가 직접적으로 통제하거나 다른 기타의 종교들처럼 친일화 시키기가 어렵다는 데 놓여 있었다.[73]

한편 1926년 여름에 이르러 민족협동전선론이 보다 본격화되기 시작했다. 1926년 7월에는 조선민흥회[74]가 신간회와 유사한 민족협동전선의 한 형태로 결성되었다.[75] 이와 더불어 중국과 일본의 정세변화에 힘입어, 1926년 11월 사회주의자들의 '정우회 선언'[76]이 나오게 되었다. 이러한 상황 하에서 비타협적 민족주의 세력과 사회주의 세력의 연합이 더욱 구체화되었고, 결국 1927년 2월 민족연합체인 신간회(新幹會)[77]가 출범했던 것이다.

이처럼 사회주의자들은 '비타협'적 민족주의 세력과의 민족협동전선론이 구체화되는 1926년 중반 이후가 되면 사회주의자들의 기독교에 대한 배척은 공식적으로 철회된 것으로 보인다. 1926년 7월 함북청년총연맹은 사교(似敎)의 박멸은 주장하면서도 "기독교·불교·천도교의 이해와 연결을 촉진[78]했다. 그리고 1926년 말에는 경성청년연합회 역시 '종교단체'에 대한 협동전선의 건의문을 청총에 제출했다.[79]

이러한 경향은 반기독교운동을 주도했던 한양청년동맹에서도 분명히 입증되는 데, 1926년 12월 "전 민족을 잘 포용할 새로운 방침안을 건의하기로 결의[80]하는 등 민족문제에 대해 변화된 인식을 보였던 것이다.

그러므로 민족협동전선이란 민족적 대과제 앞에서, 그리고 비타협적 민족주의자들과의 협동이 불가피한 상황에서, 또한 개별적이지만 상당수의

---

73) 朝鮮總督府 警務局, 『最近に於ける朝鮮治安狀況』, 1927.
74) 『東亞日報』, 1926년 7월 10일자.
75) 이균영, 『신간회연구』, 역사비평사, 1993, 73~94쪽 참고.
76) 『東亞日報』, 1926년 11월 17일자.
77) 『東亞日報』, 1927년 2월 16일자; 『東亞日報』, 1926년 2월 17일자.
78) 『東亞日報』, 1926년 7월 27일자.
79) 『東亞日報』, 1926년 12월 19일자.
80) 『東亞日報』, 1926년 12월 18일자.

기독교 민족주의자들이 이러한 활동에 적극 참가하고 있는 상황에서 국내 사회주의자들은 반기독교운동을 더 이상 지속할 수 없게 되었던 것이다. 81)

4. 제2차 반기독교운동의 논리와 전개

1) '전투적 무신론'82)

국내 사회주의자들은 제2차 반기독교운동을 다음과 같은 논리에서 재 개했다.

먼저 사회주의자들은 종교 본질에 대한 의문을 제기하고, 이를 유물사 관의 입장에서 이론적·사회과학적으로 '종교입론'에 대해 공격했으며, 나 아가 종교를 역사적으로 연구하는 것이 필요하다고 주장했다. 그래서 그들 은 종교가 "인간 두뇌의 공상적 산물"이며, "사회적 생산력과 생활조건의 발 전에 의하여 결정된다."는 마르크스의 종교비판론과, 종교의 기운에 대해서 는 "종족의 장로란 것은 생산에 대한 집적된 경험의 수호자로서 조직, 관리 명령, 그리하여 노동계획을 세우고 활동적 '창조적' 원리를 표현한 것이다. 타일방(他一方)에서는 복종, 수명, 즉 지배자의 명령에 의하여 행동할 것을 모 형화"한 것에 불과하다는 부하린의 '종교발생론'등을 인용하여 종교 본질을

---

81) 『朝鮮之光』, 1927년 7月號에 실린 文袁泰의 「宗敎問題에 對한 批判」이라는 글에서는 '宗敎의 滅絶' 을 위해 종교 자체와의 투쟁을 강력하게 주장하면서도 오히려 종교적 광신을 견고히 할 수 있다는 이유에서 신중하게 접근할 것을 주장했다. 이러한 논조는 반종교적 논리를 고수하면서도 현실적으 로 당시 종교에 대한 사회주의자들의 변화된 인식을 반영한다는 점에서 주목된다.

82) 1930년대에 들어서면서 사회주의자들의 종교에 대한 입장은 1920년대 중반과 매우 다르게 나타났 다. 이전의 종교에 반대는 주로 '모든 비판의 전제'로서 종교가 필연적으로 사라질 것이라는 전제하 에 종교가 지닌 '이데올로기적'인 측면에 집중되어 나타났다. 그러나 이 시기가 되면 이전의 종교에 대한 표현과 태도가 변화되었다. 사회주의자들은 '종교를 투쟁의 대상'으로 규정하고, 종교의 '존재 의의' 자체를 공격하는 등 종교와의 실천적인 투쟁성을 강조하는 '전투적'무신론을 주장했다. 이러 한 변화는 당시 좌경화된 사회주의자들의 논리와 무관하지 않았던 것으로 보인다.

강하게 공격했다.[83]

이 같은 전제하에 그들은 "신(神)은 사람이 생의 고민에서 절망적 위압을 느낄 때 그의 두뇌 속에서 창출된 일종의 환상의 표현이며 천국은 이 '신(神)'의 과념의 구체적 연장에 불과한 것으로 신과 천국에서 '행복'이란 현실적 효과가 생긴다는 것은 무(無)에서 육(肉)이 산출되는 것과 같은 망상에 불과한 것"이라고 주장할 정도였다.[84] 또한 사회주의자들은 종교가 오랜 세월 동안 역사적 발전과정인 사회적·물질적 생산과정 속에서 형성된 것이며, 이를 입증하는 것이 중요한 '반종교운동의 과제'라고 주장했다.[85] 그리하여 종교가 신(神)의 계시에 의해 생긴 것이 아니기 때문에 종교가 무엇인지를 알기 위해서는 종교문제를 역사적으로 연구해야 한다고 주장하기도 했다.[86]

한편 사회주의자들은 반종교투쟁을 민족개량주의와의 '정치투쟁'의 일환으로 전개할 것을 주장했다. 그래서 그들은 "반종교투쟁이 개별의 독립된 운동이 아니라 일정한 정치적 원리 아래서 움직이는 계급투쟁의 일정한 정치적 실천에서만 전개될 무신론운동이기 때문에 정치투쟁의 일부분"[87]이 되어야 한다고 주장했다. 이러한 주장은 당시 사회주의자들이 "종교집단의 정치적 경험과 객관적 정세가 식민지 종교의 본질을 점차 나타내고 있으며, 이는 종교집단이 '민족개량주의의 정치적(政治的) 도당(徒黨)'으로 전환되었다"[88]는 정세인식에서 비롯된 것이었다.

이러한 인식하에 사회주의자들은 종교에 대한 투쟁이 필연적인 것이며, 이것은 기본적으로 사회주의건설의 계급투쟁에 합치된 구체적 실천이라고 주장했다.[89] 그리하여 "종교(宗敎)는 일정한 물질적 사회적 근거로 하고

---

83) 安炳珠, 「우리는 웨 宗敎를 反對하는가」, 『新階段』 1-5, 1933년 2월, 44~49쪽; 安火山, 「하나님의 正體」, 『新階段』 1-9, 1933년 6월, 74~75쪽.
84) 「宗敎時評」, 『新階段』 1-2, 1932년 11월, 54~55쪽.
85) 鄭宇鑌, 「'靈魂'의 發生에 關한 硏究」, 『新階段』 1-5·7·10, 1933년 2·4·7월 참조.
86) 持久生, 「牧使와의 會談」, 『新階段』 10, 1932년 10월, 95~98쪽.
87) 李甲基, 「宗敎批判과 反宗敎運動」, 『新階段』 10, 1932년 10월, 95~98쪽.
88) 李甲基, 「宗敎批判과 反宗敎運動」, 『批判』 12, 1932년 4월, 97~98쪽.

VIII. 일제하 사회주의자들의 반기독교운동 221

그곳에 환상적으로 산출된 것이지만, 그 물질적 사회적 근거가 제거되더라도 기계적으로 소멸되는 것이 아니라 사회주의 사회의 건설과 같이 건실한 반종교투쟁을 통해서 점차 소멸되는 것이다"[90]라고 하여 종교에 대한 적극적 투쟁만이 반종교운동의 실제적 효과를 거둘 수 있다고 보았다. 그래서 사회주의자들은 종교에 대한 적극적 투쟁이 소책자와 이론적 선전만으로는 불가능한 일이며, '레-닌'의 반종교투쟁이 부르주아지와 사회민주주의자들의 관념적·추상적 계급투쟁의 구체적 실천과 관련해서 노동자·농민의 의식과정에 존재하는 종교적 관념과 표상의 일절을 쫓아낸 것처럼 "반종교적 세계관, 즉 신론을 철저하게 부식시켜야 한다."고 주장했던 것이다.

그리하여 그들은 반종교운동이 '계급투쟁'이란 실천과 결합되어질 때 비로소 투쟁의 의미를 가질 수 있다고 보았던 것이다. 이와 함께 "노예적 굴종을 강요하는 진정한 의미는 소유계급의 이익을 위하여서만 이 모든 가르침이 효력을 가지는 것 외에 아무 것도 아니다"[91]라고 하여 기독교가 부르주아지의 이익을 옹호하기 위해서 피지배계급에게 '맹목적 노예성'을 강요하고 있다고 비난했다.

이처럼 이 시기의 사회주의자들은 사회주의건설의 계급투쟁에 합치된 구체적 실천으로서 반종교·반기독교운동을 주장하여, 종교가 스스로 소멸하는 것이 아니라 적극적인 투쟁을 통하여 타도(打倒)될 때 비로소 이루어진다고 파악했던 것이다. 이는 이 시기의 사회주의자들의 종교비판 수준이 마르크스의 '종교사멸론'에 머무르지 않고, '종교의 본질'에 대한 적극적인 타도에까지 나아가고 있다는 사실을 잘 보여준다.

요컨대 이 시기의 반종교·반기독교운동론은 사회과학적인 논리를 통한 '종교본질'의 부정이 주요한 특징을 이루고 있다. 이와 함께 사회주의자

---

89) 安炳珠, 「A·B의 對話」, 『新階段』 1-7, 1933년 4월, 54~63쪽.
90) 宋榮會, 「宗敎의 階級的 本質」, 『新階段』 1-7, 1933년 4월, 54~63쪽.
91) 鐵夫, 「基督敎의 奴隷性을 檢討함」, 『新階段』 1-5, 1933년 2월, 57~60쪽.

들은 종교의 물질적 토대를 이루는 정치와 계급의 모순구조에 대한 투쟁의 일환인 프롤테리아의 계급투쟁 속에 반종교·반기독교운동이 종속되어야 한다는 입장을 갖고 있었다. 이러한 논리는 사회주의자들이 타협적, 비타협적을 불문하고 민족주의 세력 자체에 대해 '민족해방운동선상에서의 배제'라는 차원에서 레닌으로부터 스탈린에게 이어진 '적극적인 종교박멸투쟁', 즉 종교에 대한 '전투성'을 강조한 레닌의 무신론의 전제를 무비판적으로 받아들인 결과였다.

2) 제2차 반기독교운동의 전개(1929~1933)

제2차 반기독교운동은 신간회가 해소되는 1930년 초반을 전후로 하여 재개되었다. 이 시기 반기독교운동은 제6차 코민테른에서 제기된 '계급 대 계급'전술을 사회주의자들이 수용하게 되고,[92] 이에 따른 조공의 해체와 세계대공황, 그리고 국내 대중운동의 혁명적 고양[93] 등과 함께 1929년 11월 광주학생운동 이후 사회주의자들에게 형성되었던 혁명적 시기론[94]이 결합되면서 재개되었다.

이를 배경으로 사회주의자들은 민족주의 세력 이외에도 모든 종교단체를 '민족개량주의단체'라는 범주로 규정하고, 이에 대한 배척운동을 전개하기 시작했다. 여기서 주목되는 점은 이전까지 사회주의자들이 통일전선의 주 대상으로 설정하고 있던 천도교에 대해 대대적인 배척운동을 전개한다는 사실이다. 이는 "기독교·불교 등 모든 종교단체"와 "농민대중에게 신비적·종교적 사상을 주입함으로써, 그들의 사상을 혼란시키고 혁명적 에너

---

92) 水野直樹, 앞의 글, 67~85쪽.
93) 이준식, 「세계 대공황기 민족해방운동 연구의 의의와 과제」, 『역사와 현실』 11, 역사비평사, 1994, 14~17쪽.
94) '혁명적 시기론'에 대해서 林京錫, 「세계대공황기 사회주의, 민족주의 세력의 정세인식」, 『역사와 현실』 11, 역사비평사, 1994, 24~37쪽 참조.

지를 약화시키는 천도교도의 탈락자와 배반자"[95] 등이 '민족개량주의 단체'의 주요한 토대가 되고 있다는 인식으로부터 비롯되었다. 이러한 인식은 1920년대 중반의 반종교운동의 대상이 '기독교'와 '미신단체'에 집중되었던 것에 반해, 이 시기에는 모든 종교단체, 특히 '혁명적' 민족적 종교단체로 간주되던 천도교에까지 확대되었음을 의미하는 것이었다.

이처럼 1930년대 초 반종교운동의 주요한 대상은 천도교였다. 여기에는 다음과 같은 점이 큰 영향을 미치고 있었다. 최린을 중심으로 하는 '천도교신파'가 『동아일보』의 김성수 일파와 함께 '자치운동'을 재개하며 친일적인 성향을 드러내자, 이에 사회주의자들이 이들을 '반동단체'라고 파악했던 것이다.[96] 뿐만 아니라 사회주의자들이 '민족통일전선'의 적용에 있어서도 "대규모의 종교적 민족동맹(천도교 등)에 속하는 근대 대중 가운데서 활발하게 혁명적·계몽적 활동을 행하여 들은 민족개량주의의 중도반단성과 동요를 비판하며 대중의 면전에서 끊임없이 폭로되어야만 한다."[97]고 하는 민족주의 세력에 대한 '좌경적 인식'을 갖고 있었던 것이다. 즉 사회주의자들은 천도교 신파 최린이 전개하던 '자치운동'에 대한 인식과 민족통일전선에 대한 협소한 방침에 영향을 받으면서 '천도교배척운동'을 시작했다.

천도교에 대한 배척운동은 1932년 『신계단』 11월호에 실린 「종교시평(宗敎時評)」에 실린 천도교 비판 기사에 대한 반감을 품은 천도교청우당 청년들이 『신계단』 편집부 겸 발행인인 유진희를 폭행하는 사건이 발생하면서 더욱 고조되었다.[98] 사건의 내용은 천도교계 잡지인 『신인간』 9월호에 실린 「조선운동과 영도권문제」에 대해 『신계단』 11월호 「종교시평」란에 "추

95) 이애숙, 「이재유 그룹의 당재건 운동(1933~36)」, 『일제하 사회주의 운동사』, 한길사, 1991, 163쪽.
96) 박찬승, 「1920년 중반~1930년대 초 자치운동과 자치운동론」, 『한국근대정치사상사연구』, 역사비평사, 1992, 343~355쪽.
97) 한대회 엮고 옮김, 「식민지·반식민지 제국에서의 혁명운동에 관하여(식민지 테제)」, 『식민시대 사회운동』, 한울림, 1986, 196~197쪽.
98) 朝鮮之光編輯部, 「天道敎暴行事件의 顚末과 우리의 聲明」, 『新階段』 1-4, 1933년 1월, 60~65쪽.

악한 매춘부의 정체"[99]가 천도교를 지칭한다는 것이 문제가 되어 발생했다. 이에 사회주의자들은 '민족개량주의'에 대한 투쟁 차원에서 천도교 정체를 대중 앞에 폭로하기 위해 "자본(資本)의 종교적(宗敎的) 용병(傭兵) 천도교적(天道敎的) 제운동(諸運動)을 타도(打倒)하라!", "푸로레타리아적 종교비판의 완전한 자유!", "천도교 우상(偶像)의 성금(誠金)・헌금(獻金)을 거부(拒否)하자!"[100]라는 구호를 내걸고 '천도교정체폭로비판회'[101]를 결성하여 천도교에 대한 조직적인 반대투쟁을 전개했다.

이 사건은 이 시기의 반종교운동이 확대되는 데 결정적 계기가 되었다. 그런데 천도교는 기독교와 더불어 일제가 경계하던 종교세력이었다. 그것은 천도교 신・구파(新・舊派)를 초월하여 천도교인들의 반일성향이 강하다는 이유때문이었다.[102] 그러나 사회주의자들이 그러한 반일적 성격을 구별하지 않고 무차별적인 반천도교운동을 전개함으로써 민족운동세력으로서 천도교세력의 입지를 약화시켰고, 이는 민족운동의 역량을 훼손시키는 결과로 연결될 수 있는 것이었다.[103]

이렇게 1930년대 초에 이르면 민족주의자의 상당수가 포함된 모든 종교세력들이 사회주의자들로부터 '민족개량주의'라는 공격을 받았고[104] 이것은 제2차 반기독교운동이 재개되는 직접적인 계기가 되었던 것이다. 따라서 1930년대 초 사회주의자들은 '혁명적 고조기'라는 정세인식에 따라 민족주의 고립화 전술을 채택하고, 민족주의 세력을 공격하는 의도에서 반종교운동의 방침을 수립하고 있었던 것이다.

한편 '혁명적' 농조운동을 전개하고 있던 사회주의자들이 '종교반대',

99) 「宗敎時評」, 『新階段』 1-2, 1932년 11월, 58쪽.
100) 天道敎正體暴露批判會, 「聲明書」, 『新階段』 1-4, 1933년 1월, 101~104쪽.
101) 「天道敎正體暴露批判會經過報告」, 『新階段』 1-4, 1933년 1월, 105~108쪽.
102) 梶村秀樹・姜德相 편, 앞의 책, 94~95쪽.
103) 서중석, 『한국현대민족운동연구』, 역사비평사, 1992, 143~152쪽 참조.
104) 지수걸, 「1930년대 초반기(1930~1933) 사회주의자들의 민족개량주의운동 비판」, 『'80년대 한국인문사회과학의 현단계와 전망』, 역사비평사, 1988, 268~271쪽.

'일절 종교단체 및 사상박멸'[105] 등을 강령으로 채택하기도 했다. 예를 들어, 안주(安州)지역에서 '혁명적' 농조운동을 전개하던 안병주(安炳珠)[106]는 기독교가 공공연하게 제국주의 옹호자로서 노동계급의 발흥에 대한 방어자의 역할을 하며, 정신적 마취에 대한 아편장사에 불과하기 때문에 '프롤레타리아'의 계급운동 차원에서[107] 적극적으로 배척해야 한다고 주장하기도 했다.

이와 함께 이 시기의 반기독교운동은 조선프롤레타리아동맹(일명 카프)의 회원들에 의해서도 전개되었다. 이 시기의 카프는 예술조직의 특수성보다 정치조직으로서의 성격을 뚜렷이 했고, 특히 '빈제반봉건 민주주의혁명'을 지향하는 가운데 반종교운동을 전개했다.[108] 이들은 1929년 10월 16일부터 평양(平壤)에서 제3회 전국주일학교대회가 개최되는 것을 계기로 '반기독교' 선전과 강연의 개최를 준비하기도 했고,[109] 각종 사회주의 경향의 잡지에 반기독교적 내용의 글들을 활발히 게재했다.

요컨대 이 시기 반종교·반기독교운동은 계급적 관점과 '민족개량주의'와의 정치 투쟁 차원에서 전개되었다. 1920년대 중반에 발생했던 제1차 반기독교운동이 '반제국주의'·'반자본주의'라는 종교에 대한 원론적인 수준에서 제기되고 있었던 것에 반해 이 시기가 되면 '종교입론' 자체를 부정하는 동시에 이에 대한 직접적인 '투쟁'을 통한 반종교·반기독교운동이 주장되었다. 이러한 특징은 이 시기 사회주의 세력이 민족주의 세력을 '민족개량주의'로 규정했던 '좌경적' 인식에서 비롯된 것이며, 기독교를 비롯한 종교세력들을 민족주의 세력으로서 여타의 민족주의자들처럼 동일하게 공격했던 데에서 나타났던 것이다.

제2차 반기독교운동은 제1차 운동과는 달리 합법적인 사상단체가 일제

---

105) 咸興地方法院元山支廳, 『日帝下社會運動史資料叢書 10』, 251·320쪽.
106) 『東亞日報』, 1931년 3월 15일자, 6월 23일자.
107) 安炳珠, 「우리는 웨 宗敎를 反對하는가」, 45~49쪽; 「A`B의 對話」, 61~63쪽.
108) 金昌順·金俊燁, 『韓國共産主義運動史 3』, 청계연구소, 1986, 168~178쪽.
109) 『中外日報』, 1929년 10월 5일자.

의 폭압적인 탄압조치로 인하여 허용될 수 없었기 때문에, 직접적인 물리적 충돌은 거의 일어나지 않았다.[110] 주로 언론매체, 특히 사회주의 잡지를 통해 반종교·반기독교운동이 전개되었는데, 주목되는 점은 '신간회 해소'[111]를 전후로 하여 특히 『신단계』 및 『비판』에는 '종교비판'란이 따로 생겨 '종교 본질의 기만성'과 '반종교운동의 필요성'을 주장하는 사회주의자들의 입장이 계속 게재되었다.

그리하여 당시 폭력적으로 진행되는 러시아의 반종교운동이 1930년대 초에 이들 잡지들을 통해 국내에 집중적으로 소개되었다. 김철은 "소비에트 러시아의 무산계급운동의 방침이 각국에 모방되고 있음에 따라 소련의 반종교운동도 각국에 수입되는 것이 명백한 일이다"고[112] 하여 무산자 계급운동 일환에서 러시아의 반종교운동이 전개되고 있으며, 이것이 각국에 수용되고 있다고 소개했다. 이렇게 러시아의 반종교운동이 국내에 소개되면서[113] 사회주의자들은 러시아를 모델로 하는 사회주의 계급운동의 전개과정 속에서 '반종교운동'이 필연적으로 발생될 수밖에 없다고 주장했다.

이와 함께 사회주의자들은 세계 교회와 파시즘의 연대가 프롤레타리아의 억압을 더욱 가중시키고 교회가 전쟁준비를 위한 역할을 하고 있다고 비난했다.[114] 이것은 당시 사회주의자들이 '국제프롤레타리아 연대'에 입각하여 세계의 교회들과 파시즘의 동맹을 격렬하게 비난하는 과정 속에서 비롯된 것이었다. 이 같은 비난의 이면에는 한국기독교도 세계의 교회와 마찬가

---

110) 기독교인과 반기독교운동자 간에 물리적 충돌이 전혀 없었던 것은 아니었다. 이에 대해서는 『中央日報』, 1930년 2월 8일자; 『中外日報』, 1932년 3월 7일자; 咸興地方法院元山支廳, 「昭和9年公判 第500號 金光允 等 判決文」 등 참조.

111) 이균영, 앞의 책, 381~534쪽; 이애숙, 「세계대공황기 사회주의진영의 전술전환과 신간회 해산문제」, 『역사와 현실』 11, 1994, 50~88쪽.

112) 金哲, 「蘇聯의 反宗敎運動 展望」, 『時代公論』 1, 1931년 9월, 22~24쪽.

113) 李甲基(玄人), 「宗敎批判과 反宗敎運動」, 『批判』 7, 1931년 1월, 102~103쪽; 許敵岳, 「反宗敎運動」, 『이러타』 2, 1932년 5월, 32~33쪽.

114) 林和, 「戰爭과 平和」, 『新階段』 1-5, 1933년 2월, 42~42쪽.

지로 미국과 같은 제국주의자들의 파시즘 공동전선에 결합되었다고 보는 인식이 내재되어 있었던 것이다.

이 같은 공공연한 반종교·반기독교운동의 시작은 그동안 사회주의자들이 민족협동전선에 타격을 줄 수 있다는 판단에서 자제해왔던 종교에 대한 공격이 '신간회 해소'를 계기로 다시 재개되었음을 의미하는 것이었다. 사회주의자들은 상당수의 종교인이 포함된 민족주의자들과의 완전한 결별을 선언한 신간회 해소 이후 '종교비판의 유보'라는 입장에서 '적극적인 공세'라는 입장으로 전환한 것이었다. 따라서 이 시기의 반종교·반기독교운동은 좌우파를 막론하고 모든 민족주의자들을 무차별적으로 공격하는 상황에서 사회주의자들이 민족주의자들을 비판하는 주요한 논리적 토대가 되고 있었다.

한편 이 시기 사회주의자들의 반기독교운동은 기독교 농촌운동과 깊이 관련되어 나타났다. 1930년대 초에 기독교인들은 1920년대 중반 이후부터 전개하던 농촌운동을 더욱 활발하게 전개하고 있었다. 이에 대해 일제는 "사회주의자의 농민획득 운동과 전후하여 일부 민족주의자와 기독교도·천도교도·학생 등이 조선민족의 8할을 점하는 농촌을 기초로 해야 하며 농촌의 개발과 농민의 각성을 촉구하는 것이 급선무라고 통감"하고 있으며, 기독교에서는 "장로교·감리교 양 파 모두 농촌부를 설치하고 선교사들은 포교에 전념하고 각지에 농사개량강습소를 개최하거나 사립학교를 세우고 혹은 생산조합·소비조합·협동조합 등을 조직하고 또 부업장려·경작법 개량·시장거래 등에까지 노력하고 있다"[115]고 파악하고 있을 정도로, 당시 농촌운동은 기독교계에서 주요하게 추진하던 경제적 운동이었다.

기독교 농촌운동에 대한 사회주의자들의 비판은 '계몽의 내용'보다 이 운동이 지니고 있다고 판단한 '정치적 의도'에 집중적으로 나타났다. 사회주

---

115) 朝鮮總督府 警務局, 『最近に於ける朝鮮治安狀況』, 1933, 53~56쪽.

의자들은 농민들이 기독교 신자가 되어 신(神)과 유산계급(有産階級)인 지주(地主)에게 봉사할 줄만 알아 개량된 농사법으로 전보다 많이 수확된 농작물로 신과 지주와 채권자들을 만족시키는 '충복(忠僕)'이 되고 있다고 평가했다. 이에 기독교인들의 "농촌개량이니 빈민구제이니 하면서 계몽운동이니 하는 것은 모두 민족부르주아들의 발호에서 비롯되는 것으로 농민의 궁핍을 더욱 가중시키는 것에 불과하다"[116]고 공격했다.

요컨대 기독교 농촌운동이 농민들의 궁핍을 농민들의 '무지'와 기독교적 '사랑'의 결핍을 큰 이유로 내세움으로써, 일제의 '관제농촌운동'에 편승되어 '민족개량주의'의 정치적 기반을 확대하고 있다고 보았다. 이는 더욱 나아가 일제의 지배구조를 더욱 강화시키고 안정시켜 한국사회의 계급적 모순구조를 더욱 고착화시키는 결과들을 가져오게 되었다고 비판하였던 것이다.

이것은 기독교의 금주단연운동의 비판에서도 나타났다. 이 운동에 대해 사회주의자들은 "조선기독교가 또다시 '금주단연(禁酒斷煙)'이라는 그럴듯한 주의를 내걸고 그 반동적 역할을 충실히 할 것을 기대하고 있다"고 주장했고, "물산장려운동, 생활개선운동, 동아일보의 브나로드운동, 천도교의 '색의쌍발(色衣雙髮)', 이광수의 '모시치마' 등의 동일한 선상에 위치시키어 그들 모두는 동일한 방향으로 집중되면서 있는 것"으로 파악하여 "금주단연을 운운하는 것은 몰락의 역사적 과정에 헤매는 소부르주아지의 비명(悲鳴)밖에 아니 되는 것"이라고 비난했다.[117] 이러한 비판은 '지방순회탐방', '부녀강습회', '그들 주최의 운동경기대회', '체육장려', '여러 가지 지상좌담회', '브나로드', '한글강습' 등[118]을 통하여 '민족개량주의자들'이 대중들에게 '기만적 민족주의'를 퍼뜨려 자신의 정치적 토대들을 확장하고 있다는 인식에서 나온

---

116) 金務信, 「打倒基督教社會主義者」, 『批判』 21・22, 1933년 3월, 34~36쪽.
117) 高等洲, 「基督教의 禁酒斷煙運動에 關하여」, 『新階段』 1-5, 1933년 2월, 21쪽.
118) 韓雪野・洪一宇, 「東亞社는 어데로 가나」, 『新階段』 1-4, 1933년 1월, 28쪽.

것이었다.[119]

그러나 당시 기독교 농촌운동은 경제적인 면에서 볼 때 토지 및 소득분배라는 근본적 문제를 해결하는 것은 미흡했지만, 그 운동의 종합성과 체계성은 당시 다른 어떤 계열의 농민운동에서도 찾아볼 수 없을 정도로 월등한 것이었다. 이러한 기독교 농촌운동의 특징은 농사개량, 부업장려, 협동조합 설립, 관련 서적의 출판, 그리고 공동경작 및 실험농장을 통한 연구와 실습 등을 통해 나타났고, 이것은 농민의 부를 증가시키기 위한 생산력 증가를 그 목적으로 한 것이었다.[120] 따라서 사회주의자들이 기독교 농촌운동이 농민의 궁핍을 증가시킨다고 비난한다는 것은 현실성이 부족한 것이었다.

또한 기독교 농촌운동은 기독교회와 기독교인들을 포함한 자립적인 민족경제건설을 목적으로 했다는 점에서 식민지에서의 보다 많은 경제적 착취를 목적으로 했던 일제의 농촌진흥운동과는 근본적으로 달랐다.[121] 이러한 점은 일제의 농촌진흥운동이 1932년에 시작되는 것에 반해 기독교 농촌운동은 1920년대 중반에 이미 본격적으로 시작되었고, 일제의 농촌진흥운동이 '쌀의 증산'을 중시한 반면에 기독교 농촌운동은 쌀 이외에도 축산(畜産)·원예·과수재배 등을 통한 영농(營農)의 다각화(多角化)를 장려·실행하고 있었다는 데서 그 차이가 나타났다.[122] 따라서 기독교 농촌운동이 일제와 연결되어 민족개량주의의 정치적 토대를 확대하고 있다는 사회주의자들의 공격은 현실적인 적합성에 문제가 있는 것이었다.

그리고 기독교 농촌운동은 적극적인 정치적 반일투쟁이 아니었지만 사회경제적 차원에서 민족운동의 성격을 지닌 운동이었다고 볼 수 있을 것이

---

119) 韓雪野, 「民族改良主義 批判」, 『新階段』 1-4, 1933년 1월; 韓鐵鎬, 「민족개량주의 대하여」, 『新階段』 1-7, 1933년 4월 참조.
120) 한규무, 『일제하 한국 개신교의 농촌운동 연구(1925~1937)』 서강대대학원 사학과 박사학위논문, 1995, III장과 IV장 참조.
121) 장규식, 「1920~30년대 YMCA 농촌사업의 전개와 그 성격」, 『한국기독교와 역사』 4, 한국기독교역사연구소, 1995, 252쪽.
122) 한규무, 앞의 학위논문, 193쪽.

다. 장로교 농촌부에 대해 일제가 "기독교사회주의를 실현시킴에 의하야 조선독립을 달성할 수 있도록… 전국 각지에 협동조합·소비조합 등의 단체를 결성하고 차등(此等)을 통하여 농민 각 계층에 투쟁의식을 주입한다."[123) 하여 반일성을 주목했다. 이러한 반일적 성격은 당시 기독교 농촌운동을 주도하던 인물들 가운데 상당수가 과거 항일 경력[124)이 있었던 것을 보아도 알 수 있는 것이다.

그러므로 이 시기 기독교 농촌운동의 성격을 살펴보았을 때, 사회주의자들의 공격은 현실문제에 대한 인식에서 기초했다기보다는 민족주의자들을 '민족개량주의'로 배척하는 동일선상에서 '타격(打擊)의 방침'을 기독교 세력에 대해 기계적으로 적용한 것에 불과한 것이었다. 이는 사회주의자들이 민족통일전선에 대해 전략적 임무를 수행하기 위한 '일시적 투쟁전술'로 파악한 것과 결합된 것으로, 노동자·농민의 '혁명성'에 대한 낙관이 지나친 '마너지' 그 외의 계급에 대하여 매우 '비타협적'이었던 당시의 좌경적 경향을 그대로 드러낸 것이었다. 결국 사회주의자들의 반기독교운동은 기독교인들에게 배타적 인식을 심어 주었고, 이는 기회만 주어진다면 반일투쟁에 나설 수 있는 기독교인들의 활동영역을 축소시킴으로써 민족운동 역량의 손실을 가져올 수 있는 것이었다.[125)

이 시기의 반종교·반기독교운동은 1933년 말에 이르러 퇴조하기 시작했다. 일제는 1931년 9월 만주침략 개시를 시작으로 소위 '문화정치'의 지배정책에서 '군사적 파쇼체제'로 전환하기 시작했으며 내선일체, 황민화정책을 강화하여 한국의 민족운동을 철저하게 탄압했다.[126) 또한, '혁명적' 노농운동과 대중투쟁이 퇴조하고 일제의 철저한 감시와 무자비한 탄압 등이

---

123) 「最近の朝鮮治安狀況」, 『韓國獨立運動史 V』, 국사편찬위원회, 1969, 307쪽.
124) 한규무, 앞의 학위논문, III장 1절 참조.
125) 김권정, 「1920~30년대 기독교인들의 사회주의 인식」, 『한국기독교와 역사』 5, 한국기독교역사연구소, 1996, 105~114쪽.
126) 朴慶植, 『日本帝國主義의 朝鮮支配』, 청아, 1986, 333~373쪽.

강화되면서 합법적 공간에서 활동하던 사회주의자들의 활동은 위축되고 소극적으로 될 수밖에 없었다.[127] 따라서, 1933년 말에 이르러서 반종교·반기독교운동도 소강상태에 들어가게 되었다.

이와 같이 제2차 반기독교운동은 1933년 말부터 소강상태를 보이다가 1935년 이후에는 사실상 종료되었다. 1935년 코민테른 제7차 대회에서 파스즘과 제국주의 침략전쟁에 맞선 반파시즘·반제통일전선으로 광범위한 통일전선인 '반제인민민주전선론'이 제기되고,[128] 종교에 대한 러시아의 유화정책의 실시가 주된 배경이 되었다.

이에 따라 국내외 사회주의자들은 변화된 국제 사회주의 운동 노선을 적극적으로 수용함과 더불어 1930년대 중반 이후 일제의 전시파쇼체제가 그 절정에 오르자 광범위한 '민족연합전선'을 지향하게 되었고, 종교적 차이까지도 넘어서고 있었다. 그리하여 "전 민족의 계급·성별·지위·당파·연령·종교의 차별을 묻지 않고 백의동포는 반드시 일치단결하여 구적(仇敵)인 일본 놈들과 싸워 조국을 광복할 것"[129]이라고 하여 종교단체와의 직접적인 연합도 주장하게 되었으며, 실제로 천도교의 일부 세력과의 제휴가 이루어지기도 했다.

5. 나오는 말

일제하 사회주의자들은 근본적으로 반종교적인 무신론을 근거로 하여 반기독교운동을 전개했다. 그러나 그것은 단순히 기독교라는 종교에 대한 논리적인 반대가 아니었다. 사회주의자들의 반기독교운동은 한말 이래 기

---

127) 지수걸, 『일제하 농민조합운동연구』, 역사비평사, 1993, 64~78쪽.
128) 김성윤 엮음, 『코민테른과 세계혁명 2』 거름, 1991, 85~183쪽.
129) 姜德相 編, 『現代史資料 30-朝鮮 6』, みすず書房, 1976, 315쪽.

독교를 통해 형성된 민족주의 세력에 대한 공격이었으며, 나아가 1920년대 이후 국내 민족운동의 주도권을 놓고 경쟁하는 가운데 사회주의 운동의 대중성을 확보해 나가는 또 다른 운동형태였다.

이것은 반기독교운동의 시기에 따른 주도세력과 논리의 변화가 1920~30년대 사회주의 운동의 정세인식과 민족주의 세력에 대한 규정 등과 직접적으로 연결되어 나타났으며, 사회주의 세력의 민족주의 세력에 대한 공격의 강도가 강력하게 발생할 때마다 반종교 · 반기독교운동이 더욱 첨예하게 등장했다는 사실에서 확인되는 것이다.

한편 일제하 사회주의자들의 반기독교운동은 식민지 상황 아래서 '종교공동체'가 갖는 '민족운동 근거지'로서의 배일적 성격을 지나치게 과소평가한 데서 비롯되었다. 일제 식민지하에서 종교는 그저 '순수한' 종교공동체로서만 존재하지 않았다. 종교조직들이 곧 '정치'조직은 아니지만 집회, 결사, 언론의 자유가 식민지 권력에 차단된 채 있던 한국인들에게 거의 유일한 합법적인 조직이었다. 그런 이유로 종교조직들은 정치적 역할을 담당했다. 3 · 1운동 이후 새로운 사회단체와 조직들에게 그들의 정치적 역할을 넘겨주는 것이 사실이지만, 그럼에도 불구하고 여전히 무시될 수 없는 '사회집단'으로서 그 '민족주의적' 성격을 상실하지 않고 있었다.[130] 기독교 민족주의자들은 3 · 1운동 이후에도 각종 민족운동 내지 항일독립운동과 관련을 가졌다. 이것은 일제로 하여금 기독교를 가장 큰 배일세력의 근거지로 지목하여 항상 경계의 시선으로 바라보게 만들었던 주요한 요인이었다.

따라서 기독교는 3 · 1운동 이후에도 여전히 민족주의계열의 주요한 운동세력이었다. 이것은 사회주의자들의 반기독교운동이 단순한 종교반대 차원이 아니라 민족주의 세력인 기독교 세력을 배척하려고 했던 고도의 정치

---

130) 일제는 기본적으로 한국기독교를 민족주의단체로 규정하고 항상 감시의 고삐를 늦추지 않았다. 그와 같은 점은 일제의 각종 경찰보고서와 문서들에 잘 드러났다.

적 의도에서 전개되었다는 사실에서 단적으로 보인다.

이 같은 이유에서 일제하 반기독교운동은 종교에 대한 공격이었을 뿐 아니라 배일세력의 근거지에 대한 공격이라 볼 수 있을 것이다. 이는 식민지 상황에서 한국기독교가 지닌 민족적 성격을 무시한 판단에서 비롯된 것이었으며, 일제의 '회유'와 '탄압'이란 이중적 분열정책에 맞서는 기독교의 반일성에 큰 타격을 줄 수 있는 것이었다.[131]

그리하여 반기독교운동 과정에서 기독교의 '사회역할'에 대한 비판뿐만 아니라 기독교의 '존재의의'에 대해 부정하고 나선 것은 기독교계에 심각한 충격을 안겨 주었다. 이는 사회주의에 대해 평소 비판적이었던 보수적인 기독교인의 강력한 반발을 가져왔다. 게다가 평소 민족운동에 투신한 기독교인들에 대한 보수적 기독교인들의 비판적 여론이 활성화되는 데 결정적 계기가 되었고[132] 이에 따라 기독교 내에서의 기독교 민족주의자들의 활동이 큰 제약을 받게 되었다. 이는 민족운동사 측면에서 볼 때 민족운동세력의 반일독립운동의 역량을 약화시킬 수 있는 것이다.

또한 사회주의자들은 그들의 계급적 관점을 내세워 기독교를 무차별적으로 비판함으로써, 기독교가 인간경험을 초월한 신적(神的) 차원에서 이루어진다는 기독교 본질에 대한 몰이해를 그대로 드러냈다. 당시 사회주의자들은 기독교의 본질에 대한 진정한 이해를 갖지 못했고, 단지 기독교가 사회속에서 어떤 역할을 하는가에 관해서만 관심을 갖고 있었다. 때문에 기독교에 대한 빈곤한 지식은 기독교가 정치·사회·경제에 미칠 수 있는 영향들을 분석하는 데 실패하고 말았던 것이다.[133]

---

131) 이러한 모습은 당시 대표적인 기독교단체였던 YMCA에서 찾아볼 수 있다. 이 단체의 지도부나 정책들은 철저하게 문화운동 차원에서 대중계몽과 종교성을 추구하는 '순수한' 종교단체를 표방하고 있었다. 그러나 여기에 속해 있던 기독교인들 상당수가 이 종교단체를 기반으로 일반 사회단체나 민족단체와 긴밀한 관계를 맺고 그 운동에 직접적으로 투신하고 있었다.

132) 김권정, 앞의 글, 95~113쪽; 閔庚培, 『韓國基督敎社會運動史』, 대한기독교출판사, 1987, 271~276쪽.

133) 이것은 일제하 기독교인들 대부분이 기독교를 이념으로서 뿐만 아니라 기본적으로 종교적 신앙의 대상으로 받아들이고 있다는 점을 간과한 것이었다. 상당수의 기독교인들이 강한 민족의식과 신앙

요컨대 반기독교운동은 사회주의자들에게 민족주의자들에 대한 비판의 논리와 토대를 제공했고, 기독교계의 사회·경제적 측면에 대한 무관심을 지적하여 기독교인들에게 직간접으로 많은 자극을 주었던 것도 사실이다. 하지만 사회주의자들의 반기독교운동은 기독교에 대한 몰이해와 민족주의 세력에 대한 협소한 인식으로부터 비롯된 것이었다. 특히 일제 식민지 상황에서 배일세력 및 민족주의 세력으로서, 그 역할을 담당하던 기독교 세력에 대한 공격이었다는 데 명확한 한계가 있었다. 따라서 이 같은 한계는 민족·사회 양 진영의 반일민족운동전선의 토대를 약화시키고, 민족운동세력의 반일운동 역량을 위축시키는 데 큰 영향을 미쳤다고 볼 수 있을 것이다(『숭실사학』 제10집, 1998).

심에서 민족운동 및 사회·경제운동에 투신하고 있었다. 이 같은 태도는 종교를 이용하여 반일민족운동을 하려고 했던 '종교외피론적' 태도와는 기본적으로 거리가 먼 것이었다.

일제하 한국기독교인들의 사회주의 인식

1. 들어가는 말

기독교와 사회주의 양자는 19세기와 20세기에 와서야 한국에 수용된 외래의 종교와 사상이다. 그러나 오늘날 남한에는 약 천만여 명의 기독교 신자와 북한에는 사회주의를 신봉하는 천만여 명 이상의 사회주의자들이 있다. 그리하여 현재 기독교와 사회주의는 남북한의 정치와 경제, 문화와 사회를 이끌어 가는 '주도적인' 가치관의 하나가 되었고, 해방과 6 · 25전쟁을 겪으면서 남북한의 관계를 '적대적'으로 단절시키는 데 이바지한 사상적인 하나의 원인이었다. 남한과 북한의 '적대적 관계'를 해결하고 평화적 통일의 민족적 과제를 해결해 나가려고 한다면 천만여 명의 기독교신자와 천만여 명 이상의 사회주의자들이 서로 사상적 · 역사적 이해와 화해를 하지 않고서는 그 전망이 불투명할 수밖에 없을 것이다. 이러한 차원에서 양자의 이해와 화해는 7천만 우리 민족의 진로가 결정될 수 있을 수 있는 주요한 문제가 아닐 수 없다.

이러한 맥락에서 오늘날 기독교와 사회주의 이해와 화해를 위해 양자 간의 관계에 대한 연구의 필요성이 제기되고 있다. 이에 따라 양자 관계가 형성되었던 '역사적 상황'에 대한 이해가 먼저 선행되어야 한다는 문제제기가 대두하고 있다. 그런데 우리는 양자 간 관계를 제대로 분석하기 위해서 1920~30년대의 시기로 다시 돌아갈 필요가 있다. 왜냐하면 기독교와 사회주의의 관계는 해방 이후 처음으로 형성된 것이 아니라 3·1운동 이후 사회주의가 국내의 지식인들에게 민족해방운동의 방법론으로 수용되는 과정에서부터 이미 양자의 관계가 성립되었던 역사적 경험을 갖고 있기 때문이다.

따라서 이 글의 목적은 이 같은 문제의식에 바탕을 두고 기독교와 사회주의의 관계에 대한 연구의 일환으로 우선 양자가 형성되기 시작했던 1920~30년대 시기의 기독교인들이 사회주의에 대해 갖고 있던 인식을 살펴보려고 한다. 이 글에서 기독교인들의 사회주의 인식을 다루려고 하는 것은 기독교인들이 1920년대 이후 한국사회에 등장한 사회주의자들의 공격을 받으면서 사회운동의 방법론과 방향을 모색하고 있었으며 이러한 모색과정을 통하여 사회주의에 대한 인식들이 변화되고 있었기 때문이며, 이러한 고찰을 통하여 기독교와 사회주의의 만남이 시작되었던 1920~30년대 기독교와 사회주의 양자 간의 관계가 어떻게 전개되었는지를 살펴볼 수 있기 때문이다.

이제까지 연구 성과의 경향은 다음과 같이 구분해 볼 수 있다. 먼저 기독교계가 사회주의의 침투 과정을 민족적 문제로 인식하고 교리적 갈등보다는 사회주의에 대해 낙관적인 자세를 가지며 그 인식 정도도 매우 소박하였다고 보는 견해로, 사회주의자들의 반기독교운동은 기독교인들에게 커다란 반감을 불러일으켰고 이것이 사회주의에 대해 매우 부정적으로 인식하는 데 결정적 영향을 미치는 것으로 보았다.[1] 다음으로 당시 기독교계가 자본가 계급의 사회적 기반을 바탕으로 사회주의를 인식하였고 '근본주의' 신학에 기초를 두고 사회주의에 대해 매우 '전투적' 자세로 인식하였다고 보는

---

1) 한국기독교사연구회, 『한국기독교의 역사 II』, 기독교문사, 1990, 50~51쪽; 민경배, 『한국기독교 사회운동사』, 대한기독교출판사, 1987; 노치준, 「일제하 한국 YMCA의 기독교 사회주의 사상 연구」, 『일제하 한국기독교와 사회주의』, 한국기독교역사연구소, 1992.

견해이다.[2] 끝으로 1920~30년대의 기독교와 사회주의의 관계가 대립과 갈등관계에 있었던 것은 사실이나 그렇다고 해서 그 관계가 '적대적'·'전투적'인 것은 아니었다고 평가하기도 하였다.[3] 이들 연구들을 통해 기독교인들의 사회주의 인식에 대한 내용들이 어느 정도 밝혀진 것이 사실이다.

그런데 기존의 연구에서는 다음과 같이 몇 가지의 문제가 지적될 수 있을 것이다. 첫째, 오늘날 남한의 기독교인들이 갖고 있는 사회주의에 대한 '반공적'이고 '적대적' 인식이 1920~30년대부터 시작되었다고 평가함으로써, 이 시기 기독교와 사회주의 관계가 매우 '적대적'이었던 것으로 결론을 내리고 있다. 그러나 이 같은 결론은 기독교계의 내부적 변동과 역사적 상황에 따른 인식의 변화과정 등을 역사적으로 분석하여 도출된 것이 아니라 대체로 선험적인 역사적 경험에 의존하여 고찰한 것이었다. 둘째, 사회주의를 인식함에 있어서 '계급적' 입장 또는 '종교적' 입장 등의 어느 한 쪽만이 강조되었으나, 이것은 기독교인들 나름의 '내적인' 인식 구조를 가지고 있었고 이를 바탕으로 사회주의를 인식하고 있었다는 사실을 간과하고 있다. 셋째, 기독교인들의 사회주의 인식과 그 변화가 당시 기독교사회운동의 방법론과 지향 등에 어떠한 영향을 미치고 있었는지 제대로 분석되지 못하였다.

이 글에서는 위와 같은 문제의식에 입각하여 기존의 연구성과를 바탕으로 1920~30년대 국내에서 전개된 역사적 상황 속에서 기독교인들이 사회주의를 인식하는 데 어떤 인식구조를 갖고 있었으며, 사회주의에 대한 인식이 어떻게 변화되었고 이것이 갖는 성격은 무엇인지에 대해 시기별로 나누어 고찰해 보고자 한다.

---

2) 강명숙, 「1920년대 조선기독교의 사회주의 인식에 관한 연구」, 이화여대 사학과 석사학위논문, 1991; 강원돈, 「일제하 사회주의 운동과 한국기독교」, 『일제하 한국기독교와 사회주의』, 한국기독교역사연구소, 1992.

3) 사와마사히코, 「韓國敎會의 共産主義에 대한 태도의 역사적 硏究」, 『일제하 한국기독교와 사회주의』; 김승태, 「일제하 사회주의자들의 반기독교운동과 기독교계의 대응」, 『두레사상』 2호, 1995.

2. 1920~30년대의 역사적 상황

19세기 말엽 조선사회에는 대내적으로 봉건사회의 모순과 성리학적 유교질서가 와해되기 시작하였고, 대외적으로 서구열강의 압력이 구체화되어가는 과정에서 기독교가 수용되기 시작하였다. 그런데 초기 기독교 수용과정에서 특징적으로 보이는 것은 기독교로 개종하였던 상당수의 기독교인들이 시대적인 과제로서 제기되던 반침략에 맞선 '자주(自主)'와 반봉건에 대항하는 '근대화(近代化)'의 요구에 부응하고 있었다는 점이었다. 기독교인들은 교육·의료 등 근대화된 서구열강의 새로운 문화를 소개하는 데 앞장섰다. 특별히 이러한 활동의 근거지가 되었던 '교육분야'에서 커다란 기여를 하였으며, 이를 기초로 하여 한국사회의 반봉건 및 사회개혁의 문제들을 해결하고 한국인들의 의식을 계발하는 데 크게 공헌하였다.

한편, 기독교인들은 독립협회나 만민공동회 때부터 정치 운동과 관련을 갖기 시작했으며,[4] 1905년 이후의 애국계몽운동기 동안에는 민족의식을 강조하는 구국운동과 국권회복운동에 선구적 역할을 하기도 하였다.[5] 기독교인들의 역할은 이후 일제에 직접적인 통치를 받았던 시기에도 계속되었다. 이것은 3·1운동이라는 거족적 민족운동을 일으키는 데 천도교와 함께 중추적인 활동을 하는 것으로 나타났다. 기독교인들의 이러한 모습은 한국민들에게 기독교를 긍정적으로 인식하는 데 결정적 영향을 미쳤다. 그러나 3·1운동 이후 1920~30년대 기독교계가 일반사회의 매서운 비판을 당하기 시작하였다. 그러면 왜 기독교가 이 시기에 와서 비판을 당하게 되었으며, 일반사회의 비판적 인식은 어떠한 배경 위에서 성립되고 있었는가?

첫째, 일제의 기독교 분열정책에 편승한 외국 선교사들의 친일화 및 타

---

4) 박영신, 「독립협회 지도세력의 상징적 의식구조」, 『동방학지』, 1978년 12월, 147~170쪽; 이만열, 『한국기독교와 민족의식』, 지식산업사, 1991, 358~361쪽.
5) 이만열, 위의 책, 203~291쪽; 한국기독교역사연구소, 『한국기독교의 역사』 I , 183~356쪽.

협화의 경향이 눈에 띄게 나타났다. 기독교에 대해 겉으로는 유화적 제스처를 취하면서도 속으로는 기독교계의 민족의식과 민족주의자들의 말살정책을 끊임없이 실시하는 일제에 편승한 선교사들의 친일화 경향과 그들의 비행(非行) 및 백인우월적 자세가 현저하게 나타났다.[6] 이전까지 최소한 종교적 이유로써 '정치적 중립'을 지켜오던 선교사들은 3·1운동 과정 중에 일제의 무력적 탄압을 세계여론에 대해 호소했기 때문에 불편해진 일제당국과의 관계를 개선할 필요가 있었다. 그리하여 3·1운동 이후 그들의 원활한 '선교사업'을 위하여 일제 당국과의 관계를 우호적 내지 친일적 관계로 전환하였다.

이 같은 선교사들의 경향은 3·1운동 당시 행한 무력적 탄압으로 인해 악화된 세계여론을 무마시키고 선교사들을 회유하려고 시도하던 일제의 방침에 부합하는 것이었다.[7] 예를 들어, 당시 감리교회 감독이었던 웰치가 「조선인은 독립사상을 포기하였다」고 단언하고 조선은 점차 안정하여 물질적으로 향상하는 중이요 지금은 그전의 평화를 회복하였다"[8]는 발언이 국내에 알려지면서 사회적으로 큰 물의를 일으키기도 하였다.[9]

이와 더불어 1920년대 초반부터 외국인 선교사들의 비행과 추문과 관련된 사건들이 지속적으로 발생하고 기독교 학교와 교회뿐 아니라 일반사

---

6) 한국기독교역사연구소, 『한국기독교의 역사』 II, 42~47쪽.

7) 朝鮮總督府, 『朝鮮の統治と 基督敎』, 15쪽. 일제는 총독부에 종교과를 설치하여 종교행정에 관한 사무를 처리하는 한편 제반 조사를 하게 되었다. 특히 과원 중에는 영어에 능통한 기독교신자를 두어 종교행정 및 선교사들과의 연락을 담당케 하였다. 또한, 「포교규칙」을 개정하여 교회의 설립을 허가제에서 신고제로 바꾸었으며 「사립학교규칙」을 개정하여 기독교계 학교에서의 성서교육을 인정하였으며, 종교단체가 소유한 거액의 부동산의 '법인화'를 허가하여 선교사들의 재정적 이권을 보호하는 조치를 취하였다.

8) 『東亞日報』, 1924년 3월 19일자.

9) 『東亞日報』, 1924년 3월 19일자; 『東亞日報』, 1924년 4월 19일자. 웰치 감독의 '친일적 발언 사건'이 국내에 알려져 사회적 파문이 일어나자, 북감리교 청년회에서는 박동완을 대표로 하여 진상조사를 벌여 웰치 감독의 발언이 사실이 아님을 확인하기도 하였다. 그러나 이 사건의 사실여부를 떠나 일반인들의 외국 선교사에 대한 인식과 함께 기독교에 대한 부정적인 인식을 낳는 데 크게 영향을 미쳤다.

회에서도 선교사배척의 분위기가 고조되었다.[10] 이는 당시 조선에서 활동하던 일부 외국인 선교사들이 백인우월의식의 행태를 나타내고, 그들 중 일부가 인종차별적 편견과 오만으로부터 비롯된 여러 사건들과 관련되어 있었다는 데 그 원인이 있었다.[11] 선교사들의 태도는 그들의 친일성에 내면적으로 분노하고 있는 한국인들의 감정을 더욱 자극하기에 충분한 것이었다. 따라서 외국 선교사들에 대한 한국인들의 인식은 기독교에 대한 비판적 분위기를 만드는 큰 원인이 되고 있었다.

둘째, 기독교계에는 초월적 신비주의 부흥운동이란 새로운 신앙양태들이 등장하였다.[12] 이 부흥운동을 주도하던 지도자들 중 김익두 목사의 경우 '신유'와 '기적'을 동반하는 현상이 나타났는데, 이는 상당수의 일반 지식인들[13]뿐만 아니라 사회운동을 하던 기독교인들로부터도[14] 심한 반발을 받았다. 이들은 기독교가 시대의 요구와 일반 대중들의 기대를 충족시킬 만한 가능성을 잠재했음에도 불구하고 오히려 이와는 역행하는 '미신적' 방향으로 나아가며 종교적 가치를 '신자증가' 등에 한정시킴으로써 당시 한국사회에서 기독교가 담당해야 할 "사회적 역할"을 소홀히 하고 있다고 비판을 하였던 것이다. 이와 같은 비판은 1930년대 초반 이용도 목사의 부흥집회와 관련되어 다시 등장하기도 하였다.[15]

---

10) 유례경, 「1920년대 조선에서의 개신교 선교사 배척운동에 관한 연구」, 『한성사학』 6 · 7, 1994, 87~97쪽.

11) 강제동, 「재조선영미인의 경영하는 학교의 내막을 보고」, 『開闢』 35, 1923년 5월, 79쪽; 유례경, 위의 글, 87~97쪽.

12) 이에 대해 윤경로 교수는 그의 글 "한국근대 민족주의의 유형과 기독교"(『기독교사상』, 1990년 3월호, 44쪽)에서 기독교계의 내세주의적 신비주의 부흥운동을 '시대적 산물'인 동시에 이에 대한 카타르시한 일종의 '사회적 종교현상'으로 평가하였다.

13) 宇光, 「현대의 조선과 종교(二)」, 『학지광』, 1921년 6월호, 43~44쪽; 金明植, 「金益斗의 迷妄을 論하고 基督敎徒의 覺醒을 促하노라」, 『신생활』, 1922; 社說, 「宗敎家의 街頭에 出하라」, 『동아일보』, 1922년 1월 7일자.

14) 劉敬相, 「朝鮮半島와 그리스도교의 使命」, 『신생활』, 1922년 7월호, 103~104쪽; 朴熙道, 「사회생활과 종교문제」, 『신생활』, 1922년 8월호, 6쪽.

15) 碧波生, 「平壤에 發生한 基督再臨 事件 正體」, 『신계단』, 1933년 2월호, 61~62쪽.

셋째, 1920~30년대에 기독교 공동체의 지도자들은 대체로 '순수 종교화'하는 작업에 열중하고, 이에 '민족공동체'의 정치·사회의 문제를 외면하는 '비(非)정치화'의 경향들이 기독교계에 두드러지게 나타났다.16)

이러한 현상은 먼저 3·1운동 이후 변화된 역사적 상황을 들 수 있다. 일제의 변화된 통치정책을 틈타 '무단통치'기에 종교에 제한되어 있던 정치·사회적 욕구들이 솟구쳐 올라와 민족운동의 새로운 이념과 방법을 찾아나섰고, 이전에 정치적·사회적 역할을 담당하던 종교공동체들은 이를 이들에게 넘겨주었으며, 이에 따라 기독교 공동체의 정치·사회의 역할이 현저히 줄어들었다.

다음으로 기독교 공동체를 이끌던 기독교 지도자들의 정치적 태도변화를 들 수 있는 데, 3·1운동 이후 기독교 공동체 안의 주된 흐름은 대체로 기독교 민족운동을 '거부'하는 지도자들이 이끌고 있었다. 이들은 교회가 문화운동 사회봉사를 위하여 있는 것이 아니며17) 교회가 사회니 노동이니, 평화니 국제정세니 하며 세상일을 논의하는 곳이 될 수 없다고 주장하였다.18) 그리하여 1930년대 중반에는 장로교회의 경우 총회 산하의 농촌부의 폐지를 촉구19)하는 일들이 발생하기도 하였다.

또한 많은 기독교 지도자들은 3·1운동에 적극적으로 참여했다가 일제에 의해 가혹한 탄압을 받는 등의 역사적 체험을 통하여 종교적 이상만으로는 현실적인 권력구조에 대항할 수 없다는 좌절을 맛보았으며, 종교인들이 할 수 있는 일은 오직 종교적인 도그마에 충실하는 것이 최선을 다하는 것이라고 생각하는 경향들이 나타났다. 이런 까닭에 현실적으로 3·1운동에

---

16) 朴正信, 「기독교와 한국역사—그 만남, 물림 그리고 엇물림의 사회사」, 제265회 국학연구발표회, 1996년 6월 3일, 19~25쪽.

17) 최태용, 「신앙의 부흥」, 『신생명』, 1924년 11월호, 17쪽.

18) 송창근, 「오늘의 朝鮮敎會의 使命」, 『신학지남』, 1933년 11월호, 21~26쪽.

19) 김인서, 「총회 농촌부 폐지를 提言함」, 『신앙생활』, 1935년 1월호; 채정민, 「敎農運動의 可否, 총회 농촌부 폐지헌의안을 가결을 務望함」, 『신앙생활』, 1935년 7월호.

적극 참여하였던 기독교 지도자들 중 많은 수가 '비정치적' 지도자가 되어버렸다. 한편 자신들의 자리나 지위를 보호하고 이를 유지하려는 '계급적 속성'을 가진 종교적 지도자들은 정치적 가르침이나 행동보다 권력이나 부를 소유한 평신도들이 요구하는 '영혼의 위로'에 응하게 되었고, 이들은 이 같은 종교적 행위들을 통하여 현실에 안주하여 갔던 것이다.[20]

이처럼 기독교 공동체의 변화와 함께 1920~30년대에 걸쳐 기독교계는 대내외적으로 심각한 도전에 직면하였다. 일반 언론을 비롯한 한국의 사상계는 교회의 지적소외, 발전된 과학과 새로운 사상의 경시풍조 등을 비판하였으며, 기독교인들의 적극적인 사회참여를 촉구하였다.[21] 예를 들어, 견지동인(堅志洞人)이란 필명의 한 필자는 "「예루살렘의 조선」을 바라보면서"라는 글에서 기독교계의 내세주의적 신비주의 신앙과 선교사들의 친일화 경향을 지적하여 기독교계가 열악한 사회적 현실은 무관심한 채 탈사회적·몰역사적으로 나가고 있다고 신랄하게 비판하기도 하였다.[22]

이러한 일반사회 반기독교적 분위기의 상황 속에서 1920년대 이후 민족운동의 한 흐름으로 자리 잡기 시작한 사회주의자들이 '기독교'를 지목하여 배척운동을 전개하기 시작하였다.[23]

사회주의 사상은 일제의 식민지 통치정책의 변화와 더불어 일본·중국·러시아로부터 국내로 들어와 한국의 지식인들에게 빠르게 확산되었다. 이 과정에서 사회주의자들은[24] '유물론'과 '무신론'에 입각하여 종교를 배척

20) 朴正信, 「1920年代 改新教 指導層과 民族主義運動」, 『역사학보』 134·135, 1972, 153~164쪽을 참조.
21) 李光洙, 「今日耶穌教會의 缺點」, 『청춘』, 1917년 11월호; 「朝鮮基督教의 覺醒을 促하노라」, 『동아일보』, 1923년 5월 19일자.
22) 堅志洞人, 「「예루살렘의 朝鮮」을 바라보면서」, 『개벽』, 1925년 7월호, 55~61쪽.
23) 사회주의자들의 반기독교운동에 대해서 아래의 글들을 참고할 것. 강인규, 「1920년대 反基督教運動을 통해 본 基督教」, 『韓國基督教史研究』 9, 1986; 이준식, 「일제침략기 기독교지식인의 대외인식과 반기독교운동」, 『역사와 현실』 10, 1993; 장창진, 「일제하 민족문제논쟁과 반종교운동」, 서울대학교 종교학과 석사학위논문, 1994; 김승태, 「일제하 사회주의자들의 반기독교운동의 기독교계의 대응(상)」, 『두레사상』 2, 1995; 김권정, 「일제하 사회주의자들의 반기독교운동 연구」, 『숭실사학』 제10집, 1998.

대상으로 규정한 '반종교의 논리'도 그들의 세계관 및 가치관으로서 자연스럽게 받아들였다.[25] 이들은 반종교 논리를 토대로 기독교를 "제국주의 수족", "자본주의 주구", "양이랑심(羊而狼心)의 기독교" 등으로 주장하거나[26] 성탄절을 '반기독교데이'[27]로 정하는가 하면 김익두 목사와 같은 부흥사들을 '고등무당'[28]이라고 비판하면서 반기독교운동을 전개하였다. 이러한 반기독교운동은 민족주의와 사회주의의 결합체였던 신간회가 창립되는 과정에서 퇴조하였다가 1920년대 말부터 사회주의자들의 좌경화된 인식이 고조되고 신간회 해소가 기정사실로 받아들여지면서 재개되었다.[29]

그러나 기독교계에 보다 큰 위기의식을 심어주었던 것은 다름 아니라 일반사회의 반기독교적 분위기와 사회주의자들의 격렬한 반기독교운동에 '거개가 교회출신인 이전의 신자들'[30]이 참여하고 있었다는 점이었으며, 이에 따라 기독교계의 내적인 동요가 심각하게 발생하고 있다는 인식의 결과였다.

> "조선기독교에 새로운 변증학이 필요한 때가 오리란 생각은 벌써부터 해 왔었다. 지금 이데올로기의 격류가 홍수처럼, 일본이나 중국, 아니면 서구 쏘비에트에서 직접 밀려들고 있다. 공사립학교의 교과서는 일~체 국정화되었고, 그 세계관은 기본적으로 반기독교적이다. 여기 더하여 증대되는 빚진 계층 사이에 특별히 공산주의와 볼세비즘이 폭넓게 침투되고 있다. 청년사회주의동맹이라든가 무신론자동맹과 같은 단체에는 교회에서 떨어져 나간 청년들이 지도력을 발휘하고 있는 실정이다."[31]

---

24) 사회주의자와 공산주의자를 나누어 보려는 경향이 있지만, 당시 사료에서는 대체로 이를 혼용해서 쓰고 있는 관계로 여기서는 이를 '사회주의'로 통일하여 사용하고자 한다.
25) 장창진, 앞의 글, 34~61쪽 참조.
26) 『동아일보』, 1925년 10월 25일자.
27) 『동아일보』, 1926년 1월 5일자.
28) 「金益斗迷妄聲討演說」, 『동아일보』, 1926년 5월 21일자.
29) 김권정, 앞의 글, 34~51쪽.
30) 李敬道, 「朝鮮敎會衰退의 原因」, 『基督申報』, 1928년 4월 4일자.

이것은 당시 기독교계로서 큰 충격이 아닐 수 없었으며, "사상적·종교적 위기"로 파악되기에 충분한 것이었다.[32] '무신론'과 '유물론'을 가치관과 세계관으로 하는 사회주의 사상에 기독청년들이 물들어가고 급기야는 교회 내의 기성세대의 기독교인들과 교회를 비판하는 일들이 발생하였다. 그리하여 기독교인들에게는 이 '위기'의 극복을 위해 사회주의에 대해 무관심할 수 없었고, 바야흐로 이에 대해 반응하지 않을 수 없었던 '역사적 상황'이 형성되어졌다. 이제 기독교에 '새로운 변증학'의 확립이 절대적으로 필요한 시대가 도래(到來)했던 것이다.

따라서, 기독교인들이 사회주의를 인식하는 데 있어서 일반사회의 반기독교적 경향, 그리고 사회주의자들이 전개하였던 반기독교운동, 이에 따른 교회내 청년들의 동요 등이 크게 영향을 미쳤다. 하지만 기독교인들이 사회주의를 인식하는 데 있어서 단순히 '외부적 충격'만이 영향을 미치고 있었던 것은 아니다.

기독교인들은 한말 이래 '순수한 종교공동체'에 속했을 뿐만 아니라 이 공동체를 배경으로 하는 정치적·경제적 방향에서 추구해 왔던 지향의 논리와 관점들을 가지고 있었던 것이다. 이들은 이것을 바탕으로 하여 새로운 사상이나 역사적 상황들을 인식하고 이를 적극적으로 해석하였던 것이다. 따라서 위에서 살펴보았던 기독교계의 대내외적인 충격과 함께 기독교인들의 지향의 논리와 관점들은 사회주의를 인식하는 주요한 틀이 되고 있었다.

---

31) Chosen Mission, R.F.P, 1927, pp. 96~97; 민경배, 『한국기독교사회운동사』, 1987, 208쪽에서 재인용.

32) J. S. Ryang, "The Aims of Methodist Union in Korea", *The Korea Mission Field*, 1927. 7, p. 152.

3. 사회주의에 대한 인식구조

1920~30년대 기독교인들이 사회주의를 비롯한 현실문제를 인식하는 데 다음과 같은 점들이 인식의 주요한 틀을 이루고 있었다. 먼저 기독교인들은 자신들이 소유한 종교에 대한 절대적 신앙과 그 신앙을 누릴 수 있는 종교자유[33]에 대해 민감하게 대응하고 있었다. 1920~30년대 기독교인들의 '종교자유' 개념을 규정한 역사적 조건들을 크게 보면 기독교가 직면했던 두 세력과 관련되어 있었다. 하나는 끊임없이 식민지 지배통치하에 묶어두려고 시도하는 일본제국주의였고, 다른 하나는 무신론·유물론에 기초하여 반종교운동을 전개했던 사회주의 세력이었다. 따라서 기독교인들의 종교에 대한 자유개념은 일제의 식민지 정치권력과 사회주의 세력과의 관계라고 하는 축을 중심으로 형성되어 있었다.

3·1운동에서 나타났듯이 식민지 상황 아래에서의 종교는 '순수하게' 종교 공동체로서만 존재하는 것이 아니다. 종교가 곧 정치집단은 아니지만 언론·집회·결사의 자유가 식민지 권력에 의해 완전히 차단된 채 있던 상황에서 한국인들에게 종교공동체는 거의 유일한 합법적인 조직이었고, 그러한 관계로 종교공동체가 자연스럽게 정치적 역할을 담당하고 있었다.

그러나 3·1운동 이후가 되면 일제의 식민지배정책의 변화와 함께 종교공동체들은 '우후죽순'[34]처럼 등장한 새로운 사회단체와 조직들에게 그들의 정치적 역할들을 넘겨주는 형편이 되었다. 그러나 그럼에도 불구하고 그 이전에 비해 그 담당역할이 축소된 것이 사실이지만 그렇다고 해서 여전히 무시될 수 없는 '사회집단'으로서의 성격을 갖고 있었다.

---

[33] 한국 개신교인들의 종교자유에 대해서는 이진구, "종교자유에 대한 한국 개신교의 이해에 관한 연구—일제시대를 중심으로", 서울대학교 종교학과 박사학위논문, 1995 참조.

[34] 『朝鮮治安狀況』, 1922, 76쪽. 일례로 1919년 10월부터 1920년 말에 이르기까지 한국에서는 막혔던 봇물이 터져나오듯 여러 단체들이 출현하였다. 1920년에 985개, 1921년에 2,989개, 1922년에 9월 현재 3,002개가 설립되었는데, 특히 청년단체가 그 주종을 이루고 있었다.

그래서 일제는 종교공동체에 포함된 민족주의자와 민족의식을 그것으로부터 분리시키기 위해 끊임없는 회유와 탄압을 가하였다.[35] 이에 기독교인들은 식민지 권력의 종교 간섭과 통제로부터 교회를 보호하고 선교활동의 자유를 보장받는 것이 큰 당면과제가 아닐 수 없었다. 그리하여 식민지권력과의 관계에서 종교자유의 추구가 주요한 문제로 등장하였다.[36]

그런데 일제는 기독교에 대해 전면적으로 종교 및 신앙에 대한 자유를 억압했을 경우 기독교계로부터의 강력한 반발을 당하게 될 것을 예상하고 있었기 때문에 그렇게 쉽게 기독교를 억압하지는 못했다. 따라서 1930년대 중반 이후 기독교계가 일제의 식민지권력과 신사참배문제로 둘러싸고 직접적인 대결구도로 들어가기 전까지 1920~30년대 기독교인들에게 더욱 큰 문제는 사회주의 세력이었다.

사회주의 세력은 종교를 다음과 같이 인식하고 있었다. 먼저 기본적으로 종교를 '미신'으로 규정하고 종교 발생 자체를 '인간의 허무'에서 비롯되었다고 하는 인식론에 입각하였다. 둘째, 사회주의를 대중들에게 인식시키자면 대중의 생활 속에 현존하는 일체의 비과학적·미신적 내지 종교적 요소들을 청산하지 않으면 안 된다는 차원에서 종교를 배척하는 운동을 전개하였다. 셋째, 사회주의자들은 '종교'를 통해 형성된 정치적이고 사회적 실체인 '종교세력'과의 통일전선을 모색하는 과정에서 자신들의 통일전선에 배제된 종교세력에 대해서는 격렬한 공격을 퍼부었다. 기독교를 '자본주의의 수족이며 제국주의의 주구'로 규정했던 사회주의자들은 기독교를 지목하여 비판하였다.[37] 이것은 기독교인으로서 큰 과제이며 도전이었다.

그러나 당시 기독교인들은 기독교를 '이념'으로서뿐만 아니라 기본적

---

35) 姜東鎭, 『日帝의 韓國侵略政策史』, 한길사, 1980.
36) 이진구, 앞의 글, 53~104쪽. 1930년대 중반의 직접적인 대결구도로 들어가기 전까지 종교단체의 활동을 조직적으로 통제하기 위한 일제의 '종교법제정'이 기독교와의 주요한 갈등 요소였다.
37) 김권정, 「日帝下 社會主義者들의 反基督教運動」 참조.

으로 '신앙'의 대상으로 받아들이고 있었다. 그 때문에 그들은 사회주의의 유물론 및 무신론 사상과 함께 사회주의자들이 종교를 억압하고 신앙의 자유를 인정하지 않는다는 입장을 도저히 이해하거나 받아들일 수는 없었던 것이다. 이러한 까닭에 기독교와 사회주의 양자 간의 정신이 동일하거나 유사하다는 인식을 갖고 있었음에도 불구하고 사회주의를 부정적으로 인식하는 데 결정적인 영향을 받았던 것으로 보인다. 사회주의 이념이 아무리 기독교적 가치에 유사하더라도 종교자유를 억압하고 이를 무시하는 태도와 이론에 대해 "종교적 정체성"이라는 측면에서 강력하게 반발하지 않을 수 없었던 것이다.

다음으로, 1920~30년대 기독교인들은 사회와 개인의 관계를 주목하고 이를 어떻게 개혁하고 변화시킬 것인가에 대한 관점을 갖고 있었다. 기독교인들은 사회개혁과 개인의 개혁은 불가분의 관계이며, 한 사회의 구조나 제도, 형식 등을 개혁하는 데는 한계가 있으므로 사회개혁 이전에 개인이 먼저 개혁되어야 한다고 보았다.[38] 이 같은 논리의 연장선상에서 기독교인들은 당시 전개되고 있던 사회·경제운동에 대해서도 물질화·유물화에 빠지지 말 것을 강조하고 있었다.[39]

또한 기독교인들은 기독교적 사랑에서 출발한 인본주의·인도주의가 이상적 사회의 원리가 되어야 한다고 주장하기도 하였으며,[40] 당시 심각한 사회·경제적 문제를 해결할 수 있는 원리를 기독교 정신 속에서 찾을 수 있다고 주장하였다. 그래서 기독교인들은 전쟁이 사회를 발달시킨 것이 아니며 역사는 투쟁을 통해 발전한다는 마르크스적인 견해를 부정하고 사랑을 통해 발전한다는 기독교적 견해를 밝히기도 하였다.[41] 이 같은 개혁적인

---

38) 李大偉, 「社會運動과 基督敎運動의 歸着點이 어떠한가」, 『청년』 1923년 9월호; 洪秉璇, 「混沌에서 曙光으로」, 『청년』, 1926년 1월호.
39) 金昶濟, 「精神부터 自己것을」, 『청년』, 1923년 3월호.
40) 申興雨, 「理想」, 『청년』, 1926년 8월호.
41) 崔相鉉, 「宗敎生活과 愛의 精神」, 『청년』, 1925년 8월호; 金昶濟, 「愛의 力」, 『청년』, 1926년 11월호.

관점들은 기독교 사회운동에 있어서 근본적인 지향논리로 작용하여 나갔다. 이는 1920~30년대 기독교인들이 '사회 · 경제적 운동'에 적극적으로 참여하였으며 그럴 때마다 구조적 · 사회적으로 개혁하기 이전 또는 동시에 개인도 개혁되어야 한다고 하는 전제 속에서 분명히 나타나고 있었다. 개혁관점들은 기독교인들의 현실인식과 맞물리면서 구체적인 모습으로 1920년대 중반 이후 대두하기 시작했다.

특히 그중에서도 열악한 농촌 현실에 대해 기독교인들은 이를 극복할 현실타개책을 찾는 구체적 노력으로 나타났다. 당시 농촌 현실의 어려움은 전체 인구의 80%가 농민이고 전체 교회의 85% 이상이 농촌에 존재하고 있던 기독교계로서 커다란 경제적 위기가 아닐 수 없었다.[42] 이에 기독교인들은 1920년대 이후 YMCA나 YWCA, 또는 장로교와 감리교 등의 교회조직을 통한 농촌운동 및 자율적 경제자립운동 등에 참여하였다.[43] 이러한 운동은 한국농촌과 농민, 그리고 교회를 살리기 위한 차원에서 전개된 것이었으며 '사회와 개인'의 관계에 주목하고 이를 어떻게 개혁할 것인가의 진지한 고민에서 비롯된 것으로, 그 밑바탕에는 개인과 사회에 대한 개혁의 관점이 늘 자리 잡고 있었던 것이다.

한편 기독교인들은 정치적이고 경제적인 지향들을 갖고 있었고 이를 추구하고 있었다. 기독교인들은 사회경제운동을 전개하면서도 국가나 사회의 근거로 '민주주의'를 지향하고 있었다. 그리하여 데모크라시란 "평등에 기인한 사회 · 정치 실권이 민중에 존재한 국가, 국가의 권위를 인민이나 인민이 선거한 대표자가 집하는 정치"[44]로 정의하였다. 그리하여 이들은 민주주의의 핵심이 인민에 있으며 인민의 대표가 인민의 의향 · 이익 · 욕망을 대표해야 한다고 하여 민주주의에 있어서 '인민'이 주체가 됨을 주장하였

---

42) 洪秉璇, 「農村事業과 基督敎靑年會」, 『동광』, 1931년 4월호.
43) 한규무, 『日帝下 韓國 改新敎會의 農村運動 硏究(1925~1937)』, 한국기독교역사연구소, 1996 참조.
44) 申興雨, 「듸모크레시의 意義」, 『청년』, 1921년 3월호.

다.[45] 따라서 기독교인들은 민주주의의 기초로 교육을 규정하고 이 같은 민주주의가 제대로 시행되기 위해서는 민중의 교육정도가 중요하기 때문에 민지를 높일 수 있는 교육이 절대적으로 필요함을 강조하였다. 이는 기독교인들이 한말 이래 1920~30년대에 이르기까지 '교육운동'에 활동할 수 있었던 사상적 원동력이 되었으며, 1920~30년대 역시 '교육운동'이 기독교 사회운동의 중심축을 이루는 데 주요한 요인으로 작용하였다.

이와 함께 기독교인들은 인권·민권의 기초를 하나님 앞에서 모든 인간이 평등하다는 신앙에서 끌어내고 있었다. 모든 인간이 한 근원에서 나왔다면 모든 인간은 평등하며 동일한 권리를 지녔다고 보았던 것이다.[46] 이 같은 인식 선상에서 직업·인종·계급·신분에 따른 차별을 반대하는 주장도 제기되고 있었다.[47]

그리고 기독교인들은 기본적으로 자본주의에 대해 우호적이거나 이를 추구하는 지향들을 보였다.[48] 그렇다고 해서 맹목적으로 자본주의를 지향했던 것은 아니다. 기독교인들은 자본주의의 폐해와 사회적 역기능을 잘 알고 있었다. 그리하여 자본주의가 반기독교적이고 반인간적인 성격이 강하여 노동자·농민을 착취하며 그 속성상 전쟁을 벌일 수밖에 없을 것이라고 주장하기도 하였으며,[49] 자본주의의 문제를 지적하여 현대 산업조직은 그 조직에서 본질적으로 비기독교적이라고 비판하기도 하였다.[50] 하지만 자본

---

45) 기독교인들이 적극적으로 민주주의를 받아들이게 된 데에는 다음과 같은 배경이 작용하고 있었다. 먼저, 한국에 온 선교사들이 민주주의를 시행하던 미국에서 왔고 한국기독교의 지도자들 대부분이 미국에서 공부를 하였거나 이에 영향을 받았기 때문이었다. 그리고 기독교인들은 민주주의가 가장 기독교인 이념에 가까운 것이라고 생각했기 때문이다. 또한 교회의 제도나 조직들을 이전의 봉건적 유제 관계에서 찾아볼 수 없는 민주주의적인 원칙들을 통해 운영하였던 것도 기독교가 민주주의 형성에 기여한 결과를 가져왔던 것이다. 노치준, 『일제하 한국기독교 민족운동 연구』, 한국기독교역사연구소, 1993, 162~165쪽.

46) 김우현, 「聖經과 人權問題」, 『진생』, 1929년 11월호.

47) 東樵, 「女子解放運動과 基督敎」, 『신학지남』, 1928년 3월호.

48) 安國善, 「經濟上으로 見한 半島의 將來」, 『청년』, 1921년 3월호, 4월호.

49) 石泉, 「思想變遷과 信仰生活」, 『청년』, 1923년 12월호; 姜明錫, 「貧窮과 寄生蟲」, 『청년』, 1928년 4월호.

주의에 대해 완전히 부정하지는 않았고 오히려 그러한 자본주의의 폐해를 극복하고 이를 제대로 운영할 수 있는 방식들을 추구하였던 것이다. 즉, 자본주의의 모순과 폐해에 대한 신랄한 비판은 기독교인으로 하여금 현실에 대해 더욱 눈을 뜨게 만들었고, 이러한 인식은 1920~30년대에 적극적으로 전개되었던 기독교인들의 사회경제운동에 정당성을 부여하는 결과를 가져왔던 것이다.

이상에서 살펴본 1920~30년대 기독교인들의 인식구조는 기독교계내의 내세지향적인 초월적의 움직임과 이에 대한 사회적인 비판, 그리고 점점 심화되는 식민지적 억압구조와 일정한 긴장관계를 맺고, 기독교적 복음을 근본원리로 하면서 정치사상으로 근대 자유민주주의사상을, 사회경제적으로 '건전한' 자본주의 제도를 지향하는 것이었다. 따라서 기독교인들은 이러한 인식구조를 바탕으로 사회주의를 인식하였을 뿐만 아니라 기독교 사회운동의 방법론을 모색하는 데 그 사상적 근거로 삼고 있었다.

4. 사회주의 인식의 내용과 그 변화

1920~30년대 기독교인들의 사회주의 인식은 사회주의자들의 반기독교운동을 중심으로 다음과 같이 변화하고 있었다.

1) 제1기(1920~1924)

1917년 러시아의 볼세비키혁명 이후 세계 도처에서 유행하게 된 사회주의 사상이 3·1운동 이후 일제의 '문화정치'라는 식민지 정책 변화와 더불

---

50) 최계철, 「기독교와 사회주의」, 『진생』, 1930년 3월호, 48쪽.

어 지식인들에게 확산되었다. 특히 청년·지식인들에게는 '거친 들불'처럼[51] 거세게 번져 갔다. 그리하여 "입으로 사회주의를 말하지 아니하면 시대에 처진 청년같이 생각"[52]하게 될 정도로 청년·지식인들에게 짧은 기간에 급속도로 확산되었다.

사회주의 사상의 급속한 확산은 기독교계에도 예외가 아니었다. 이 시기에 들어서서 그동안 교육·의료 등의 사업을 통해 근대적 문화의 선도자로 자처하던 기독교는 그 위치에 심한 동요현상들이 나타나기 시작했다. 기독교가 사회문제에 대해 무관심하거나 목사가 무식하여 현실의 사상과 문제를 제대로 인식하지 못한다는 기독교 대내외의 비판에 직면해야 했던 것이다. 그런데 기독교 동요의 심각성은 내부에서 더욱 드러나기 시작했다. 기독교의 제도나 조직에 대해 냉소적인 태도를 지녔던 기독청년들에게 사회주의 사상이 퍼지면서 기독청년들은 기독교의 교리와 조직을 비난하였고 급기야는 기독교회 내에서 예배 도중에 목사를 비방하거나[53] 기독청년·전도사 등이 사회주의를 지지·주장함으로써 교회에서 생겨나는 일[54] 등이 발생하였다.

또한 1923년 3월에 일어난 중국의 반기독교운동이 『동아일보』[55]·『개벽』[56]·『신생활』[57] 등의 언론에 소개되었고 이는 중국혁명에 관심을 갖고

---

51) 『윤치호 일기』 8, 국사편찬위원회, 305쪽.
52) 羅景錫, 「空京橫事」, 『朝鮮之光』, 1927년 5월호, 76쪽.
53) 墨峯, 「反宗教運動과 이에 對한 基督教會의 態度를 回顧하는 나의 所見」, 『청년』, 1927년 7월호.
54) 「平壤의 社會運動」, 『개벽』, 1924년 9월호, 64쪽에는 다음과 같이 쓰여 있다.
　　平壤으로 말하면 勿論 일반으로는 그러한 思想내지 그러한 運動을 하지 않는다 할지라도, 적으나마 그 편으로 움직이는 경향이 있는 것은 사실이다. 思想穩健하기로 유명한 基督教會안에서까지, 社會主義를 支持, 主張함으로해서 司令教會에서 男女 各1人, 南山峴教會에서 傳道師 1人을 내여보내는 不得已에 이르렀다는 것만 볼지라도, 그 思想 그 주의가 얼마만큼 지방사람 머리에 움직이고 있음을 알 것이다.
55) 社設, 「中國의 非宗教同盟運動」, 『동아일보』, 1922년 3월 29일자, 4월 12일자.
56) 林杜, 「中國非宗教運動의 現像과 그 原因」, 『개벽』, 1922년 6월호, 51~53쪽; 金星, 「非基督教大同盟宣言－資本帝國主義가 基督教를 保留하는 그 裏面」, 『개벽』, 1924년 10월호, 56~58쪽.
57) 鄭栢, 「中國의 非宗教運動의 由來와 傾向」, 『신생활』, 1922년 7월호, 61~67쪽.

있던 조선의 지식인들에게 반기독교적 분위기가 형성되는 데 하나의 원인이 되기도 하였다. 이와 더불어 사회주의자들은 1923년에 개최된 청년당대회에서 민족주의진영에 대한 비판과 더불어 '종교는 미신과 허위'라는 반종교 강령58)을 채택하고 국내에서의 반종교운동을 공식화하였다.

　이 같은 상황은 구한말 이래 한국 역사의 한복판에 서왔던 기독교로서 큰 충격이 아닐 수 없었다. 이에 따라 이제는 사회주의에 떠밀려 다닐 것이 아니라 금일 기독교회가 사회혁명과 사회진화의 대본영이 되기 위해서는 기독교 자체의 정책을 개혁해야 한다는 관점이 제기되기 시작하였다.59) 그리하여 이 시기에는 몰려오는 사회주의 사상이나 운동을 적대시하지 않고 오히려 기독교와의 유사성, 연계 등을 모색하는 경향들이 나타났다.

　이 시기 기독교와 사회주의의 관계를 주목하고 이에 대한 입장들을 정리한 대표적인 논자는 YMCA의 학생부 간사였던 이대위였다. 그는 당시 사상적 동향의 큰 축을 기독교와 사회주의로 인식하고 기독교와 사회주의의 연대를 강력히 주장하였다.

> "吾人이 憧憬하는 무삼 新世界를 造成코저 함에는 基督敎思想과 社會主義가 相同하다고 思惟한다. 何故요 하면 彼兩者는 現社會程序의 諸般 弊害를 覺할 뿐만 아니라 또 此를 改造하기로 目的하는 者인 때문이다."60)

　그리하여 그는 "기독교 천국이 보편적 우애를 실현하는 것이라면 사회주의도 종국에 인간을 사랑하는 정신에 귀착"된다고 규정하고, 양자가 지향하는 정신과 목적이 동일한 것이라고 역설하였다. 즉, 불만·불평한 세계를 부인하고 신세계를 조성하고자 함에 기독교사상과 사회주의가 '상동(相同)'함

---

58) 李江, 「朝鮮青年運動史的 考察(中)」, 『현대평론』 1927년 10월호, 20쪽.
59) 李大偉, 「나의 理想하는 바 民族的 敎會」, 『청년』, 1923년 6월호.
60) 李大偉, 「社會主義와 基督敎 思想」, 『청년』, 1923년 5월호, 9쪽.

이 있으며, 그 근거로 양자가 현 사회의 제반폐해를 알고 이를 개조하려고 했기 때문이라고 밝혔던 것이다.

유경상도 예수는 상당한 '사회주의자'이며, 건실한 사회주의자가 되려면 예수를 중심으로 하여야 하고 "세계적 혁명을 목적한 레닌 그 사람도 필연 예수의 주의를 표준삼지 않으면 자기의 숭고하다고 하는 사회주의가 성공하기 어려울 것이외다"[61]라고 하여 기독교와 사회주의와의 유사성과 그 연대를 주장하였다.

이 시기에는 최초의 사회주의 국가를 건설한 러시아에 대한 태도 속에서 사회주의를 긍정적으로 인식한 면도 나타났다. 러시아에서 일어난 반종교운동도 러시아의 희랍정교회가 압제자의 편에 서서 민중들을 탄압했기 때문이라고 하였고, 과격한 공산주의사상이 러시아에 등장하였던 것은 극단(極端)의 전제(專制)에 대항한 비상수단(非常手段)으로 나타난 것이라고 소개하였다.[62] 또한 사회주의는 인간성의 회복이며 인격존엄이라고 주장하였다.[63]

따라서 이 같은 인식의 분위기 속에서 기독교계의 대표적 언론매체였던 『기독신보』의 '사설(社說)'에 "…… 진정(真正)한 사회주의(社会主義)는 참말 교회(教会)로 더불어 서로 배치(背馳)되는 것이 적고 교회를 위하여 준비하는 것이라. 만일 진정한 사회주의가 있으면 비록 기독교인이 아니라도 나는 그를 기독인과 동일(同一)히 간주하겠다. 저는 그 주의(主義)를 확지(確知)하고 실행(実行)하는 자(者)이다"[64]라는 대담한 주장이 게재되었다. 이는 기독교인들이 사회주의 수단이나 건설 방법의 측면이 아니라 정신적이고 이념적인 측면에서 이를 적극적으로 해석하고 이해하려고 했던 것으로, 이 시기의 기독교계

---

(61) 劉敬相, 「社會主義者 예수」, 『청년』, 1923년 7·8월호.

(62) 憂世生, 「宗敎의 見地로 露國의 今後觀」, 『청년』, 1922년 12월호.

(63) 朴濟鎬, 「戰後思想의 趨勢와 그 根抵的 精神」, 『청년』, 1922년 4월호.

(64) 社說, 「基督敎會와 社會」, 『기독신보』, 1924년 10월 15일자.

의 사상적 경향을 상징적으로 보여주는 언급이었다.

또한 대내외의 자극과 충격에 대처하는 차원에서 기독교와 사회주의의 관계를 적극적으로 해석하는 흐름이 있었는가 하면, 기독교계의 흐름을 배경으로 사회주의 사상을 민족해방의 이론으로 소개하고 이를 전파하는 데 활동을 전개하기도 하였다.

그 중에서도 이러한 활동의 대표적인 예로『신생활』[65]을 들 수 있을 것이다.『신생활』은 기독교 일부 세력과 초기 사회주의 간의 연합적 성격을 띠며 탄생된 잡지로,[66] 조선 '최초의 사회주의 재판'을 일으키는 '신생활필화 사건'[67]의 모체가 되었다.

이 잡지와 관련하여 눈에 띄는 인물은 창립자이며 사장이었던 기독교인 박희도이다. 그는 YMCA의 학생부 간사의 신분으로 3 · 1운동의 33인의 서명자 중의 한 사람이었으며, 3 · 1운동과 관련되어 감옥생활을 했던 경험을 갖고 있던 인물이었다. 그는 잡지의 필진으로 적극적 활동을 한 것은 아니었지만 잡지를 만드는 데 필요한 간행자금을 지원하고『신생활』을 이끌고 나가는 데 결정적인 지도력을 발휘하였다.

박희도와 함께 필진으로 참여하는 김원벽 · 강매 · 김병조 등 역시 3 · 1운동 당시 박희도와 함께 서울 지역의 만세운동을 주도했던 기독교인들이었다. 즉, 비록 일부이기는 하지만 기독교인들이 초기 사회주의자였던 김명식 · 정백 · 신일용 · 이성태 · 신백우 등과 함께 국내에 사회주의를 비롯한 새로운 사상을 소개하는 일에 적극적으로 활동하고 있었던 것이다.

이것은 한말에서 볼 수 있듯이 새로운 문물의 수용과정에서 기독교인들이 새로운 사상의 '전달자(Messenger)'로서의 역할을 감당하고 있었으며, 이는

---

65) 『신생활』에 대해서는 M. 로빈슨 저, 김민환 譯, 『일제하 문화적 민족주의』, 나남, 1990, 180~210쪽을 참고. 여기에서 저자는『신생활』의 정치사상을 분석하여 초기 사회주의자들의 사상적 구조와 지향들을 설명하고 있지만 기독교와의 관련성에 대해서는 전혀 언급하고 있지 않다.

66) 『신생활』 잡지는 기독교 세력 일부와 초기 사회주의자들과의 연합 성격으로 조직되었다.

67) 「朝鮮 初有의 社會主義裁判」, 『동아일보』, 1922년 12월 17일자.

한국사회에서 다른 어떤 부류의 '사회집단' 구성원들보다 기독교인들이 적극적으로 이러한 일에 참여하고 있었음을 보여주는 단적인 예로 생각된다.

이 시기 기독교인들은 사회주의에 대해 긍정적으로만 인식하였던 것은 아니었다. 다음과 같은 비판적인 인식이 나타나기도 하였다. 송창근은 무산자들의 산고를 부르짖게 됨은 결국 잘살아 보겠다는 세계인들의 욕망에서 비롯된 것으로 돈을 얻기 위하여 사회운동을 추구하는 방법에는 동의하지 못하겠다고 하였으며,[68] 사회주의자들은 신앙이나 도덕, 일정의 정신문제는 모두 경제상태, 즉 물질상태만 개선되면 되리라고 하여 개인의 힘과 정신의 힘을 너무 무시한다고 비판하였다.[69]

또한 한 필자는 마르크스주의 · 쌍지칼늬슴 · 식네웩의 사상 등의 사상의 학설과 주의가 모두 옳고 좋으나 사람의 천성이 너무 악함으로 도저히 실현 불가능한 것이라고 하였다.[70] 또한 금일의 사회주의가 빈궁을 해결할 만한 방법을 가르쳐 주지 못하고 있으며, 이러한 사실은 러시아에서 확인할 수 있다고 주장하기도 하였다.[71] 그리고 사회주의자가 반대하는 것은 '기독교'라는 가면을 쓴 '종교단체'에 불과하기 때문에 그 반대의 타당성을 인정하기도 하였지만, 마르크스의 유물사관과 계급투쟁과 같은 동맹 · 결속 · 폭력을 가리지 않는 점에서 기독교의 주의와는 상응할 수 없다고 주장하였다.[72]

하지만 이 시기 사회주의에 대한 비판은 전체적으로 사회주의 본질에 대한 부정이라기보다는 사회주의 건설의 폭력적 방식에 대한 비판이 주종을 이루고 있었다. 이는 사회주의의 정신에 대해서는 대체로 동의하는 입장

---

68) 송창근, 「돈만 있으면 살 것인가」, 『기독신보』, 1923년 11월 21일자.
69) 송창근, 「자기의 게로 도라가자」, 『신생명』, 1924년 3월호.
70) 프레취 뿌락만, 「新文明의 基礎」, 『청년』, 1922년 6월호.
71) 一記者, 「貧窮論」, 『청년』, 1922년 7 · 8월호.
72) 金昶濟, 「社會主義와 基督敎」, 『신생명』, 1923년 9월호; 전영택, 「우리의 今日을 救할 者 누구냐」, 『신생명』, 1924년 3월호.

을 나타내고 있던 것과 연결되어 있었다.

요컨대, 이 시기 기독교인들의 사회주의 인식은 크게 사회주의의 폭력적 건설방법에 대해서 비판적인 면도 있는 것이 사실이지만, 대체로 인식의 큰 흐름은 기독교와 사회주의를 '가치균등'하게 비교하고 기독교와 사회주의 양자가 그 지향하는 목적과 방향에서 일치한다고 보는 적극적인 해석의 자세를 갖고 있었다. 이러한 특징의 배경에는 물론 이 시기 기독교인들이 아직까지 사회주의자들의 반기독교운동을 경험하지 못했다거나 사회주의에 대한 이해나 판단에 있어서 미숙하였다는 점이 그 배경이 될 수 있다.[73] 그러나 이와 더불어 기독교인들이 '사회주의'라는 새로운 사상을 소개하고 전달하는 입장을 갖고 있었으며, 사회주의 속에서 기독교와의 유사성을 찾고 이를 적극적으로 수용하려는 노력에서 기인한 것이 더욱 큰 배경이었다고 생각된다.

2) 제2기(1925~1928)

1925년에 들어서면서 상당수의 사회주의자들이 '반제국주의'·'반자본주의'를 표방하면서 기독교를 배척하고 나섰다. 1925년 4월 사회주의 세력의 하나인 화요파가 '전조선민중운동자대회'를 통해 조선공산당과 고려공산청년회의 결성을 계획하였다. 바로 이 대회에서 종교에 대한 반종교의 강령이 채택되었고, 그 대상으로 '기독교'가 지목되었다.[74] 사회주의자들은 '제국주의'와 '자본주의'라는 차원에서 '기독교'를 배척할 것을 결의하였다. 이것은

---

73) 이러한 현상은 일반 사상계의 경향과도 연결되어 있었다. 당시 사회주의 사상의 급속한 확산에도 불구하고 1925년 조선공산당 창립단계에 이르기까지 조선의 사회주의의 수준은 철학적으로나 이론적으로 맹아단계에 있었다. 이는 사회주의 사상이 학문적 대상이 아니라 민족해방과 계급모순의 해결을 위한 실천수단으로 수용된 점에서 그 주된 원인이 있었다. 방기중, 『한국근현대사상사연구』, 역사비평사, 1992, 68~73쪽 참조.

74) 京高秘 第1692號, 「全朝鮮民衆運動者大會集會禁止關件」, 『情報綴』第1冊 別紙 第2號, 1925년 4월 21일.

이제부터 사회주의자들이 기독교를 조직적인 배척의 대상으로 삼았음을 의미하는 것이었다.

보다 본격적인 반기독교운동은 1925년 10월 25~26일에 조선공산당과 고려공산청년회의 '표면단체'로 성립된 한양청년동맹이 열 예정이었던 '반기독교대회'와 '반기독교강연회'를 통해 나타났다. 이 집회들은 한양청년동맹이 1925년 10월 21일 서울에서 열 예정이었던 제2회 조선주일학교대회에 대항하기 위해 의도적으로 계획하였던 것이다.[75] 그런데 조선주일학교대회가 예정대로 개최된 반면에 한양청년연맹의 집회는 경찰에 의해 강제로 금지 당하게 되었다. 이에 사회주의자들은 한국의 기독교가 '제국주의'를 유지하고 옹호하는 기능을 담당하고 있으며 이것이 일제와 기독교가 밀착된 증거라고 공격하였다.[76]

이 같은 상황 속에서 반기독교운동은 1925년 말부터 1926년 중반까지 전국에 걸쳐 절정을 이루며 발생하였다. 서울을 비롯한 각 지역에서 반기독교 강연회와 토론회가 전개되었다. 이 과정에서 사회주의자들과 기독교인들 간의 직접적이고 물리적인 충돌 사건이 발생하였다.[77]

그러나 사회주의자들은 '기독교'라는 종교조직에 대해 배척운동을 전개할 것을 결의하면서도 기독교 민족주의자들과의 민족협동전선론을 염두에 두고 있었다.[78] 그런 이유로 사회주의자들은 1926년 초반에 비타협적 민족주의자들과의 협동전선 논의에 기독교 민족주의자들을 참여시키고 있었으며, 이에 더 이상의 기독교 배척운동이 민족협동전선 논의에 불리하다는 판단아래 반기독교운동을 철회하게 되었다.[79] 그리하여 '민족협동전선

---

75) 『동아일보』, 1925년 10월 27일자.
76) 「主日學校大會」, 『개벽』, 1925년 11월호.
77) 김권정, 앞의 글, 23~24쪽; 이준식, 앞의 글, 『표1』·『표2』참조.
78) 사회주의자들의 종교세력에 대한 이중 전술은 "천도교는 민족해방관념이 있는 반면에 기독교는 조직적으로는 민족해방관념이 없으나 개인적으로는 민족해방관념이 있다"는 인식에서 비롯되었다(高等法院檢事局思想部, 「朝鮮共産黨事件重要書類證據物」, 『朝鮮思想運動調査資料 1』), 1932, 34쪽.
79) 이준식, 앞의 글, 36~39쪽.

론이 구체화되는 1926년 중반이 되면 사회주의자들의 반기독교운동도 퇴조하게 되었다.

1925년과 1926년 중반까지 격렬하게 발생하였던 반기독교운동은 기독교인들이 사회주의를 인식하는 데 큰 영향을 끼치고 있었다. 반기독교운동에 대한 기독교회와 기독교인들은 다음과 같이 인식하고 있었다.

먼저 사회주의자들의 비판에 대해 철저하게 냉소적이고 비판적으로 인식하면서 사회주의자들의 공격을 오해에서 비롯되었다고 보고 이를 반박하는 입장이었다. 이 입장은 기독교 공동체의 지도자들과 보수적 평신도들의 상당수가 지니고 있었던 것으로 보인다.

이들은 반기독교운동이 왜 일어나야 했는지에 대해 의문을 제기하고,[80] 한결같이 반기독교운동이 기독교에 대한 무지에서 비롯되었다고 비판하였다. 이들은 사회주의자들이 기독교에 대한 비판을 하기 전에 먼저 기독교를 보다 철저하게 이해하여야 할 것을 주장하였다.

그리하여 이들은 "기독교의 진수(眞髓)도 모르고 교회가 조선의 대한 과거의 공헌도 몰라보고 함부로 날뛰는 무리의 말을 들을 가치가 있어야 귀를 기울이지요. …… 경거망동(輕擧妄動)을 자행취지(自行取之)하는 그들의 말은 들을 가치가 없지 않으오"[81]라는 말로 기독교를 반대하는 사회주의자들의 행동에 대해 '무절제한 행동'·'경거망동', 그리고 '몰상식한 행동' 등으로 일축하는 태도를 보이거나,[82] 기독교 반대에 동요하지 말고 이러한 운동 자체에 대해 대응할 필요조차 느끼지 못한다는 입장을 보이기도 하였으며,[83] 사회주의자들이 기독교를 제대로 알지도 못한 채 반대와 파괴를 일삼고 있다고 비판하였다.[84]

---

80) 安慶綠,「反基督敎運動에 關하여」,『개벽』, 1925년 11월호.
81) 墨峯,「反宗敎運動과 이에 對한 基督敎會의 態度를 回顧하는 나의 所見」,『청년』, 1927년 1월호, 42쪽.
82) 申洪植,「反基督敎運動에 對한 感想」,『기독신보』, 1926년 3월 24일자.
83) 韓錫源,「反基督敎運動에 關하여」,『개벽』, 1925년 11월호, 72쪽.

다음으로 반기독교운동에 대해 부분적으로 그 타당성을 인정했던 입장이다. 이러한 입장을 가졌던 사람들은 주로 교회 내에서 활동하던 사람들이기보다는 교회 밖에서 활동하던 사람들로서, 이를테면 YMCA · YWCA 등과 같은 사회단체에서 사회운동이나 민족운동에 적극적으로 참여하고 있던 인물들이었다.[85]

그리하여 윤치호 같은 경우에 반기독교운동이 "기독교회의 폐해를 제거하고 기독교인들의 신앙을 올바로 가질 수 있도록 도울 것이라고"[86] 하여 반기독교운동이 기독교에 어느 정도 긍정적 역할을 할 수 있다고 보았다.

YMCA의 총무였던 신흥우는 반기독교운동의 실제적 원인으로 기독교계의 민중에 대한 경시를 지적하였는데, 기독교회가 "기독의 주의와 사상으로 인격의 가치를 삼지 않고 다수의 사람이 인격의 가치를 망각하고 재산으로, 혹은 권세로나 혹은 학식으로써 본위(本位)를 삼아서 인생관을 삼았고 이로 말미암아 기독교인의 논리상 평등이나 형제주의 수포가 되고 결국은 자본과 세력과 지식에 토대를 한 계급차별주의로 돌아가고 만다."[87]고 경고하여 기독교계의 반성을 촉구하였다.[88] 또한 사회주의자들이 비판하는 기독교는 '가짜기독교'를 비판하는 것으로 금일 기독교도로써 반성할 이유가 충분히 있으며,[89] 반기독교운동의 주원인이 기독교 교리에 있는 것이 아니라 부패한 교회와 기독교인들에게 있다고 보았다.[90]

따라서, 이들은 대체로 사회주의자들이 예수의 정신이나 사상 및 기독

---

84) 社說,「徹底하라」,『神學世界』, 1925년 6월호, 2쪽.

85) 1920년대 중반 기독교 민족주의 세력은 수양동우회와 흥업구락부로 나뉘어 활동하고 있었는데, 이들은 대체로 사회주의자들의 반기독교운동에 대해 부분적이지만 그 타당성을 인정하는 입장을 보이고 있었다.

86) 『尹致昊日記』, 1925년 10월 25일자.

87) 申興雨,「反基督敎運動에 對하야(續)」,『청년』, 1925년 12월호, 3쪽.

88) 申興雨,「反基督敎運動에 對하야」,『청년』, 1925년 11월호, 4쪽.

89) 金允經,「反基督敎運動을 보고서」,『진생』, 1926년 6월호, 2~7쪽.

90) 金京河,「反基督敎運動에 鑑하야 우리 敎人의 自省을 促함」,『기독신보』, 1926년 1월 13일자.

교 교리의 근본적인 부분이 잘못되었기 때문에 반대한 것이 아니라 이를 신앙으로 믿고 있던 기독교인들과 기독교회의 폐단 때문에 기독교를 반대한다고 인식하고,[91] 기독교의 폐단에 대한 비판은 이후 기독교계에 "긍정적역할"[92]을 할 것이라고 기대하고 있었다.

이러한 사회주의자들의 반기독교운동의 여파는 YMCA에서 농촌사업을 추진하고 장로교·감리교에서 농촌운동을 착수하는 데에 큰 영향을 미치고 있었다.[93] 1927년 일제는 그 "보고서"에서 "사회주의자들의 일파가 치열하게 반종교의 열기를 일으켜 그 세력을 무시할 수 없게 되자 그에 대한대책에 부심··연구한 결과 …… 농촌의 교화에 그 힘을 경주하였다"[94]고 판단하고 있을 정도였다.

기독교계의 조직적 차원에서 반기독교운동을 대응하였던 사례는 잘 보이지 않지만, 기독교계의 움직임들이 전혀 없었던 것은 아니었다. 먼저 1925년 12월 28일부터 29일까지 서울에서 '조선 기독교계 대표자 협의회'가 열리게 되었는데,[95] 이 협의회는 한국인 30명, 선교사 30명 총 60명이 4개 분과로 나뉘어 있다. 4개 분과 중 제1분과에서는 주로 한국교회 청년들의 사상적 불안과 사회문제에 대해 논의하였다.[96] 여기서 참석자들은 좌익계열이 신문·잡지·소책자 등을 통해 종교를 노골적으로 공격하고 있으며 이 공격은 경제적 곤란으로 가중되고 있다는 데 의견을 모으고 좌익계열의 반종교·반기독교적 공격에 맞서 한국교회는 교회 청년들로 하여금 불신자

91) 張聖山, 「反基督敎運動에 대하야(八)」, 『기독신보』, 1928년 3월 14일자.
92) 묵봉, 앞의 글, 61쪽.
93) 기독교 농촌운동에 대해서는 다음과 같은 연구서들이 있다. 전택부, 『한국기독교청년회운동사』, 정음사, 1978; 민경배, 「기독교농촌사회운동」, 『한국기독교사회운동사』, 대학기독교출판사, 1987; 신주현, 「1920년대 한국기독교인들의 민족운동에 관한 一考察」, 『韓國基督敎史硏究』 14, 1987; 한규무, 「日帝下 韓國 長老敎會의 農村運動」, 『吳世昌敎授華甲紀念 韓國近現代史論叢』, 간행위원회, 1995; 장규식, 「1920~30년대 YMCA농촌사업의 전개와 그 성격」, 『한국기독교와 역사』 4, 1995.
94) 朝鮮總督府警務局 保安課, 『朝鮮의 治安狀況』, 1927.
95) 『朝鮮基督敎奉役者會議』, 조선호텔, 1925년 12월 28일~29일.
96) 전택부, 앞의 책, 344~348쪽.

학생과 청년들을 지도할 만한 능력을 길러주기 위해서 기독교 서적 및 해설책의 출판·보급해야 한다고 결의하기도 하였다.

다음으로 1926년 6월 미감리회 조선연회에서 배형식 목사는 '교회형편조사위원회'의 보고를 통하여, "조선(朝鮮) 현사회(現社会) 풍조(風潮)가 복잡(複雜)하여 여러 가지 주의를 선전(宣伝)하는 중 우리 기독교회(基督教会)에 대한 사회(社会) 관념(観念)이 이상(異常)하여 간접(間接) 직접간(直接間)에 비난(非難)과 타격(打撃)을 수(受)하는 차시(此時)에 우리는 그 태도를 적대시(敵対視)로 간과치 말고 현사조(思潮)를 교회화(教会化)로 인도(引導)할 방침을 각 교역자들은 연구(研究)하여 명년(明年) 년회교회형편조사위원회(年会教会形便調査委員会)에 보고(報告)할 것"[97]을 요청하였다.

이들 대응모습에서 주목되는 것은 사회주의의 빠른 확산과 사회주의자들의 반기독교운동에 대해 교회 차원에서 이를 '적대적' 또는 '전투적'으로 인식하거나 이를 물리적인 방법을 통해 해결하고자 하였던 것이 아니라, 사상적 측면에서 이에 대한 대처방안을 연구하여 극복할 것을 제시하고 있다는 점이다. 또한 대처방안의 방향이 바로 '교회화' 또는 '기독교화'를 지향하고 있다는 점은 1920년대 중반 이후 기독교적 관점에서 사회주의와의 차별성을 부각시키며 기독교 자체의 운동논리를 추구하는 경향과 연결되어 있었다.

이 시기에 기독교인들은 사회주의자들로부터 공격을 당하면서 이전의 다분히 '낭만적인 접근'에서 벗어나기 시작했다. 이제는 기독교 사회운동론이 거론되고 새로운 지향점들을 사회주의에서 찾는 것이 아니라 기독교 자체 내에서 찾는 쪽으로 그 방향을 선회한 것이었다. 그리하여 이 시기 기독교인들은 이전의 사회주의와의 일치점 내지 유사성을 직접적으로 찾기보다는 기독교 사회운동의 방법론에 대한 논의들을 전개하여 기독교와 사회주의

---

97) 『예수美監理會 朝鮮年會錄』(19회), 1926, 51쪽.

와의 차별성을 부각시키고 기독교 속에서 사회주의적 요소를 발견하고자 하는 인식이 나타났다.

사회주의자들이 전조선 주일학교대회에 맞서 반기독교 강연회와 반기독교대회를 개최하려고 하였다는 소식이 전해지자 기독교계 대표적 언론매체였던 『기독신보』에서는 "어찌하여 목적이 동일한 기독교를 반대하는가?"[98]라고 반문하는 기사를 실었다. 여기에는 기독교의 지향논리가 철저한 현실인식에 근거한 것으로 사회주의의 '공산(共産)'과는 그 지향점이 전혀 다르다는 사실과 기독교가 추구하는 방향과 공산주의가 추구하는 방향 사이에는 큰 유사점이 있지만, 그 주체와 방법에서는 큰 차이가 난다는 주장이 실려 있었다.[99] 즉, 기독교는 인간 사회의 발전과 성장을 가로막거나 인간으로 하여금 자신들의 의지를 망각하게 하지 않으며, 오히려 인간의 성장 욕구와 발전 의지를 더욱 향상시키기 때문에 생활 측면에서 비기독교인들보다 물질적 풍요를 누릴 수 있음이 강조되었다. 즉, 이것은 앞에서 보았듯이 "진정한 사회주의가 있으면 비록 기독교인이 아니라도 나는 그를 기독인과 同一히 간주하겠다."고 천명하였던 『기독신보』의 논조가 매우 달라졌음을 알 수 있다. 이는 반기독교운동을 전개하는 사회주의자들에 대해 진정한 사회주의자로 보지 않겠다는 '강경한 선언'과도 같은 것이었다.

한편 앞에서 살펴본 것처럼 사회주의자들의 반기독교운동에 대한 기독교계 내의 상이한 입장은 이후 기독교계의 사상적 경향과 맞물려 있었다. 1920년대 중반 이후 기독교계에서는 기독교 사회운동의 방법론에 대한 논의가 활성화되고 있었는데, 여기에 반기독교운동에 대해 비판적이었던 기독교계 지도자나 보수적 평신도들보다는 반기독교운동에 대해 부분적으로 그 타당성을 인정하고 이를 수용하고자 했던 논자들이 중심적으로 참여하

---

98) 社說, 『기독신보』, 1925년 11월 11일자, 12월 9일자.
99) 社說, 「反基督敎運動을 보고」, 『기독신보』, 1925년 11월 11일자.

고 있었다.

따라서 사회주의자들의 반기독교운동은 전자인 기독교계의 지도자들 및 보수적 평신도들보다 후자인 평소 기독교에 대해 문제의식을 갖고 있던 기독교인들에게 자기반성과 각성[100]을 하게 만들었으며, 식민지 민족현실을 인식케 하는 데 더욱 큰 자극과 충격을 주었던 것이다. 그리하여 1925년경 이후부터 기독교 사상계에도 새로운 사상이 수용되고 있었다. 전자들보다는 후자들이 이러한 일에 더욱 적극적이었다.

1920년대 중반경부터 일본의 대표적인 기독교 사회주의자 하천풍언(賀川豊彦)의 『애와 노동』[101) · 『기독교사회주의론』[102) 등의 글이 번역되어 『기독신보』 · 『청년』 · 『진생』 · 『신생』 등의 기독교 언론매체에 게재되기 시작했다. 그의 글은 당시의 기독교 사회운동 방법론을 논의되는 데 영향을 미쳤다. 그리하여 1930년대 초반에 한 사회주의자가 농촌운동을 전개하던 기독교인들을 가리켜 "하천풍언를 따르는 '기독교사회주의자'"[103)라고 언급했을 정도로 하천풍언의 사상이 당시 기독교 사상계에 큰 영향을 미치고 있었다.

게다가 이 시기에는 강명석(姜明錫) · 김깅(金剛) 등을 중심으로 「공상적 경제사상」[104), 「기독교사상연구」[105) 등과 같은 사회경제적 '공산적 기독교'의 지향을 담은 글이 자주 게재되었다. 특별히 강명석의 경우 "상시몽은 민중의 절대적 평등대우는 배척하였으니 그것은 절대적 평등이 불평등한 현 경제사회보다 폐해가 더욱 있기 때문이었다."[106)고 주장하여 공상적 사회주

---

100) 1925년 평양에서 개최된 하령회에서 "기독교는 얼마나 제국주의적인가? 기독교가 얼마나 동양의 가난한 나라들을 자본주의와 손잡고 착취하고 있는가? 왜 소위 기독교 국가라는 것이 그렇게 눈에 띄게 군국주의적인가?" 하는 비판적 반성이 기독학생들 사이에서 일어나기도 하였다 W. L. Nash, "Student Conference of the Korean YMCA National Council", *The Korea Mission Field* 1927. 1, p.15.

101) 賀川豊彦, 「愛와 勞動」, 『청년』, 1925년 3월호.

102) 賀川豊彦 저, 赤城學人 역, 「기독교사회주의론(1~7)」, 『기독신보』, 1927년 4월 20일~5월 4일자.

103) 김무신, 「打倒基督敎社會主義者」, 『비판』 21 · 22, 1933, 34쪽.

104) 姜明錫, 「經濟思想의 變遷과 今日의 朝鮮敎會」, 『기독신보』, 1927년 9월 21일자.

105) 金剛, 「기독교사회사상연구(6)」, 『기독신보』, 1928년 2월 1일자.

의자 상시몽을 통해 사회주의의 '절대평등'의 개념을 비판하기도 하였다.

또한 이들은 사회주의자들의 기독교 비판에 부분적인 타당성을 인정하면서도 이에 머무르지 않고 기존의 종교를 극복할 수 있는 새로운 '신종교(新宗教)'의 출현을 추구하기도 하였다. 예를 들어 당시의 조선을 사회적·종교적으로 '전환기인 위기'로 파악한 한 필자는 러시아의 반종교운동에 대해서 "종교를 배척하는 것이 아니라 과거의 허위(虛僞)를 배척하고 있다"고 전제하고 "구사회(旧社会)에는 필연적으로 구종교(旧宗教)를 일소(一掃)함과 동시에 신사회(新社会)를 유지할 만한 새로운 신력(信力)이 생길 것"이라고 전망하고, 앞으로 "신신력(新信力)의 합동(合同)이 스스로 민중적으로 화(化)할 것이며 민중적 력(力)은 필경 진정한 정의인도(正義人道)의 권화(權化)로 변하여 일대(一大)의 신종교적(新宗教的) 출현"이 기대된다고 하였다.[107] '신종교(新宗教)의 출현'은 러시아에서뿐만 아니라 조선에도 필요하다고 강조하고 이러한 이유로 조선의 기독교인들이 '시대(時代)와 합(合)하는 신신앙(新信仰)[108]'을 찾아야 한다고 주장하였던 것이다.

그리고 1920년대 중반 이후 당시 세계 기독교계에 유행하고 있던 '사회복음주의'가 한국기독교계에도 수용되고 있었다.[109] 특별히 1928년 '예루살렘대회'에 조선측 대표로 참여했던 김활란은 이에 대해 "기독교는 개인구원을 위한 복음뿐만 아니라 일반사회를 구원하는 복음으로" 설명하고, 예수의 이상(理想)인 천국은 개인만을 가르침이 아니라 사회를 의미하는 것으로, 기독교인의 개인적 윤리와 사회적 윤리의 밀접한 관계를 강조하는 것으로 소개하였다.[110] 여기서 사회복음주의란 기독교의 진리가 사회화·실제화 하는 것을 가리키는 것으로 개인구원뿐만 아니라 사회구원을 위한 복음이 되어야

106) 姜明錫, 「空想的 經濟思想論」, 『청년』, 1927년 9월호.
107) 金剛, 「轉換期를 압혜둔 敎會」, 『기독신보』, 1927년 4월 27일자.
108) 金剛, 「轉換期를 압혜둔 敎會」, 『기독신보』, 1927년 5월 4일자.
109) 장규식, 앞의 글, 218~221쪽.
110) 金活蘭, 「예루살렘大會와 今後基督敎」, 『청년』, 1928년 11월호, 4~5쪽.

함을 의미하는 것이었다. 현실적이고 실제적인 신앙에 대한 강조는 1920년대 중반부터 시작된 기독교 농촌운동에 커다란 자극을 주기도 하였다.

그런데 이 시기에 기독교 사회운동론이 논의되는 데 있어서 '민중'의 개념이 등장하고 있다는 사실이 주목된다. 한 필자는 '민중(民衆)의 종교(宗敎)'[111]라는 글을 통해 한국기독교를 '민중종교'의 역사적 바탕 위에 다시 세워야 함을 강조하였다. 그는 기독교 역사의 고찰을 통해 초대 기독교의 시작이 바로 '민중'을 중심으로 하여 비롯되었다고 파악하고, 기독교의 민중적인 전통을 오늘날 다시 복원하는 것이 한국기독교가 지향해야 할 방향이며 현재의 내부적 문제점을 해결할 수 있는 관점임을 강조하였다. 특별히 이러한 관점은 자본주의의 모순과 폐해에 대해 신랄하게 비판하는 연장선상에서 나오고 있었던 것으로,[112] 교회가 '물질주의'와 '유산계급화'한다고 하는 비판적 인식에서 비롯된 것이었다.[113]

한편, 기독교계 내부에서 사회운동에 대한 활발한 논의가 전개되는 동안 기독교계 외부에서는 사회주의 세력과 비타협적 민족주의 세력과의 협동전선이 모색되었는데, 여기에 기독교인들이 참여하고 있었다. 1926년 3월의 협동전선의 논의 속에[114] 천도교인과 더불어 기독교인 박동완과 유억겸이 참여하고 있었다.[115] 더욱이 1927년 '신간회(新幹會)' 창립 당시의 간부 총 51명 중에 12명이 기독교인일 정도로 기독교인들의 참가가 다른 어떤 사회단체보다 그 비율이 높았다.[116] 즉, 1920년대 중반 이후 기독교계 내부에

---

111) 金昶濟, 「民衆의 宗敎」, 『청년』, 1926년 2월호.
112) 李大偉, 「民衆化할 今日과 農村改良問題」, 『靑年』, 1924년 5월호; 李舜基, 「社會問題와 基督敎」, 『기독신보』, 1927년 7월 27일자.
113) 金昶濟, 「敎會의 反省을 求함」, 『청년』, 1928년 5월호.
114) 高等法院檢事局思想部, 「朝鮮共産黨事件重要書類證據物」, 『朝鮮思想運動調査資料 1』, 1932.
115) 梶村秀樹·姜德相 編, 『現代史資料 29』, みすず書房, 1972, 42~43쪽.
116) 이균영, 『신간회연구』, 역사비평사, 1993, 94~104쪽; 물론 신간회에 참여한 인물의 전체적인 직업별 통계에 의하면 기독교 교역자(목사와 전도사)는 전체 신간회 회원 중 0.64%의 소수에 불과한 것이 사실이다. 그러나 당시 기독교 민족주의자들이 대개 상공업이나 교원, 언론 등의 직업을 갖고 있었다는 사실을 상기해 보면 교역자 이외에도 상당수 기독교인들이 신간회에 참여했을 것으로 생각

서는 사회운동에 대한 활발한 논의가 전개되고 있었으며, 이는 사회에 대한 적극적인 관심과 활동의 차원뿐만 아니라 정치적 측면에서도 활동하는 기독교인들이 운동의 사상적 근거를 만드는 계기가 되었고 이에 신간회와 같은 정치운동에 참여하는 기독교인들의 활동을 더욱 추동시킬 수 있는 배경이 되었던 것이다.

이 같은 점은 당시 연희전문의 경제학 교수의 신분으로 '조선사정연구회'[117] 및 비롯하여 '신간회'[118]에서 큰 역할을 담당했던 기독교인 조병옥의 인식에서도 단적으로 드러난다. 그는 "종교기관이 일정한 사회의 도덕적 · 사회적 여론을 성립하는 데 중추적인 조직 중의 하나"로 전제하고,[119] 교회는 도덕문제 · 사회문제 · 민족문제에 중립할 수 없으며 모든 문제를 철저히 연구하여 사회의 공론을 인도하여야 할 것이라고 하여 교회의 '사회적 역할'을 강조하였다.

종교가(宗敎家)도 혁명가(革命家)가 될 수 있을까? …… 기독(基督)의 평화주의(平和主義)가 사회에 적용될 때에 정의와 불의는 절대가치의 기준에 의하여 결정될 것이니 불공평한 대우(待遇)를 받는 정의편은 어떻게 자아나 자민족의 정의를 보호하고 먼저는 이해와 여론으로 자아의 이익을 보호하겠지마는 불의편에서 이해성과 협동성이 전무한 줄로 알 때에는 무력(武力)의 수단(手段)으로 당자의 문제를 해결하여도 기독의 교훈표준에도 죄라 하지 못할 것이다. 무슨 희생으로던지 평화를 주창한다 함은 기독교적 정신이 아니라 한다. 평화를 위한 평화를 기독이 주창함이 아니요 정의를 성립하고저 하는 평화를 선언한 것이다. 그럼으로 기독교인은 비인도와 비정의를 당면할 때는 도덕상으로 혁명심을 가질 것은 물론이다. 정의를 성립하는 수단에 들어가서 다른 방법이 없다 할 것 같으면 무력(武力)으로써 변혁(變革)함도 기독진

된다. 水野直樹, 「新幹會運動에 관한 약간의 問題」, 『신간회연구』, 동녘, 1983, 86쪽.

117) 朱赫, 「朝鮮事情研究會의 硏究」, 漢陽大學校 史學科 碩士學位論文, 33~39쪽.

118) 이균영, 앞의 책, 95~104쪽, 178~216쪽.

119) 조병옥, 「조선기독교의 당면한 문제」, 『기독신보』, 1925년 12월 30일자.

리(基督眞理)에 위반됨이 아니라 한다.[120]

위 글에서 보듯이 그는 보편적인 '평화'의 정신과 함께 '정의'의 정신을 더욱 강조하였다. 조병옥은 보편적인 '평화'의 정신이 일제의 억압구조 아래 무참하게 유린당할 때에 이에 대항할 수 있는 '정의'를 강조하여 기독교인으로서 정치적인 민족운동에 참여할 수 있는 기독교적 근거와 논리를 마련하였던 것이다. 비록 상당수의 기독교인들이 대체로 무력혁명을 부정적으로 보았던 것이 사실이지만,[121] 조병옥의 경우에는 특별한 조건, 이를테면 이 민족의 식민지로 전락된 상태와 같은 절박한 경우에는 무력의 행사가 가능하다고 판단하였던 것이다.

이러한 선상에서 그는 "예수는 그처럼 불의(不義)한 세상을 개량(改良)하는 무사(武士)이다"라고 하여 우리가 "예수를 신앙하는 본의(本意)도 불의와 불평으로 더불어 싸워 이기려 함에 있는 것"으로, 이에 우리가 용사(勇士)가 된 예수와 같이 '십자가무사(十字架武士)'가 되자고 외칠 수 있었던 것이다.[122] 따라서 이와 같은 언급의 배경에는 당시 기독교 내부적으로 사회운동의 방향과 그 방법론에 관한 폭넓은 논의의 전개가 있었던 것으로, 이는 새로운 사회, 새로운 교회를 꿈꾸는 기독교인들에게 사상적 배경이 되고 있었다.

한편, 이 시기 기독교인들의 사회주의 인식은 철저하게 기독교 자체 내에서 사회주의적 요소들을 확인하는 과정에서 도출되고 있었다. 예를 들면, 기독교인들은 예수를 사회개량가, 혁신가 또는 혁명가의 기분을 지닌 인물로서 유물론자의 사상과 행동을 가졌던 인물로 묘사하거나[123] 예수와 사회주의자의 유사성을 강조하여 기독교 속에서 사회주의가 발견될 수 있음을

---

120) 趙炳玉, "宗敎家도 革命家가 될 수 있을까?", 『청년』, 1927년 3월호, 115~117쪽.
121) 노치준, "일제하 한국 YMCA의 기독교 사회주의 사상 연구", 85~88쪽.
122) 趙炳玉, "十字架의 武士", 『청년』, 1928년 4월호, 20~24쪽.
123) 李大偉, "社會革命의 예수", 『청년』, 1928년 6월호, 7쪽.

지적하였다. 그리고 예수의 정신도 2000년 전부터 공산적이었고,[124] 이에 따라 사유재산권을 부정하였다고 평가하였다.[125]

또한 사회주의의 근본 주장은 기독교 교리 중에 우주 만물이 개인의 사유물이 아니라 조물주인 "신(神)의 공탁물(供託物)"이라고 하는 의도와 공명되는 것이 있다고 평가하기도 하였다.[126] 어떤 필자는 "성서중(聖書中)에 제반(諸般) 사회문제(社會問題)가 다수기재(多數記載)되어 있다"[127] 전제하고, 성경 속에서 보이는 사회주의적 경향들을 설명하여 기독교에 사회주의적 근거가 있음을 주장하기도 하였다.[128]

이 시기에는 기독교와 사회주의 간의 관계에 대해 관심을 갖고 글을 쓰던 논자가 있었다. 그 사람은 평양 숭실대학의 교수로 근무하던 채필근이었다. 그는 기독교와 사회주의 양자가 상대에 대한 이해가 없음을 비판하였다. 기독교와 사회주의 양자가 모두 약자에게 동정을 표시하는 점이 유사하나 기독교 신자로서 신봉하는 사회주의는 사회주의의 일면의 정신만을 취하고 그 다수의 수단방법을 거부하는 것이 광의의 사회주의에 포함될 수 있다고 주장하였다.[129] 그리하여 그는 "사회주의가 반드시 종교를 반대하는 것도 아니며 종교신자는 의례히 사회운동을 못하는 것도 아니다"라고 하면서도 "사회운동가들이 현실적 종교를 반대하는 것도 진리가 있겠지마는 종교자체에도 진리가 있는 것이다"라고 밝혀 기독교와 사회주의 양자에 대한 깊은 관심과 폭넓은 이해가 반드시 필요함을 강조하였다.[130]

요컨대, 이 시기의 기독교인들의 사회주의 인식의 특징은 사회주의자들

---

124) 김종필, "사회문제에 대한 예수의 견해", 『신학세계』, 1927년 2월호, 62쪽.
125) 최계철, "기독교와 사회주의 (8)", 『기독신보』, 1928년 2월 1일자.
126) 일기자 역, "유태고전에 출현한 사회사상", 『기독신보』, 1926년 7월 21일자.
127) 김응순, "社會問題와 基督教會", 『청년』, 1927년 3월호.
128) 노치준, "일제하 한국 YMCA의 기독교 사회주의 사상 연구", 80~81쪽.
129) 蔡弼近, "社會主義와 基督教에 對한 一考察(一)", 『기독신보』, 1927년 10월 26일자.
130) 蔡弼近, "社會運動家는 웨 흔이 宗教를 敵視하는가", 『진생』, 1927년 3월호, 2~8쪽.

의 반기독교운동의 영향과 기독교 내부 비판 등의 대내외적 자극에 영향을 받고 식민지 민족현실에 더욱 철저한 인식을 갖게 되었으며, '기독교사회주의'·'사회복음주의'·'민중종교론' 등 기독교 사회운동의 지향점들에 대해 활발한 의견들이 주장되면서 사회주의 사상을 극복하려는 움직임들이 적극적으로 나타났다. 따라서 사회주의 사상 자체에 대한 직접적인 언급보다는 기독교 자체 내에서 사회주의적 요소들을 발견하고자 하는 경향들이 크게 특징을 이루었다. 이와 더불어 기독교와 사회주의 간의 이해가 너무 부족함을 반성하고, 양자 간의 이해와 존중의 정신을 추구되는 경향들이 나타났다.

3) 제3기(1929~1930년대 초)

민족협동전선론의 대두에 따라 1926년 중반부터 잠시 중단되었던 반기독교운동은 제6차 코민테른에서 제기된 '계급 대 계급' 전술을 사회주의자들이 받아들이고, 1929년 11월 광주학생운동 이후 사회주의자들에게 형성되었던 '혁명적 시기론'[131]이 결합되면서 다시 공식적으로 재개되기 시작하였다.[132] 이 시기가 되면 사회주의자들은 모든 종교단체를 '민족개량주의 단체'로 규정하고 이에 대한 배척운동을 하였다. 특히 이전까지 '통일전선'의 주 대상으로 설정하고 있었던 '천도교'에 대한 대대적인 배척운동이 일어났다.

> "대규모의 종교적 민족동맹(천도교 등)에 속하는 근로대중 가운데서 활발하게 혁명적·계몽적 활동을 행하여, 그들을 민족개량주의의 지도자로부터 이탈시켜야만 한다. 모든 현존의 혁명적 대중조직에서 공산주의의 영향력이 강화되어야 한다. 개인적 자격을 기초로 할 단일민족혁명당(單一民族革命黨)

---

131) '혁명적 시기론'에 대하여는 임경석, "세계대공황기 사회주의·민족주의 세력의 정세인식", 『역사와 현실』 11, 1994를 참조할 것.
132) 김권정, 앞의 글, 36~46쪽.

건설의 시도를 대신해서, 공동행동위원회를 만들어서 여러 민족혁명조직의 행동을 협동·통일하고, 프롤레타리아적 공산주의적 지도하에 혁명적 분자의 사실상의 블럭을 수립하는 데 노력해야 할 것이다. 그에 있어 소부르조아적 민족주의자의 중도반단성과 동요를 비판하며, 대중의 면전에서 끊임없이 폭로되어야만 한다."[133]

이러한 상황에서 천도교와 더불어 기독교 역시 사회주의자들의 공격을 당하였다. 이 시기의 사회주의자들은 주로 종교 본질 자체에 대해 이론적이고 체계적으로 분석하여 종교자체를 현실적으로 거부하고자 하였다는 데 그 특징이 있었다.[134] 사회주의자들은 "종교는 일정한 물질적·사회적 근거로 하고 그곳에 환상적으로 산출된 것이지만, 그 물질적·사회적 근거가 제거되더라도 기계적으로 소멸되는 것은 아니라 사회주의의 건설과 같이 건실한 반종교운동투쟁을 통해서 점차 소멸되는 것"[135]으로 규정하였다. 이와 함께 "최근 종교집단이 민족개량주의의 정치적 도당으로 전화"[136]되었다는 정치적 이유에서도 배척운동을 전개해야 한다고 주장하였다.

이 시기에는 사회주의자들의 반기독교운동의 재개 속에서 기독교회와 교인들이 사회주의를 인식하는 데 다음과 같은 점이 많은 영향을 미치고 있었다. 첫째, 소련의 반종교운동 과정 중에 탄압을 받는 교회의 소식이었다. 상당수의 기독교인들은 그 기능면에서 긍정적 입장을 보이기도 하였으나 반종교운동에서 무차별한 파괴와 살상이 계속되자, 기독교인들은 소련의 반종교운동에 대한 우려를 넘어서 이를 적극적으로 반박하였다.[137] 즉 소련

133) 이반송·김정명 편저, 한대희 편역,『식민지 시대 사회운동』, 산울림, 1986, 196~197쪽.
134) 김권정, 앞의 글, 35~36쪽.
135) 宋榮會, "宗敎의 階級的 本質",『신계단』, 1933년 4월호, 95~98쪽.
136) 李甲基(玄人), "宗敎批判과 反宗敎運動",『비판』, 1932년 10월호, 12~17쪽.
137) 蔡弼近, "露西亞의 苦悶",『기독신보』, 1931년 3월 4일~4월 29일자(8회 연재); 金春培, "勞農露國의 宗敎迫害",『기독신보』, 1930년 7월 16일~8월 27일자(7회 연재); 일기자 역, "노농총하의 기독교회 (1)",『청년』, 1931년 4월호, 14쪽.

의 종교탄압 상황은 국내에서 사회주의자들의 공격을 받고 있었던 기독교 계로서 사회주의에 대한 극도의 경계심을 갖도록 자극하는 데 큰 영향을 미쳤다. 둘째, 국외 지역에서 기독교회와 기독교인들의 피해상황이다.[138] 만주와 시베리아, 그리고 간도 지역에서는 사회주의자들에 의해 한국기독교인들이 일방적으로 피해를 당하였고 심하면 살상을 당하는 일이 빈번하게 발생하였다. 이러한 사실은 즉시 국내에 알려졌고, 국내의 기독교회와 기독교인들이 공격자의 진위(真僞) 여부를 떠나 사회주의자들을 강경하게 인식하는 데 큰 영향을 미쳤다.

이 시기에는 반기독교운동에 대해 종교학과 신학을 체계적으로 전공한 신학자들이 종교적 측면에서 사회주의의 무신론에 대해 집중적으로 반박하는 경향이 나타났다. 이들은 주로 사회주의를 종교론 측면에서 인식하고 이를 비판하였다. 이는 "신사조에 일반은 무조건으로 호기적 동감을 느끼고 비판할 여가도 없이 부하뇌동한다. 차(此)에 대한 충분한 비판력이 있어야 하며 특별히 무신론에 대한 철저한 반박론을 기독교인들이 수련하지 않으면 안 된다"[139]는 강렬한 위기감 속에서 대두된 것으로, "사회주의의 근본가치를 철학적으로 철저하게 정해하기 위하여"[140] 기독교인들은 이에 대한 식별의 의무와 비판의 책임을 가져야 한다는 주장이 제기되고 있었다는 상황과 맞물리는 것이었다.

---

138) 閔庚培, 『韓國基督敎社會運動史』, 大韓基督敎出版社, 1987, 213~214쪽 참조. 예를 들어 남만주 삼원포에서는 "주일예배에 가는 교우의 성경책을 빼앗어 길가에 던지는 일" 등이 일어나고, 교회당을 정치선전으로 이용하자는 데 불응한 교직자들이 살상되었다. 또한 1931년 동만주 지방에서는 교회당 13여 처가 방화되고 4명의 교인이 피살되기도 하였으며, 1933년 남만주에서는 선교사헨더슨이 순교한 사건이 발생하는 등 1930년대 초 시베리아, 만주, 간도 등지에서는 기독교인과 외국 선교사, 그리고 교회 등에 대한 폭력적 피해가 속출하고 있었다.; 김승태, "일제하 사회주의자들의 반기독교운동과 기독교계의 대응", 『두레사상』 1995년 여름호, 250~260쪽. 이 논문에서는 만주 지역에서 발생한 기독교인에 대한 피해사건이 국내의 한국교회에 전해지는 과정에서 사실유무에 관계없이 사회주의에 대한 맹목적인 반감이 강화되었다는 사실을 밝히고 있다.

139) 김준성, "조선교회의 부진원인과 그 대책: 신흥사조와 충돌", 『진생』, 1929년 9월호.

140) 최계철, "기독교와 사회주의", 『진생』, 1930년 3월호.

이러한 움직임은 1920년대 중반 이후 미국이나 일본에서 신학을 전공하고 귀국한 신학자들을 중심으로 더욱 구체적으로 전개되었는데, 그 중에서도 박형룡은 이 시기의 활동했던 인물들 중 대표적인 인물이었다. 그는 마르크스주의의 종교론은 '기괴(奇怪)한 예언'으로 파악하였고,[141] 사회주의자들의 '무신론' 주장을 '죄악(罪悪)'으로 규정하여 한국교회에는 무신론을 대비하는 '변증신학(辨証神学)'의 필요성을 강조함과 동시에 종교학적으로 무신론을 반박하였다.[142] 그의 이러한 활동은 이론적·철학적인 무신론에 근거하여 종교·기독교 배척운동을 전개하던 사회주의자들에 대한 반박에서 연유했던 것으로, 이것은 기독교계가 이 시기에 와서야 비로소 사회주의자들의 반기독교운동 및 사회주의에 대해 체계적인 입장을 표명하는 데 큰 영향을 미쳤다.

한편 1920년대 중반만 해도 사회주의 및 반기독교운동을 부분적으로 그 타당성을 인정하던 논자들의 인식변화에서도 이러한 경향들은 입증되고 있었다. 이 시기에 재개된 반기독교운동에 대해 이전에 그 부분적 타당성을 긍정하던 기독교인들마저 부정적인 태도로 변화되었던 것이다,

예컨대 흥업구락부계열의 신흥우는 이 시기의 반종교·반기독교운동을 "종교도 도덕도 파괴하라. 이것이 오직 살길이다"라고 대중을 선동하고 있으며 사회주의가 근본적으로 사랑보다는 미움에 기초하고 있기 때문에 이를 긍정할 수 없다고 비판하였는데,[143] 이는 그가 1920년대 사회주의자들의 반기독교운동을 '이데올로기' 측면에서 이를 적극적으로 수용하려고 했던 입장과는 거리가 있는 것으로, 이제는 사회주의자들의 기독교 공격과 사회주의에 대해 '대립적' 측면에서 부정적으로 인식하였던 것이다.

1920년대 중반 반기독교운동의 기능을 긍정적으로 인식하고 있던 윤

---

141) 朴亨龍, "次代에 宗教는 滅할가", 『신학지남』, 1928년 5월호, 5쪽.
142) 朴亨龍, "無神論의 活動과 基督教의 對策", 『신학지남』, 1930년 7월호, 12~18쪽.
143) 申興雨, 「新思潮의 批判」, 『신생』, 1932년 5월호, 7~8쪽.

치호 역시 '종교는 사회주의자들이 주장하는 것처럼 결코 마취제가 될 수 없는 것'[144]이라고 주장하면서 사회주의자들의 무신론에 입각한 기독교 비판을 반박하였다. 이와 같은 입장은 1920년대 반종교운동에 대해 부분적으로 그 긍정성을 인정하는 입장을 보였던 전영택에게도 보인다. 그는 "현재의 급박한 위기와 역경의 비상시라고 해서 신앙을 버리고 무신운동이 세계를 뒤덮는다고 하나님을 버리라고 함에는 결단코 수긍할 수 없다"[145]고 주장하였다. 또한 최석주는 "반종교운동과 우리의 주장"이라는 글에서 사회주의자들의 반종교운동을 역사적인 고찰과 종교론의 관점에서 비판하고 반종교운동자의 태도가 어리석고 부자연스럽다고 지적하였다.[146] 결론적으로 기독교와 사회주의의 비교·분석을 통해 그 차별성을 밝히고 기독교인들은 오직 '기독교주의' 또는 '기독주의'에 입각하여 모든 운동의 전개를 역설하였던 것이다.

이 같은 맥락에서 기독교인들은 사회주의에 대한 직접적인 언급에서도 부정적인 인식을 드러냈다. 기독교인들은 "사회주의에는 두 가지 원칙되는 유물사관과 잉여가치와 합하여 폭력이라는 무기로써 싸우기를 가르쳐왔다"[147]라고 전제하고 사회주의의 이념과 기독교인들의 사랑이라는 정신과는 절대적으로 배치된다고 주장하였다. 또한 분배의 기준으로 능력과 업적을 그 기준으로 들고 사회주의는 이를 무시한 균등분배를 주장함으로써 인간의 나태와 욕망을 조장하고[148] 인간을 물질위주의 투쟁으로 몰아가 결국에 무질서한 사회를 가져오게 한다[149]고 비판하였다.

특별히 사회주의자들의 계급혁명·계급투쟁에 관하여 격렬한 반대를

---

144) 尹致昊, 「宗敎는 果然 痲醉劑인가」, 『기독신보』, 1931년 4월 15일, 22일자.
145) 田榮澤, 「反宗敎運動과 우리의 主張」, 『신생명』, 1933년 1월호, 10~12쪽.
146) 崔錫柱, 「反宗敎運動과 우리의 主張」, 『기독신보』, 1931년 5월 27일자.
147) 崔錫柱, 「反宗敎運動과 우리의 主張 (5)」, 『기독신보』, 1931년 6월 24일자.
148) 한치진, 「상애적 분투론」, 『기독신보』, 1930년 10월 1일자.
149) 蔡弼近, 「노서아의 고민」, 『기독신보』, 1931년 4월 22일자.

보였다. 기독교인들은 다음과 같이 계급혁명·계급투쟁을 인식하였다.[150] 먼저, 계급혁명을 감정적·이기적인 계급전쟁으로 인식하였다. 그리하여 자신의 사상을 뽐내고 타인을 업신여기는 이기적인 것으로 감정적이고 무절제한 가운데 발생하는 것이며 사회를 개선하기보다는 인류와 사회에 큰 해독을 끼쳐 모든 것을 파괴해 버리고 말 것이라고 인식하였다. 둘째, 물질적·외부적 개혁으로서만 계급혁명·계급투쟁을 일으킨다고 인식하였다. 계급혁명은 물질위주의 혁명으로 인간의 개인적이고 정신적인 개혁부분은 무시하고 환경만 개혁되면 나머지는 저절로 해결될 것이라고 하는 외부개혁에 치중하고 있음을 비판하였다. 셋째, 계급혁명·계급투쟁은 폭력적으로 일체의 사유재산을 빼앗아 일괄적으로 평균분배한다고 비판하기도 하였다.

물론 이 시기에도 사회주의를 적극적으로 소개하여 이를 교회의 '자기갱신'의 작업 속에 반영하려고 했던 흐름들도 존재하고 있었다. 이들 흐름의 특징은 1920년대 보다 체계적으로 논리정연한 입장으로 기독교와 사회주의 문제를 다루고 있음을 그 특징으로 볼 수 있다. 말하자면, 김준성은 사회주의의 여러 종류를 소개하고 공산주의를 포함한 사회주의의 기원과 유래에 관해 긍정적으로 생각했으며, 사회주의와 공산주의를 다른 것으로 이해하였다. 그렇지만 그의 사회주의에 대한 검토는 공산주의 세력의 도전과 비판에 대응하려는 이론적인 노력에서 시작된 것으로 사회주의의 체계적인 고찰을 통해 이를 소개하면서 당시 사회주의가 기독교와는 다르다고 하는 사실을 강조하였다.[151]

그리고 하경덕은 "사회주의는 너무 개인의 책임을 무시하는 경향이 있

150) 姜明淑, 「1920년대 조선기독교의 사회주의 인식에 관한 연구」, 이화여대 사학과 대학원 석사학위논문, 1991, 45쪽.
151) 김준성의 생애와 사회주의 인식에 대해서는 姜明淑, 「1920년대 말 1930년대 초 민족주의자들의 사회주의에 관한 인식: 金俊星을 중심으로」, 『西巖趙恒來博士停年退任紀念號』, 1996을 참조.

으며, 자본가라 하여 착취만 하는 것이 아니라 정직하게 벌은 돈을 공리를 위해 쓸 수 있고, 또 중간계급의 등장과 성장은 마르크스의 자본주의 발달 법칙이 과학적 법칙이 아님을 보여주는 것"[152]이라고 지적하여 사회주의의 문제점을 논리적으로 날카롭게 비판하였다. 즉, 사회주의에 대해 심도있게 적극적으로 소개하고 이를 수용하려고 하던 논자들 역시 기본적으로 사회주의 이론을 극복하려는 노력 속에서 나오고 있다는 사실이 이 시기의 특징으로 볼 수 있을 것이다.

이 시기 기독교인들의 사회주의에 대한 비판적 인식은 1932년 7월 조선예수교연합공의회에서 채택한 12개조의 '사회신조(社會信條)'에서 결정적으로 잘 드러나고 있었다.

> "우리는 하나님을 부로, 인류를 형제로 신하며, 기독을 통하야 계시된 하나님의 애와 정의와 평화가 사회의 기초적 이상으로 사하는 동시에 일절의 유물교육 유물사상, 계급적 투쟁, 혁명수단에 의한 사회개조와 반동적 탄압에 반대하고, 진하야 기독교 전도와 교육 급 사회사업을 확장하야 기독 속죄의 은사를 받고 갱생된 인격자로 사회의 중견이 되어 사회조직체 중에 기독정신이 활약케 하고 모든 재산은 하나님께로 받은 수탁물로 알아 하나님과 사람을 위하여 공헌할 것으로 믿는 자이다."[153]

기독교계의 인식의 변화는 위와 같은 사회신조를 채택하여 "일체의 유물교육 · 유물사상 · 계급적 투쟁 · 혁명수단에 의한 사회개조와 반동적 탄압에 반대"하고 '기독교적 원리'에 입각한 사회운동을 지향한다는 입장을 분명히 표명하고 있는 데서 더욱 구체화되고 있었다. 이는 이 시기 기독교계의 사회주의에 대한 비판적 인식의 경향을 단적으로 보여주는 것으로, 이

---

152) 河敬德, 「現代思潮問題와 우리의 態度」, 『청년』, 1930년 10월호, 18~19쪽.
153) 『조선예수교연합공의회회록』, 1932, 52쪽.

신조가 발표된 이후 기독교계의 신문이나 잡지 등에서 반기독교운동이나 사회주의에 대한 논의가 거의 자취를 감추고 사회주의에 대한 의견이 있다 하더라도 소수에 불과할 정도로 급격히 줄어들고 있었다는 점이 주목된다. 즉, 이 시기가 되면 1920년대 이래 지속된 기독교계 내부에서의 사회주의에 대한 논의들이 정리되고 있음을 보여준다. 이는 1930년대 중반이 되면 기독교계에서의 사회주의에 관한 인식이 거의 일단락되고 있었던 것과 그 맥을 같이 하는 것이었다.[154]

물론 이 같은 인식의 변화는 기독교계 자체 내의 변화된 역사적 조건들을 원인으로 들 수 있을 것이다. 말하자면, 1920년대 후반에서 1930년대가 되면 한국의 기독교 성격이 유산자 중심으로 변화한다거나[155] 미국에서 형성된 보수적 신학이 한국의 기독교계에 영향이 나타났으며,[156] '지식계급'으로 표현될 수 있는 기독교 지도자들의 '계급적 성향'이 기독교계로 하여금 독립운동을 비롯한 정치적·사회적 문제 등에 완전히 등을 돌리게 만드는데 그 원인이 되었다는 점[157] 등을 그 예로 들 수 있을 것이다.

그러나 이러한 원인들은 1920년대 초반부터 끊임없이 제기되고 있던 것으로, 왜 이 시기에 들어 기독교인들의 사회주의에 대한 인식이 급격하게 변화되는지를 설명하기에 부족한 것으로 보인다. 그렇다면 사회주의 사상 및 사회주의 세력을 인식하는 데 있어서 무엇보다 중요한 요인은 무엇이었

---

154) '사회신조'가 1928년에 채택된 일본 기독교도연맹의 '사회신조'와 유사하다는 점에서 비판을 받고 있는 것도 사실이지만 (민경배, 『韓國基督敎會史』, 1982, 341~342쪽), 기독교계가 구체적으로 사회주의와 사회문제에 대한 입장을 표명하여 사회경제적 사업에 참여할 수 있는 '신학적 근거'를 마련했다는 점에서 그 역사적 의의를 간과할 수는 없을 것이다(한국기독교역사연구소, 앞의 책, 221~222쪽).

155) 金昶濟, 「朝鮮基督敎文化運動의 觀見」, 『기독신보』, 1933년 1월 1일자.

156) 한국역사연구회, 앞의 책, 152~169쪽. 1932년 기독교 주요 교파별 지방교세 현황을 보면 신학적으로 진보적인 성향을 띤 캐나다 선교부가 맡고 있던 관북 지역 교세가 7.7%에 불과한 것에 비해, 보수적인 미국 남·북 장로회, 오스트레일리아장로회 선교부가 맡고 있던 지역은 전체의 92.2%를 차지하고 있었다.

157) 박정신, 앞의 글 참조.

을까? 크게 두 가지의 측면을 고려해야 할 것이다. 그것은 기독교인들이 기독교의 '존립 자체'를 부정하는 반기독교운동에 대한 인식과 현실에 기초한 민족문제 인식을 통해 사회주의를 인식하였다는 것이다.

먼저 일제하 대다수의 기독교인들은 보수적인 신앙을 갖고 있었다. 때문에 그들은 기독교 신앙을 단순히 '종교적 외피'로 생각하지 않고 있었다. 그래서 대부분의 기독교인들은 기독교적 신앙을 받아들이는 것과 기독교 공동체에서 활동하는 것을 결코 분리해서 사고하지는 않았다. 이들은 종교적 신앙과 조직을 자신의 활동의 근거로 이용한 것이 아니라 기독교를 종교적 신앙의 대상과 존재론적으로 이를 받아들이고 있었으며, 이를 기초로 하여 자신들의 활동의 근거를 정립하고 있었던 것이다.

따라서 기독교인들의 종교적·신앙적 존재기반을 흔드는 사회주의자들의 철학적이고 무신론적인 기독교에 대한 공공연한 공격과 비판은 기독교 신앙인으로서 도저히 받아들일 수 없는 것이었다. 이는 기독교인들이 사회주의를 '종교자유' 및 '신앙의 자유'라는 측면에서 인식하는 주된 이유였던 것이다. 즉, 이 시기의 기독교인들은 사회주의를 인식하는 과정에서 '종교의 자유' 및 '신앙의 자유'라는 관점이 다른 어떤 요소들보다 우세하게 작용하고 있었던 것이다. 그리하여 이러한 과정을 통해 기독교인들은 '종교적 정체성'을 강화시켜 나가고 있었다. 즉 기독교계 내부적인 변화, 이를테면 기독교가 보수화·유산계급화·비정치화 등의 변화와 함께 사회주의자들의 반기독교운동은 기독교인들에게 사회주의를 부정적으로 인식케 하는 하나의 계기가 되고 있었다.

또한 기독교인들은 농촌운동에 적극적으로 투신하고 있었는데, 이는 기독교인들이 3·1운동 이후 직접적이고 적극적인 반일운동의 한계를 느끼고 운동의 노선을 사회경제적 운동으로 전환시켰던 결과에서 비롯된 것이었다.

기독교인들의 사회경제적 운동은 민족주의 세력의 실력양성운동과 그

궤를 같이 하는 것이었다. 기독교인들은 민주주의 정치와 '건전한' 자본주의를 지향하는 사회경제적인 현실에 기초한 민족의식을 지니고 있었다. 때문에 기독교인들은 사회주의자들의 '계급 대 계급'에 입각한 프롤레타리아 중심의 혁명노선과 폭력혁명을 부르짖으며 모든 종교세력에 대한 무차별적인 '민족개량주의' 공격에 대해 더 이상 이를 받아들일 수 없었던 것이며, 이에 기독교인들은 일제의 경제적 수탈에 의한 농촌의 피폐와 몰락이 더욱 심각하게 진행되고 있다는 현실인식에 기반을 두고 민족문제를 인식하게 되었던 것이다. 그리하여 기독교인들은 사회주의자들로부터 '민족개량주의자'로 공격받는 가운데 사회주의 세력과의 연대와 제휴의 가능성보다는 현실적인 사회운동으로서 농촌을 살리는 '농촌운동'에 더욱 매진하였던 것이다.

그런데 여기서 주목해야 할 점은 1930년대 초반에 사회주의자들이 반기독교운동을 전개하고 이에 기독교인들이 비판적으로 사회주의를 인식하였다고 해서 이후에도 계속적으로 그와 같이 인식했던 것은 아니었다. 즉 역사적 상황의 변화에 따라 기독교인들의 사회주의 인식도 변화가 생겼다. 이는 1930년대 중반 이후를 살펴볼 때 더욱 분명히 드러난다.

1935년 코민테른 제7차 대회에서 파시즘과 제국주의 침략전쟁에 맞선 반파시즘·반제통일전선의 실현이 제기되고 이어서 러시아에서 종교에 대한 유화정책이 실시되었다.[158] 이에 따라 국내외 사회주의자들은 변화된 국제 사회주의 운동 노선을 적극적으로 수용함과 더불어 1930년대 중반 이후 일제의 전시파쇼체제가 그 절정에 오르자 광범위한 '민족연합전선'을 지향하게 되고 종교적 차이까지도 넘어서는 경향을 나타냈다. 그리하여 "전민족의 계급·성별·지위·당파·연령·종교의 차별을 묻지 않고 백의동포는 반드시 일치단결하여 구적(仇敵)인 일본 놈들과 싸워 조국을 광복할 것"[159]이

---

158) 김성윤 엮음, 『코민테른과 세계혁명 2』, 거름, 1991, 85~183쪽; 던컨 헬러스 저, 오현수 역, 『우리가 알아야 할 코민테른 역사』, 책갈피, 1994, 205~232쪽.
159) 姜德相 編, 『現代史資料 30-朝鮮 6』, 315쪽.

라고 하여 종교단체와의 직접적인 연합도 주장하게 되었으며, 실제로 천도교단의 일부와도 제휴하기도 하였다.

그리하여 1930년대 중반 이후 국내외 사회주의자들의 종교에 대한 인식도 이전과 다른 양상을 보이기 시작했는데, 다음의 글은 이를 잘 보여주고 있다.

> 나는 감방 안에서 공산주의자들을 꽤 많이 만났는데, 이들과의 접촉을 통해서 그동안 박해 때문에 형성되어 있던 공산주의에 대한 거부태도를 상당히 수정하게 되었다. 사실 내가 그때까지 공산주의를 싫어했던 것은 단지 공산주의자들이 기독교를 부정하고 박해했기 때문이었다. …… 나는 감방 안에 있는 공산주의자들에게 내 생각을 얘기했다. 그랬더니 그들은 '너는 옛날 공산주의를 말하고 있는데 지금은 그렇지 않다'면서 '소련에서 1936년 12월 스탈린 헌법을 제정했는데 그 헌법은 종교 신앙의 자유를 허용하고 있다'고 설명해 주는 것이었다. 공산주의가 기독교를 배척하지 않는다면 나 역시 공산주의를 거부할 이유가 없었다. 그렇다고 내가 공산주의자가 된 것은 아니었지만 나는 감방 안에서 그들과 싸우거나 적대시하는 일 없이 사이 좋게 지냈다.[160]

1930년대 중반 이후 국내의 사회주의자들은 코민테른의 '민족문제'를 둘러싼 '통일전선'의 변화에 따라 '파시즘'에 맞서 민족주의자들에 대한 광범위한 제휴를 상정하기 시작했다. 또한 소련의 종교 정책의 변화에서 나오는 '종교에 대한 유화정책'을 적극 수용하여 사회주의자들은 기독교를 포함한 여타의 종교에 대해 유연한 입장을 나타냈다. 이에 기독교인들의 사회주의에 대한 인식도 상당할 정도로 그들의 입장을 이해하는 쪽으로 선회하고 있었다.

이러한 인식과 태도의 변화는 1931년 만주사변 이후 군국주의화의 길

---

160) 강원룡, 『빈들에서 1』, 열린문화, 1993, 133~134쪽.

로 나선 일제의 식민지 지배정책이 1930년대 중반 이후가 되면 마치 1910년대의 '무단정치' 때와 같이 억압적인 탄압구조로 변화되면서 나타났다. 또한 1930년대 중반 이후 기독교인과 사회주의자들이 일제에게 사상적으로 위험한 세력으로 분류·인식되어 탄압을 받는 입장에서 양자 간에 이해하는 분위기가 형성되었다는 국내의 역사적 상황과도 밀접한 관련이 있었다.

따라서 1920년대 후반부터 1930년대 초반에 이르기까지 기독교인들이 사회주의와 사회주의자들에 대해 비판적으로 인식하였다고 해서 기독교인들이 오늘날 우리가 생각하듯이 그들에 대해 '적대적'으로 인식하지는 않았다는 사실을 알 수 있다. 물론 부분적으로는 그러한 일이 있을 수도 있겠지만, 전체적인 큰 흐름에서 보았을 때에 이 시기의 기독교인들의 대 사회주의 인식이 대립적이거나 강경하였다고 해서 그 자체가 '철두철미한' 반공주의·반사회주의에 입각해 있었다고 보기는 어려운 것이다. 따라서 1920~30년대 기독교와 사회주의의 양 관계는 '전투적'이거나 '적대적'이지는 않았던 것이다. 오히려 서로 양자의 대화와 연대의 기회들이 끊임없이 제기되고 있을 정도로 상당히 열려 있었음을 알 수 있다.

5. 나오는 말

이제까지 1920~30년대 기독교인들의 사회주의 인식에 대해 그 역사적 상황, 인식의 구조, 인식의 내용과 변화과정 등을 살펴보았다. 여기서는 이를 정리하면서 1920~30년대 기독교인들의 사회주의 인식의 성격으로 이 글의 끝을 맺고자 한다.

먼저 1920~30년대 기독교인들에게는 기독교계의 대내외적인 기독교 비판에 직면하면서 사회주의를 인식하지 않을 수 없었던 '역사적 상황'이 형성되어 있었다.

3 · 1운동 이후 한국사상계는 기독계가 열악한 사회적 현실을 외면하고 내세주의적 신비주의 신앙과 선교사들의 총독부와의 친일화로 나가는 경향에 대해 신랄한 비난의 공격을 퍼부었으며, 이와 함께 교회의 지적소외, 발전된 과학과 새로운 사상의 경시풍조 등을 비판하였다. 이러한 일반의 반기독교적 분위기와 일제의 기독교에 대한 회유분열정책이 진행되는 속에서 사회주의자들이 반기독교운동을 전개하였고 이는 기독교계에 큰 충격과 위기감을 안겨주었다.

그런데 기독교계에 보다 큰 위기의식을 심어주었던 것은 일반 사회의 반기독교적 분위기와 사회주의자들의 격렬한 반기독교운동의 과정에 '이전의 교회출신들'이 참여하고 있었다는 점이었다. 따라서 1920~30년대 기독교인들은 기독교계내의 내세지향적인 움직임과 이에 대한 사회적인 비판, 그리고 점점 심화되는 식민지적 억압구조와 일정한 긴장관계를 맺으면서 사회주의를 인식하지 않을 수 없었던 '역사적 상황' 속에 처해 있었다.

둘째, 기독교인들의 사회주의 인식에는 단순히 '외부적 충격'만이 영향을 미치고 있었던 것은 아니었다. 기독교인들은 '기독교 공동체'를 배경으로 하여 정치적 · 경제적 방향에서 추구해 왔던 지향의 논리와 관점들을 가지고 있었다. 기독교인들은 기독교적 복음을 근본 원리로 하여 정치사상으로 '근대 자유 민주주의 사상'을, 사회경제적으로 '건전한 자본주의 제도'를, 종교적으로 '신앙의 자유 및 종교의 자유' 등을 지향하고 있었다. 따라서 이러한 인식구조를 바탕으로 사회주의를 인식하면서 기독교 사회운동의 방법론을 모색하였다. 따라서 1920~30년대 기독교인들의 인식구조로 기독교계의 대내외적인 충격과 함께 기독교인들의 지향의 논리와 관점들은 사회주의를 인식하는 주요한 틀이 되고 있었다.

셋째, 기독교인들의 사회주의 인식은 다음과 같은 세 시기에 따라 변화하고 있었으며 그 특징은 다음과 같았다.

제1기(1920~1924): 이 시기 기독교인들의 사회주의 인식은 크게 사회주의의 폭력적 건설방법에 대해서 비판적인 면도 있는 것이 사실이지만, 대체로 인식의 큰 흐름은 기독교와 사회주의를 '가치균등'하게 비교하고 기독교와 사회주의 양자가 그 지향하는 목적과 방향에서 일치한다고 보는 적극적인 해석의 자세를 갖고 있었다. 이러한 특징의 배경에는 기독교인들이 '사회주의'라는 새로운 사상을 소개하고 전달하는 입장을 갖고 있었으며, 사회주의 속에서 기독교와의 유사성을 찾고 이를 적극적으로 수용하려는 노력에서 기인한 것이었다.

제2기(1925~1928): 기독교인들은 사회주의자들의 반기독교운동의 영향과 기독교 내부 비판 등의 대내외적 자극에 영향을 받으면서 식민지 민족현실에 더욱 철저한 인식을 갖게 되었으며, '기독교사회주의'·'사회복음주의'·'민중종교론' 등 기독교 사회운동의 지향점들에 대해 활발한 의견들이 주장되면서 사회주의 사상을 극복하려는 움직임들이 적극적으로 나타났다. 이 시기에 기독교인들은 이전까지의 사회주의에 대한 '낭만적' 접근에서 벗어나 사회주의 사상 자체에 대한 직접적인 언급과 이에 대한 찬반의 자세보다는 기독교 자체 내에서 사회주의적 요소들을 찾으려고 모색하는 경향들이 크게 특징을 이루었다.

제3기(1929~1930년대 초): 이 시기에는 사회주의자들이 종교의 본질 자체에 대해 이론상으로뿐만 아니라 현실 속에서 종교 자체를 인정하지 않고 이를 거부하고자 하는 반종교운동을 일으켰다. 그들은 종교 차원에서뿐만 아니라 그들의 통일전선 차원에서 모든 종교 세력을 '반동적 민족개량주의'로 규정하고 이를 배척하고자 하였다. 이에 국내의 모든 종교 세력들은 이에 반발하였으며, 기독교도 예외는 아니었다. 기독교인들은 사회주의를 대립적으로 인식하여 사회주의의 문제점과 무신론을 반박하는 등 종교적 측면에서뿐만 아니라 현실인식을 기초로 한 민족문제인식을 통하여 민족주의 세력의 민족적 측면을 인정하지 않는 사회주의 세력에 대해 점차 등을 돌리고 현실적인 개혁운동에 나서고 있었다.

이상에서 살펴보았듯이, 1920~30년대 기독교인들은 사회주의 인식을 통하여 '종교적 정체성'을 확립하고 이를 강화시켜 나갔으며, 기독교 사회운동의 방법론을 모색하는 데 적극적으로 이를 수용하고자 하였다. 그리하여 이들은 종교적 · 민족적 측면에서 정치적 · 사회적 지향을 바탕으로 하여 사회주의를 인식하였다. 그리고 사회주의자들의 반기독교운동은 기독교인들의 사회주의 인식에 있어 전환점이 되고 있었던 것으로 기독교인들에게 사회주의에 대한 부정적인 인식을 갖도록 하는 데 큰 영향을 미치고 있었다.

한편, 기독교인들의 사회주의에 대한 비판적인 인식과 태도는 기독교인들로 하여금 사회문제를 등한시하게 하고 보수적 신앙을 강화시키는 결과를 낸 것이 사실이며, 기독교계의 "비정치화"를 더욱 촉진시켰던 비판적 일면도 배제할 수 없을 것이다. 그럼에도 불구하고 이는 종교적 · 신앙적 혼돈 속에서 기독교인의 정체성을 더욱 확립시키고 기독교적 가치관과 세계관의 토대를 더욱 공고히 하는 역할을 하였다는 점도 간과할 수 없을 것이다.

그런데, 1920~30년대 기독교인들의 사회주의 인식이 부분적으로 또는 전체적으로 부정적인 경향을 보였다고 해서 당시 기독교인들이 사회주의에 대해 '적대적 반공의식'에 사로잡혀 있지 않았다는 사실을 우리는 기억해야 한다. 상당수의 기독교인들이 사회주의자들의 비판을 긍정적으로 수용하고 교회를 개혁하거나 양자 간의 이해를 구하는 노력들을 끊임없이 시도하였으며, 사회주의에 대한 비판도 '사상적' 차원에 그치고 있음을 주목할 필요가 있다.

이와 더불어 사회주의자들 역시 그들의 무신론적 관점을 포기한 적이 없으면서도 일부를 제외하고 기독교에 대해 지속적으로 적대적 감정을 갖거나 박해를 가하지는 않았다는 점도 빼놓을 수는 없을 것이다. 물론, 기독교인들이 사회주의가 사회개혁의 방법에 있어서 폭력을 사용하거나 종교인의 '신앙 자유'를 인정하지 않는다는 점에서 비판적이었던 것이 사실이다.

그러나 오늘날 한국 기독교회와 기독교인들의 사회주의 인식에 전반적으로 퍼져있는 '적대적'이거나 '전투적'인 자세와는 사뭇 다른 유연한 입장을 보이고 있었다. 이는 1920~30년대 기독교인들의 사회주의 인식이 처음부터 부정적으로 인식된 것이 아니라 '역사적 상황'에 따라 변화되었다는 사실을 통해서도 알 수 있다. 바로 이러한 점이 1920~30년대 기독교와 사회주의 관계의 특징이었다고 말할 수 있을 것이다(『한국기독교와 역사』 5, 1996).

성공회 · 성결교의 민족문화운동

경기도 지역을 중심으로

1. 들어가는 말

　　한국사회에 기독교가 수용된 것은 19세기 말의 일이다. 천주교가 한국 땅에 들어온 지 약 한 세기 이후의 일이었다. 서양 제국주의의 거센 물결을 타고 기독교는 한국 땅에 들어 왔다. 조선시대 이후 한국사회는 지배세력인 양반층의 통치이념으로 유교가 채택되었고, 이는 정치, 사회, 경제, 문화 등 모든 분야에서 거역할 수 없는 굳건한 질서를 구축하는 데 결정적 역할을 담당했다. 그러나 이런 강력한 유교적 질서에도 19세기 말경이 되면서 대내 외적인 충격 속에 틈이 생기기 시작했고, 이 틈을 타서 기독교가 한국에 들어 왔다. 이후 기독교는 한국 근현대 역사에서 부정적이든지 긍정적이든지 간에 그 흔적을 크게 남기면서 오늘에 이르게 되었다.

　　경기도 지역은 19세기 말 이래 서울과 함께 한국에 가장 먼저 들어와 정착한 개신교 장로회와 감리교회의 중요한 선교무대가 되었다. 이후 들어 온 다른 기독교 교파들이 서울과 경기도 지역에 정착하는 데는 어려움을 겪 을 수밖에 없었다. 여기에는 한국에 들어온 교파들 간에 선교 지역 분할이 라는 선교정책이 채택되면서 그 어려움이 더욱 가중되었다.

이 선교분할협정은 이른바 '교계예양(敎界禮讓)'이라고 불렸는데, 이 협정은 하나의 나라에 여러 교파 선교회가 진출하여 선교함으로써 일어날 수 있는 갈등과 마찰을 피하기 위해 선교회 간에 취했던 지역분할이었다.[1] 즉 이 협정의 근본 목적은 "가장 빈번한 마찰의 요인이 되고 있는 사업의 중첩을 피하고 돈과 시간과 힘의 낭비를 줄이기 위한 것"이었다. 물론 이 선교 지역 분할 협정은 가장 먼저 들어와 정착한 미감리회와 북장로회 간에 이뤄진 것이었다.

이 협정에 대한 협의가 1892년에 처음으로 서울에서 시작되어 1909년에 확정되었는데, 인구 5천 이상의 대도시는 공동 점유하되 그 이하의 도시와 지방들은 그때 당시 선교회의 지휘를 받는 교회가 설립되어 있는 상태를 보아 기득권을 인정한다는 것이 선교 지역 분할의 대원칙이었다.[2]

그리하여 서울 · 평양 · 원산의 세 도시는 두 개 이상의 선교회가 공동 점유하여 선교한 곳이 되었고, 나머지 지방은 대체로 중복을 피하여 분할되었다. 즉 북장로회는 경기도 지역의 서울 · 고양 · 파주 · 교하 · 양근 · 광주 일부 · 과천 · 용인 · 양지 · 진위 · 양성 · 안성 · 시흥 · 김포 · 죽산 · 통진 · 지평 · 양주일부를 선교구역으로 정했고, 미감리회는 서울 · 인천 · 수원 · 안산 · 남양 · 교동 · 강화 · 부평 · 여주 · 광주일부 · 이천 · 음죽 · 양근일부 · 양천 등을 담당구역 선교 지역으로 맡았다.[3]

그런데 문제는 한국기독교의 모습에 엄청난 영향을 미칠 수 있는 선교 지역 분할이 장로회와 감리교 선교회들에 의해 주도된 채 다른 선교회들은 전혀 참여하지 못했다는 점이다. 특히 장로회와 감리교 뒤에 입국하여 국내 선교지를 물색하던 성공회와 성결교는 처음부터 불리한 입장에서 선교활동을 시작하지 않으면 안 되었다. 즉 성공회와 성결회는 처음부터 장로회, 또

1) 白樂濬, 『韓國改新敎史』, 延世大學校 出版社, 1973, 208쪽.
2) 한국기독교역사연구소, 『한국기독교의 역사』 I, 기독교문사, 1989, 214~215쪽.
3) 한국기독교역사연구소, 위의 책, 216~217쪽.

는 감리회가 이미 뿌리를 내리고 정착한 지역에 파고 들어가야만 했다.[4]

따라서 경기도 지역에 대한 성공회와 성결교의 선교활동은 초기부터 많은 어려움을 감수하지 않으면 안 되었다. 이 글에서는 이런 상황을 배경으로 성공회·성결교가 경기도 지역에 어떻게 전래되었고, 이들의 활동이 어떻게 이루어졌는지에 대한 내용을 중심으로 살펴봄으로써 기독교의 일양상을 고찰해보고자 한다.

2. 경기 지역의 성공회·성결교 수용

1) 성공회

1890년 코프(C.J. Corfe) 주교의 내한으로 시작된 성공회의 한국선교는 불과 3년 사이에 서울과 인천에 강력한 선교기지를 마련하는 데 성공했고, 1893년 강화에 선교를 개척했으며, 1900년대 중반에 수원 지역에 선교기지를 구축했다. 이때 개척된 경기도 지역의 선교기지는 이후 한국성공회 선교의 중심축 역할을 담당하며 성공회의 급속한 발전을 이룩해 나갔다. 따라서 여기서는 성공회의 경기도 지역 전래 과정을 살펴보고자 한다.

16세기 영국에서 시작된 성공회는 해외선교를 위해 1701년 해외복음전도협회(The Society for the Proagation of the in Foreign arts: SPG)가 구성되었다. 이 기구는 주로 미국 선교에 치중했는데, 복음을 전파하는 것과 함께 식민지에서 영국에 종속되는 비기독교인들을 귀화시키는 것이 중요한 목적이었다. 이들의 선교활동은 주로 영어권에서 펼쳐졌고, 19세기에 이르러서는 비영어

---

4) 선교회 간의 불필요한 말썽을 줄이겠다고 채택한 선교분할은 이후 30년 이상 적용되면서 선교회 배경에 따라 교파적 특성이 형성되는 부정적인 현상도 드러냈다. 즉 선교회 배경에 따라 한국교회에 노골화된 지방색이 결합되면서 교회의 분파적 현상이 대두하는 원인이 되기도 했다.

권까지 그 활동영역을 넓혀 갔다. 또 다른 기구는 18세기 복음주의자들이 중심이 되어 만든 교회선교회(Church Mission Society: CMS)였다. 이 단체는 유대인을 위한 선교와 남미의 원주민을 위한 선교, 그리고 식민지 국가들의 교회를 위한 선교활동을 지원했다. 이 두 단체를 중심으로 중국, 일본, 그리고 한국에 대한 선교가 시작되었다.[5]

성공회는 한국의 주변 지역인 중국과 일본에 먼저 전파되었는데,[6] 중국과 일본에 뿌리를 내린 성공회는 이후 이들 지역을 개척한 선교사들을 중심으로 한국에 대한 선교를 계획하고 추진하였다. 일본 성공회 개척자인 쇼(A.C. Shaw)는 1880년 일본인 전도사 한 명을 한국에 파송해 한국어 공부를 시키고 SPG에 한국선교를 담당할 성직자의 파송을 요구했다. 중국 CMS선교 책임자인 울프(J.R. Wolfe)는 한국선교를 떠난 알렌(H.N. Allen)을 일본에서 만나보고 한국에 대한 선교의 필요성을 느끼고 한국선교의 필요성을 주장하기 시작했다. 울프는 1885년에 두 명의 중국인 전도자들을 대동하고 부산에 들어와 전도활동을 벌이기도 했으나, 이렇다할 소득을 보지는 못했다.[7]

여기에 중국과 일본의 성공회 주교가 한국을 방문했는데, 이는 한국선교의 결정적 계기가 되었다. 중국의 스코트(Scott) 주교와 일본의 비커스테드(Bickersteth) 주교가 1887년에 함께 한국을 방문했다. 이들은 부산에 와서 선교 가능성을 타진하고 영국의 성공회 본부에 즉시 한국에 성공회 선교부가 설치되어야 할 것을 청원했다. 이전에도 이미 한국선교에 대한 여러 차례 청원이 있었던 관계로 영국 성공회 본부는 한국에 선교사 파송계획을 구체적으로 추진하기 시작했다.

그리하여 1888년에는 영국 성공회 본부에서 북중국 주재 주교에게 한국에 대한 선교자금으로 2,500불이 보내지면서 한국에 대한 본격적인 성공

---

5) 이재정, 『대한성공회 백년사 1890~1990』, 대한성공회 출판부, 1990, 24~26쪽.
6) 도히 아키오 지음/김수진 옮김, 『일본기독교사』, 기독교문사, 1991, 142~146쪽.
7) 이재정, 위의 책, 29쪽.

회 선교작업이 추진되었다. 이를 맡은 것은 SG단체였다. 중국·일본과는 다르게 단일한 선교단체가 처음부터 한국선교를 맡게 되었다. 이런 모든 일에는 일본의 쇼 신부와 중국의 스코트 주교가 커다란 역할을 담당했다. 영국의 성공회 본부는 해군 종군사제인 코프(Charles John Corfe)를 한국선교의 책임자로 임명하고 1889년 11월 성공회 한국 초대 주교로 승품했다.[8]

이렇게 해서 1890년 9월 한국 초대 주교 코프 신부가 한국에 도착함으로써 성공회의 한국선교는 본격적으로 전개되기 시작했다. 그리하여 성공회는 경기도 지역의 서울, 제물포, 강화, 수원을 중심으로 정착되어 갔다.

먼저 서울은 다른 외국 선교회들의 선교본부가 위치하고 있었던 것처럼, 성공회 한국선교본부도 이곳에 가장 먼저 자리를 잡았다. 성공회는 정동과 낙동에 땅을 마련하고 성공회 선교의 중심지를 다지기 시작했다.

영국대사관이 있는 곳으로 정치적으로 중요한 곳인 정동에서 코프 주교는 1890년 12월 21일 기존 건물을 장림성당으로 명명하고, 첫 미사를 드렸다. 첫 성탄을 정동에서 맞이한 코프는 강추위를 무릅쓰고 7시간 동안 걸려서 제물포로부터 정동까지 와서 예배를 드린 것이었다. 이후 정동 지역에는 순 한국식 형태의 성당이 새로 신축되었는데, 1892년 11월 장림성당의 건물이 비로소 건축되었다. 이 성당의 부지는 1900년에 일부가 영국대사관의 필요에 의해 영국 정부에 팔리기도 했으나 성공회는 1909년에 주교와 사제들을 위한 건물을 짓기 위해 근처의 큰 땅을 매입하여 교회의 대지를 더욱 확장했다.[9] 또한 낙동에는 1891년 3월에 선교사들이 입주할 집이 건축되었다. 선교사들이 이곳에 숙소를 마련했는데, 1891년에 낙동 지역에 성당이 세워졌다. 이렇게 서울은 초기 성공회 선교의 본부로 여러 보조적 기능을 했다. 선교사들의 공동생활, 고아들을 위한 사회사업, 의료선교활동, 그

---

8) M.N. Trolle, *The Church in Corea*(London: A.R. Mowbray & Co. Ltd, 1915), p. 29.
9) *The Church in Corea*, p. 42.

리고 전도자의 교육 및 출판사업 등이 그것이다.

성공회는 서울과 거의 동시에 제물포에 대한 선교활동을 개시했다. 코프는 우선 제물포(인천)에 먼저 자리를 잡았다. 코프는 외국인 조계구역의 안쪽과 그 외곽 쪽 두 곳에 대지를 마련하고 안쪽에는 '성미카엘과 모든 천신' 성당과 사제관을 건립했으며, 외곽 쪽의 땅에는 병원을 건립했다. 성당 건물은 병원을 짓기 전까지 임시 치료소로 사용되기도 했다. 이곳을 중심으로 성공회는 본격적인 제물포 지역에 대한 교회개척에 나섰다. 이 성당에서 코프 주교는 인천에 머무르던 영국인들, 일본인, 중국인을 대상으로 영어 예배를 드리기 시작했다. 여기에 힘을 얻은 선교사들은 한국인에 대한 복음전파활동을 전개했다.10) 1897년에는 성미카엘 성당에서 강화 출신인 김희준과 김군명이 한국인 첫 영세자가 된 이후 계속해서 영세성사와 견진성사를 받는 한국인이 늘어갔다.11)

수원 지역에 성공회가 개척을 시작한 것은 1905년 성탄절이었다. 성공회는 브라이들(G.A. Bridle)을 수원 지역에 한 채의 작은 집을 구입하게 하고 제물포에서 그를 수원으로 전임시켰다. 그리하여 1905년부터 브라이들은 수원과 그 주변 지역에 대한 선교활동을 전담하게 되었다.12) 성공회가 개척하기 이전에 이미 수원시내에는 미감리회에서 개척한 종로교회가 설립되어 있었기 때문에 상대적으로 선교활동에 불리한 점이 많았다.

이런 어려운 여건 속에서도 성공회 선교사업은 개척 이후 1908년 수원 지역에 서울의 장림성당, 제물포성당, 강화읍성당 등에 이어 네 번째 성당으로 '성스테반 성당'이 건립될 정도로 큰 발전을 이룩했다. 이는 브라이들의 헌신적인 활동이 큰 원동력이 되었다. 그의 활약은 성당 건축에서 더욱

---

10) 이재정, 위의 책, 37~39쪽.
11) 이때 영세 성사를 받은 두 사람 가운데 한 사람인 김군명은 곧 사망하여 강화 지역에서는 최초로 기독교 장례예식으로 치러졌다. 김희준은 1915년에 한국인 최초의 성공회 사제가 되었다.
12) 이재정, 위의 책, 73쪽.

빛이 발휘되었다. 수원성당은 1900년 강화읍성당에 이어 가장 크게 건축된 것으로, 익명의 독지가와 브라이들의 한국인과 외국인 친구들로부터 받은 지원금, 그리고 성공회 선교단체의 기금 등으로 건축될 수 있었다.[13]

성공회가 선교적 여건의 불리함 속에서도 한국선교에서 가장 큰 결실을 맺은 곳은 강화 지역이었다. 이제까지의 선교 지역들이 대개 직접적인 선교 활동을 전개하기가 어려웠던 것에 반해 선교사들은 이곳을 돌아본 뒤에 이 지역이 '선교활동의 최적지'로 판단하고 선교활동을 추진하기 시작했다.

그런데 강화는 다른 어떤 지역에 비해 반외세의 감정이 강한 곳이었다. 한반도의 중앙에 위치한 섬인 강화는 고려 때 수도인 송도, 조선 때 수도인 서울과 가까운 거리에 있으면서 그 출입을 지키는 길목이었다. 이 때문에 이 지역은 19세기 말이래 프랑스, 미국, 일본 등 외세에 의한 침략의 역사가 있었고, 이에 대한 저항의 역사가 있는 곳이었다. 따라서 외지인, 특히 외국 인에 대한 저항감은 그 어떤 지역에 비해 강할 수밖에 없었다.[14]

이런 상황에서 1893년에 '조선수사해방학당'이 강화에 설치되었는데, 이는 조선정부가 해군력 강화를 위해 해군 지휘관 양성학교를 세운 것이었 다. 그리고 교관을 당시 해양제국으로 알려진 영국에서 초빙했던 것이다. 그리하여 영국 해군 대위인 콜웰과 부관 커티스가 조선 정부의 월급을 받으 며 강화에 도착해서 교육을 시작했다. 이로써 강화에 합법적으로 외국인 거 주가 가능해졌고, 이후에 몇 명의 영국인들이 '영어 교육'을 이유로 강화읍 내에 거주하게 되었다. 이런 분위기에서 영국 성공회 선교사들이 강화에서 만큼은 다른 나라 선교사들보다 훨씬 유리한 환경에서 들어와 자리 잡을 수 있었다.[15]

---

13) 단아덕, 「主敎通信」, 『宗高聖敎會月報』 9, 1909년 2월, 3쪽.

14) 김옥룡, 『대한성공회 강화 선교백년사 1893-1993』, 대한성공회 강화 선교100주년 기념사업위원회, 1993, 17~20쪽.

15) 이덕주, 「성공회 강화읍 선교의 역사적 의미」, 『강화읍성당 축성 백주년 기념학술세미나 자료집』, 대한성공회, 2000년 11월 15일.

강화에 처음 온 성공회 선교사는 워너(L.O. Waner)였다. 그는 1893년 7월 강화읍성 밖 갑곶리 근처에 집 한 채를 사서 기도처로 정하고 '성 니콜라스 회당'으로 명명했다.16) 강화읍 내에 성공회 선교사들이 들어간 것은 1897년 이었다. 그해 워너는 건강악화로 강화를 떠나고 트롤로프(M.N. Trolloe) 신부가 그 뒤를 계승했다.

트롤로프는 일본 측의 압력으로 2년 만에 문을 닫은 '조선수사해방학 당' 교관들이 살던 강화읍 내 관청리 집을 매입하고 드디어 강화읍내에 자리 를 잡았다. 그는 이곳을 기점으로 강화의 선교중심지로 삼고 본격적인 전도 활동을 전개하기 시작했다.17) 그는 1899년에 18명의 성인에게 영세성사와 견진성사를 받고 17명의 학생에 영세를 받았다. 이어 2년 후인 1899년에 트 롤로프는 견자산 산마루, 고려시대 때 강화 내성 성터 3천여 평을 매입하고 1900년 11월에 새 성당 건물로서 강화읍성당을 신축하게 되었다. 그리하여 강화 지역의 선교는 이 강화읍성당을 중심으로 활발하게 펼쳐지게 되었다.

이처럼 경기도 지역에 전파된 성공회는 이후 한국성공회 역사를 주도 하면서 발전해 나갔다. 특히 막강한 인적 · 재정적 뒷받침 속에서 선교활동 을 전개하는 장감교회, 특히 감리회와 경쟁적으로 복음전파활동을 전개해 나갔다.18) 이 과정을 거쳐 성공회는 한국개신교로서 더욱 뿌리내려 갔다.

2) 성결교

성결교의 한국선교는 1907년 정빈과 김상준에 의해 설립된 「동양선교 회 복음전도관」에서 시작되었다. 두 사람은 이 전도관을 중심으로 성결의

---

16) 김옥룡, 위의 책, 24쪽.
17) *Morning Calm*, Vol. 8, No. 74, (NO V., 1897), pp. 133~134.
18) 감리회의 경기도 지역 복음전파에 대해서는 이진호, 「경기 · 충청지방의 개신교」, 『한국기독교와 역 사』 3, 88~96쪽 참조.

복음을 외치며 성결교를 창립시켰던 것이다. 이들이 세운 「동양선교회 복음전도관」이란 말이 의미하듯이 성결교는 일본에 건립되었던 「동양선교회 (Oriental Missionary Society: OMS)」와 깊은 관계 속에서 시작되었다. 정빈과 김상준이 공부한 일본의 「도쿄성서학원」은 당시 동양선교를 목적으로 설립된 동양선교회가 주관하는 전도자 양성의 교육기관이었다.[19]

이렇게 성결교가 출발할 수 있었던 것은 동양선교회(OMS)라는 선교단체의 활동을 통해서였다. 동양선교회는 1901년 미국인 카우만(C.E. Cowman)과 일본인 나까다 쥬지(中田重治)에 의해서 창설되었다.[20] 이 두 사람은 동양지역을 복음화한다는 목적에 따라 일본 동경에서 「동양선교회 복음전도관」이라는 간판을 내걸고 전도를 시작했다.

미국 전신회사의 전기기사 출신인 카우만은 부흥집회에서 큰 종교적 각성을 한 뒤에 복음을 전파하던 중, 해외선교에 뜻을 두게 되었다.[21] 당시 부흥운동의 중요 역할을 담당하던 무디성서학원에 입학한 그는 구체적 선교지를 놓고 기도하던 중에 선교를 위해 준비하던 일본인 나까다 쥬지를 만나게 되었다. 둘은 동양선교에 대해 의견을 주고 받으면서 뜻을 같이 했고, 그 과정에서 카우만의 인도에 의해 성결집회에 나가게 되었다. 이것을 계기로 두 사람은 일본선교의 실천을 위해 일본으로 향했는데, 거기에는 카우만의 아내도 동행했다.

일본에 도착한 카우만 부부는 교단의 도움 없이 독립선교사로 동양선교에 착수했다. 처음에는 힘들었으나, 오히려 독립선교사로 일본에 온 것이 동양선교회 발전에 큰 밑거름이 되었다. 그것은 교단에서 보낸 파송선교사였다면 아마도 카우만의 선교활동이 교단의 제약을 받을 수밖에 없었을 것이고, 자신의 독자적인 선교 프로그램을 진행시키기도 어려웠을 것이다.

---

19) 안수훈, 『한국성결교 성장사』, 기독교 미주성결교 출판부, 1981, 87~88쪽.
20) 基督敎大韓聖潔敎會, 『韓國聖潔敎會史』, 기독교대한성결교회 출판부, 1992, 37쪽.
21) Lettie B. Cowman, *Missionary Warrior : Charles E. Cowman*, 1929, p. 206.

그래서 「동양선교회 복음전도관」이 공식적으로 출발할 수 있었다. 동경에서 복음전도관을 시작한 카우만 부부와 나까다는 현지인에 대한 선교훈련을 위해 동경성서학원을 설립했다. 이후 여기에는 일본인 사사오와 카우만의 후배인 길보른이 동참했다.[22] 동경에 온 한국인 청년 두 명, 김상준·정빈이 바로 이 동경성서학원에 입학하게 되었다.

김상준·정빈은 1905년 4월과 6월에 각각 동경성서학원에 입학했다. 이들은 외교권을 빼앗기는 암울한 민족의 운명 앞에서 조국을 건지기 위해서는 무엇보다 신학문을 배우고 신문명을 접하는 것이 중요하다는 일념 하에 일본에 건너온 청년들이었다.[23] 그런데 이들은 일본에 오기 전에 이미 두터운 믿음을 지녔던 신앙의 소유자들이었는데, 사명을 놓고 기도하던 중에 동경성서학원이 자신들의 바라던 진리의 수양장소가 될 수 있음을 확신하고 자청하여 동경성서학원에 입학했던 것이다.[24]

그리하여 동경성서학원의 과정을 통해 성결교리에 대한 체험과 확신을 갖게 된 두 사람은 학업을 마치자마자 카우만에게 한국에도 동경성서학원과 같은 학교를 세워달라고 요청했다. 이에 감동한 카우만 부부와 길보른은 김상준·정빈과 동행하여 한국에 들어오게 되었다.

1907년 5월 초에 서울에 온 일행은 염곡(鹽谷)이란 곳에 전도관을 세우고 집회를 개최했다. 이들은 이 집에서 「동양선교회 예수교 복음전도관」을 세우고 본격적으로 복음을 전함으로써 성결교가 공식 출발되었음을 알렸다.[25]

이처럼 성결교의 시작은 한국교회의 첫 상황과 매우 흡사했다. 한국교회가 선교사들이 공식 입국하기 전에 미리 한글로 번역된 성경을 통해 신앙

22) 기독교대한성결교회, 위의 책, 34~35쪽.
23) 이응호, 『한국성결교사 1·2』, 성결문화사, 1992, 104~106쪽.
24) 두 사람이 일본으로 건너가기 전, 김상준은 평양에서 전도를 받고 교회에 다녔고, 정빈도 연동교회에 출석하고 있었다.
25) 이응호, 위의 책, 458쪽.

을 갖게 된 한국인 개종자들에 의해 추진되고 결실을 맺었던 것처럼 동양선교회가 한국선교를 시작하겠다는 계획 이전에 한국인 신자들에 의해 추진되는 결과를 낳았던 것이다.

이렇게 시작된 김상준·정빈의 직접전도는 당시 한국교회에 타오르던 '기독교 대부흥운동'의 열기와 맞물려 큰 힘을 받고 확산되어 갔다. 1907년 1월 평양 장대현교회에서 있었던 사경회를 계기로 한국교회에는 영적 각성이 일어났다. 이런 뜨거운 부흥의 열기는 평양의 숭실대학을 비롯해 기독교 학교에까지 파급되어 갔으며, 길선주 장로의 사경회가 개최되어 부흥운동이 전국적으로 확산되었다.[26]

1907년 평양을 중심으로 일어난 대부흥운동을 배경으로 성결교는 노방전도를 통해 사람들에게 복음을 전파했는데, 복음을 더 듣기 원하는 사람들이 현 중앙성결교의 전신인 「경성 복음전도관」에 모이기 시작했다. 여기서 김상준은 설교와 성경강해를 실시했는데, 그의 설교와 성경강해는 많은 사람들에게 종교적 각성을 불러 일으켰다. 이에 동양선교회 선교사들은 동양선교회가 한국선교에 성공할 것이라는 확신을 갖게 되었다.

초기 전도자들이 열정적으로 복음을 전한 결과로 그 열매가 많이 맺히게 되었다. 이들의 보고에 의하면, 복음전도관의 문을 연 지 6개월 만에 272명의 결신자를 얻었고 그들 가운데 일부는 다른 교회에 가서 교인이 되었다고 했다.[27] 이런 결실을 통해 복음전도관이 하나 둘 씩 세워지면서 비로소 성결교는 그 면모를 갖추었다. 이때 성결교는 감독제를 도입하여 한국의 복음전도관 운영에 적용했다.

한편 복음전도관이 성결교로서 한국교계의 3대 교단 가운데 하나로 발전하고 빠르게 한국사회에 뿌리내릴 수 있었던 원동력은 초기부터 교역자

---

26) 1907년에 일어난 기독교 대부흥운동에 대해서는 한국기독교역사연구회, 위의 책, 268~276쪽 참조.
27) *The Electric Message*, Jan. 1908.

를 계속 양성해 낼 수 있는 성서학원의 설립에 있었다. 28)

1911년 3월에 무교정 복음전도관을 임시교사로 정하고 성서학원이 개교되었다. 이렇게 개교한 경성성서학원은 신학생이라 할 수 있는 '수양생' 10여 명을 모집했고, 4월부터 공부를 시작했다. 다른 한편 동양선교회는 성서학원 건축기금이 걷히자 현 충정로 3가 35번지에 부지를 마련하여 건물착공을 시작했다. 1912년 3월에는 건물이 완공되자, 봉헌식과 함께 성서학원이 이전되었다. 29)

성결교 선구자들이 바라던 교역자 양성기관이 이렇게 경성에 세워짐에 따라 여기서 축적된 힘은 각 지방으로 퍼져나가기 시작했다. 경성성서학원을 중심축으로 성결교의 지방에 대한 전도활동은 더욱 본격화되었다. 성결교의 전도자들은 기존의 교회가 있는 곳에서 전도관을 시작하지 않고 교회가 없는 장소를 물색하면서 전도활동을 펼쳤다.

1907년부터 1921년까지 14년 동안 전국에 설립된 복음전도관의 수가 모두 31개처였다. 경기도 지역에서 복음전도관이 가장 먼저 생긴 곳은 1909년에 설립된 개성전도관이었다. 이 전도관은 강태온, 김두엽에 의해 개척되었다. 개성전도관을 필두로 경기도 지역에는 1914년 7월 이전에 경안전도관, 1917년 동두천 전도관, 1917년 안성전도관, 1919년 인천전도관, 1920년 평택 전도관이 설립되었다. 30)

당시 경기 지역의 전도관 가운데 가장 활발한 활동을 벌였던 곳은 경안 (광주)전도관이었다. 이 전도관에 대해서는 한 선교사의 전도활동에 대한 보고를 통해 알 수 있다. 31)

---

28) 이천영, 『성결교회사』, 기독교대한성결교회, 1970, 29쪽.
29) 李明稙, 『朝鮮耶蘇敎東洋宣敎會聖潔敎會略史』, 東洋宣敎會聖潔敎會理事會, 1929, 34쪽.
30) 기독교대한성결교회, 위의 책, 194~195쪽.
31) *Oriental Missionary Standard* , Jan. 1915.

경안(경기 광주)에는 800호 이상이 있다. 교회도, 목사도, 여전도사도 없지만 손가락으로 셀 수 있는 신자들이 누군가가 와서 그들을 가르치기를 기도하고 있다. ……노형제(노경모)는 집집마다 돌며 복음을 전했고, 전도지를 배포했으며, 6명의 타락자들을 예수께로 인도하는 기쁨을 만끽했다. 노형제를 몰랐던 나자매는 이 소수의 여자신자들에게 방문하도록 인도받았고 노형제는 서울출신 기독인 여자의 가정에서 나자매를 만났고 저들은 집회를 열었다. 나자매는 거기서 32명의 여자들에게 복음을 전했고 2명의 구도자를 얻었다. ……그 다음 주 김상준이 노형제에게 내려가 이곳을 다시 방문한데다가, 전도지를 배포하면서 개개인에게 복음을 전파했고, 소수의 기독자들과 소규모의 집회를 열었다. 거기에는 경안전도관에 도착할 수 있는 인근의 다른 마을 사람들도 있다. 이것은 황금의 기회다.

경안전도관의 노경모 활약은 두드러지게 나타났다. 그는 지난 달 간 3명의 화교생을 전도하여 성경공부를 시켰고, 지식인이 전도되어 복음전하는 도구가 될 정도로 열정적인 선교활동을 벌였으며,[32] 유학자로 무산층인을 압제하고 원성을 사면서 자신을 1년간이나 핍박하던 사람에게 심판과 지옥의 재림복음을 전하여 죄를 회개하고 예수를 믿게 만들기도 했다.[33] 또 유 에스더는 불교인에게 복음을 전하고 지금도 늦지 않음을 호소하여 구도자가 되게 했으며, 부자이며 지식이 있는 복음 박해자를 만나 부와 교육이 구원하는 것이 아니라 오직 예수만이 구원함을 가르쳤다. 그는 17년간 148가정 방문, 구역회 인도, 전도지 배포에 열정적으로 헌신했다.[34]

이처럼 성결교는 1907년에 서울에서 복음전도관을 설립한 이래로 경기도 지역에도 복음전도관을 세우면서 주로 감리회가 들어가지 않은 곳을 찾아다니며 복음을 전파했다. 물론 경기도 지역이 감리회의 주된 복음전파

---

32) *Oriental Missionary Standard*, Dec, 1915.

33) *Oriental Missionary Standard*, Aug, 1916.

34) *Oriental Missionary Standard*, Oct, 1917.

의 중심지였기 때문에 성결교인들이 복음을 전하기에 불리한 조건이었던 것이 사실이다. 그러나 여기에 개의치 않고 성결교의 전도자들, 특히 경성 성서학원 신학생들은 서울과 가까운 거리에 있었기 때문에 더욱 쉽게 전도 활동에 참여할 수 있었다. 이런 과정을 통해 성결교가 더욱 안정되어 갔다.

3. 성공회 · 성결교의 문화운동

1) 전도활동

(1) 성공회

1890년대에 서울, 제물포, 강화를 중심으로 선교활동을 개시한 성공회 는 1900년대에 수원에 선교기지를 구축함으로써 경기도 지역에 대한 전도 활동을 통해 교세가 더욱 확장되었다.

성공회는 1910년대에 들어 체계적인 조직의 정비에 따라 성장을 거듭 했다. 성공회는 처음 1908년 전국을 4개의 선교 지역으로 나누고 각 지역을 그 지역에 거하는 사제들의 책임 하에 두었다. 서울 지역은 베드콕(박요한)의 관할 아래 서울과 인근 80리 이내의 제물포를 포함한 지역의 교회와 신자들 을 포괄하고, 강화 지역은 힐라리(길강준)를 주임사제로 하며, 수원 지역은 브 라이들(부재열)의 사목 아래 수원과 진위, 평택, 천안, 아산 등지를 포함했 다.35)

1910년대에 개척한 교회 수와 함께 교인 수가 증가함에 따라 1916년에 는 전국을 6개 교구로 구분했는데, 다음과 같이 경기도 지역의 전도구역이 정리되었다.

---

35) *Morning Calm*, Vol. 19, No. 118, Oct. 1908, pp. 175~179.

경성전도구

① 서울의 각 교회

② 인천의 각 교회

강화전도구

① 강화읍교회와 근방 10리 내에 있는 교회 및 산문리교회

② 다운리교회, 고비교회, 송산리교회, 교동교회

③ 납섬교회

④ 안골교회, 여차동교회, 장곶교회, 홍왕교회

⑤ 온수동교회와 근방 10리에 있는 교회 통진교회, 세어도교회

수원전도구

① 수원읍교회와 근방에 있는 교회 및 광주삼리교회

② 용인샘골교회, 공세골교회, 산척골교회

③ 누읍리교회, 양지말교회

④ 진위읍교회, 객사리교회, 새말교회, 덕우리교회, 전사리교회

⑤ 안성의 진말교회, 영동교회, 용머리교회[36]

이와 같이 전도구역이 늘어가는 가운데, 신자 수는 1913년 11월 당시 전국 4,983명, 영성체자가 2,989명이었고, 터너 주교는 1911년부터 4년간 2,200명에게 견진성사를 베풀었다. 1916년 한 해 동안에는 성인 313명, 어린이 270명이 영세성사를 받아 총 세례신자가 5,455명이 되었다.[37]

성공회의 전도활동은 주로 마을을 돌면서 성경을 공부하는 사경회(査經

---

36) 「主教通信」, 『朝鮮聖公會月報』 95, 1916년 5월, 4~5쪽 참조.

37) 이재정, 앞의 책, 141~142쪽.

會)를 여는 일종의 '사랑방집회'형식과 함께, 각 교회별로 5~10일간의 집중적인 집회를 통한 전도 집회로 이뤄졌다. 이런 모임에는 심지어 40여 리를 걸어서 집회에 참석하는 경우도 있었다.

그러나 이런 교회의 신자 수와 교회 수 증가의 이면에는 많은 어려움이 뒤따랐다. 그것은 우선 성직자의 부족으로 인하여 원만한 목회를 하고 교육을 시키면서 신자들의 신앙생활을 인도해줄 수 없다는 점이 큰 원인이었다. 예컨대 수원교회의 경우 1개의 성당과 15개의 회당과 함께 32개의 마을을 단 두 명의 사제, 브라이들과 구건조가 책임을 지고 있었다. 강화 지역은 더욱 광대하여 72개 마을과 2개의 성당과 15개의 회당을 돌보아야 했고, 이 지역에는 9개의 학교까지도 설립되어 있었다. 38)

따라서 1910년대에 성공회가 가장 시급히 해결해야 할 것은 성직자의 충원문제였다. 39) 트롤로프 주교는 "지금의 조선성공회에서 가장 시급한 일은 본국인을 교육하여 부제와 사제서품을 주는 것이며, 처음에는 물론 어느 나라든지 외국인 신품자들이 성교를 전파하여 성사를 맡아 다스리되 차차 본국인을 양성하여 신품을 받게 하고 또한 성교회가 오래되고 건실하여 본국인 성직자 중에서 주교를 책정하게 되면 그 성교회는 온전히 성립된 것"40)이라고 언급하고, 앞으로 한국인 주교가 승임될 때에 완전히 성숙하고 독립된 교회가 될 것이라고 주장했다.

이렇게 교회의 성장에 따라 한국인 성직자의 양성기관이 요구됨에 따라 성공회는 선교구역 가운데 발전일로에 있던 강화 지역에 신학교육기관의 설립을 추진하게 되었다. 그리하여 성공회는 임시로 강화읍의 옛 사제관을 개조하여 교사로 사용하기로 했고, 초대 원장으로 허지스(H.N. Hodges)를 임명했다. 1914년 1월 강화신학교는 김희준과 구건조를 성직준비를 위한 6

---

38) 이재정, 위의 책, 142쪽.
39) "Corean Annual Reort," *Morning Calm*. Vol. 29, No. 155, Jan. 1918, pp. 2~5.
40) 「主敎通信附錄」, 『朝鮮聖公會月報』 69, 1914년 3월, 3~4쪽.

개월 단기과정 교육을 시작함으로써 개원되었고, 그해 4월에는 2명 외에 11명의 성직준비자가 입학하여 공식적인 신학교육이 시작되었다.[41]

그런데 신학교 운영에서 주목되는 점은 신학교가 한국인 신자들의 헌금에 급여를 지불할 수 있는 정도의 범위에서 한국인 성직자를 배출한다는 것이었다. 이런 철저한 자립의 원칙은 성공회 선교 초기과정부터 끝까지 일관되었던 선교정신이었다. 이것이 성직자 배출과정에까지 적용되고 있었던 것이다.

성공회는 초기부터 전도활동을 전개하는 데 있어 한국교회와 교인들의 자립원칙을 강조했다. 그것은 폭발적인 교세확장 추세에도 불구하고 턱없이 부족한 선교사와 선교자금이 절대적으로 부족했던 점에서 비롯되었다. 이에 대해 제2대 주교에 취임한 터너(A.B. Turner) 주교는 성공회의 재정자립원칙을 분명하게 밝혔다.[42] 그는 경제적 자립을 이루는 것이 무엇보다도 중요하고 그것이 독립된 교회로 자유롭게 선교할 수 있는 지름길이라고 보았다.

이렇게 성공회는 성당을 짓는 데 있어 재정문제를 교회 자체적으로 해결하는 것을 그 원칙으로 삼고 있었다.[43] 특별히 수원성당을 제외한 나머지 지역의 성당건물은 대개 자립적으로 건축해 나가고 있었다. 즉 성공회는 한국교인들의 손으로 교회를 세우는 자립의 정신을 중요하게 강조했던 것이다.

그러나 이런 철저한 자립원칙에 따라 성직자 양성은 빠른 속도로 진전될 수 없었다. 더구나 성공회 선교사들의 잦은 출국과 제1차 세계대전, 국내의 불안한 정치적 상황, 영국 성공회의 부족한 재정지원, 그리고 한국교인들의 사회경제적 피폐함으로 인한 재정적인 압박 등으로 성공회 성장의 밑거름이 될 신학교 교육에 많은 어려움이 뒤따랐다. 특히 어떤 때는 강의를 담당할 선교사가 부족해 신학원이 잠시 문을 닫은 적도 있었다.[44]

---

41) 김옥룡, 위의 책, 85쪽.
42) 이재정, 위의 책, 119~120쪽.
43) 단아덕, 「主教通信」, 『宗高聖教會月報』 9, 1909년 2월, 3쪽.

1910년대 이런 어려움 속에서도 드디어 첫 한국인 성직자들이 탄생했다. 1897년 최초의 성인 세례자였던 김희준과 1901년 강화에서 영세를 받았던 구건조가 1914년 부제성직을 받았다.[45] 김희준은 1915년 12월에 사제성직에 올라 이후 한국인에 의한 한국교회의 새 역사를 열게 되었다. 그는 강화, 수원, 진천 등의 교회에서 한국인으로 처음 설교와 미사를 보았다.

3·1운동 이후 성공회는 대전도운동을 전개했다. 1920년 7월 경성전도대가 신앙운동의 일환으로 조직되어 전국 순회강연을 가지게 된 것이 하나의 예였다. 이 운동은 젊은 성직지망자나 학생, 그리고 전도사들을 중심으로 조직적인 동원과 진행을 펼쳤다. 경기도 지역에서는 인천, 온수리, 강화읍, 안성 용두리, 수원, 안성 용원 등을 돌면서 추진되었다.[46]

한편 쿠퍼(A.C. Cooer) 신부를 제4대 주교로 맞이한 성공회는 1930년대에 교회 자립에 더욱 박차를 가했다. 그래서 성공회는 교회가 성장하면 자립함이 필연적이며, 선교비는 신개척지에 활용하여 활발한 선교활동을 전개한다는 방향 아래 교회자립을 향해 나아갔다. 쿠퍼는 교회 자립을 통해 교회가 더 전파되어 나가는 계기를 삼고 모든 신자가 전도자로서 역할을 할 수 있도록 신앙을 확립해 나가야 한다는 것을 강조했다.[47]

경기도 지역의 강화와 수원교회는 일찌감치 자립교회로서 자리매김했는데, 이들을 중심으로 성공회 개척 전도활동이 활발하게 전개되었다. 강화지역은 강화읍교회를 중심으로 1915년에 이미 2개의 성당과 15개의 회당, 9개의 학교 그리고 2,000명에 육박하는 교인이 72개 마을에 걸쳐 있었다. 이런 이유로 그해에 교회를 남과 북으로 분리하여 관할하도록 결정했다.[48] 또 수원 지역은 1908년 성당을 건축한 수원교회를 중심으로 아산, 진위, 백석

---

44) 이재정, 위의 책, 122~123쪽.
45) 「舉行副祭聖職」, 『朝鮮聖公會月報』 74, 1914년 8월, 2~3쪽.
46) 「京城傳道隊報告」, 『朝鮮聖公會月報』 34, 1920년 9월 21일, 7~10쪽.
47) 1930년대 성공회에 대해서는 이재정, 위의 책, 186~209쪽을 참조할 것.
48) 김옥룡, 위의 책, 90~91쪽.

포, 천안, 평택, 용인 등이 개척되어 성공회 초기부터 성공회 선교활동의 중심지 역할을 감당하고 있었다.

이와 같이 성공회의 전도활동은 경지 지역의 강화와 수원을 중심으로 영국 성공회 본부의 재정 지원 부족과 혼란한 정치적 상황, 그리고 교인들의 경제적 궁핍 속에서도 선교에 대한 열정과 헌신으로 지속적으로 전개되었다.

(2) 성결교

1907년 서울에 복음전도관을 세우면서 시작된 성결교는 각 지역에 복음전도관을 설립하고 이를 중심으로 전도활동을 펼쳐 나갔다.

이들의 초기 전도활동의 방식은 직접전도 방식과 대중집회 방식이 조화된 것이었다. 이는 미국이나 일본에서 성결전도운동의 방법이 그대로 계승되었다. 그 전도활동은 직접적이고 열정적으로 이뤄졌는데, 밤에 장등을 들고 나팔 불며 북을 치고 찬미를 부르다가 모여드는 사람에게 전도하여 그 전도된 사람들을 복음전도관으로 인도해 가서 집회하여 결신시키는 방식이었다.[49]

또한 성결교는 성별회라는 것을 통해 대중적 집회를 개최했다.[50] 이것은 믿음으로 받는 성결의 은혜와 이 체험을 확인하기 위하여 모인 신앙집회였다. 이 집회는 보통집회나 예배와 달리 성결의 교리를 명백히 선포하고, 성결의 은혜를 명백하게 경험하며, 경험한 은혜를 간증하는 집회였다. 그 때문에 아무나 성별회를 인도할 수 없었고, 성결의 은혜를 체험한 목사여야 가능했다. 이 집회는 신앙으로 명백한 종교적 체험을 얻으라는 권고와 실제 체험한 성결은혜를 간증하는 점에서 신학과 목회가 연결되는 계기가 되었다.

---

49) 이응호, 앞의 책, 171~174쪽.
50) 왓손, 「특별한 성결의 집회」, 『活泉』, 1925년 8월, 13~14쪽.

성결교는 이런 부흥운동을 주도할 교역자로서 목사를 안수하여 세웠다. 이는 장로회나 감리교회보다 뒤늦은 것이었다. 전도관 설립 이후 7년이 지난 4월 왓슨, 길보른, 토마스, 라센의 안수로 김상준, 이장하, 강태온, 이명직, 이명헌 등 5명이 첫 번째 목사로 장립되었다.[51]

이렇게 성결교는 열정적인 전도활동을 초기 이후에도 지속적으로 전개해 각 지방에 교회를 설립해 나갔다. 1907~1929년까지 경기도 지역에 설립된 대표적인 교회는 다음과 같다.[52]

개성교회: 1909년, 강태온과 김두엽에 의해 설립.

경안교회: 1915년, 1914년부터 박은애가 전도 시작, 나영은이 파송되어 교회 설립.

동두천교회: 1917년, 배선표에 의해 개척되었으나 1923년 남감리회로 넘어감.

안성교회: 1917년, 안성에 파송된 정빈이 열심으로 전도활동하여 설립.

인천교회: 1919년, 정빈에 의해 설립, 처음엔 율목리에서 예배를 보다 화평리로 옮김.

양성교회: 1919년, 주정국에 의해 설립, 1929년 폐지됨.

평택교회: 1920년, 공응택에 의해 설립, 1923년 신축예배당 건축.

수원교회: 1928년, 평택교회 오명환, 독립문교회 유익옥, 동경교회 손문준, 인천교회 이종문이 수원으로 이주하자 이성봉을 파송하여 교회를 설립.

한편 복음전도관으로 시작된 성결교는 1920년대에 들어 양적으로 크

---

51) 李明稙, 앞의 책, 190쪽.
52) 李明稙, 위의 책, 51~134쪽에서 정리함.

게 성장했는데, 동양선교회의 마을전도운동이 전국으로 확산되면서 부흥이 크게 일어났다. 이를 배경으로 1921년 9월 예수교 동양선교회 복음전도관은 「조선야소교 동양선교회 성결교」로 개명되었다.[53] 이는 보다 조직적으로 전도활동을 전개하여 성결교의 설립을 중대시키기 위한 일환이었다.

정식교단으로 출발한 성결교는 사중복음의 기치를 더욱 내세우며 전도와 목회 정책을 펼쳐나갔다. 이후 성결교는 특히 중생, 성결, 신유, 재림을 주요한 전도표제로 삼고 활발한 활동을 전개했다.[54]

그리하여 성결교는 감독제도하에 감독이 단독으로 지방 각 교회를 순회하면서 지도하다가 1920년 6월에 이르러 전국을 4개 지방으로 나누고 매 지방마다 '순회목사'를 두었다.[55] 이는 지방조직의 확대와 활성화를 가져오는 계기가 되었다. 1921년 경기지방에는 동두천에 김승만 · 유진심, 광주에 김인준 · 유에스더, 제물포에 정빈 · 김홍수 · 최병애, 안성에 박형순 · 김준규 · 신현숙, 양성에 노경모 · 김순희 등이 교역자로 임명되었다.[56] 1925년 제 5회 매년회에서는, 경기도 지역의 광주에 공응택과 조재관, 평택에는 김협두와 신현숙, 안성에는 한익찬 · 박형규, 한익신 등이 임명되었다.[57]

1920년대 중반 이후 '자립교회'를 추진하기 시작했다. 당시 성결교 교역자들은 선교회로부터 생활비를 받고 있었다. 엄밀히 보면 당시 교역자들은 선교부에서 고용한 전도자들에 불과한 것이었다. 따라서 자급은 선교회로부터 도움을 받지 않고 한국교회가 교역자에게 직접 생활비를 지급하는 것을 의미하는 것이었다. 선교부는 그렇게 자급하는 교회를 자신들의 영역에서 독립한 교회로 인정했던 것이다.[58]

53) 기독교대한성결교회, 앞의 책, 240~241쪽.
54) 정태영, 「초기 성결교의 신앙구형에 관한 연구」, 『성결교관련 학술논문집』, 신덕교회, 1997, 279쪽.
55) 李明稙, 위의 책, 21~23쪽.
56) *Oriental Missionary Standard*, Mar, 1921.
57) 『活泉』, 1925년 5월, 3~5쪽.
58) 성결교에서 자급을 가장 먼저 이룬 곳은 아현성결교회였다. 이에 대해 박양식, 『阿峴八十年史』, 아현성결교회 역사편찬위원회, 1999, 146~148쪽을 참조.

이처럼 성결교는 1920년대에 들어 본격적인 교단으로 출발을 하고 교회의 자급과 제도 정비를 통해 마침내 1933년 5월, 서울 경성성서학원에서 성결교 총회를 처음으로 개최했다. 첫 총회에서 '자치'를 선언함으로써 성결교는 한국인이 주도하는 명실상부한 교단으로서 위치를 갖게 되었다.[59] 그러나 이 과정에서 선교사와 한국인 소장층 목사들과의 갈등으로 인해 교회가 분열되는 모습을 보여 교회 발전에 타격을 입기도 했다.[60]

이처럼 1920~30년대 성결교는 초기의 복음전도관 시대를 마감하고, 정식 교단으로서 자리를 잡으면서 교회의 자급과 부흥운동을 지속적으로 전개함으로써 교회 개척과 교인 수의 증가에 큰 진보를 이루었다.

2) 교육 · 의료활동

한국교회의 선교 특징 가운데 하나는 교회와 학교, 그리고 병원이 유기적으로 연결되어 있다는 점이다. 교회가 한국인들의 영적 각성을 통해 영혼의 문제를 고치는 곳이라면, 학교는 한국인의 잘못된 의식을 개혁하는 장소였으며, 병원은 한국인의 병든 육체를 치료하는 곳이었다. 그래서 전도활동에 있어서 한국교회는 교회의 성장만큼이나 교육과 의료활동에 큰 관심과 지원을 아끼지 않고 이를 추진하고 있었다.

먼저 성공회의 경우 첫 선교사업을 병원개설부터 시작할 정도 의료사업을 선교활동의 중요한 과제로 인식했다. 1890년 10월 제물포에 도착한 코프 주교와 랜디스(Landis)는 진료소를 개설하여 인천 최초의 서양식 병원을 개

---

59) 李明植, 위의 책, 162쪽.
60) 1933년 성결교 최초의 총회는 한국인과 외국 선교사들 간의 갈등을 낳는 계기가 되었다. 이는 한국인의 역할이 커질수록 동양선교회(외국 선교사)와 성결교 총회(한국인 목사) 사이에 위상문제가 제기되어 불씨를 안게 되었던 데서 촉발되었다. 결국 한국인 노장 목사들이 선교사들이 주도하는 동양선교회를 지지하고 나섬에 따라 소장층 목사들과 이를 따르는 9개 교회가 성결교를 탈퇴해 버렸다(이덕주, 「1930년 성결교 총회분규사건-1930년대 한국교회 자치운동의 한계」, 『한국기독교사연구』 17, 한국기독교사연구회, 1987, 20~21쪽을 참조).

설했다. 이듬해 이들은 1891년 성누가병원을 완성하고 입주했는데, 이 병원 건물은 순 한국식 양식이었고, 한국인을 위해 병실도 온돌방이었다.[61]

랜디스의 열성으로 병원은 날로 발전했는데, 1913년에는 35병상을 보유하고 7,000명이 넘는 외래 환자와 400여 명의 입원환자를 치료했다. 당시 일제가 의료기관을 점차 확대해 가고 있었지만 성누가병원의 위치는 확고했다. 이 병원은 현대식 의료기관이었을 뿐만 아니라 한편으로 영어교육기관의 역할과 함께 고아원의 역할까지 감당했다. 1904년에 성누가병원은 서구식의 새로운 벽돌 건물로 증개축했다. 서울에서는 정동에 성베드로병원, 낙동에 성마태병원이 문을 열었다. 이렇게 성공회의 의료선교활동은 훌륭한 의사와 그들의 헌신적 봉사와 함께 1893년부터 훈련받은 간호사들이 이 일에 참여했기 때문에 가능했던 것이다.[62]

또한 강화 온수리에서는 1897년 외과의사이며 선교사인 로스(A.F. Laws)가 내한하여 의료활동을 벌이게 되었다. 강화읍에 진료소를 차리고 의료선교를 하던 로스는 1900년에 온수리에 정착하여 진료와 전도사업에 전력했다. 이런 활동에 힘입어 온수리에는 성공회 신자들이 증가했고 그들 자체의 힘으로 성당을 건축하려는 의욕이 고취되어 마침내 1900년에는 교인들의 헌금과 노력봉사에 의해 한옥성당을 건축했다. 로스의 열정적인 의료선교는 1904년까지 온수리를 중심으로 계속되었는데, 1903년 한 해 동안 3,541명의 환자를 진료할 정도였다.[63]

또한 1924년 6월에는 바로우(Borrow)가 여주를 새로운 의료선교 지역으로 선택하고, 이곳에 '성안나병원'을 건축했다. 점차 환자가 늘자 1929년에는 부인과와 소아과 병동을 더 추가해서 지었고, 1934년에는 소아과 병동이 다시 독립하여 추가로 건축되었다.[64]

---

61) 이재정, 앞의 책, 40쪽.
62) 이재정, 위의 책, 172쪽.
63) 김옥룡, 위의 책, 57~62쪽.

한편 성공회는 교육 분야에서 두드러진 활동을 전개했다. 1905년에 시작된 수원성당은 1908년 5월에 성베드로 수녀회 소속의 수녀들이 거처할 수녀원 지부건물을 짓고 강화에 있던 수녀들을 이곳으로 이동시켰는데, 이를 계기로 성당에 학생 80명의 남녀공학 진명학교(進明學校)가 개교되었다. 그런데 교사들이 주로 수녀들이었던 탓에 남학생의 가르침에 어려움이 많았다. 1909년에는 독지가의 도움으로 두 개의 부속건물을 새로 신축하고, 그 하나에는 여성교육의 필요성이 증대됨에 따라 여학교를 설치하게 되었다. 교육은 세실 수녀와 한국인 교사 1명이 담당했다.[65]

강화 지역에서는 1898년 초 6명의 소년들에게 '조만민광(朝萬民光)'을 갖고 성경을 가르치면서 학교 교육이 시작되었다. 이 지역에서 학교가 세워진 것은 1900년의 일이었다. 강화에 진명학교가 정식으로 설립된 것이다. 또한 1908년 5월에는 강화 온수리에서 비신자로부터 기증받은 땅 위에 '성모마리아 여학교'가 세워졌다. 학생들의 나이는 대개 7세부터 18세까지였고, 학교에서는 학생들에게 한문·지리·산수·습자·재봉 및 가사 등을 가르쳤다.[66]

이처럼 당시 성공회는 '남녀평등'이라는 관점에서 여성교육에 역점을 두었고, 그 교육의 방향은 국가와 사회 그리고 가정에서 원만한 삶을 살아갈 수 있는 보통교육에 있었다.[67] 이와 함께 온수리 여학교의 특징은 단순히 교육한다는 차원뿐만 아니라 앞으로 교육을 담당할 수 있는 교사 교육과 훈련도 중요한 목적으로 삼고 있었다는 점이다.

다음으로 성결교를 살펴볼 차례이다. 성결교는 직접적인 복음전도에 치중하고 있었기 때문에 교육이나 의료분야에서 그렇게 눈에 띄는 점이 보

---

64) 이재정, 위의 책, 173쪽.
65) *Morning Calm*, Vol.20, No.122, Oct. 1909, p. 152. 이외에도 수원성당에 설립된 진명유치원(進明幼稚園)은 수원 지역 어린이 교육에 크게 이바지했다.
66) 김옥룡, 위의 책, 67~68쪽.
67) 「主敎通信」, 『宗高聖公會報月報』 13, 1909년 7월, 11~12쪽.

이지 않는다. 여기서는 경성성서학원(68)을 잠시 살펴보는 것으로 정리하고자 한다.

경성성서학원은 1911년 3월에 구리개에 있던 무교정 복음전도관 안에 임시교사를 두고 개교했다. 10여 명의 수양들을 모아 가르치다가 1912년 3월 현 충정로 3가 35번지인 죽첨정 3정목에 교사를 신축하고 이전했다. 성서학원의 설립목적은 우선 교역자 양성에 있었다. 온전한 복음을 전파하여 영혼을 구원할 전도자를 양성해 내는 것이 성서학원의 목적이었다. 이단과 세속화와 죄악에 대적하여 분투하자는 주의를 갖고 있는 전도자를 양성하며, 나아가 복음을 동양전체에 전파하여 구원시킬 수 있는 전도자를 양성하는 것이었다.(69) 초기 성서학원의 특징은 남녀공학제를 실시했다는 점이었다. 남자·여자 기숙사가 따로 세워져 있었는데, '남녀칠세부동석'이라는 시대에 남녀가 한 강당에서 공부한다는 것은 상당히 파격적인 일이었다. 그러나 아쉽게도 남녀공학제는 오래가지 못하고 폐지되었다.(70)

경성성서학원의 학생들은 이론만 배우는 것이 아니라 직접 이를 체험하기 위해 실습을 나갔는데, 그 지역은 자연스럽게 서울에서 가까운 지역인 경기도 일대였다. 이들이 주로 다닌 곳은 안성·죽산·광주·수원·시흥·과천 등이었다. 이들은 이곳을 다니면서 낮에는 미리 준비한 전도지를 갖고 복음을 전하고, 저녁에는 이들을 모아서 거리나 일정한 장소에서 집회를 인도했다.(71)

수원에서 수련생들은 약 60명가량이 모이는 교회에서 약 25일간 머물면서 낙심하여 있는 교인들의 신앙을 부흥시켰다. 죽산에서는 술집에 들어

---

68) 일제 강점기 경성성서학원에 대해서는 심정선, 「일제시대 경성성서학원의 역사」, 『성결교관련 학술논문집』, 1997을 참조.

69) 李明稙, 위의 책, 34쪽.

70) 박명수, 「경성성서학원의 초기 역사(1907~1921)」, 『한국기독교와 역사』 12, 한국기독교역사연구소, 2000, 199쪽.

71) 박명수, 위의 논문, 195~196쪽.

가 전도를 하기도 했는데, 수련생들은 술집에서 여인에게 인간의 죄악과 다가올 심판을 외쳤고, 그 결과 그 여인이 진정으로 회개하고 술집을 포기하고자 했으나 남편의 반대로 무산되기도 했다. 또 성서학원생들의 전도활동은 어떤 곳에서는 이단으로 정죄받기도 했으나, 수원 지역에서는 환영을 받기도 했다. 수원 지역은 일찍이 감리교가 선교를 시작한 곳으로 감리교인들은 성서학원생들을 환영하고 이들이 집회를 하도록 도와주었다. 이곳에서는 죽어가는 어린 환자가 있었는데, 2일 동안 밤낮으로 기도한 결과 완쾌되는 신유의 역사가 있었다. 이같이 당시 경기도 지역은 성서학원생들에게는 학교에서 배운 신학적 이론과 자신의 신앙을 실천할 수 있는 무대였던 것이다.[72)]

3) 전통문화의 수용

성공회는 성결교에 비해 피선교지 문화에 대해 우호적인 포용정책을 취했다. 성결교는 간접적인 선교활동보다 직접적인 복음전파활동에 주력했기 때문에 문화활동, 특히 전통문화에 대해 소극적일 수밖에 없었다. 반면에 성공회는 초기부터 한국문화의 우수성을 인정하고 이를 성공회 차원에서 받아들이는 정책을 펼쳤다. 이런 대표적 예가 경기도 지역에서는 강화성당의 건축물에서 그대로 나타났다. 여기서는 강화읍성당의 건축물을 중심으로 문화적 활동을 살펴보고자 한다.

성공회의 전통문화에 대한 관심은 그들의 교육배경과 선교정책에서 비롯된 것이었다. 먼저 한국에 온 초기 성공회 선교사들은 영국 옥스포드 대학 또는 케임브리지 대학 출신으로 한국에 진출한 어느 교파보다도 교육수준이 높았다. 예컨대 옥스포드 대학은 19세기 옥스포드 운동의 중심지였고,

---

72) Mrs. Tomas, "How Our Students have sent the Summer," *Electric Massages* , Nov. 1911, p. 14.

한국에 온 선교사들은 이 운동이 절정에 달했을 때 공부하였던 사제들이었다. 그들은 한국전통문화에 대해 이해하려고 노력하였으며 가톨릭보다도 더 정통적인 전례를 중시하였고 그에 합당한 성당건축을 추구하였다.

특별히 선교초기부터 교회건축에 깊이 관여하고 후에 3대 주교가 된 트롤로프 신부는 영국 런던 웨스터민스터 출생으로 옥스퍼드 대학교에서 MA를 받았으며, 어머니로부터 장로회의 영향과 아버지로부터 옥스퍼드 운동의 영향을 받았다. 1891년 한국에 와서 강화 지역 개척, 문서선교, 성당건축 등 초기교회의 핵심적인 역할을 했다. 1901년 영국으로 귀국하였다가 1911년 한국교회 제3대 주교로 승품되어 돌아왔으며 1930년 불의의 사고로 사망하였다. 강화성당(1900)을 직접 구상하고, 설계에 참여한 것이나[73] 서울 대성당 건립 시 건축양식의 선택과 설계원칙의 제시[74] 등에서 그의 건축에 대한 안목을 엿볼 수 있다. 그는 옥스포드 대학 출신다운 학자적인 사제로 한국의 문화 · 예술에 조예가 깊었다. 왕립 아시아학회 한국지부의 장을 맡아 한국학 연구에 심혈을 기울였으며 불교에 대한 지대한 관심을 가졌다. 한국 건축양식과 재료, 기후에 대해서도 잘 파악하였으며, 한국의 전통문화와 융화할 수 있는 상징으로서 성당건축을 추구하였다.[75]

또한 성공회의 한국선교는 다양한 선교단체들이 참여한 일본이나 중국과 달리 영국의 '해외복음 선교협의회(SG)'라는 한 선교단체의 소극적인 지원 아래에 이루어졌다. 영국 성공회의 선교는 19세기 서구열강의 팽창주의에 따른 선교 의도는 아니었으며 순수한 종교적 열정의 결과라고 할 수 있다.

성공회 선교의 특징과 전통은 "① 복음을 전하려는 왕성한 선교의욕, 학문에 대한 존중, 토착화 정신, ② 公教會적 전통 유지, 聖書와 聖事를 신앙

---

73) *Morning Calm*, Vol. 10, No. 83, pp. 16~17.
74) M.N. Trolloe, *The Church in Corea*, pp. 64~65.
75) 이덕주, 「성공회 강화읍 선교의 역사적 의미」, 『강화읍성당 축성 백주년 기념학술세미나 자료집』, 대한성공회, 2000년 11월 15일을 참조.

생활의 중심으로 삼음, ③ 교회의 재일치와 新·舊敎 사이의 중도신학"으로 요약할 수 있다.[76] 즉 성공회 선교사들의 학문적 배경과 토착화 선교정신은 성당건축으로 이어져 한옥성당으로 나타났으며, 그 첫 결실이자 성당의 모델이 된 것이 강화읍성당이다.

성공회의 대표적 유적으로 꼽히는 강화읍성당은 강화읍 관청리 422번지의 산마루턱에 자리 잡고 있다. 이 건물은 지나가던 스님들이 가끔 발길을 멈추고 성당을 향해 정성껏 합장을 하고 지나갈 정도로 '절 같은 교회'의 분위기를 갖고 있다. 성공회는 1897년 트롤로프 신부가 강화읍 내에 위치한 견자산 산마루를 사들여 터 닦는 작업을 시작했다.

성당은 배 모양의 터를 닦고 그 위에 서양의 전통적인 교회 양식과 전통의 한옥 양식을 조합하여 전체적 모양이 동양의 불교사찰 양식을 따르고 있다. 건물 터와 배치는 마치 배 모양으로 배와 어부들이 많은 강화의 환경과 잘 어울리게 했으며, 성당 출입문은 전통적 사찰의 삼문(三門) 형식을 띠었다. 성당 본체는 정면 4간, 측면 10간이 되는 장방형 2층 석탑모양으로 지붕은 팔작지붕의 형태를 한 불당식 건물이다. 지붕 들보와 지붕 종보 끝부분에는 연꽃 무늬, 겹처마 서까래 끝부분에는 십자가와 삼태극 무늬가 그려져 있는데, 이는 기독교 복음과 한국의 전통적 종교문화가 조화를 이루는 모습을 보여주고 있다.[77]

그러나 건물내부는 전형적인 서구 중세의 로마 가톨릭 교회의 바실리

---

76) 김정신, 「성공회 강화성당의 건축적 특징과 의미」, 『강화읍성당 축성 백주년 기념학술세미나 자료집』, 대한성공회, 2000년 11월 15일을 참조.

77) 이덕주, 「성공회 강화읍 선교의 역사적 의미」 참조. 이런 형태의 성당이 강화 온수리 성당에서도 그대로 보인다. 강화성당에 비해 화려함이나 규모는 떨어지지만, 소박하고 순수한 토착미를 더욱 느낄 수 있다는 것이 온수리 성당의 멋이다. 정면3간, 측면9간, 도합 27간의 규모의 일자형 전통 한옥 형태로 향교나 관청에서 흔히 볼 수 있는 양식이다. 내부는 강화성당과 마찬가지로 서양의 전통교회 양식으로 배치되었다(김권정, 「신앙유적지 답사로 신앙다지기(1)」, 『소금과 빛』, 두란노서원, 1999년 6월, 104쪽). 이 외에도 토착적 한옥형태의 성공회 성당은 충북 청주성당과 진천성당에 그대로 나타나고 있다.

카 양식을 띠고 있다. 기둥들로 구분되는 신랑(身廊, nave), 측랑(側廊, aisle), 후진(後陣, ase)이 분명하게 나뉘어졌고, 2층 벽 부분에는 바실리카 양식의 특징인 고창층도 장식되었으며, 제단은 성소와 지성소로 구분되어 있다.[78]

이처럼 강화읍성당은 트롤로프가 "한국식 건물도 그리스도의 교회로 사용될 수 있다는 점을 시도한 결과 아주 성공적인 결과를 얻었다"고 말했을 정도로 외부에는 전통 한옥 건축양식을 취하면서 내부에는 서구 전통적인 교회 양식을 취한 동서양 절충식 건물이었다.[79] 이렇게 강화성당을 대표로 하는 성공회 성당은 초기 영국 선교사들이 한국문화에 대한 깊은 이해에서 비롯된 토착화 선교이념과 한국 전통적 종교문화의 조화가 만들어 낸 산물이었다.

4. 성공회 · 성결교와 민족운동

1) 정치적 태도

기독교가 한국사회에 수용된 19세기 말은 대외적으로 제국주의 국가들의 압력이 거세게 나타났고, 대내적으로 봉건사회의 모순과 성리학적 유교 질서가 붕괴되기 시작했다. 이 과정에서 한국사회에 수용된 기독교는 한국인들에게 자주적 독립권의 수호와 근대적 문명국가를 수립할 수 있는 통로로 인식되었다.

이와 같은 상황에서 성공회와 성결교는 한국인의 아픔을 이해하고 이를 대변하려는 입장을 보여주지 못했다. 그것은 당시 성공회 선교사들이 일본과 동맹을 맺은 영국 사람들이었다는 점과, 일본에서 창설된 동양선교회

---

78) 김정신, 「성공회 강화성당의 건축적 특징과 의미」 참조.
79) 김유리, 「성공회 강화성당 건축에 관한 연구」, 성균관대학교 대학원 석사학위논문, 1989.

가 한국에 들어왔고 들어오는 과정에서 일본인이 개입했다는 점 등이 큰 영향을 미쳤던 것으로 생각된다. 즉 한국을 식민지화하기 위해 침략하는 일본에 대해 성공회나 성결교는 한국인의 편에 서서 한국인들을 정치적으로 대변하지는 못했던 것이다.

성결교의 주교인 터너는 일본에서 선교사들이 일본의 법 규정 내에서 선교 활동하는 것을 방해한 일이 없기 때문에 일본이 한국을 지배하면서 한국에서도 같은 입장을 취할 것이 사실이라고 확신했는데, 이에 대해 그는 성공회의 입장을 다음과 같이 언급했다.[80]

> 우리는 일본의 한국 점령과 이에 따른 정치상황을 이해하는 데 있어서 어느 쪽이 옳고 그른가를 따지기보다는 현실적인 사실 자체만을 고려해야 할 것입니다. 이 사실이란 일본인이 여기 와 있고 현재 머무르고 있다는 것입니다. 그래서 우리는 다만 그들이 우리들의 선교활동에 대하여 얼마나 편파적인가 하는 것과 한국인들이 누려야 할 새로운 환경 개선을 위해 우리가 무엇을 해 줄 수 있는가 만을 숙고해야만 합니다.

즉 성공회 선교사들은 통치 지도자들이 국민들을 교육시키고, 지역사회를 개발하는 일을 하려는 선교사들의 노력을 환영할 것으로 판단하고, 일본의 한국 강점에 대해 그저 기도하는 일밖에 할 것이 없다고 주장했다. 이런 자세는 당시 장로회나 감리회 선교사들이 보였던 태도와 별반 다르지 않았음을 알 수 있다.[81]

성공회 선교사들의 이 같은 인식은 그대로 구체적 사건들 속에 작용했다. 1907년 8월 정미 7조약이 강제 체결된 뒤에 의병운동이 전국에 일어났고, 강화에서도 당시 한국군인 진위대원들이 궐기하여 일본군을 습격하는

---

80) Tuner, "The Bisho's Letter's", *Morning Calm*, Vol. 17, No. 111, Jan. 1907, p. 86.
81) 白樂濬, 앞의 책, 433~438쪽.

사건이 일어났다. 이 사건으로 7명의 한국인이 체포 구속되어 4명이 총살당했다. 총살당한 이들 가운데는 강화감리교회의 신자들도 들어 있었고, 성공회 신자 가운데 관련된 2명은 무기를 반납하고 사면되었다. 당시 강화에 있던 터너 주교는 주민들을 강화성당에 피신시키고 일본군 책임자와 담판을 지어 일본군의 무력행사를 피하게 하고 주민들에게 협력하도록 설득했다. 그 결과 평화적으로 수습되도록 노력한 터너 주교의 활동으로 사태가 잘 마무리될 수 있었다. 그러나 무자비한 일본군의 무력행사에 대해 아무 비판 없이 사태수습에 나선 터너 주교의 자세는 한국인의 입장에 볼 때 아쉬움을 남길 수밖에 없었다.[82]

정치적 상황과 관련된 사건은 성결교에서도 찾아볼 수 있다. 동양선교회가 한국에 들어와 복음전도관을 세운 때는 일제에 의해 고종이 강제 퇴위당하고, 군대가 해산당하며, 언론집회 결사의 자유가 제한하는 정미 7조약이 체결될 무렵이었다. 당시 일제 침략을 맹렬하게 비난하던 민족주의 신문인 『대한매일신보』는 복음전도관을 종교계의 요물로 단정하고 이 땅의 교육을 말살시키고 친일적 태도를 가진 단체라고 비판했다.[83]

이것은 복음전도관이 한국사회가 요구하는 간접선교 방식보다 직접선교 방식을 채택했고 또 이들의 전도 방식이 북 치고 나팔 불고 노래를 부르는 왜색종교의 방식과 대단히 닮았다는 것이 큰 원인이 되었다. 이에 『대한매일신보』가 복음전도관을 친일매국집단으로 단정하기에 이르렀던 것이다. 이는 오해에서 비롯된 것으로 『대한매일신보』가 지나친 민족주의적 태도를 갖고 객관적으로 접근하기보다 감정적으로 복음전도관을 대했던 것이 이런 사건을 만들었던 것이다.[84]

---

82) 이재정, 앞의 책, 67~68쪽.

83) 이에 대해서는 「종교계의 요물」, 『대한매일신보』, 1909월 4월 21일자; 「소위 동양전도관」, 『대한매일신보』 1909년 9월 14일자 글을 참조할 것.

84) 박명수, 「동양선교회 복음전도관의 초기 역사 1904년-1910년」, 『성결교관련 학술논문집』, 신덕교회, 1997, 117~126쪽.

그러나 이를 단순히 오해에서 비롯되었다고만 볼 수는 없다. 그것은 당시 일제가 종교세력을 친일화시켜 애국계몽운동세력을 분열시키고 침략을 합리화하려는 정책을 시도하고 있었기 때문이다. 그 대표적인 예로는 일본의 조합교회의 조선전도 계획이었다. 이 같은 상황에서 일본의 복음전도관이 서울의 복음전도관에 선교사 30명을 파송하는 상황에서 철저하게 정치적 현실과 담을 쌓고 오직 종교적 범주에만 안주하려는 자세는 호불호를 떠나 분명히 문제가 있는 것이었다.[85]

2) 민족운동

성공회와 성결교는 전체 교회적으로 대개 정치와 거리를 두려고 노력했으며, 오직 순수하게 일제의 법이 허용하는 한, 허락된 범위 내에서 활동하고자 했던 것이다. 이런 자세는 일제 강점기 전 기간에 그대로 적용되었다고 해도 무방할 것이다. 이것은 밖으로 한국인에게 헌법상의 자유를 말하면서도 안으로 민족문화와 민족경제를 말살하고 민족운동세력을 회유하고 분열시키고자 노력한 일제의 통치전략과 부합하는 것이기도 했다.

그러나 그렇다고 해서 정치에 대해 교단의 소극적인 태도가 일반 목회자나 개인들에게 그대로 적용되지는 않았다. 성공회나 성결교에 속한 교역자나 신자 가운데 민족의식을 갖고 개별적으로 일제에 대한 항일운동에 뛰어드는 사람들이 있었다. 먼저 성공회의 경우를 살펴보면 다음과 같다.

강화에서는 3·1운동과 관련된 활동이 있었다. 3·1만세운동이 일어나자, 성공회 중심인물인 동시에 이 지역의 저명한 지도자인 고성근은 손진수와 함께 송해면 솔정리의 독립만세운동을 이끌었다. 손진수가 앞장서고 정수근, 이식구, 유수현, 유석현 등이 성공회 교인들과 함께 솔정리 뒷산에

---

85) 이에 대해 윤경로, 「통감부시기 일제의 기독교정책과 성격」, 『한국근대사의 기독교사적 이해』, 역민사, 1992를 참조.

집합하여 성공회에서 미리 등사한 독립선언문을 낭독한 후 독립만세를 부르며 평화적으로 독립의지를 시휘 선포한 후 거리를 행진했던 것이다.[86]

그런데 성공회 신자들의 항일운동은 강화에서보다 수원에서 눈부시게 전개되었다. 수원에서는 한말 애국계몽운동 차원에서 펼쳐진 국채보상운동(國債報償運動)과 관련이 있었다. 이 운동은 일본이 한국정부에 빌려준 차관을 빌미로 침략을 가속화하자, 이에 국민들이 이 빚을 갚기 위해 국권회복운동의 일환으로 전국적으로 일으킨 것이다. 당시 수원의 성공회 신자로 애국심이 뛰어난 김제구(金濟九)·이하영(李夏榮)·임쪽수(任勉洙) 등은 국채보상운동을 전개했다.[87] 그들은 '국민의 의무가 애국'임을 강조하고 국채보상운동에 적극 참여할 것을 호소하는 취지서를 백장을 만들어 경기도 각 군에 살포하여 많은 사람들로부터 호응을 얻어 이삼일에 의연금 5백여 원이 모금되기도 했다.[88]

성공회의 수원 지역 항일운동과 관련하여 주목할 인물은 김노적(金露積)과 박선태(朴善泰)이다. 김노적은 수원쪽 산루리(山樓里) 출신으로, 수원 상업강습소와 배재고보를 졸업한 후 수원 상업강습소 교사로 활동하고 있었다.[89] 그는 감리교인이며 삼일여학교의 학감으로 경기·충청 지역 연락책임자를 맡았던 김세환과 함께 수원 지역의 3·1운동을 이끌었다.[90] 박선태 역시 김노적과 같은 고향출신으로 휘문고보를 다니던 중 수원에 머무르면서 수원 상업강습소 보조교사로 일하고 있었다. 여기서 그는 김노적·김세환과 함께 수원 지역 만세운동과 연락책임 및 전위대를 맡아 시위대 선두에서 활동했다.[91]

---

86) 김옥룡, 앞의 책, 114쪽.
87) 이상근, 「京畿地域 國債報償運動에 관한 연구」, 『한국민족운동사연구』 24, 한국민족운동사학회, 2000, 197쪽.
88) 「奮發義氣」, 『大韓每日申報』, 1907년 3월 14일자; 「雜報」, 『大韓每日申報』, 1907년 3월 29일자.
89) 李悌宰, 「水原地方 獨立運動의 先驅者 金露積 先生」, 『畿甸文化』 10, 畿甸鄕土文化研究會, 1992 참조.
90) 수원시사편찬위원회, 『수원시사』, 수원문화원, 1984, 307쪽.

3 · 1운동 직후 전국 각지에는 비밀결사조직이 결성되었고, 수원 지역에서도 혈복단(血復團)이란 비밀결사체가 조직되었다.[92] 이 단체는 박선태가 이득수와 함께 수원 지역에 상해 대한민국 임시정부가 발간하던 『독립신문』(獨立新聞)을 배포하고 적십자회원의 모집을 목적으로 했는데, 박선태와 이득수는 1920년 6월 20일에 혈복단을 구국민단으로 개칭하고, 단장에 박선태, 부단장에 이득수 등이 각각 임명되었다. 이후 구국민단에는 김노적이 참가했다.[93]

　　여기에는 1920년 7월 11일 남문 밖 성공회에서 창립된 진명구락부(進明俱樂部)가 큰 역할을 했다. 이 구락부에서 김노적은 도서부장으로, 박선태는 운동부장으로 활동하고 있었는데, 이들은 계몽적이고 교육적 성격을 띤 단체의 활동에 적극 참가했다. 즉 김노적과 박선태는 합법적인 성격을 띤 단체에서 활동하면서 비밀결사 활동을 활발하게 전개했던 것이다.[94]

　　이외에도 서울지역에서도 3 · 1운동에 참여했던 성공회 신자들이 있었다. 서울 경성 제1고등보통학교를 다니던 홍순복은 1919년 3월 1일 파고다공원에서 열린 독립만세집회에 박노영과 함께 학생동원의 책임을 맡았고, 독립만세시위에 가담했으며, 성당에 돌아와서는 기숙사생들과 독립기원 기도를 했다. 3월 5일 일제 검거에 의해 체포되어 6개월의 징역선고를 받고 거의 1년여가량의 복역 끝에 석방되기도 했다.[95]

　　한편 3 · 1운동 당시 성결교의 경성성서학원 수양생들은 서울의 연희전문학교, 보성전문학교, 이화여자전문학교, 감리교신학교 등과 함께 3월 1일 일찍이 남대문에서 독립만세시위를 전개했다. 이들은 만세를 부르며 파고

91) 수원시사편찬위원회, 위의 책, 305쪽.
92) 박 환, 「1920년대 초 수원지방의 비밀결사운동」, 『京畿史學』 2, 京畿史學會, 1998, 170쪽.
93) 박 환, 위의 논문, 172~174쪽.
94) 김노적은 1927년 민족주의 세력과 사회주의 세력의 민족협동전선체로 탄생한 신간회(新幹會)의 초대 수원지회장으로 선출되어 활동하기도 했다(성주현, 「1920년대 경기도 지역의 천도교와 청년동맹 활동」, 『京畿史學』 4, 2000, 京畿史學會, 138쪽).
95) 이재정, 앞의 책, 144~145쪽.

다공원의 독립선언식에 참가하기 위해 행진했다. 경성성서학원의 10여 명의 학생들은 다른 학생들과 합류하여 파고다공원으로 가다가 헌병에 마주쳤다. 일본 헌병이 기마병을 앞세우고 시위 대열에 뛰어들어 총칼로 사람들을 흩어버리고 학생들을 마구 잡이로 잡아끌고 갔다. 이 대열에 학생이었던 김응조는 체포되지 않고 기숙사로 돌아와 체포를 면할 수 있었다. 그는 나중에 독립선언문을 갖고 고향 경상북도 영해에 내려갔다가 경찰의 불심검문에 체포되었고, 징역 1년 6개월 형을 받고 복역했다.[96]

3·1운동 당시 강경 복음전도관을 순회하던 토마스 감독은 경치를 구경하기 위해 봉홧재에 올랐다가 일본 경찰에 봉변을 당했다. 봉홧재에 오른 토마스를 본 일본 경찰은 그가 만세시위운동을 지휘하고 있다고 판단하고 그를 체포, 집중 구타했던 것이다. 이 사건으로 토마스 감독은 건강이 악화되어 감독의 직무를 감당할 수 없게 되었고, 결국 본국으로 돌아가지 않으면 안 되었다. 그 후 건강이 호전된 그는 입국하려했으나 일제가 입국을 허락하지 않자, 국외에서 한국인과 성결교를 후원했다.[97]

또한 6·10만세사건과 관련되어 당시 경성성서학원 2학년에 재학 중인 천세봉이 체포되었다.[98] 그는 1926년 6월 10일 조선의 마지막 왕 순종의 인산을 맞아 3·1운동 때처럼 만세운동을 준비하려고 기숙사 동료들을 포섭했으나 이에 동조하지 않자, 단신으로 청계천 부근에서 "조선독립만세!"를 외치다가 일본 경찰에 의해 '치안유지법' 위반으로 체포·구속되었다. 재판과정에서 그는 "국장일에 모인 다수 군중을 이용하여 십자가를 선전하려고 이 같은 행동을 했다"고 하여, 자신의 행위가 '정치적인 것'이 아니라 '신앙적인 것'이었음을 주장했다.[99] 그는 징역 8월에 집행유예 3년을 선고받았

---

96) 김응조, 『은총 90년』, 성광문화사, 1983, 37쪽.
97) 오영필, 『성결교회 수난사』, 기독교대한성결교회 출판부, 1971, 22쪽.
98) 『東亞日報』, 1926년 6월 25일자.
99) 한국기독교역사연구소, 『한국기독교의 역사』 II, 기독교문사, 1990, 210쪽.

320 근대전환기 한국사회와 기독교 수용

다. 이 사건은 이후 경성성서학원의 기숙사 수색까지 몰고 왔다.

한편, 1930년대 후반 한국교회는 1945년 해방이 될 때까지 일제의 전시체제와 민족말살정책 아래서 심한 탄압을 받았다. 일제는 식민초기부터 강력한 동화정책을 실시했는데, 1930년대에는 황국신민화정책이란 미명아래 창씨개명, 일본어 사용, 그리고 황국신민 서사의 제창 등을 강요하더니 한국기독교인들에 신사참배를 강요하기 시작했다.[100] 일본의 신사참배강요는 한국민족의 말살정책인 동시에 한국기독교의 저항성을 완전히 제거하겠다는 일환에서 실시된 것이었다.

결론적으로 말하자면, 성공회와 성결교는 이를 피할 수 없었다. 특히 성공회의 경우에는 성공회 선교사들이 1930년 후반에 이르러 일본과 적대적 관계로 돌아선 영국출신이라는 이유에서 외국의 '스파이'란 명목으로 한국에서 쫓겨났다. 또한 성결교도 신사참배를 순순히 받아들였는데, 당시 성결교의 대표인 이명직 목사는 신사참배가 서양인이 위인의 동상 앞에서 탈모하여 표한 것과 같다는 궤변을 늘어놓기도 했다.[101]

그러나 성결교의 전체적 분위기 속에서도 개별적으로 이에 대해 저항한 사람들이 있었다. 교역자, 장로, 전도사, 집사에 이르기까지 전국 각 경찰서에 연행, 감금되었고 혹독한 고문과 탄압에도 굴하지 않고 신앙의 지조를 지켜냈다. 일제는 이들에게 "신사참배가 국민의식이냐? 종교의식이냐? 천조대신이 높으냐? 그리스도가 높으냐? 국가가 첫째냐 종교가 첫째냐"라고 질문하여 회피하거나 이에 저항하는 자는 모두 체포 투옥했다. 이때에 투옥된 교회 지도자는 약 2,000여 명이 되었다.[102] 경기도 지역의 성결교 지도자들 가운데는 수원의 한보순·오창현, 인천에 조기함·황경찬 등이 옥고

---

100) 일제 강점기 신사참배문제에 대해서는 김승태 엮음, 『한국기독교와 신사참배문제』, 한국기독교역사연구소, 1991를 참조,
101) 이명직, 「주와 동행기」, 『活泉』, 1937년 11월, 35쪽.
102) 金良善, 『韓國基督敎解放十年史』, 大韓예수敎長老會總會 宗敎敎育部, 1956, 49쪽.

를 겪으며 믿음의 지조를 지켰다.[103]

5. 나오는 말

이제까지 경기 지역의 성공회와 성결교가 전개했던 민족문화운동을 중심으로 살펴보았다. 여기서는 이를 정리하면서 끝을 맺고자 한다.

장로회와 감리회 뒤에 한국에 들어온 성공회와 성결교는 특히 감리회가 정착하여 선점하고 있는 경기도 지역에 대한 선교활동을 전개하는 데 처음부터 불리한 입장에서 시작하지 않을 수 없었다. 성공회와 성결교는 장로회, 또는 감리회가 이미 뿌리를 내리고 자리를 잡은 경기 지역에 파고 들어가야만 했다.

성공회는 재정적 압박과 성직자의 부족으로 인한 불리한 여건 속에서도 서울, 제물포, 강화, 수원을 중심으로 선교영역과 활동을 전개했다. 그 중에 강화 지역은 기존의 교파가 들어가지 않았던 탓에 성공회가 개척에 성공할 수 있었고, 이후 성공회 선교활동의 중심지 역할을 감당했다.

전도활동은 주로 마을을 돌면서 성경을 공부하는 사경회(査經會)를 여는 일종의 '사랑방집회' 형식과 함께, 각 교회별로 5~10일간의 집중적인 집회를 통한 전도집회로 이뤄졌다. 성공회는 1900년대에 수원에 선교기지를 구축함으로써 경기도 지역에 대한 전도활동을 통해 교세가 더욱 확장되었다. 성공회는 1910년대에 들어 체계적인 조직의 정비에 따라 성장을 거듭했다. 그 결과 1914년부터 강화신학교가 설립되어 한국인 신학생을 교육하기 시작했다. 성공회는 한국의 전통문화를 인정하고 이를 수용하는 정책을 취했는데, 그 대표적인 예가 강화 지역의 강화성당이다. 이것은 한국의 전통적 종교문

---

103) 기독교대한성결교회, 앞의 책, 383쪽.

화와 서양의 기독교문화가 조화를 이루었다는 점에서 그 의미가 크다.

또한 성결교는 동양선교회 복음전도관이란 이름으로 한국에 들어왔다. 성결교는 직접전도 방식을 채택하고 복음전도관을 중심으로 열정적으로 전도활동을 전개하여 교세가 확대되었다. 성결교는 1907년에 서울에서 복음전도관을 설립한 이래로 경기도 지역에도 복음전도관을 세우면서 주로 감리회가 들어가지 않은 곳을 찾아다니며 복음을 전파했다.

특히 경성성서학원 신학생들은 경기도 지역이 서울과 가까운 거리에 있었기 때문에 더욱 쉽게 전도활동에 참여할 수 있었다. 성결교의 전도 방법은 직접적이고 열정적으로 이뤄졌는데, 밤에 장등을 들고 나팔을 불며 북을 치고 찬미를 부르다가 모여드는 사람에게 전도하여 그 전도된 사람들을 복음전도관으로 인도해 가서 집회하여 결신시키는 방식이었다. 1911년부터는 경성성서학원을 통해 본격적인 신학교육을 실시하여 교역자들을 양성했다.

성공회와 성결교는 교회적으로 대개 정치와 거리를 두려고 노력했으며, 오직 순수하게 일제의 법이 허용하는 한, 허락된 범위 내에서 활동하고자 했다. 이런 태도는 일제 강점기 전 기간에 그대로 적용되었다고 해도 무방할 것이다. 그러나 이같이 정치적 상황에 대해 철저하게 거리를 두는 교단의 분위기가 일반 목회자나 개인들에게 그대로 적용되지는 않았다. 성공회나 성결교에 속한 교역자나 신자 가운데 민족의식을 갖고 개별적으로 일제에 대한 항일운동에 뛰어드는 사람들이 있었다. 예를 들어 3·1운동, 6·10만세사건, 그리고 신사참배 거부 투쟁 등에서 개별적이지만 항일운동에 참석한 교역자와 신자들이 교회의 항일운동을 이어갔다(『종교계의 민족문화운동』, 경기문화재단, 2001).

일제 말 신사참배 강요와
미션스쿨의 폐교

숭실학교를 중심으로

1. 들어가는 말

일제는 신사(神社)를 중심으로 '천황(天皇)'을 신격화하여 자국 국민의 정신적 지배는 물론, 군국주의적 침략정책 및 식민지지배에도 이용하였다. 한국에도 1876년 개항과 더불어 일본의 정치적·군사적·경제적·문화적 침략이 개시되면서 신도(神道)가 침투하기 시작하였다. 강제병합 후에는 조선총독부의 보호와 육성 아래 신사의 관·공립적인 성격이 강화되고 동화정책(同化政策)의 일환으로 한국인에게까지 신사참배와 신도신앙을 강요하였다.[1]

---

1) 원래 신사(神社)는 일본에서 왕실의 조상이나 고유의 신앙 대상인 신 또는 국가에 공로가 큰 사람을 신으로 모신 사당(祠堂)으로, 일본에서 발생한 전통적인 종교적 관습들을 뒷받침해 주는 삶의 태도 및 이데올로기를 말하는 신도(神道)[1]에서 비롯되었다. 이에 대한 신앙은 고대 일본의 정치권력 발달과 함께 중앙집권화되는 과정에서 정치신화가 형성되면서 천황의 권력이 절대화되었다가 천황의 祖神(天照大神)을 중심으로 한 신화적 인물이나 역사적 영웅을 신사에 봉재(奉齋)하여 숭배하는 신앙의 형태로 고착화되어 갔다(金承台, 「日本神道의 浸透와 1910, 1920년대의 〈神社問題〉」, 『한국기독교와 신사참배문제』, 한국기독교역사연구소, 1991, 191~196쪽).

1930년대에 들어 대륙침략을 시작한 일제는, 이를 뒷받침할 사상통일을 이루기 위해 각종 행사를 개최하고 기독교계 학교에 다시 신사참배를 강요하였다. 특히 이 과정에서 1930년대 중반 한국의 대표적인 기독교계 학교 숭실(崇實)은 역사의 최전선에서 일제의 신사참배의 강요에 맞서 싸우다 폐교되는 역사를 기록하였다.

그런데 기독교계 학교에 대한 신사참배 강요 문제는 단순한 교육문제가 아니었다.[2] 그것은 종교 및 민족문제가 결합되어 있는 문제로, 일제의 이른바 '천황제' 이데올로기와 식민지배정책의 본질을 그대로 보여준다는 점에서 좋은 사례가 되고 있다. 뿐만 아니라 일제의 신사참배 강요에 맞선 한국기독교계의 대응과정과 결과, 그리고 그 성격 등은 오늘의 한국기독교를 이해하는 단초가 된다는 점에서도 구체적인 실례가 되고 있다고 할 수 있다.

이런 의미에서 지금까지 일제 말기 신사참배의 강요와 이에 대한 한국교회의 대응에 대해서는 많은 연구가 진척되어 왔다.[3] 이 과정에서 숭실의 신사참배 거부투쟁은 기존 연구 성과에서 늘 중요한 사례로 인용되어 왔다.[4] 무엇보다 신사문제와 관련된 숭실의 폐교 문제를 구체적으로 다룬 것

---

2) 역사에서 볼 수 있듯이, 정치권력의 종교공동체에 대한 물리적 압력 행사는 단순히 종교문제에 그치지 않는다. 거기에는 정치·경제·사회·문화 등의 다양한 문제들이 복잡하게 중첩되어 있음을 볼 수 있다.

3) 일제 말 신사참배문제에 관련된 연구는 처음에 주로 선교사들에 의해 취급되거나 해방 이후에는 회고록 및 자서전을 정리하는 수준이었고, 1960년대에 들어 교회사나 역사신학 분야에서 연구되기 시작했다. 이 분야의 본격적인 논문은 매산 金良善의 유고집『한국기독교사연구』, 교문사, 1971에 실린「神社參拜强要와 迫害」로『한국기독교와 신사참배문제』논문집에 재수록되었다. 이 글은 신사참배 문제를 감정에 치우치지 않고 다양한 자료들을 풍부하게 활용하여 정리, 해석함으로써 이 분야 연구의 초석이 되었다. 이후 신사참배문제에 대해서는 1980년대에 들어 교회와 신학의 테두리를 넘어 일반 역사학 더 나아가는 종교학, 사회학의 범주로 까지 확대되었으며, 다양한 연구방법론에 따른 논문과 저서들이 발표되었다. 최근에는 기초자료를 묶은 자료집들이 속속히 발간되어 연구자들에게 새로운 접근과 해석을 기다리고 있다.

4) 가장 최근의 연구성과는 김승태,「1930년대 일제의 기독교계 학교에 대한 신사참배 강요와 폐교 전말」,『한국근현대사연구』제14집, 2000을 참조할 것.

은 『숭실대학교 100년사』[5]이다. 여기에서는 객관적인 자료를 적극 활용하여 정리함으로써 숭실의 폐교 경위에 대해 그 전말을 이해하는 데 크게 기여하였다. 그러나 기존의 연구에서는 주로 숭실의 폐교 문제에 대해 부분적으로 언급했고, 『숭실대학교 100년사』 역시 숭실폐교문제를 정리하는 데 집중하여 당시 일제의 신사참배의 성격이나 이에 대응 과정과 의미를 1930년대 시대적 상황 속에서 살펴보는 데 미흡하였다.

여기서는 기존의 연구 성과를 바탕으로 하여 한국 최초의 근대 사학(私學)의 문을 연 숭실의 폐교경위를 일제의 신사참배 강요와 관련하여 정리하며 그 의미를 살펴보고자 한다. 이를 통해 일제 말 한국기독교계가 직면했던 거대한 도전에 어떻게 응전했는가를 확인하고 오늘 우리에게 주는 역사적 의미를 깊이 생각해 볼 수 있을 것이다.

2. 황국신민화정책과 신사참배

동화정책은 피지배민의 혈통이나 문화를 식민 지배국에 융합·동화시키는 것을 목표하는 통치이념이다. 궁극적으로는 식민 지배국의 민족이 되게 하는 것을 그 목적으로 한다. 이것은 인간이 원래 동일한 종족이었으나 환경의 결과로 차이가 생겨났고, 그래서 환경의 변화를 통해 종족적 특징을 되찾을 수 있다는 인식에서 비롯되었다. 특징은 식민지배세력의 사회와 문화, 그리고 이들의 사상까지도 정치적 수단에 의해 급격하게 동화시키려고 한다는 점이다.[6]

---

5)   숭실대학교 100년사 편찬위원회, 『숭실대학교 100년사: ① 평양숭실편』, 숭실대학교, 1997, 484~524쪽.

6)   이에 대해서는 김경일, 「일제의 식민지배와 동화주의」, 『한국사회사상사연구』, 나남출판, 2003; 손준식·이옥순·김권정, 『식민주의와 언어』, 아름나무, 2007을 참조할 것.

메이지 유신(1868) 이래 일본은 아시아 지역에서 가장 먼저 제국주의 국가로 변모하는 데 성공하였다. 다른 제국주의 국가들처럼 일제는 식민지를 확보하고 이에 대한 안정적 지배정책을 실시하고자 했다. 그리하여 한국을 강제합병한 일제 역시 다른 서구열강과 마찬가지로 한국에 대해 동화정책(同化政策)을 실시했다.[7]

일제의 동화정책은 시기마다 조금씩 변화가 있었으나 기본적으로 그 성격은 그대로 유지되었다. 그것은 오히려 시간이 갈수록 더욱 강화되는 형태를 띠었다. 이렇게 더욱 강화된 동화정책이 바로 '황국신민화정책(皇民化臣民定策)'이다.[8] 대부분 서구제국주의 국가들의 동화정책이 시간이 갈수록 식민지인들에 대한 강도가 약화되어 갔던 것에 반해, 일제의 동화정책은 물리적 힘을 동원하여 한국인들의 '정체성 말살'을 시도하는 쪽으로 강화되고 있었음을 보여준다.[9]

황국신민화정책은 천황신앙의 강제를 축으로 한민족의 정체성을 파괴하여 이를 단기적으로 달성한다는 목표를 추구하였다. 이를 달성하는 데 식민지 교육영역은 구체적이고 가장 효율적인 대상이었다. 일본 정신의 '정수(精粹)'로 생각하는 천황신앙 및 신사신앙의 내면화 없이 한국인을 일본인화한다는 것이 불가능하다고 보았던 일제는 교육을 통해 일본 문화의 정체성을 식민사회에 이식하고 적용하는 것이야말로 제대로 된 '동화'의 출발이 될

---

7)　일본이 피지배 민족에 대해 어떤 지배 이데올로기를 창출하고 이를 어떤 방식으로 주입하여 이들을 동화시키려 했는가에 대한 연구는 崔錫榮, 『일제의 동화이데올로기의 창출』, 書景文化社, 1997; 保坂祐二, 『日本帝國主義의 民族同化政策 分析: 朝鮮과 滿洲, 臺灣을 중심으로』, J&C, 2002가 주목할 만하다.
8)　宮田節子 著, 李熒娘 譯, 「황민화 정책의 구조」, 『朝鮮民衆과「皇民化」政策』, 一潮閣, 1997 참조할 것.
9)　일본이 채택한 동화주의는 프랑스의 직접통치 방식과 유사하다는 지적도 있으나, 차이가 있었다. 프랑스의 동화주의가 18세기 프랑스 혁명의 시민사상에 기초한 계몽주의, 즉 인간 이성과 평등에 대한 신뢰를 바탕으로 하는 '문명화의 달성'이란 점이 강조되었다고 한다면, 일본의 동화주의는 기본적으로 일본 역사와 문화에 대한 집착과 차별화에서 시작되고 이를 현실화시키고자 했다는 점에서 그 차이가 있었다(伊東昭雄, 『アジアと近代日本』, 社會評論社, 1990, 150쪽; 淺田喬二, 『日本知識人の植民地認識』, 校倉書房, 1985, 13쪽; 김경일, 위의 글, 354~355쪽).

수 있다고 확신하고 있었다.10)

그래서 식민지 초기부터 일제는 신사신앙을 통해 한국인을 그들의 사회와 전통으로부터 소외시켜 일본 제국의 문화구조로 흡수, 통합시키고자 했다.11) 즉 그들은 한국인들을 정치경제사회 측면뿐만 아니라 문화의 차원에서 일본제국 안으로의 '통합'을 시도했고, 이것이 진정한 '동화'의 단계로 나아가는 것임을 확신하고 있었다.

강제병합 직후 일제는 관립 신사건립계획을 추진하여 식민지 지배의 상징적 존재인 조선신궁을 건립하는 동시에 일반 신사의 관립·공립적 성격을 강화시키고, 그 설립을 장려했다. 이것이 1910년대 만해도 '무단통치(武斷統治)'라는 극단적 통제로 인해 크게 문제화되지 않았으나, 1920년대에 들어서 교육계에서는 신사와 관련된 여러 문제들이 발생하였다. 이에 한국인들이 강력하게 대응하였고, 일반 한국인들도 냉담하면서도 강력하게 이에 대해 반발하였다.12) 그러자 일제는 한국인들에게 아직 신사참배를 강요할 시기가 아니라고 판단하고, 소극적인 신사정책을 취하였다.

그런데 신사문제에 대한 일제의 입장이 1930년대 들어 급변하였다. 일제는 황국신민화정책 차원에서 '신사참배'를 강조하고 물리적 힘을 동원하며 국내 기독교계 학교에 이를 강요하기 시작한 것이다.

이는 1920년대 후반에 발생한 금융공황(1927), 세계대공황(1929), 농업공황(1930) 등 잇따른 경제파국의 위기 상황 속에서 일제가 1930년대 전반 체제모순을 드러내며 정치세력의 보수화와 함께 대륙침략을 추진하는 군국주의의 길로 나간 것과 관계가 있었다.13) 일제는 공황에 따른 경제적 모순을 식

---

10) 論說, 「同化의 方法」, 『每日申報』, 1910년 9월 14일자. 이런 인식은 조선총독부 초대 총독이었던 데라우치(寺内)에게서 구체적으로 나타나기 시작했고, 일제 전 기간 동안 지속적으로 유지되었다고 해도 무방할 것이다.

11) 김승태, 「일제하 천황제 이데올로기와 한국교회」, 『한국기독교의 역사적 반성』, 다산글방, 1994, 10~15쪽.

12) 이에 대해서는 김승태, 「일본 신도 침투와 1910~1920년대의 "신사문제"」, 『한국기독교와 신사참배문제』, 한국기독교역사연구소, 1991, 221~246쪽 참조할 것.

민지에 전가하고 군국주의로 나가는 물적·인적 토대를 확대하며 이를 앞으로 전개될 대륙침략에 동원하기 위해 지배정책을 확고하게 구축해 나갈 필요가 절실해졌다. 이를 위해서 일제는 기본적으로 호감을 갖고 있지 않던 기독교에 대한 대대적인 억압정책을 강구하지 않을 수 없었기 때문이다. 그것은 천황숭배와 신사신앙을 축으로 하는 일제의 정치·문화·종교적 이념과 기독교가 조화, 공존할 수 없었기 때문이다. 일제는 하나님 신앙을 절대화하는 기독교의 교리가 '천황'을 현인신(現人神)이란 인식 위에 이루어진 천황제, 즉 '국체(國體)'와 근본적으로 차이가 있다고 보았다.[14]

이에 일제는 식민시기 전 기간 동안 기본적으로 기독교에 대한 의심과 경계를 거두지 않고 있었다. 한국에서 신사행정을 다년간 관여했던 오야마(小山文雄)는 국체가 신황신앙(信皇信仰) 위에 서 있음을 밝히고, 이를 거부하는 기독교에 대해 국민으로 국체신도를 받아들이지 않는 것은 분명히 반국민적이라고 하여 기독교의 반일성을 지적하기도 하였다.[15] 따라서 일제는 이 같은 배경에서 대륙침략을 앞두고 식민지 한국을 병참기지로 삼아 물적·인적 동원을 염두에 두는 상황에서 한국기독교를 억압할 수 있는 조치를 모색하게 되었던 것이다.

이와 함께 한국기독교계가 민족운동 내지 독립운동과 깊은 관계를 가진 식민지 내 가장 큰 배일세력 가운데 하나였다는 데도 그 원인이 있었다. 19세기 말 이래 현실적으로 각종 사회운동 및 항일독립운동과 깊은 관련을 가지고 있었다. 일제의 침략이 본격화되고 강점된 이후에도 한국기독교계는 비록 정치단체는 아니었으나, 이를 통해 한국기독교인들은 3·1운동과 같은 거족적 민족운동에 기독교적 민족의식을 가지고 참여하며 일제에 저항하였다.[16]

---

13) 박경식, 『일본제국주의의 조선지배』, 청아, 1986, 333~373쪽 참조.
14) 大野謙一, 『朝鮮敎育問題管見』, 1936, 49쪽.
15) 小山文雄, 『神社と朝鮮』, 朝鮮佛敎社, 1934, 195~196쪽.

이 같은 상황에서도 일제가 쉽게 한국기독교계를 대대적으로 탄압하지 못했던 것은 기독교가 선교사를 매개로 서구국가들과 연결되어 세계 여론에 연결되어 있었기 때문에 통제 내지 예속화시키기 어렵다는 판단 때문이었다.[17] 국제무대에서 서구제국과 협조내지 우호적 관계를 형성했던 일제로서는 이런 이유에서 기독교에 대한 전면적인 탄압은 곧 서구제국과의 갈등이나 대립의 배경이 될 수 있었기 때문에 기독교에 대해 대대적인 억압이 현실적으로 쉽지 않았다.

그러나 1930년대 들어 국제무대에서 서구열강의 지원 없이 식민경영이 가능하다고 판단한 일제가 만주를 침략한 뒤, 국제연맹에서 탈퇴함에 따라 미·영과의 관계가 급속도로 악화되었다. 이에 따라 일제는 미·영 선교사들을 군국주의 침략정책의 걸림돌로 인식하며 이들을 적대시하고 한국교회와 분리시키는 분열정책을 쓰기 시작했다. 이를 통해 일제는 분리된 한국교회에 대해 천황제를 축으로 하는 군국주의 체제에 순응적이었던 일본기독교에 예속시키고자 하였다.[18]

이처럼 일제는 1930년대 들어 저항하는 각종 한국인의 투쟁에 대한 일제의 탄압과 감시를 더욱 한층 강화시켰다. 동시에 대륙침략을 뒷받침할 사상·정신 통일 및 단합을 이룩하기 위해 각종 행사를 개최하고 여기서 신사참배를 기독교계 학교들에 대해 강요했던 것이다. 침략전쟁의 원활한 수행을 위해 식민지 한국을 대륙침략을 위한 병참기지로 재편하고, 물자와 인력의 수탈·동원체제를 구축하는 동시에 수탈을 극대화하는 안정적 토대를 조성하기 위해 한국인의 정신세계까지 통제하고자 하였다. 이를 위해 일제는 한민족의 특성 조차 말살하려는 '황국신민화정책'을 강력히 추진하였는

---

16) 朝鮮總督府 高等法院 檢事局 思想部, 『思想彙報』, 16호, 1938년 9월, 8~9쪽; 김권정, 「1920~30년대 한국기독교인들의 민족운동 연구」, 숭실대학교 사학과 대학원 박사학위논문, 2001을 참조할 것.
17) 한국기독교역사연구소, 『한국기독교역사』 II, 1991, 279~282쪽.
18) 한국기독교역사연구소, 위의 책, 278~279쪽.

데, 이러한 과정에서 신사참배문제는 일제에게 한국교회를 탄압하는 결정적 근거를 제공해 주었다.

3. 숭실의 신사참배 거부투쟁

1930년대 들어 군국주의의 대두와 함께 일제는 식민지 한국에 신사참배를 정책 차원에서 본격적으로 강요하기 시작했다. 1931년 만주침략 이후 이를 뒷받침하기 위해 각종 행사를 개최하며 신사참배를 강요하기 시작했다. 신사참배 강요가 가장 먼저 발생한 곳은 교육계였다.[19] 그것은 신사참배가 충성과 애국심을 양성하기 위해 필요한 훈련의 일환이라는 점에서 재학 중인 모든 학생들에게 집단적인 강요가 가능했고, 배우는 학생들이라 이에 대한 수용이 빠르게 나타날 수 있다는 판단 때문이었다.

그런데 이것보다 더욱 현실적 이유가 있었는데, 그것은 일제가 신사참배를 일반 기독교인과 교회에 전면적으로 강요하고 나서기 전에 일종의 '실험' 단계로서 기독교계의 대응을 살펴보기 위해서였다는 점이다. 더 나아가 궁극적으로는 외국인 선교사들의 기독교 전도활동을 식민지 한국에서 금지시키겠다는 계획까지 현실에 옮기기 위해서였다.[20] 이런 전단계로서 기독교계 학교에 대한 황국신민화정책에 따른 교육을 실시하기 위해서는 외국 선교사들이 설립하고 운영하던 기독교계 학교들의 설립목적을 무력화시키지 않는 한 불가능하다는 것을 알고 있었던 것이다.

일제의 신사참배 강요가 기독교계 학교에 가해지자, 이에 대한 기독교계 학교들의 저항도 만만치 않게 일어났다. 가장 먼저 나타난 것이 1932년

---

19) 김양선, 「신사참배강요와 박해」, 24쪽.
20) 김승태, 「1930년대 일제의 기독교계 학교에 대한 신사참배 강요와 폐교 전말」, 80쪽.

1월경 일제의 강요에도 불구하고 남장로교에서 경영하던 전남 광주의 숭일학교와 수피아여학교의 학생들이 심사참배에 참여하지 않았다.[21] 이런 사례는 일부에만 국한된 것이 아니었다. 1933년 9월에는 원산의 캐나다 장로회가 운영하는 진성여자보통학교 학생들이 '만주사변 2주년 기념일'에 거행된 "순난자 위령제(殉難者 慰靈祭)" 참석을 거부하면서 큰 문제가 일어나기도 했다.[22]

신사참배문제와 관련된 반발은 숭실도 그 예외가 아니었다. 1932년 9월에는 평양 숭실전문학교를 비롯한 10여개 기독교계 학교가 평안남도 지사의 공식적 통첩을 무시하고 이른바 '만주사변 1주년 기념 전몰자 위령제'에 불참함으로써 일제의 신사참배 강요에 저항하였다. 그러자 평안도 당국에서는 조선총독부에게 보고하여 해당학교에 대한 문책성 시말서를 쓰게 했고, 그 내용에 따라 '폐교처분' 및 외국인 선교사의 추방을 고려한다는 보도가 나올 정도로 그 이전과는 다른 강경한 모습을 보였다.[23] 이렇게 만주침략 이후 숭실을 비롯한 기독교계 학교에 대한 신사참배 강요가 문제가 되었던 것은 일제가 대륙침략의 기반을 조성하기 위해 천황제 이데올로기에 기초한 정신세계의 통제에 직접적으로 나선 결과였다.

그러나 1935년 초부터 일제는 기독교계 학교에 대한 신사참배를 다시 집중적으로 강요하면서, 이전보다 더한 강경책을 쓰기 시작했다. 그것은 일제가 기독교계 학교의 학교장이 대부분 외국인 선교사인 것에 주목하고, 이들이 신사참배 거부를 선동하고 있다는 판단아래 '학교장 사퇴'와 '학교 폐교'라는 극단적 조치를 사용하기 시작했다는 점이다. 이것은 1935년 초부터 일본 국내에서 이른바 천황중심의 '국체(國體)'[24]를 명확히 하자는 '국체명징

---

21) 『木浦新聞』, 1932년 1월 14일자.
22) 『朝鮮新聞』, 1933년 9월 27일자.
23) 『每日申報』, 1932년 11월 11일자.
24) 한석희, 「신사참배의 강요와 저항」, 『한국기독교와 신사참배문제』, 한국기독교역사연구소, 1991, 56~58쪽. 1929년 5월 31일 판결의 대심원 판례에 따르면, 국체에 대해서 "만세일계의 천황이 군림하여 통치권을 총람하신 국가체제"로 정의하였다.

(國體明徵)'운동이 일어나자, 조선총독부가 이에 발맞추어 심전개발(心田開發)차원에서 신사참배와 경신(敬神)사상을 강조하며,[25] 이에 저촉되는 사상이나 단체에 대한 강경한 탄압을 시작하게 되었다는 점과 관련이 있었다.

이런 차원에서 일제는 신사참배에 불응하는 기독교계 학교들을 폐교하는 데 그치지 않고, 이들 학교들을 식민 기반이 되는 식민지 황국신민화 교육체제 내에 편입하여 대륙침략의 물적·인적 기반으로 삼고자 하였다. 즉 1935년 이후 신사참배 거부는 기독교계 학교장이나 대표가 단순히 시말서를 쓰는 것에 끝나지 않고 학교장이 교체되거나 학교 폐교까지 불사하지 않으면 안 되는 절체절명(絶體絶命)의 순간에 놓이게 되었다.

이 가운데 1935년 11월 14일 한국기독교가 가장 부흥하고 성장한 지역으로 유명한 평양 지역의 기독교계 학교 교장들이 평양 신사에 참배하는 것을 거부하는 사건이 일어났다. 당시 전형적인 식민지 관료로 알려져 있던 평남도지사 야스타케(安武直夫)는 도내 공·사립 중등학교 교장회의를 소집하고 회의 시작 전에 참석한 일동에게 평양신사 참배를 제의하였다. 이에 따라 참석했던 다른 교장들은 평양신사에 참배했으나 숭실학교 교장 매큔(G.S. McCune), 숭의여학교 정익성(鄭益成), 순안 의명학교 교장 리(H.M. Lee) 등은 기독교인으로서 교리와 양심상 참가할 수 없음을 밝히고 신사참배에 불응했다.[26]

이 사건을 계기로 일제는 이전과는 다른 차원에서 강경하게 대응하기 시작했다. 이 사건을 계기로 일제는 기독교계 학교의 신사참배 거부에 대해 설득하고 이에 대한 시말서를 받거나 경고하는 데 머무르지 않고, 이전과

---

25) "조선총독부 훈령 제14호", 「朝鮮總督府官報」, 1935년 4월 16일자.
26) 숭실대학교 100년사 편찬위원회, 위의 책, 486쪽. 이 사건이 일어난 지 얼마 뒤 12월 4일에는 평양시 주최로 개최된 '천황' 둘째 아들의 명명식 축하 행사가 있었고, 여기에 각 기독교계 학교도 참여하여 동일한 행동을 취하도록 지시가 내려왔다. 그러나 숭실학교는 다른 학교들과 함께 밤에 제등행렬에 참가하여 평양신사 앞까지 갔으나 고의로 참배를 피하였으며, 숭의여학교도 역시 신사참배는 피하고 행렬에만 참가하였다.

전혀 다른 강압책을 사용하기 시작했다. 평남 도당국과 총독부는 숭실학교에 대해 참배에 응치 않을 때는 단호하면서도 강경한 조처가 있을 수밖에 없다는 뜻을 전하였다. 여기서 일제의 강경한 조치란 회답의 여부에 따라 관련자의 학교장직 파면 및 학교의 폐교도 불사하겠다고 위협하였다.[27] 신사참배의 찬반에 대한 기독교계 일체의 토론에 대해 경찰력까지 동원하여 금지시킬 정도로 강경하게 나타났다. 이는 일제가 1930년대 중반 시대적 상황에 맞추어 기독교계 학교에서 선교사들의 영향력을 배제함으로써 일제의 식민지 교육체제에 완전히 편입시키고자 하는 의도가 내재되어 있음을 분명하게 보여주었다.

사태의 심각성을 인식한 미 북장로회 사무국 위원회에서는 회의를 개최하고 이 문제에 대한 대책을 협의하였다. 그러나 결정을 못 내리고 뉴욕 전도본부 동양 총무 로버트 스피어(Robert Speer)의 내한 때에 상황을 보고 그 선후책(先後策)을 결의하기로 하고, 12월 30일까지 회답의 여유를 줄 것을 평남도지사에게 통고했다.[28] 이전까지만 해도 기독교계와의 충돌이나 갈등이 있으면 이를 당국과 교섭하여 해결했던 선교사들의 방법도 전혀 먹혀들 리 없었다. 이전과 확연히 달라진 일제 당국의 강경한 태도에 선교사들도 당황하지 않을 수 없었던 것이다. 일제에 대한 선교사측의 교섭은 더 이상 제대로 작동될 수 없게 되었다.

그런데 사무국 위원회가 별다른 대책을 세우지 못하고 머뭇거리는 사이에 신사참배문제에 대해 답변해야 할 시간이 다가오자, 미국 북장로회 선교회 실행위원회가 매큔의 집에 모여 신사참배를 거부하기로 결정했다. 매큔은 "신사의 제식(祭式)에 있어서 종교적인 여러 가지 요소가 포함되어 있는 것과 또한 신사에서 신들을 경배하고 있는 사실은 확실함으로 기독교 신자

---

27) 『東亞日報』, 1935년 12월 1일자.
28) 숭실대학교 100년사 편찬위원회, 위의 책, 486~487쪽.

인 나로서는 신앙 양심상 신사에 참배할 수 없다"라는 분명한 내용의 답변서를 평남지사에 보냈다.[29] 이에 평남 도당국은 또다시 1936년 1월 16일 교장으로서 자신과 학생들의 신사참배 여부에 대해 18일까지 서면으로 답할 것을 요구하였다.

그런데 이 같은 신사참배 거부를 둘러싼 일제의 숭실에 대한 압박은 매큔 교장 한 사람에게만 해당된 것이 아니었다. 일제는 숭실 전체 구성원에 대한 치밀하면서도 고도의 심리적 압박을 가하였다. 당시의 숭실전문학교 농과과장으로 재직하며 일제의 신사참배 압박을 겪었던 이훈구는 급박했던 상황을 다음과 같이 언급하였다.[30]

> …나는 이렇게 혼잣말로 지으면서 공문서를 들고 윤교장을 찾았다. 윤교장 역시 나와 마찬가지로 펄펄 뛰었다. 공문서를 다 내려 읽더니 턱도 없는 수작을 한다고 분개하였다. 며칠이 지나 학생들도 이 문제를 알게 되었는데 그들도 내무부의 지시에는 도저히 응할 수 없다고 주장하였다. 그럴리야 전혀 없지만 만약 학교 측에서 내무부의 지시에 수그러져 신사참배(神社參拜)를 권하는 사태가 발생하면, 단연코 학교를 접어치우겠다는 과격파 학생들도 상당수에 달했다.…

신사참배 거부문제로 일제의 압력이 행사되자, 이를 안 숭실학교 학생들은 신사참배에 대한 전면적 거부를 주장하고, 만약 학교가 신사참배 압력에 굴복한다면 학교를 그만두겠다는 학생들이 상당수 일정도로 신사참배 거부에 대한 의지가 강하였다. 학생들 가운데는 신사참배를 하지 않기 위해 학교를 자퇴하고 평양을 떠났다가 일본 경찰이 쫓아가 다시 평양으로 다시 데려올 정도로[31] 학교 교수와 학생들에 대한 엄중한 감시와 압력이 한층 더

29) 김양선, 「신사참배강요와 박해」, 25쪽.
30) 이훈구, 「숭실폐교의 전야(4)」, 『국민보』, 1960년 12월 7일자.
31) W.N. Blair, "the shrine issue and the schools," *GOLD IN KOREA*(New York, 1946), p. 78.

가해졌다.

그렇지만 숭실은 신사참배를 하지 않고 이를 견뎌낼 수 있는 어떠한 묘안을 끝내 발견하지 못하였다. 여기에 더욱 힘들게 했던 것은 일제의 신사참배 불응의 대가로 교장직의 사표와 학교 폐교라는 상황이 점점 기정사실화되는 것과 달리 한 면에는 일제의 신사참배에 참여하는 사람들이 하나 둘 늘어가기 시작했다는 점이다. 대표적인 실례가 기독교인으로 교리와 신앙양심상 참가할 수 없다는 이유에서 함께 평양신사 참배를 불응했던 순안 의명학교 교장 리(H.M. Lee) 선교사는 일제의 압력에 굴복하여 신사참배에 참석하겠다는 성명서를 발표하였다.[32] '학교 폐교'라는 극단적 상황을 막는다는 논리에서 신사에 참배할 뜻을 밝힘으로써 신사참배 거부투쟁을 포기하였던 것이다.

신사참배 거부에 따른 학교 폐교라는 큰 문제 앞에서 섰던 당시 매큔(윤산온) 선교사와 학교 구성원들의 상황이 아래의 글에 잘 나타나 있다.[33]

> 신사참배거부는 마침내 최악의 사태에 당면하게 되었다. 당국은 숭실전문학교를 폐교시킬 것이라는 소문이 자자하였다. 학교 문제로 침울한 나날을 보내던 윤산온(尹山溫) 교장은 그날 역시 피곤한 표정으로 나를 불렀다. "이선생 어떻게 하면 되겠소? 그들은 이제 수단과 방법을 가리지 않을 터인데." 이렇게 말하는 윤교장은 이런 법이 어디 있는가 하고 탄식할 뿐 모든 것에 자신을 잃고 있는 것 같았다. 그러나 나는 그와 같은 태도로 낙심할 수는 없었다. 지칠 대로 지친 그를 격려하여 주지 않으면 안 되었다. 윤선생 그거 무슨 마음 약한 소리를 합니까? 당신은 선교사가 아닙니까? 그러하니 그놈들을 설교해야 됩니다. 나는 힘 있는 소리로 말했다. 그러자 윤산온 교장도 새로운 자신을 얻은 듯 나의 손을 힘 있게 잡아 흔들면서 끝까지 버티어 볼 것을 결심하였다. 그러나 그 후 사태는 더욱 험악해져 갔다. 하루는

---

32) 『東亞日報』, 1936년 1월 18일자.
33) 이훈구, 「숭실폐교의 전야(4)」, 『국민보』, 1960년 12월 7일자.

헌병대 수사관이 나를 찾아왔었다. 여느 때는 헌병대로 불려갔었는데 이날만은 어찌된 일인지 그들이 나를 찾아왔었다. 와서 말을 꺼내는 것은 역시 신사참배문제였다. 다른 학교에서는 다들 찬성하여 꼬박 신사를 참배하는데 숭실전문만은 왜 유독 반대하느냐고 항상 하던 말을 되풀이하는 것이었다. 이때 나는 "이놈들이 또 설복하러 왔구나" 하고 별로 말대꾸도 하지 않았는데 그는 돌아갈 때에 의미심장한 말을 던졌다. (도대체 당신들 그럴 것 없지 않소. 기독교계의 학교이기 때문이라고 하지만 장로나 목사로서 신사참배를 하는 사람들이 있지 않소. 그러지 말고 찬성만 하면 다 해결될 것을) 그래도 나는 대답을 하지 않았다.

일제의 신사참배 여부에 답하라는 압박이 있자, 평양선교회와 숭실전문학교 이사회, 그리고 평양 교육자회는 회의를 소집하고, 신사참배문제를 검토하였다. 결론은 신사참배불가론이 우세하였다. 그러나 각 학교 이사들은 학교의 존폐문제가 달려 있기 때문에 학교 전체로서가 아니라 학교 대표자로서 신사에 참배함으로써 당국의 요구에 응하자는 결론에 의견을 모았고, 학교 전체가 신사참배를 거부하거나 혹은 대표자로서 신사참배케 하는 방법 중 어느 것을 선택하는가 교장의 재량에 일임키로 결정하였다. 윤산온 교장도 처음에는 이에 동의하려는 생각도 있었으나, 곧 신사참배에 대표자를 파견하는 행위도 곧 기독교 전체의 굴종을 의미하는 것이라는 입장을 분명하게 확립하였다.[34]

결국 그는 기독교의 교리와 양심상 자신들이 신사참배를 할 수 없을 뿐 아니라 학생들에게도 참배를 시킬 수 없다고 서면으로 답변함으로써, 1936년 1월 18일 숭실학교 교장직과 1월 20일 숭실전문학교 교장직 인가를 취소당하고 말았다. 동일한 답변을 했던 숭의여학교 교장 스눅(V.L. Snook) 역시 동년 1월 20일 숭의여학교장 대리직 인가를 취소당했다.[35]

---

34) 숭실대학교 100년사 편찬위원회, 위의 책, 489~490쪽.
35) 『朝鮮新聞』, 1936년 1월 21일자.

북장로교 선교부는 한 때 학교의 폐교를 각오한 바도 있었으나, 교회 지도자들 사이에 유서 깊은 학교의 폐교는 삼가야 된다는 여론이 평양 지역과 한국교회에 돌기 시작하자, 즉시 폐교하는 것을 일단 보류하였다. 1936년 3월 각 학교의 후임을 선임하였다. 숭실전문학교 교장에는 모우리(E.M Mowry), 부교장에는 이훈구, 숭실학교는 교장에 정두현, 숭의여학교는 김승섭이 총독부의 인가를 받아 그해 3월에 취임하게 되었다.[36]

이처럼 숭실은 1935년 일제의 신사참배 강요에 맞서 기독교 학교로서 교리상, 신앙 양심상 참배할 수 없음을 들어 강력하게 저항하였다. 결과적으로 숭실은 이 사건에 대한 책임을 지고 숭실학교장 매큔이 일제 당국으로부터 교장직이 취소되는 등의 어려움을 겪기도 하였으나,[37] 이때 교수와 학생들 사이에는 신사참배를 거부하는 분위기와 저항의지가 크게 높았음을 알수 있다. 숭실의 신사참배 불응은 외국인 선교사들뿐 아니라 한국인 교수 및 학생들도 크게 분개하며 이 문제에 대해 적극 참여했음을 잘 보여준다.

4. 숭실의 폐교와 이후 동향

1936년 신사참배 거부로 물러난 매큔 교장을 이어 교장에 모우리, 부교장에 이훈구가 임명되었다. 그런데 신사참배로 인한 모든 문제가 끝난 것이 아니었다. 이제부터 시작이라고 해도 과언이 아닐 정도로 숭실에는 신사참배 거부의 거센 '후폭풍'이 몰려왔다. 신사참배를 황국신민화정책의 차원에서 물리적 힘을 동반하여 밀어붙이는 일제의 정책이 바뀌지 않는 한, 신사

---

36) 『東亞日報』, 1930년 3월 7일자.
37) 파면당한 매큔은 한국교회의 당면한 고난을 위로하며 격려하는 장문의 메시지를 남기고, 1936년 3월 21일에 미국으로 돌아갔다. 그는 미국에 돌아가서도 일제가 식민지 한국에서 자행하는 신사참배의 부당성을 역설하는 글들을 써서 선교본부에 보내는 등 한국교회 및 숭실의 신사참배 거부투쟁을 격려하였다.

참배 문제는 계속 일어날 것이 불을 보듯 뻔한 일이었다. 어쩌면 더 힘든 과정이 기다리고 있었는지 모른다. 숭실의 후임자 임명은 신사참배를 거부하는 과정이었지, 그 끝이 아니었다. 신사참배를 계속 거부하는 한 매큔 교장과 같은 사임이 계속 반복될 수밖에 없었고, 궁극적으로 학교 폐교라는 현실에 직면할 수밖에 없었다.

이 문제에 대한 분명한 입장 정리가 필요한 시기였다. 그러나 숭실이 속한 미 북장로회 선교회는 최종적인 입장 정리를 쉽게 하지 못했다. 그것은 북장로회 선교회가 기독교인으로 교리상, 신앙 양심상 신사참배가 불가하다는 결정을 하고 있으면서도 기독교계 학교들과 관련하여 신사참배문제에 대한 견해가 일치되어 있지 않았기 때문이다. 그래서 1936년 6월에 열리는 정기 선교사 연회까지 그 최종적 판단을 유보하고 있었기 때문이다.

1936년 6월 25일에 열린 미 북장로회 선교사 연회에서는 7월 1일 신사참배 문제로 제기된 '교육철수 권고안'을 표결에 부쳤는데, 69대 16의 압도적인 다수의 지지로 폐교가 결의되었다.[38] 이 권고안에는 선교회가 선교학교 설립시 가졌던 목적과 이상을 갖고 학교를 유지하기 어려워짐에 따라 선교회가 세속교육으로부터의 철수를 주장하고, 시기와 방법은 실행위원회 권한에 맡길 것을 권고하며, 실행위원회가 이를 결정할 때에는 각 지역 선교지부와 협의하고 의견이 다를 때에는 전체 선교회 연례회나 임시회에서 투표로 결정하고 미국 선교본부의 승인이 요구되는 상황에 대해서는 선교본부에 보고하는 것을 주요 내용으로 담았다.[39]

이 권고안에 호응하여, 미 북장로회 선교부에서는 평양노회에서 이사를 선임하여 파송, 경영하던 평양 숭실전문·숭실중, 숭의여학교 등 세 학

---

38) 이때 미 북장로회 소속 학교로 폐교가 결의된 학교는 다음과 같다.
　　서울: 경신학교, 정신여학교　　　대구: 계성학교, 신명여학교
　　평양: 숭실학교, 숭의여학교　　　선천: 신성학교 보성여학교

39) Educational Policy of the Chosen Mission of the Presbyterian Church U.S.A(As decided July 1, 1936); 김승태, 「1930년대 일제의 기독교계 학교에 대한 신사참배 강요와 폐교 전말」, 81쪽.

교에 대한 '이사불파송(理事不派送)' 안건을 상정하여 60 대 15로 가결하고 이사 파송을 중단하였다.[40]

　　그런데 미 북장로회 선교부의 '권고안'과 '이사불파송'의 결정이 알려지자, 선교사들 사이에서는 이 방침대로 학교를 폐교하자는 측과 일제의 요구에 순응하더라도 그대로 존속시키자는 측으로 나뉘어 대립하고, 유서 깊은 학교의 폐교는 막아야 한다는 지역 유지들과 학교 동문, 학생들이 자금을 모아 학교를 인수하여 계속 경영하고자 하였다.[41] 즉 숭실 학교 폐교에 대한 조치들이 발표되면서, 한국주재 선교사들과 한국인들의 신사참배문제는 신사참배 거부라는 신앙 양심에 따른 문제보다 학교 유지 및 경영이라는 현실문제로 다뤄지게 되었다.

　　당시 신사참배에 대해 거부하는 입장을 지녔던 미 북장로교 사이에도 신사참배에 대한 의견이 분열되고 현실인식을 달리하고 있었다. 예컨대, 매큔·홀드크로프트(J.G. Holdercroft) 등은 신사참배를 우상숭배로 보고 기독교 교리와 교육문제, 그리고 신앙양심에도 위배되는 세속 교육에서 손을 떼더라도 절대로 응할 수 없다는 입장을 보였다고 한다면, 언더우드(H.H. Uderwood)는 신사참배에 비록 종교적 요소가 있다고 할지라도 일제 당국에서 이것이 국민교육상 요구하는 애국적 행위에 불과하다고 주장하고 있으므로 학교를 살리고 기독교 교육을 계속하기 위해서는 이에 순응해야 한다고 주장했다.[42]

　　이런 상황에서 미 북장로회 선교회는 숭실에서 손을 떼기로 결정했으나, 학교 유지를 바라는 평양 지역유지와 숭실 학생과 교수, 그리고 학교 동문 등의 입장을 일방적으로 무시할 수가 없었다. 그리하여 그들이 인정할 수 있는 적당한 후계 경영자나 후계 경영단체가 나서면 경영을 일임하겠다

---

40)　『平壤之光』, 1937년 12월, 1쪽.
41)　김승태, 「1930년대 일제의 기독교계 학교에 대한 신사참배 강요와 폐교 전말」, 82쪽.
42)　『思想彙報』16호, 1938년 9월, 307~318쪽.

는 태도를 보였다. 그리하여 학교를 폐교하면 직접 피해를 보게 되는 학생들과 교사들도 학교를 폐교하는 선교부 방침에서 점차 학교를 인계·유지하려는 측으로 동조하기 시작했다. 이들을 중심으로 세 학교의 이사 중 실행위원인 김동원·정두현·고한규와 숭실전문 부교장인 이훈구 등이 선임되어 학교 인계를 위해 백방으로 노력하기 시작했다.[43]

이에 1936년 12월경 인계활동을 펼치던 실행위원들의 노력으로 학교를 인계하여 경영하겠다는 경영자 여러 명을 찾고 세 학교의 양도서를 작성하기 위해 모두 한 자리에 모이게 되었다. 이 자리에서 김동원, 고한규는 숭실전문·숭실중학, 숭의여학교의 합동경영을 주장하였으나, 교장인 정두현은 숭실중학 분리경영을 주장하다 합의를 보지 못하고 무산되고 말았다.[44] 그런데 숭실전문과 숭실중학의 후계 경영에서 합동이냐 분리냐 하는 문제는 숭실 안팎에 일파만파의 영향을 미쳤다. 숭실전문 측에서는 합동경영이 옳다는 것을 주장한 반면, 숭실중학에서는 분리경영이 옳다는 것을 주장했는데, 이런 주장에 각 학교의 교수와 학생들이 집단적 행동으로 참여했다. 이는 학교 밖의 평양사회의 여론을 양분시켜서 가는 곳마다 갑론을박(甲論乙駁)하게 만드는 원인이 되었다.[45]

그러던 중 1937년 2월 경에 평양의 유지로 숭실전문·숭실중학, 숭의여학교의 후계경영이 이루어진다는 반가운 소식이 들렸는데, 그것은 3월 3일자로 세 학교를 인계하여 분리경영하기로 했다는 것이다. 한인보(韓仁輔)가 숭실전문·숭의여학교를, 리춘섭(李春燮)이 숭실중학을 각각 경영하는 것이었다.[46]

진통을 겪은 3숭의 인계 문제는 3월 3일 인계위원들이 모여 재산출연의 사실과 3숭의 인계자의 이름이 적힌 청원서를 정식으로 조인, 완료하면

---

43) 숭실대학교 100년사 편찬위원회, 위의 책, 495쪽.
44) 『每日申報』, 1937년 1월 26일자.
45) 『每日申報』, 1937년 2월 4일자, 5일자.
46) 『每日申報』, 1937년 2월 17일자.

서 해결의 길이 열렸다. 숭실중학은 이춘섭, 숭실전문 · 숭의여학교는 한인보의 이름이 적힌 인계 청원서를 서울에서 열린 미 북장로회 선교부 실행위원회의 동의를 얻는 절차를 마치고 미 북장로회 해외선교부로 발송하게 되었다. 때마침 한국교회 상황을 파악하기 위해 미 북장로회 선교부에서 총무 리버(C.T. Leber)와 다즈(Dodds)가 내한했는데, 이들을 통해 인계청원서를 미 북장로회 해외선교부에 전달하게 되었다.[47] 이어 5월에는 3숭의 인계문제에 대한 답변이 늦어져서 신입생 모집이 어려워질 가능성이 있게 되자, 숭실전문 교수단 · 숭실중학, 그리고 숭의여학교 직원단 등이 미 북장로회 본부와 선교회 실행위원장에게 간원서를 보내기도 하였다.[48] 기다리던 회답이 왔으나, 내용인즉 3숭 인계문제가 중요한 만큼 특별위원회에 위탁하여 그해 9월에 열리는 총회에서 토의하겠다는 것이었다.[49]

9월 20일에 개최된 총회에서 3숭의 문제를 비롯하여 한국에서의 선교부 교육인퇴 문제를 최종적으로 결정하게 되었다. 드디어 회답이 왔다. 3숭 인계 문제가 토의되었고, 그 내용은 "전도국은 현재 어느 학교의 재산이든지 팔거나 양도하지 않기로 결의하였다"는 것이었다.[50] 미 북장로회 선교부는 미 북장로회 본부의 결의에 따라 1937년 10월 말경에 폐교 수속을 취하여 1938년 3월말까지 완전히 폐교할 의사를 분명히 하게 되었다.[51]

이 같은 소식이 알려지자, 평양사회의 여론은 선교부측으로부터 교명(校名)만이라도 내어 주기를 바라며 독지가가 나서서 세 학교를 살려야 한다는 의견이 지배적으로 대두되었다. 그러나 이것 역시 미 북장로회 본부의 거부로 수포로 돌아가고 말았다. 학교를 인수하기로 했던 한인보나 이춘섭 역시 학교 인계에 대해 포기할 수밖에 없게 되었다.[52] 또한 1937년 7월 7일

---

47) 『每日申報』, 1937년 3월 20일자.
48) 『每日申報』, 1937년 5월 5일자.
49) 『東亞日報』, 1937년 7월, 6일자.
50) 『東亞日報』, 1937년 10월 2일자.
51) 『東亞日報』, 1937년 10월 3일자.

일제가 도발한 중일전을 전후로 일제가 기독교계 학교에 대한 신사참배 강요가 심각하게 일어났던 것도 이 시기 교명만이라도 인수하려던 활동에 큰 타격이 되었던 것이다.[53] 결국 숭실은 폐교의 길로 가게 되었다.

이때의 상황에 대해서는 평남도지사를 방문하여 통보하고 협의했던 블레어(W.N. Blair) 선교사의 언급에 잘 나타나 있다.[54]

> "내가 숭실전문학교 이사회 이사장이요, 그때 숭실중학교 설립자였기 때문에 우리가 취한 조치를 평양 당국 관리들에게 알리는 것은 나의 임무가 되었다. 당시 선교회 실행위원회 의장인 솔타우(T.S. Soltau) 목사가 평양에 와서 나와 함께 관리들을 만나러 갔다. 도지사는 먼저 유감을 표시하면서 학교를 폐쇄하기보다는 한국인들에게 우리 학교를 인계할 의향이 없는지 알고 싶어 했다. 우리는 이렇게 대답했다. "각하, 만약 우리가 재정이나 인력이 부족하여 학교 문을 닫는다면 기꺼이 당신이 제안한 대로 할 것입니다. 그러나 아시는 대로 우리가 학교 문을 닫는 유일한 이유는 신도 신사에 참배하는 것은 하나님의 계명에 위배된다고 믿기 때문입니다. 그렇게 믿으면서 어떻게 우리가 잘못되었다고 믿는 것을 하려고 하는 다른 사람들에게 그 학교를 넘겨줄 수 있겠습니까." 도지사는 곧바로 그 뜻을 이해하고 이렇게 대답했다. "당신들의 요지를 알았습니다. 학교를 폐교하도록 도와드리지요."

위의 인용문에서 보듯이, 북장로회 선교부는 미 북장로회 선교본부와 블레어를 비롯한 선교부 실행위원들의 견해에 따라 학교를 폐교하고 재산을 인계하지 않기로 하였다. 그것은 학교 폐교가 단순히 재정적 부족 때문이 아니라 신사참배 강요라는 기독교인으로서 교리와 신앙 양심에 따른 것이었기 때문이다.

그러나 숭실의 신사참배 거부투쟁에 따른 폐교문제는 선교사들 사이에

---

52) 숭실대학교 100년사 편찬위원회, 위의 책, 508~510쪽.
53) 『東亞日報』, 1937년 9월 8일자.
54) W.N. Blair, "the shrine issue and the schools," pp. 78~79.

서도 신사참배에 응하느냐 아니면 불응하느냐는 문제에서 학교를 존속시키느냐 폐교시키냐는 문제로 변질되어 의견이 대립되었고, 한국인들 사이에는 학교를 어떤 방식으로 인수하느냐로 의견이 갈라지게 되었다. 선교사들은 교육선교의 철수가 일제에 대한 일종의 저항하는 것이라고 단순하게 생각했던 것으로 보인다.

결과적으로 미 북장로회 선교부가 교육선교 철수가 이루어지게 되었으나, 그것이야말로 일제가 바라던 것이었다. 일제는 기독교계 학교의 폐교와 관공립학교 흡수라는 목적을 달성할 수 있었다. 폐교된 숭실 학생들 경우, 숭실전문학교에는 학력검정 방법으로 다른 사립 전문학교에 들어가거나 취직을 하였고, 숭실중학교는 공립중학교에 수용되었으며, 숭의여학교는 시험을 거쳐 공립 고등여학교에 들어갔다.55) 신사참배의 문제를 종교문제 뿐만 아니라 민족문제라는 차원에서 접근하여 좀더 견해에 대한 공통분모를 끌어내어 저항했다고 한다면, 끝내 일제의 폭압적 탄압으로 학교가 폐교 당했을 지라도 그 과정에서 학교의 정체성을 지키며 일제에게 보다 적극 대항할 수 있지 않았을까 하는 아쉬움이 남는다.

앞에서 살펴보았듯이, 일제는 학교 폐교로 분열된 선교사들과 한국인들 사이를 파고들어 학교 인계과정에서 시혜적 호의를 베푸는 듯이 반발하는 한국인을 돕는 인상을 남겼다. 이것은 한국인의 교육문제에서 선교사들을 완전히 분리시켜, 분리된 한국인을 철저하게 황국신민화정책에 순응하는 존재로 만들기를 원하던 일제의 의도가 성공적으로 달성되었음을 의미하는 것이었다.

이와 함께 일제는 선교부의 교육관련 재산을 일제 당국에 헐값에 넘기거나 일제의 조종이 쉬운 한국인에게 기증 또는 헐값에 인수시키기를 희망하고 있었다. 이를 통해 중일전쟁 이후 대륙침략의 인적·물적 기반을 확고

---

55) 김승태, 「1930년대 일제의 기독교계 학교에 대한 신사참배 강요와 폐교 전말」, 84~85쪽.

히 다지고자 하였다. 이는 숭실의 폐교가 기정사실화되는 과정에 숭실학교의 건물이 광산업자 이종만에게 대차되었다는 것을 통해서도 알 수 있다. 일제의 체제에 순응적이었던 그는 일제 말 숭실과는 전혀 다른 대동공업전문학교를 설립하고 일제 말 지배체제에 철저하게 예속화의 길을 걸었다.[56]

따라서 미 북장로회 선교부는 1937년 10월 29일 숭실전문·숭실중학, 숭실여학교 등 3숭의 폐교원을 도 당국에 제출하였다. 그리하여 1938년 3월 3일에 숭실중학, 4일에는 숭실전문학교가 마지막 졸업을 거행하였다. 3월 19일 평남 도지사실에서 3숭의 폐교신청에 대한 정식인가증이 교부됨으로써 숭실은 폐교하기에 이르렀다.[57]

5. 나오는 말

이 글에서는 기존의 연구 성과를 바탕으로 하여 1930년대 숭실의 신사참배 거부투쟁과 폐교의 경위를 반성적 차원에서 다시 한 번 살펴보았다.

1930년대에 들어 대륙침략을 시작한 일제는, 이를 뒷받침할 사상통일을 이루기 위해 각종 행사를 개최하고, 기독교계 학교에 대한 신사참배를 강요하였다. 일제는 신사(神社)를 중심으로 '천황(天皇)'을 신격화(神格化)하여 자국 국민의 정신적 지배는 물론, 군국주의적 침략정책 및 식민지 지배에도 이용하였다. 1930년대 중반 한국의 대표적인 기독교계 학교인 숭실(崇實)은 기독교의 교리 및 신앙 양심상 신사참배가 불가함을 내세우며 저항하였다. 그 결과, 숭실은 1938년 폐교되었다. 세속권력을 절대화하고 인간을 신격화하는 일제의 천황제 이데올로기가 낳은 신사참배에 대한 투쟁과 여기서 비

---

56) 『每日申報』, 1938년 6월 3일자.
57) 『每日申報』, 1938년 3월 20일자.

롯된 폐교는 오늘날 아무리 살펴보아도 자랑스러운 일이다.

물론 폐교되는 과정에서 보인 일련의 모습들은 오늘 우리에게 아쉬움을 남긴다. 일제는 기독교계 학교에 대해 신사참배를 강요하면서 치밀하게 분석하고 이를 토대로 움직였다. 일제가 외국 선교사들의 교육관여와 나아가 기독교 포교까지도 금지시킬 계책을 세우고 있었던, 반면에 숭실의 존폐문제를 둘러싼 선교사 내부의 갈등, 선교사와 한국인 사이의 분열 등은 일제에게 유리하게 작용하였다. 여기에는 숭실 폐교문제를 놓고 북장로회 선교부가 의견통일을 이루지 못한 것도 큰 원인이었다.

그러나 그렇다고 해서 일제의 신사참배 강요에 맞선 숭실의 폐교의 역사적 의의가 잘못되었다고 볼 수 없다. 폐교과정에서 숭실 안팎에서 있었던 학교 존속 및 인계과정을 주장했기 때문에 오늘날 신사참배에 맞선 숭실의 폐교를 기념하는 것이 문제가 있다고 보는 것은 대단히 '수동적'인 역사인식이라고 생각된다.

그것은 일제가 신사참배에 맞선 기독교계 학교의 폐교과정에서 선교사와 한국인들 사이의 대립과 불신을 조장하고 마치 자신들은 한국인들 편이었다는 점을 부각하려는 불순하면서도 왜곡된 정치적 의도를 결코 용납할 수 없기 때문이다. 또한 폐교 과정에서 나온 모습들도 오늘을 돌아보게 하는 역사의 기억이어야 하겠으나, 그렇다고 해서 일제의 신사참배 탄압에 맞서 폐교했던 그 역사가 훼손되거나 그 의미를 잃는 것이 아니기 때문이다. 동시에 폐교가 기정사실화하는 과정에서 '자기 몸은 죽더라도 정신과 가치를 지키려고 했던, 신사참배 반대에 폐교로 맞선 투혼(鬪魂)과 열정은 그 어떤 것들로도 대체될 수 없는 숭고한 것이기 때문이다(『기독교학저널』, 숭실대 기독교학대학원, 2007).